经典传家

经典回到生活　阅读从心开始

经典传家

『经典传家』丛书遴选了清代《四库全书》的精华，而且每一种书在注释、译文、解读等方面做了大量的、扎实的工作。

——傅璇琮

国学就是中国人的学问。『经典传家』是一套非常适合大众阅读的国学经典丛书。国学的传承和发展迫切需要好的大众读本。

——毛佩琦

《四库全书》浩如烟海，真正的必读经典就这百余部。

——任德山

国学是相互通融的，切忌断章或是割裂。今人只有从《周易》等原始经典入手，才能真正找到进入国学的门径。

——刘君祖

经典传家

经典传家系列丛书

图解 名家批注周易

孔颖达 等 注疏

崇贤书院 释译

黄山书社

《名家批注周易》阅读指南

名家批注，包罗广博

择选王弼、孔颖达、程颐、朱熹等历代名家对《周易》的研究成果。集历代易学大家批注于一体，带领读者领会博大玄妙的东方智慧。

白话翻译，保证阅读

全书逐句附有译文，采用通俗的白话文加以叙述，排除《周易》艰涩难懂的困扰，保证阅读的顺利进行。

译文

- 通俗易懂，简单明了。
- 扫除阅读古文的障碍，方便理解。

解说

- 详细地解释每篇主旨。
- 解说重在诠释《周易》的现代价值，使读者体会到超越时空的恒久魅力。

插图

- 精选百余幅插图，皆为古人原创。
- 画面生动，与文章相互辉映。
- 古朴雅致，增加阅读兴趣。

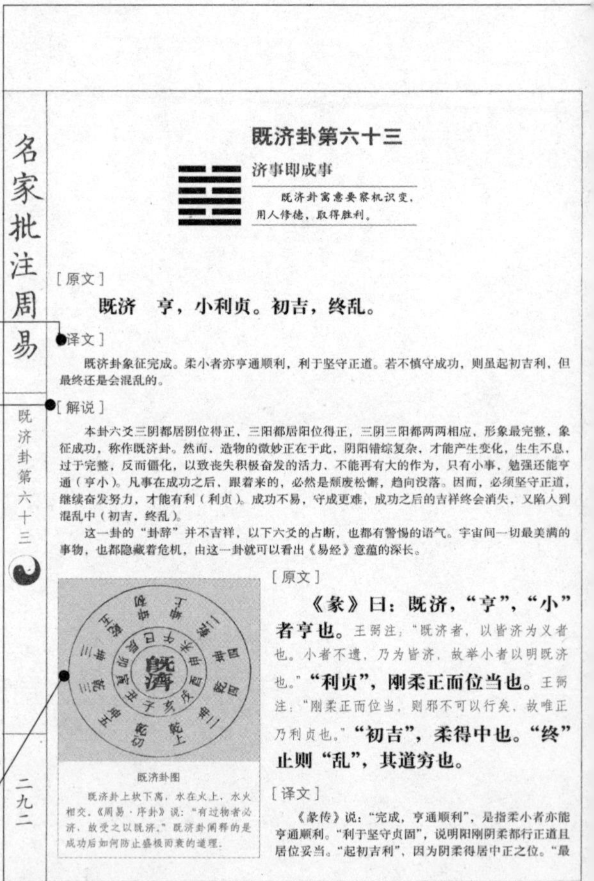

名家批注周易

既济卦第六十三

既济卦第六十三

济事即成事

既济卦寓意要察机识变，用人修德，取得胜利。

[原文]

既济　亨，小利贞。初吉，终乱。

[译文]

既济卦象征完成。柔小者亦亨通顺利，利于坚守正道。若不慎守成功，则虽起初吉利，但最终还是会混乱的。

[解说]

本卦六爻三阴都居阴位得正，三阳都居阳位得正，三阴三阳都两两相应，形象最完整，象征成功，称作既济卦。然而，造物的微妙正在于此，阴阳错综复杂，才能产生变化，生生不息，过于完整，反而僵化，以致丧失积极奋发的活力，不能再有大的作为，只有小事，勉强还能亨通（亨小）。凡事在成功之后，跟着来的，必然是颓废松懈，趋向没落。因而，必须坚守正道，继续奋发努力，才能有利（利贞）。成功不易，守成更难，成功之后的吉祥终会消失，又陷入到混乱中（初吉，终乱）。

这一卦的“卦辞”并不吉祥，以下六爻的占断，也都有警惕的语气。宇宙间一切最美满的事物，也都隐藏着危机，由这一卦就可以看出《易经》意蕴的深长。

既济卦图

既济卦上坎下离，水在火上，水火相交。《周易·序卦》说：“有过物者必济，故受之以既济。”既济卦阐释的是成功后如何防止盛极而衰的道理。

[原文]

《象》曰：既济，“亨”，“小”者亨也。王弼注：“既济者，以皆济为义者也。小者不遗，乃为皆济，故举小者以明既济也。”**“利贞”，刚柔正而位当也。**王弼注：“刚柔正而位当，则邪不可以行矣，故唯正乃利贞也。”**“初吉”，柔得中也。“终”止则“乱”，其道穷也。**

[译文]

《彖传》说：“完成，亨通顺利”，是指柔小者亦能亨通顺利。“利于坚守贞固”，说明阳刚阴柔都行正道且居位妥当。“起初吉利”，因为阴柔得居中正之位。“最

二九二

《名家批注周易》阅读指南

版画古朴，生动丰富

随文配置版画插图，使得阅读张弛有度，阅读在古朴的氛围中进行，提升阅读品质，同时画面直观、感性地增进了文章的感染力。

图说注解，拓展文章

注解与插图相应，说明插图内容及其与文章的关联，是对文章内容的有效扩展和说明，起到辅助阅读、加深理解的作用。

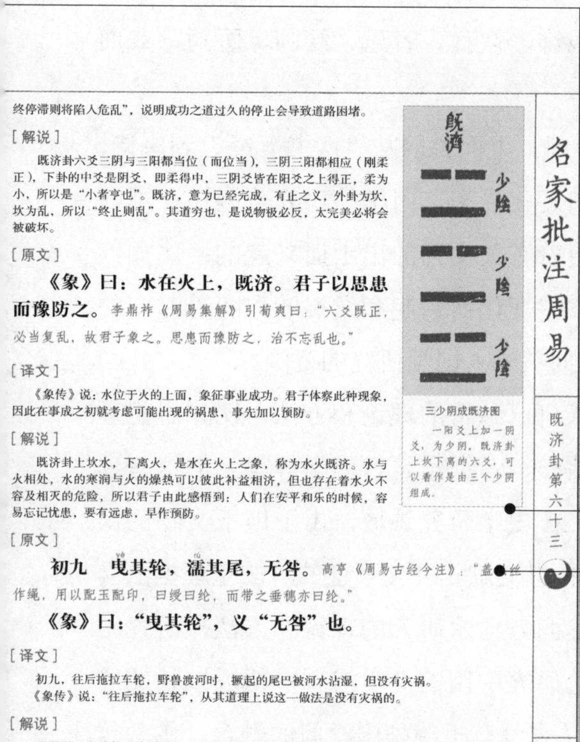
终停滞则将陷入危乱”，说明成功之道过久的停止会导致道路困堵。

[解说]

既济卦六爻三阴与三阳都当位（而位当），三阴三阳都相应（刚柔正），下卦的中爻是阴爻，即柔得中，三阴爻皆在阳爻之上得正，柔为小，所以是“小者亨也”。既济，意为已经完成，有止之义，外卦为坎，坎为乱，所以“终止则乱”。其道穷也，是说物极必反，太完美必将会被破坏。

[原文]

《象》曰：水在火上，既济。君子以思患而豫防之。 李鼎祚《周易集解》引荀爽曰：“六爻既正，必当复乱，故君子象之。思患而豫防之，治不忘乱也。”

[译文]

《象传》说：水位于火的上面，象征事业成功。君子体察此种现象，因此在事成之初就考虑可能出现的祸患，事先加以预防。

[解说]

既济卦上坎水，下离火，是水在火上之象，称为水火既济。水与火相处，水的寒润与火的燥热可以彼此补益相济，但也存在着水火不容及相灭的危险，所以君子由此感悟到：人们在安平和乐的时候，容易忘记忧患，要有远虑，早作预防。

[原文]

初九　曳(yè)其轮，濡(rú)其尾，无咎。 高亨《周易古经今注》：“盖[illegible]丝作绳，用以配玉配印，曰绶曰纶，而带之垂穗亦曰纶。”

《象》曰：“曳其轮”，义“无咎”也。

[译文]

初九，往后拖拉车轮，野兽渡河时，撅起的尾巴被河水沾湿，但没有灾祸。

《象传》说：“往后拖拉车轮”，从其道理上说这一做法是没有灾祸的。

[解说]

濡即湿，曳是拉，曳其轮，是拉紧车轮为防止其渡河时脱落。濡其尾，是说野兽渡河时，即使翘起尾巴也会打湿，必须当心。初九与九四都得正而应，初九过河之初就有意识地提防，应该无咎（义无咎也）。

[原文]

六二　妇丧其茀(fú)，勿逐，七日得。 陆德明《经典释文》：“茀，首饰也。”

既济

少阴 少阴 少阴

三少阴成既济图

一阳爻上加一阴爻，为少阴。既济卦上坎下离的六爻，可以看作是由三个少阴组成。

图　说

- 阐述插图内容。
- 表明插图意图。
- 强化读者阅读和理解。

批　注

- 择选王弼、孔颖达、程颐、朱熹等历代名家对《周易》的研究成果。
- 集历代易学大家批注于一体，方便读者阅读和研究。

选字注音

- 对生僻字、多音字、古今异读字一一标注读音。
- 帮助扫清阅读障碍，提高阅读速度和质量。

总序

国学是什么？简单说，就是中国人之所以成为中国人的学问。因此，国学不仅包括数千年积累流传下来的经典，比如“四书五经”、《老子》《庄子》《孙子》《史记》《汉书》、唐诗、宋词，也包含研究中国人思维方式、生活方式、行为方式乃至娱乐方式的各种学问。广言之，国学研究的对象不仅包括文献，也包括实物；不仅包括物质文化遗产，也包括非物质文化遗产，如我国各民族的建筑、服饰、饮食、音乐、绘画、医药、戏曲等等。

国学是不断丰富、不断发展的学问。上面说的从“四书五经”到唐诗、宋词就是一个不断丰富发展的过程。近代以来，国学的研究范围还在不断地扩大，比如敦煌学、甲骨学，是随着有关文物的出土而兴起的；比如红学，是随着文学理论和学术风气的发展变化而兴起和发展的。随着时间的推移和学术的进步，必将有更多的学问被纳入国学研究的范围。

数千年来，中国人做学问形成了自己独特的理论和方法，比如思想理论、史学理论、文学理论，以及训诂学、考据学、音韵学等等。但这些理论和方法并不是一成不变的。比如，在史学研究领域，由于地下文物的出土，王国维等人提出了以地下文物与传世文献相补充互证的“二重证据法”。近代以来，西风劲吹。国人主动借鉴西方学术研究的理论和方法，研究中国学问。王国维借鉴尼采的哲学理论研究中国的文学戏剧，胡适以杜威的实验主义研究中国的“国故”。国学从来没有拒绝外国学问的融合，佛教传入中国后，经过改造，形成了中国独特的佛学、因明学；自明朝末年西学传入中国后，中国的天文学、数学等就已经融入了西学的因素。马克思主义传入中国后，不少人用马克思主义理论研究中国历史文化，它们自然也成为了国学的一部分。因此，国学又是开放的、随时代而进步的。那么，当今我们研究、振兴国学，不允许也不应该倒退，不允许也不应该僵化。

然而，国学又是与西学明显区分的。国学是西学的对应物，是与西学完全不同的学术体系。在近代，西学挟坚船利炮强势进入中国之后，中国人还视自我，对于中国固有之学问的称呼出现了中学、国故学、国粹、国学这样的名称。面对“帝国主义”的强大，中国人自愧不如，一方面拼命地学习、引进西学，另一方面拼命地贬低、抛弃国学。虽然也有一些人，如张之洞为保护中华文化之根本，提出“中学为体，西学为用”，如胡适，提出“整理国故”，以“再造文明”“建立民族自信心”，但其声音终被时代所淹没。国学一再被严重曲解和轻视，造成了中国历史文化的大断裂。也许，这一历史过程是必然的。但回顾过去，中国在走向独立富强的过程中，国学所付出的代价实在太大、太惨重了。

新中国成立后，饱受屈辱的中国人从此站立了起来，民族自信心大大加强，但没有能够及时认识到国学在新时代的重要性，甚至仅存的一点点国学遗产也进一步成为被抛弃的对象。改革开放三十年之后，走向富强的国人终于幡然醒悟，保护和振兴国学逐渐成为全民的共识。一个强大的自立于世界民族之林的国家，必然要有与之相匹配的伟大的民族文化。中国人，从领导者、学术界到普通百姓，都在重新发现国学的现代价值。同时，在走向全球化的进程中，东西方各国也把目光投向了中国。中国学问，中国的一切都在被重新评价。中国不仅为了自身的建设和发展需要从传统文化中汲取智慧，而且也面临着以优秀的中华文化向全人类贡献智慧的责任和挑战。

那么，这套经典传家丛书的编纂就是可喜的，编纂者的初衷和努力就是可敬的。希望这套丛书能发挥点滴作用，如同涓涓细水与千百万有志者的努力一道汇成大潮，去迎接中华民族的伟大复兴！

是为序。

毛佩琦

二〇一五年五月

前言

提到《周易》，大多数人想到的都是道家的《阴阳八卦图》，以及与此相关的风水堪舆术、求神问卜等封建迷信活动，这其实是对《周易》的片面理解。《周易》其实是我国自周朝至今，流传三千载的一种哲学思想和处世态度。《周易》相传为周文王被拘于羑里时所著，共有64卦，它的起源的确是古代的祭祀占卜活动，而它的内容也与问卜吉凶有关，以卦的方式对未来的情势进行预言，但蕴含在这些预言里的是一种哲学思想和道德规范。

《周易》通篇都在阐述“阴阳为道，阴阳相生相克”的思想，这是我国古人对天地万物的看法，也是在人类社会中生存的一种行事方式。老子“福兮祸所倚，祸兮福所伏”的福祸观就脱胎于此，后世很多权力斗争中所提到的“权力制衡”思想，以及现代商战中的“红海”与“蓝海”战略思想也都根植于此。

“《易》生太极，是生两仪，两仪生四象，四象生八卦，八卦定吉凶，吉凶生大业”是在《周易》中反复出现、着重强调的一句话，意思是说世间万物都是由阴阳太极而生，太极衍化而出四象，而从四象中又变化出八卦，即指万事万物都有统一的道理——在矛盾斗争中产生、发展，这正与马克思的辨证法相契合。而孔子在晚年喜读《周易》，并根据《周易》中的这个理论，提出了“天人合一”的理论，这正是我国士人一直奉行的处事态度，在两千年之后，已然渗入国人的意识深处。

由于《周易》本身是一部占筮之书，并且写作于周代，其语言玄奥难懂，自古至今很多人对它进行了注释、解读，更加完备、丰富了《周易》的哲学观点和处事理论。因此，《周易》作为儒家经典，逐渐成为我国古人思想行为的指导全书，被称为“群经之首”。

对于《周易》的注疏，在我国古代十分繁盛，而解读最为精到、准确的时期是魏晋南北朝和宋代。在这两个时期，我国的思想文化极为繁荣，很多大家都以注释《周易》为终身大业。在这些学界泰斗之中，解读“易经”最为后人称道的就是王弼、李鼎祚、程颐和朱熹。这些大家对《周易》的解读，不仅有对其中字句透彻、准确的解释，还有对《周易》本身奥义和思想的精准理解，当然，这其中也蕴含有作者本人的哲学、道德思想，绝不仅仅是单薄地解说。读之，决不仅是窥得《周易》的皮毛，更能对我国各时代哲学理论、道德规范产生深刻清晰的认识。

但是，古汉语以简约为美，成书于二千多年前的《周易》原文，以及书中历代的注疏解读对于今人来说阅读起来会有一定的困难。为此我们推出了家藏四库“化读本”《名家批注周易》。所谓“化读本”并不是对先贤经典的简单注释，而是家藏四库编委会经过十年调研、磨砺和升级，针对今人阅读古籍所遇到的困难，特别设计的一种注释方式，其中包括题解、评注、图示、图注等版块，希望可以帮助读者更好地学习先贤的经典，汲取古人的智慧，使国学真正进入生活。

开卷有益，作为“群经之首”的《周易》当然更是如此。

目录

乾卦第一

天行健，君子以自强不息

乾卦为天，象征着自强不息、一往无前的奋斗精神。

［原文］

乾（qián） **元亨**（hēng）**利贞。**李鼎祚《周易集解》引《子夏传》云："元，始也。亨，通也。利，和也。贞，正也。"朱熹《周易本义》："元，大也。亨，通也。利，宜也。贞，正而固也。"

［译文］

乾卦，象征天，具有创始万物的功能，亨通顺利的成长，祥和有益的前进，贞正坚固。

［解说］

乾，原是人们用来表示观测日影的工具，这里用作卦名。乾卦的六爻都为阳爻，是纯阳之体，具有一切刚健雄强、光明正大的纯阳的秉性和功德，其中，元、亨、利、贞四项伟大的品性，唯有乾阳才完全具备。"元"通"原"，原生、创始之意，是说乾阳具有创始万物的功能。"亨"即亨通，乾阳为纯阳之体，宽广、雄浑、奔放，志在千里，不可阻遏，所以能亨通。"利"指有利，乾阳可以惠泽天下万物。"贞"指周正、坚固，乾阳遵循天道，不偏不倚，永恒不变，可以天长地久。元亨利贞在本卦里取象于天，"乾"就象征着天。世界上能做到元亨利贞的事物是不多的，太阳是其中之一，元亨利贞也适用于那些在人类历史上人格如高山一样巍峨，给人类以巨大造福的极少数伟人，他们也会像太阳一样光辉永远。

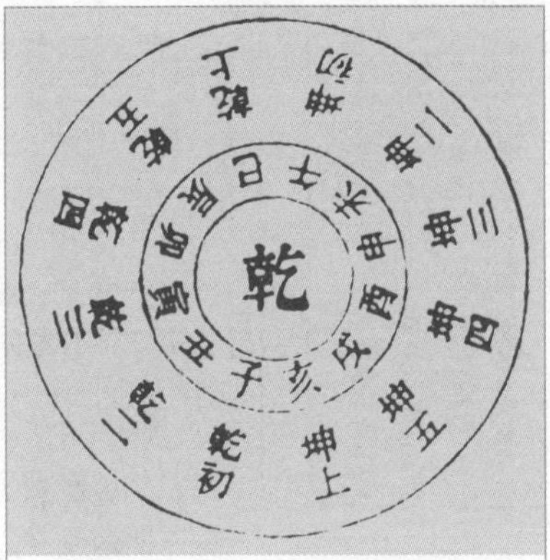

乾卦图

乾为《周易》六十四卦之首，《说文解字》释"乾"为"上出也"。乾卦六爻取象的见龙、飞龙、亢龙、潜龙与日出、日中、日昃相同，因而《象》辞说"大明终始"。乾为天，有天地，然后有万物。

［原文］

初九孔颖达《周易正义》："居第一之位，故称'初'；以其阳爻，故称'九'。"**潜龙**《说文》："潜，藏也。"李鼎祚《周易集解》引崔憬曰："潜，隐也。"**勿用。**《说文》："用，可施行也。"

［译文］

初九：龙潜伏在水中，暂不宜有所作为。

［解说］

阳在不同的时空，所具有的能量和要采取的策略也不同，初九意即龙（阳）在初爻，一阳初生，如冬去春来第一缕和煦的微风，虽然充满希望，但还没有足够的力量驱走严寒，如急于出来表现，则很容易受伤。“勿用”不是不用，而是应该潜伏下来，汲取、孕育新的能量，等待着春雷的爆发。适宜的春天总是通过一滴水滴、一颗嫩芽悄悄地到来。

［原文］

九二孔颖达《周易正义》：“阳处二位，故曰‘九二’”。**见（见“现”）龙在田，**王弼注：“出潜离隐，故曰‘见龙’。处于地上，故曰‘在田’。”**利见大人。**高亨《周易古经今注》：“大人者，有官位者之称也。”

［译文］

九二：龙出现在田间，有利于有权势的贵族出来治世。

［解说］

阳长到二爻，龙离开潜伏，出现在田野，出现在地平线上，开始崭露头角。它跃跃欲试，但毕竟年轻，此时最好找到具备权势的大人，无论是向其学习本领，还是请大人指明方向，都是极其重要的。

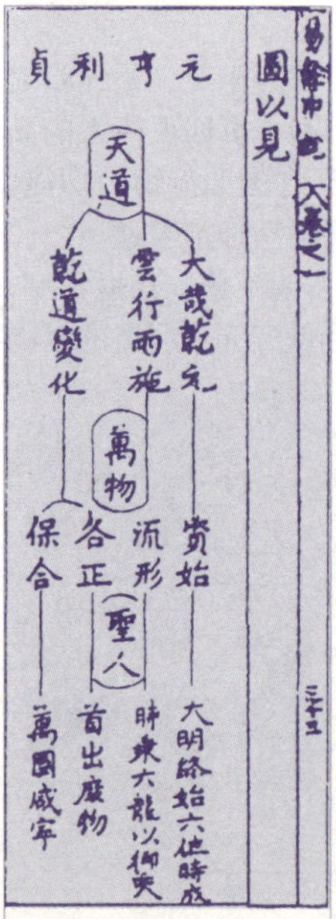

“元亨利贞”图

此图用图形解释乾卦的《彖》辞，乾道变化，产生万物，万物发展，化育生命，由此出现圣人，天下太平。

［原文］

九三孔颖达《周易正义》：“以阳居三位，故称‘九三’。”**君子终日乾乾。**高诱注：“乾乾，进不倦也。”颜师古注：“乾乾，自强之意。”**夕惕，**《说文》：“惕，敬也。”《玉篇》：“惕，惧也。”**若厉，**孔颖达《周易正义》：“若，如也；厉，危也。”**无咎。**《系辞上传》：“无咎者，善补过也。”

［译文］

九三：君子整天勤勤恳恳，即使在夜晚（夕）仍时刻警惕，谨慎行事。虽有危险，亦不会遭受灾祸。

［解说］

乾乾意为健进不息，同时也指龙在九三爻，即上下两乾交界的位置，三四两爻在六爻中居于中道，中道即是人道。此时龙和阳的精神表现在自强不息的君子身上。“夕”是昼夜之交的时候，所以可以看出九三意味着君子处于欲上不上、欲下不下的中间状态，这时君子要白天不断精进，以免半途而废，晚上戒惧警醒，符合“惕”的谨慎戒备的要求，则情境虽然危厉，也不会有咎害，做到“厉，无咎”。

［原文］

九四　或跃在渊，高亨《周易古经今注》：“龙跃于渊，得其所之象。”**无咎。**

［译文］

九四：游龙潜伏在深谷之中，似跃而未跃，不会有过失。

［解说］

“或”当疑惑讲，也兼有或然选择的意思，阳龙到达九四的位置，就跃居到了上卦的场所，譬如人跃上一个新的境界。不像在九三时的欲罢不能的尴尬的中间状态，在九三时的艰辛努力终于有了成果回报，此时天地一下豁然开阔，可谓海阔天空，进可以高歌猛进，退可以潜入深渊，都没有什么危害（无咎）。是积极进取，还是安于现状？这是新的阶段遇到的新的疑惑和选择，是对人生志向和抱负的新的考验，不过天道酬勤，君子还是不妨一试身手，继续前进。

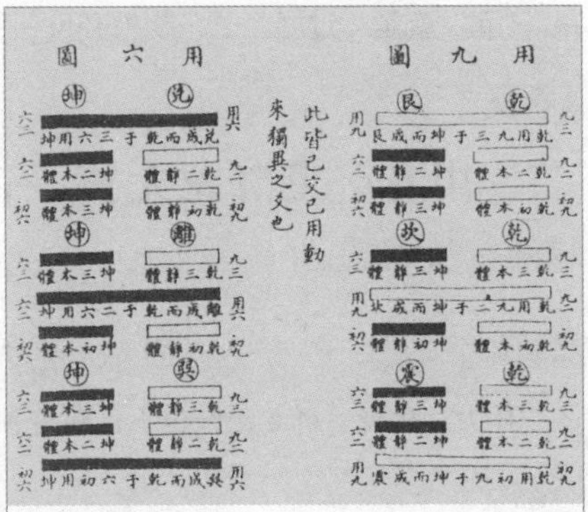

乾坤二用图

“二用”是指乾卦的“用九”和坤卦的“用六”两爻。《周易》六十四卦除乾、坤二卦外，都是六爻，只有乾、坤二卦多出一爻，称为“用爻”。“用爻”指占筮过程中出现全爻都是“老阳”或“老阴”时，六爻就会向自身的相反方向转化，即阳爻变阴爻，阴爻变阳爻。图上的“空心爻”，就是变化的结果。

［原文］

九五　飞龙在天，王弼注：“不行不跃而在乎天，非飞而何？故曰‘飞龙’也。”**利见（jiàn）大人。**高亨《周易大传今注》：“飞龙在天，大人居高贵之位，有所作为，人见之则有利。”

［译文］

九五：龙高飞于天，利于晋见有权势的人。

［解说］

五六两爻是说天道，在本卦本爻，龙到达“九五之尊”的荣耀地位，大权在握，纵横四海，可以任意施展自己平生的才华抱负，此时宜于晋见有权势的人物，得到支持，替天行道，造福百姓，做出宏伟的事业，青史流芳。

［原文］

上九　亢龙有悔。李鼎祚《周易集解》引王肃注：“穷高曰亢。”程颐《周易程氏传》：“上九至于亢极，故有悔也。”

［译文］

上九：龙飞得过高，超过极限有悔。

［解说］

龙上升到本卦最高处“上九”。六十四卦最上一爻都称上。到了上九就到达顶点，不能再往上飞了，陷入没有任何回旋余地的困境，成为“亢龙”，才开始后悔，这是自我膨胀到极点的结果。“亢”就是“过度”了，物极必反，盛极必衰，不懂得节制克己的道理，就会悔之莫及。

[原文]

用九　见群龙无首，吉。王弼注：“九，天之德也。能用天德，乃见‘群龙’之义焉。”

[译文]

用九：出现一群龙，谁也不自居首领的位置，则无过亢之灾，这是吉祥的现象。

[解说]

“用九”不是卦辞，也不是爻辞，是说周易卜卦的体例方法，坤卦有“用六”之说，意思相同。其他卦没有“用九”、“用六”的说法，“用九”意思是采用老阳之数，也就是采用变爻的爻辞占断，具体方法见前述。采用变爻爻辞占断，也有效法天道，取“穷则变，变则通，通则久”以求吉祥之意，因为到极点后，山穷水尽，只有思变、改革、否定自己才有出路。爻辞后句“群龙无首”，不是没有首领的意思，而是周而复始、循环无端、生生不息之意，如斗转星移、四季交替、日出日落，永不会休止。

[原文]

《彖（tuàn）》曰：孔颖达《周易正义》引褚氏、庄氏并云：“彖，断也，断定一卦之义，所以名为彖也。”**大哉乾元，万物资始，乃统天。**王弼注：“天也者，形之名也。健也者，用形者也。夫形也者，物之累也。有天之形而能永保无亏，为物之首，统之者岂非至健哉！”**云行雨施，品物流形。大明终始，**李鼎祚《周易集解》引侯果曰：“大明，日也。”**六位时成，时乘六龙**孔颖达《周易正义》：“六龙，即六位之龙也。”**以御天。**李鼎祚《周易集解》引荀爽曰：“御，行也。”**乾道变化，各正性命。**孔颖达《周易正义》：“变谓后来改前，以渐移改，谓之变也。化谓一有一无，忽然而改，谓之为化。”**保合大和，乃利贞。**孔颖达《周易正义》：“以能保安合会大利之道，乃能利贞于万物，言万物得利而贞正也。”**首出庶物，万国咸宁。**朱熹《周易本义》：“万国各得其所而咸宁，犹万物之各正性命而保合、太和也。”

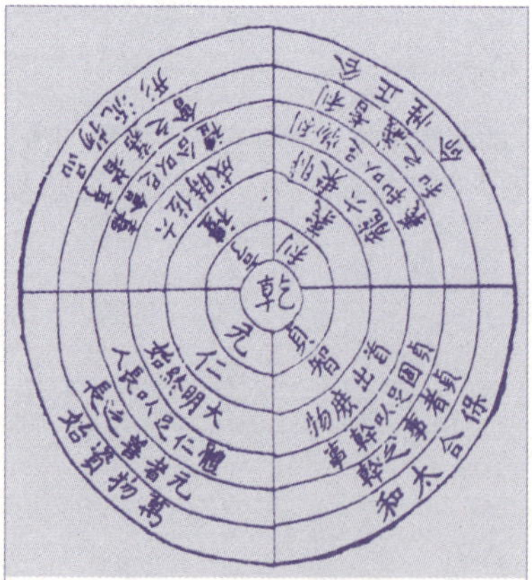

乾卦德行图

此图根据《彖》辞和《文言》，直观讲述了乾卦和人的修养德行之间的关系，即“元”“亨”“利”“贞”分别对应仁、义、礼、智四种品德。

[译文]

《彖传》说：博大的、象征万物创始的乾卦，万物依靠它而开始生长，它是统帅万物之本源。它使云朵飘行翻动，使雨水施洒降落，各种事物各具形态而不断发展。明亮的太阳周而复始，乾卦各爻按不同的时位组成，犹如六条龙接连驾驭在天地之间。天地的自然变化形成万物的规律，万物各自运蓄精神，保持太和元气。如此则祥和有益，顺利贞固。天道创造万物，天下邦国都和美昌顺。

[解说]

《彖》辞一般用来解释卦辞或卦象，通常以“彖曰”两字开头，意思就是《彖传》说。“大哉乾元”首先赞美乾天创始万物的功能，具有造物的伟大，这里也表现出《易经》关于世界创造说的强烈的唯物主义色彩。万物要借乾天的资助才能生长，乾即是天的主宰。“云行雨施，品物流形”表明乾天的亨通广大，进一步说明乾天是通过云行雨施分布元气和能量来造物的，“品物”即各类物体，“流形”即形成，体现出元亨一体且相承的关系。乾卦六爻都是阳爻、刚爻，阳爻代表白昼，所以说乾卦“大明终始”，六爻从潜到亢的时运、时势不同，所以说“六位时成”。“时乘六龙以御天”就是宇宙总的运行模式。天道变化的规律，在于万物各正性命，各自得到并坚守自己的本性和位置，保合元气（古人认为元气聚集则生成，散则死亡），达到极其和谐、圆融、生机盎然的“大合”境界，就是利贞。“首出庶物，万国咸宁”是表明元亨利贞对于社会的意义，意为天（首）创造出众多（庶）物体，万国得到安宁。这段《彖》辞最后提出了对中华民族影响极为深远的“和谐”思想。

[原文]

《象》曰： 孔颖达《周易正义》：“万物之体，自然各有形象，圣人设卦以写万物之象。今夫子释此卦之所象，故言‘《象》曰’。”**天行，健。** 高岛吞象《易断》：“行者运也，进也，为也，往也，道也；谓天道运行，犹如太阳日日运行，循环不息，无一刻之停止也。”**君子以自强不息。** 徐子宏《周易全译》：“君子，指德才兼备的人。”**“潜龙勿用”，阳在下也。“见龙在田”，德施普也。“终日乾乾”，反覆道也。** 朱熹《周易本义》：“覆，反复，重复践行之意。”**“或跃在渊”，进“无咎”也。“飞龙在天”，“大人”造也。“亢龙有悔”，盈不可久也。用九，天德不可为首也。** 孔颖达《周易正义》：“九是天之德也，天德刚健，当以柔和接待于下，不可更怀尊刚为物之首，故云‘天德不可为首也’。”

[译文]

《象传》说：乾卦如天道运行，刚强劲健。君子亦应如此，坚强振作，不断努力。“龙潜入水中，暂不宜有所作为”，所以初九之象，阳气刚刚萌生，自然居位低下。“龙出现在田间”，此象说明德业昭著，大德之人经潜藏休养，必会将大德普济于世。“整天勤勤恳恳”，表明反复行道，没有偏差。“潜伏深谷，或腾跃上进”，表明龙处在进取而无损害的时机。“龙高飞于天”，说明怀德之人可一举创就大业。“龙高亢至极，终会有所悔恨”，表示物极必反。用九，说明天之宏德也并非永居首位。

[解说]

象辞分大象、小象。大象一般用来解释卦象、卦辞，小象用来解释爻辞，都冠以“象曰”

标目。象辞说：天的本性就是刚健不息，永恒运动，天道就是乾健。“天行健，君子以自强不息”既是中华民族的先祖对世界的认识，也是中华民族精神的写照，正因为自强不息，中华民族在世界上才能够百折不回，生生不已。潜龙勿用，是因为阳在下也，一二两爻表示地道，初爻表示地下，所以说龙潜在地下，难以发挥作用。龙出现在田野上，是想要有所作为，立功于社会大众（德施普也）。反复道也，一语双关，既指君子反复修炼（终日乾乾），又指乾卦九三爻位置，取象于三爻为下卦终极爻（古人认为三代表多，三生万物）。终就要反复，才能周而复始。“或跃在渊，进无咎也”意为可进可退，强调跃进。大人造也的“造”指造化、时运正旺的意思。盈不可久也，满盈鼎盛决不能长久，应该谦虚谨慎。用九就是要用变爻爻辞占断，因为天的德行是不会永居首位的，穷则变，才能永恒不息地运动存在下去。

［原文］

《文言》孔颖达《周易正义》引庄氏：“文谓文饰，以乾、坤德大，故特文饰以为‘文言’。”毛奇龄注：“以为绎文王所言，故名‘文言’。”**曰：元者善之长（zhǎng）也。亨者嘉之会也。**《说文》：“嘉，美也。”**利者义之和也。贞者事之干也。君子体仁足以长人，嘉会足以合礼，利物足以和义，贞固足以干事。君子行此四德者，故曰：“乾：元、亨、利、贞”。**

［译文］

《文言》说：元始，是众善之首；亨通，是事物完美的聚合；祥和有益，是阴阳调和得宜；正固，是处身行事的根本。因此，君子用自己的行动去实践至善的仁德，就能成为众人的头领；能够使众善聚集一堂，就能够合于礼仪；能够施利万物，才足以使道义达到和谐；能够固守节操，就能主持各类大事。唯有君子才能施行这四种美德，所以体现了乾卦所说的：“行善是万物创始的伟大根源、亨为合美、祥和有益、贞正坚固。”

［解说］

“《文言》曰”的说法及其内容只有乾坤两卦有，意思大致是经文说。这段内容要介绍元亨利贞在社会、在人方面的运用及意义。元，作为创生之德，是首善，《系辞》中也有“天地之大德曰生”的明确说法。亨，亨通在人世表现为顺利发展，欣欣向荣，美好荟萃，所谓“嘉之会也”。利，在这里是指谋公利，古人认为行公利为义，所以说“义之和也”。贞，是成事的体，即“事之干也”。君子体仁行善就足以育人，奉献美好，东西就足以合乎礼仪，先有益大众，再取私利，才足以符合义的准则，端正且坚贞不移才能成事，君子必行其四德。

［原文］

初九曰：“潜龙勿用。”何谓也？子曰：“龙，德朱熹《周易本义》：“龙德，圣人之德也。”**而隐者也。不易乎世，不成乎名，遁（dùn）世无闷，不见是而无闷。乐则行之，忧则违之，确乎其不可拔，潜龙也。”**

［译文］

初九的爻辞说：“龙潜伏在水中，暂时不宜有所作为。”这是什么意思呢？孔子指出：“这是比喻像龙一样有德有才而隐居的人。世俗改变不了他的节操，他也不追逐功名；从世间隐退不会感到闷闷不乐，不被世人承认也不苦闷。能愉快地实现抱负时，便入世行道；感到忧虑时，便出世隐遁。信念坚定，从不动摇，这样君子的所为便是潜龙的德性。”

［解说］

本句及以下诸句从方法论角度进一步解释爻辞，怎样才能做好潜龙呢？不易乎世，就是不随世界变迁而变迁。不成乎名，即不求功名显赫于世。后句意为，潜隐于世，人不知也不苦闷，世道喜好自己的主张就推行它，不然就隐伏下来，道德坚定不随波逐流，这就是潜龙。

［原文］

九二曰：“见龙在田，利见大人。”何谓也？子曰：“龙，德而正中朱熹《周易本义》：“正中，不潜而未跃之时也。”**者也。庸(yōng)言之信，庸行之谨，闲邪存其诚。善世而不伐，德博而化。《易》曰：‘见龙在田，利见大人。’君德也。”**

［译文］

九二的爻辞说：“龙出现在田野，对于有权势的人出来治世是很有利的。”这是什么意思呢？孔子指出：“这是指有龙一样的德性而行中正之道的人。这种人他的日常言论说到做到，他的日常行动谨慎小心。防止一切邪念，心存诚实。虽然善行卓著，加惠世人，却不以此夸耀。以伟大广博的道德行为来感化世间的一切。《周易》说：‘龙出现在田野，利于有权势的人出来治世。’这是指出现了有品德的贤人。”

［解说］

九二爻是龙在下卦中爻，所以说：龙德正中者也，引申为保持中正。“庸”即平常。平常要讲信用，谨言慎行，杜绝邪念，存留虔敬，利世而不夸耀，以品德广博来感化世人，这是君子的道德。

［原文］

九三曰：“君子终日乾乾。夕惕(tì)，若厉，无咎。”何谓也？子曰：“君子进德修业。忠信，所以进德也。修辞立其诚，所以居业也。知至至之，可与言几也。知终终之，可与存义也。是故居上位而不骄，在下位而不忧。故乾乾因其时而惕，虽危无咎矣。”

［译文］

九三的爻辞说：“君子整天勤勉不息，提高警觉，即使在夜晚，仍时刻警惕，谨慎行事。如此，则虽有危险，却无灾祸。”这是什么意思呢？孔子指出：“这是在说君子要增进美德、营修功业的道理。忠实诚信，是增进美德的主要基础。斟酌自己的文辞和言行，确立至诚的感情，是营修功业的根基。能把握时机、全力进取的人，可以跟他商讨事物发展的征兆；知道事物发展的结局，并可以以自己的行动适应结局的人，可与他共同保存正义。能够做到这些，一个人就能够身居高位而不骄傲，处在下位也不忧愁。因而能够勤恳振作，自强不息，随时警惕，小心行事。如此，则虽处于危险之中，也不会有过错。”

［解说］

君子在九三爻，正如人在中途，必须要进德修业，忠实诚信，言辞诚恳，表里如一。古人认为正心、诚心是立业的前提（所以居业也）。道时势将至就准备它的到来，可谓懂得几微而有先见之明了。道形势将终止就适可而止，可谓懂得义、懂得相宜了。不骄不惧，上下进退，因时而动，与时俱进，虽危无害。这里表述的有止有进以及怎样有止有进的思想，令人深思。

［原文］

九四曰：“或跃在渊，无咎。”何谓也？子曰：“上下无常，非为邪也。进退无恒，非离群也。君子进德修业，欲及时也。故无咎。”

［译文］

九四爻辞说：“游龙或是潜伏深谷，或是似跃而未跃，都不会有什么灾祸。”这是什么意思呢？孔子指出：“这比喻贤人居高位或处低位，是常常变化的，这并非出于邪念；他的进取或引退也没有一定的规律，这种进退并不脱离众人。这说明，君子要想在品德和事业上都有所提高，取得成功，只能是把握时机，随着时势的变化而行动，这样的话就一定‘没有什么过错’了。”

［解说］

君子在九四爻，进退自如，但并不是出于邪恶动机，也不脱离大众，君子磨砺精进，只要抓住机遇，就不会有危害。相反如果为一己之私，一味钻营，则虽安亦危。恶人练正法，正法也邪；正人练邪法，邪法也正。修行先要修德。

［原文］

九五曰：“飞龙在天，利见大人。”何谓也？子曰：“同声相应，同气相求。水流湿，火就燥。云从龙，风从虎。圣人作而万物睹（dǔ）。本乎天者亲上，本乎地者亲下。则各从其类也。”

［译文］

九五爻辞说：“龙高飞于天，有利于晋见有权势的人。”这是什么意思呢？孔子指出：“这是说同类的声音产生共鸣，同样的气息彼此吸引而投合；水向低洼潮湿处流，火往干燥之处燃烧；彩云随着龙飞而聚散，谷风随着虎跃而产生；圣贤之兴起使世间万物各显其灵性。因而，以天为本的生物向上发展，依存于地的向下扎根，这就是一切事物各依其类别而互相聚合的道理。”

［解说］

无论亲近燥湿还是天地，都由于事物各有其自己的本性决定，要遵从自己的本性就会走正道，就如象辞中说的“各正性命，保合大和”。在九五爻中，君子已经大展宏图，利见大人正是同气相求。

［原文］

上九曰：“亢龙有悔。”何谓也？子曰：“贵而无位，高而

无民，贤人在下位而无辅，是以动而有悔也。”

［译文］

上九的爻辞说：“龙飞得过高，超过极限，终将因为有过失而有所悔恨。”这是什么意思呢？孔子指出：“这是比喻高高在上，尊贵而失去拥戴的人君。这种崇高的地位使他脱离了众人，贤士能人都处在下位，因而他得不到他们的辅佐。所以，他在这种状态下稍有举动就会招来悔恨。”

［解说］

君子在上九，高高在上，脱离大众，虽有贤人在下却不能辅佐他，所以干什么都会有过错。亢龙有悔，就是过犹不及，应该保持中庸。

［原文］

“潜龙勿用”，下也。“见龙在田”，时舍也。“终日乾乾”，行事也。“或跃在渊”，自试也。“飞龙在天”，上治也。“亢龙有悔”，穷之灾也。乾元“用九”，天下治也。

［译文］

所谓“龙潜伏在水中，暂不宜有所作为”，是指德才兼备的人还处于低下地位，不能发挥应有的作用。“龙出现在田野”，说明时势开始舒展，已得时得位了。“整天勤勉不息”，说明事业在付诸。“潜伏于深谷，或腾跃上进”，说明正处在自我考验的时期。“龙高飞于天”，表明已经获得高位，正施展抱负。“龙飞到极高位置，终将有所悔恨”，是说明爬上最高位置而不知改变，脱离群众，将带来灾难。天有元始之德而运用阳九的变化，说明天下大治乃势所必然。

［解说］

人生时运不同，需要不同的态度和行动才能正确对待。要顺势而行，不要逆势而为，坐看时机流逝。要知道即使位高权重的时候也可能会陷于困窘。不患时不我予，而要时不我待。

［原文］

“潜龙勿用”，阳气潜藏。“见龙在田”，天下文明。“终日乾乾”，与时偕行。“或跃在渊”，乾道乃革。“飞龙在天”，乃位乎天德。“亢龙有悔”，与时偕极。《乾》元“用九”，乃见天则。 徐子宏《周易全译》：“天则，天的法则。”

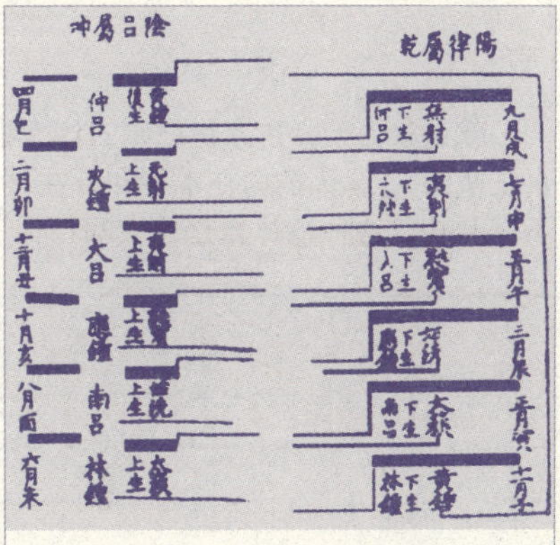

乾坤合律图

此图表现乾、坤二卦十二爻与音律的关系。阳律属乾卦，阴律属坤卦。阳律和阴律与一年十二月和一天十二时辰相应。即：阳律正月（寅）为南吕，三月（辰）为应钟，五月（午）为大吕，七月（申）为夹钟，九月（戌）为仲吕，十一月（子）为林钟；阴律二月（卯）为夹钟，四月（巳）为仲吕，六月（未）为林钟，八月（酉）为南吕，十月（亥）为应钟，十二月（丑）为大吕。

［译文］

所谓“龙潜伏在水中，暂不宜有所作为”，是说阳气仍然潜伏隐藏着，没发生什么变化。“龙出现在田野”，说明天下能看到欣欣向荣的文明景象。“整天勤勉不息”，说明随着时间而向前发展。“潜伏于深谷，或腾跃上进”，说明天道此时已开始革新。“龙高飞于天”，说明位与天高，德与天齐。“龙飞到极高位置，终将有所悔恨”，说明随着时间的推移而达到了极限。天有元始之德而运用阳九主张的变化，这才合乎体现天道自然的法则。

［解说］

自然界及其事物很难发生质的变化，但人间世道却不断发生着沧桑变化，人的命运也不会生来就注定一成不变，所以人和社会要与时偕行，与时俱进。但无论在地、在天还是在中间的每个时期都要保持中正（非为邪也），像法西斯这样的逆流就不能盲从，如此就能发现天道规律。

［原文］

乾元者，始而亨者也。利贞者，性情也。乾始能以美利利天下，不言所利，大矣哉。大哉乾乎！刚健中正，朱熹《周易本义》：“刚以体言，健兼用言中者，其行无过不及，正者，其立不偏，四者，乾之德也。”**纯粹精也。六爻（yáo）发挥，旁通情也。**徐子宏《周易全译》：“犹言周流错综于六个爻位之间的阴阳之爻，发动舒展，沟通反映出天道、地道、人道的情状。”**时乘六龙，以御天也。云行雨施，天下平也。**

［译文］

乾卦象征天，是万物创始的伟大根源，说明了它是创造天地万物亨通的起始。“祥和有益，贞正坚固”，是天的内在本性和外在情感。天创始了万物且广施利益于天下，但它却不言其利、不居其功，这种精神真是伟大啊！伟大的天道啊，刚强劲健、居中守正，这一切都纯粹无瑕、精致不杂。六爻的无穷变化，联系、沟通了万物的发展情理。无论何时都如同驾驭六条龙运行于天。云彩飘行运动，雨水施洒降落，使天下万物均衡和谐地发展。

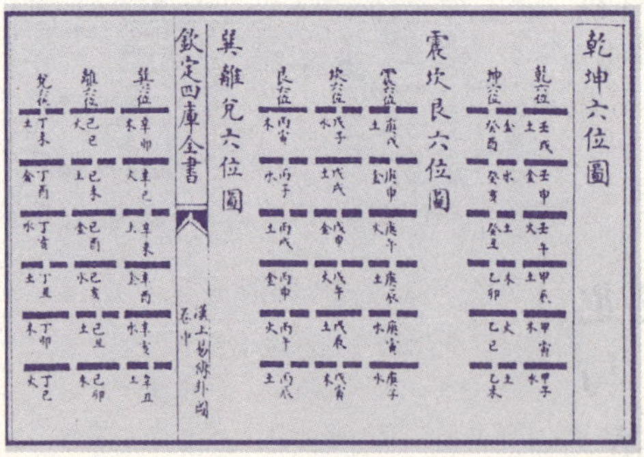

乾坤六位图

“六位”指每卦六爻的位次，六爻自下而上排列，分别称为初、二、三、四、五、上。“六位”也可以指上下四方六个方位。《乾卦·彖辞》：“大明终始，六位时成。”“大明”指太阳。“终始”指日升日落。

［解说］

这段文言明确地讲了元就是始的意思，元始、原始、创生大意相同，乾元，始而亨者也。元亨一体，亨，实际上就是化，所谓“云行雨施”。元亨合起来就是生化或者说化生作用。利贞是乾天的本性。它能为天下谋利却不说，如同老子说的“生而不有，为而不恃”的精神，伟大啊！乾天至纯至精，它的六爻的情况触类旁通可以说明一切状况，可作为天地宇宙运行的总纲。正是乾天云行雨施地运行，天下才能平和发展。

[原文]

君子以成德朱熹《周易本义》："成德，已成之德也。"**为行，日可见之行也。"潜"之为言也，隐而未见，行而未成，是以君子"弗用"也。君子学以聚之，问以辨之，宽以居之，仁以行之。《易》曰："见龙在田，利见大人。"君德也。**

[译文]

君子的行为，是以完善品德修养为目的的，而且这些是在日常言行中都可以体现出来的。乾卦初爻所说的"潜"的意思，是说在应当隐藏着，还未能显露时，行动时机还未到，所以君子暂时还不能施展才用。君子通过学习来积累知识，抱着怀疑的态度来解决疑难，以宽厚仁恕之心待人接物，以仁爱之心指导行为。《周易》说："龙出现在田野，利于晋见伟大的人物。"这是指这种"有德之人"具备了作为一个君子的品德，所以能得到人民的拥戴。

[解说]

君子修德要身体力行，在日常的生活中毫不松懈，所以儒家强调"一日三省吾身"。君子该潜的时候就潜，"君子弗用"是为时机的到来做准备。这个准备就在平日的修德进业中，所谓"学以聚之，问以辨之，宽以居之，仁以行之"。逐渐具备君子的美德，从修身、齐家达到未来治国、平天下的目标。这里强调行胜于言，强调日积月累、水到渠成。

[原文]

九三　重(chóng)刚而不中，上不在天，下不在田，故"乾乾"因其时而"惕"，虽危"无咎"矣。

[译文]

乾卦的九三爻正处阳位，多重阳刚相叠，不得居于中位，因此上不沾天，下不着地，所以要勤勉不息，自强不息，顺应时机，随时保持警惕。如此，则即使面临危险，也没有什么灾祸了。

[解说]

一三五爻都是刚爻的位置，二四六爻都是柔爻的位置。乾卦九三是阳爻居刚爻位置，所以说"重刚"。二五爻各是上下卦的中爻，一般多吉利。九三爻不是中爻，所以说"不中"。这里刻意强调九三的逆境需要自强。

[原文]

九四　重刚而不中，上不在天，下不在田，中不在人，故"或"之。或之者，疑之也。故"无咎"。

[译文]

乾卦的九四爻阳刚过重而不适中，因此上不沾天，下不着地，而且不在人能居住的位置，因而"或"之。强调"或"的意思，是指应有所疑虑，多方审度，也就不会有过失灾难了。

[解说]

这里的重刚不同，是指从初爻到四爻都是阳爻而重刚。这里的“不中”是阳爻居柔位，也有不同于九三爻的“不中”。“上不在天，下不在田”，实际上是从反面讲四爻进退自如的境地，突出“或”（同“惑”）字，中不在人，是因为四爻“刚居柔位”。有惑要疑，问以辨之，有疑问才能有进步，所以并无危害。

[原文]

夫“大人”者，与天地合其德，与日月合其明，与四时合其序，与鬼神合其吉凶。先天而天弗违，后天而奉天时，天且弗违，而况于人乎，况于鬼神乎。“亢”之为言也，知进而不知退，知存而不知亡，知得而不知丧。其唯圣人乎？知进退存亡而不失其正者，其唯圣人乎！

[译文]

乾卦九五爻辞中所说的有权势的人，他的德行，要像天地一样覆载万物；他的圣明，要像日月那样普照大地；他的进退，要像四季交替一样井然有序；他的吉凶，要与鬼神的吉凶契合；他的作为，先于天象而行动，但也不违反天道，后于天象而处事，仍能奉行天道运行的规律。他尚且不违背上天，更何况人呢？更何况鬼神呢？乾卦上九爻辞说的“亢”字，是指高到极点，只知道进取，而不知道引退；只知道生存，而不知道终将衰亡；只知道获利，而不知道丧失。大概只有圣人才是明智的吧！那些深知进取、引退、生存、灭亡的道理，而又不偏失它的正道的人，难道不就是我们所称赞的圣人吗！

[解说]

这里解释九五爻中所说的大人，实际上就是了解天道、遵循天道、与天道合一的人，不会有任何不好。亢在人道中特别体现为进退的关系，进退关系到存亡。易经的进退思想与强调柔弱的老子的“功成身退”、“不敢为天下先”不同，也不同于儒家的刚直进取、威武不屈，而是强调进退“不失其正者”，更具有辩证法的理性智慧。

坤卦第二

厚德载物

坤为地，大地包容万物。

[原文]

坤（kūn）　**元亨，利牝**（pìn）**马之贞。君子有攸**（yōu）**往，**《尔雅·释言》：“攸，所也。”**先迷**《说文》：“迷，惑也。”《广雅·释诂》：“迷，误也。”**后得主，利。西南得朋，东北丧朋。安贞吉。**

[译文]

坤卦象征地，具有伟大的、元始亨通的德性，像雌马一样守持正固是最有利的。君子有所往求，如果遇事争先居首则会迷失方向，如果跟随人后，就会找到主人，因而获得利益。往西南方可以获得可观收获，往东北方将受到损失。卜问是否平安，结果是吉祥。

[解说]

坤也具有元亨利贞的品性，但利贞只是牝马之贞，而不是像乾一样不受限制地利贞天下万物。下面将讲到坤元也与乾元不同，其他还有少数几个卦也具有元亨利贞的品性，但限制性更强，从这个角度讲只有乾阳具备完全的元亨利贞的品性。牝马是母马，在动物里是马代表着乾，因为马刚强奔放。牛代表着坤，因为牛温驯任劳。但为什么这里坤卦不用牛而用母马来象征呢？这是因为牛的温驯没有原则性、方向性，而母马只对牝马（种公马）温驯效忠，有原则性。象征君子有所行动（攸往），也必然要有方向，坤在方位上代表西南方，所以向西南方行动就有利，得朋是相合的意思，东北是阳的方位，就丧朋不利。得、安贞是针对坤的顺从守正的本性而言。

坤卦图

坤卦六爻都是阴爻，六阴消阳。坤卦对应十二地支中的亥，在历法中对应十月。

[原文]

《彖》（tuàn）**曰：至哉坤元，**朱熹《周易本义》：“至，极也。”**万物资生，乃顺承天。坤厚载物，德合无疆。含弘光大，品物咸亨。**徐子宏《周易全译》：“品，品类，品物，犹言各种物类。”**牝**（pìn）**马地类，**徐子宏《周易全译》：“牝马，母马，阴性之物，与地同类。”**行地无疆，柔顺利贞。君子攸行，先迷失道，后顺得常。西南得朋，乃与类行。东北丧朋，乃终有庆。安贞之吉，应地无疆。**

[译文]

《彖传》说：“广阔无垠的大地啊，是生成万物的根源！万物都靠它而成长，它柔顺地秉承天道的法则。大地深厚且载育着万物，它的功德广阔无穷。它蕴藏了弘博、光明、远大的功能，使万物都顺利地成长。雌马属地上走兽，具有在大地上无限奔驰的能力，它的性情柔顺、祥和，有利于守持正道。君子应当效法这种品德而行动，如果遇事争先居首就会迷失方向，如果跟在人后顺随大势就能找到常规。往西南方向可以得到利益，是因为与同类同行；往东北方向将有所损失，尽管如此，但最终结果仍然是吉庆。安顺并且守持正固的行动将会是吉祥的，因为它迎合了大地广阔无垠的柔顺之德。”

[解说]

坤元与乾元不同，乾元是创始，而坤元是生成。坤的亨是指坤深厚广大，能承载万物，而乾亨是“云行雨施”，化生万物。就如植物生长可以做到无土栽培、减弱坤地的作用，但阳光雨露属于天的作用是不能取代的。坤要与乾、与天相合。阴要顺从阳，所以说“乃顺承天”、“德合无疆”，无疆指坤的母性般无边的宽容博大的精神，这种博大既是默默的不张扬，但又充满光辉，可以说是“含弘光大”。

[原文]

《象》曰：地势，坤。《释名》：“坤，顺也，上顺乾也。”**君子以厚德载物。**

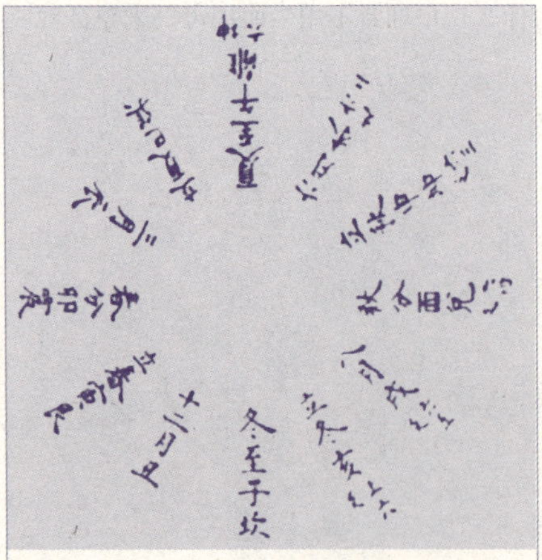

坤初六图

“初六”为坤卦初爻。坤卦建亥十月，正是初冬时节，因此“初六”爻辞说：“履霜，坚冰至。”

[译文]

《象传》说：坤卦象征着大地顺承的特征。君子应当效法大地宽厚、和顺的德性，容载万物。

[解说]

坤代表着地，代表着静，地的形势就是坤；乾象征着天，象征着动，所以天行健。坤的德性就是大地的品格—厚德载物，天的精神就是自强不息。梁启超曾经取《周易》中乾坤两卦的卦德“自强不息，厚德载物”来作为清华大学的校训，也许只有《周易》中的话才能镇住世界一流大学的才情精神，这两句话用来形容我们民族的品格也是再合适不过了。

[原文]

初六　履（lǚ）霜，坚冰至。

《象》曰：履霜坚冰，阴始凝

也。驯致其道，李鼎祚《周易集解》引《九家易》曰："驯，犹顺也。"**至坚冰也。**

[译文]

初六，当踩到地面上的薄霜时，便可知道结坚冰的寒冬要到了。

《象传》说：当踩到地面上的薄霜时，便可知道结坚冰的寒冬要到了。这是指阴气开始凝聚。按自然规律，冰雪寒冬将至了。

[解说]

初爻的阴就像霜，阴始凝也。沿着阴凝的形势（驯致其道）发展下去，就会有坚冰出现，一般的解说都是从认识论角度讲：履霜就能预见到坚冰到来。但应该有更深的寓意就是：冰冻三尺，非一日之寒。人要耐得住十年寒窗苦。

[原文]

六二　直方大。李鼎祚《周易集解》引干宝曰："臣之事君，妻之事夫，义成者也。臣贵其直，义尚其方，地体其大，故曰直方大。"**不习无不利。**

《象》曰："六二"之动，"直"以"方"也。"不习无不利"，地道光也。

[译文]

六二，大地是正直、端方、宏大的。一个人具备了这样的德性，即使不熟习的地方也不会不利。

《象传》说：六二这一爻指引的行动，趋向正直端方。"不熟习也不会不利"，是由大地法则的光明伟大决定的。

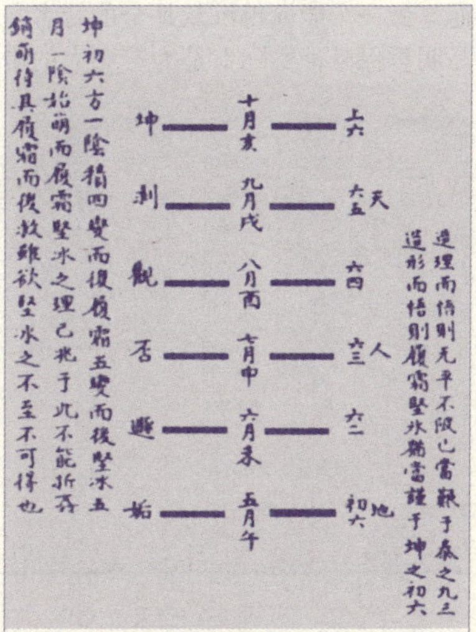

坤卦"履霜"图

"履霜"是坤卦"初六"爻辞和象辞中的用语，意为脚踏薄霜，就知道结冰的季节要来了。

[解说]

人认为天圆地方，直、方、大具体表现了大地的特点：正直、方正、博大。"习"一般认为是学习的意思，但不学习也不会不利的解释似乎不妥，学习的"习"实际上是"做"的意思，坤性直方大（静），不行动也不会不利。这是地道光大的本性决定的。

[原文]

六三　含章朱熹《周易本义》："内含章美。"王弼注："含美。"**可贞。**孔颖达《周易正义》："可以得正。"**或从王事，无成有终。**

《象》曰："含章可贞"，以时发

也。“或从王事”，知光大也。

［译文］

六三，蕴含美好的内涵，可以守持正固。若能辅助君王的事业，则虽无成就，却将取得好的结果。

《象传》说：“蕴含美好的内涵，可以守持正固”，指要把握时机，发挥作用。“若能辅助君王的事业”，指智慧的光明远大，知道自己该如何将才能发挥。

［解说］

含章之美是一种华彩内涵的美，这种美也许不耀眼，但可从长久不褪色（可贞），有时时机到来，也会发出动人心魄的魅力之光（以时发也、光大也）。

［原文］

六四　括囊（náng），李鼎祚《周易集解》引虞翻曰：“括，结也。”**无咎**李鼎祚《周易集解》引卢氏曰：“慎言则无咎也。”**无誉。**

《象》曰：“括囊无咎”，慎不害也。

［译文］

六四，将口袋收紧，虽然得不到赞誉，但可免遭灾难。

《象传》说：“将口袋收紧可免遭灾难”，是指应当收敛，谨言慎行才会免遭祸患。

［解说］

梁启超先生曾经说道：“天下惟庸人无咎无誉。”这里并不是要大家做一个不明是非的庸者，而是做一个能懂得沉默是金的智者，因为世道有险恶、大道也有不能施行的时候。看起来这像是明哲保身，实际上是为着更大的事业。这句爻辞也许是取象于六四阴爻包围在群阴之中。虽上下不应，但柔居柔位，即使明哲保身，也是不得已而为之的明智之举。无咎无誉的评价真的是太恰如其分了。

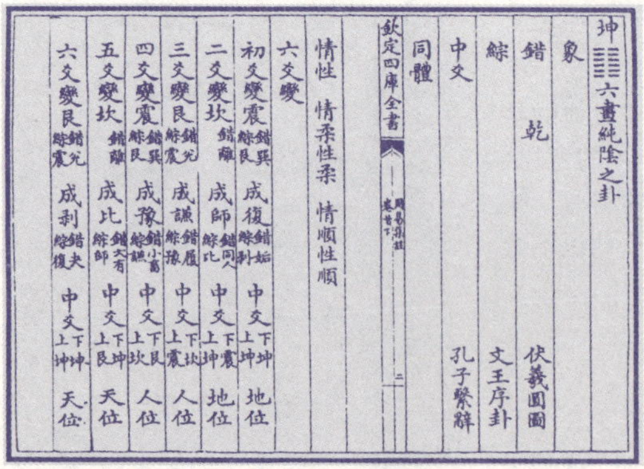
坤☷六畫純陰之卦
象
錯　乾　伏羲圓圖
綜　文王序卦
中爻　孔子繫辭
同體
欽定四庫全書　周易函註　卷首下　二
情性　情柔性柔　情順性順
六爻變
初爻變震　錯巽　綜艮　成復　錯姤　綜剝　中爻　下坤　上坤　地位
二爻變坎　錯離　成師　錯同人　綜比　中爻　下震　上坤　地位
三爻變艮　錯兑　綜震　成謙　錯履　綜豫　中爻　下坎　上震　人位
四爻變震　錯巽　綜艮　成豫　錯小畜　綜謙　中爻　下艮　上坎　人位
五爻變坎　錯離　成比　錯大有　綜師　中爻　下坤　上艮　天位
六爻變艮　錯兑　綜震　成剝　錯夬　綜復　中爻　下坤　上坤　天位

坤卦错综及爻变图

此图出自清代《四库全书》之《周易集注》。坤卦为纯阴之卦，属土，为地。坤卦与乾卦相错，其情性为：情柔性柔，情顺性顺。六爻变位为：初爻变震位在地，二爻变坎位在地，三爻变艮位在人，四爻变震位在人，五爻变坎位在天，六爻变艮位在天。

［原文］

六五　黄裳，《仪礼·士昏》疏：“士唯有三等之裳：玄裳、黄裳、杂裳。”**元吉。**

《象》曰：“黄裳元吉”，文在中也。

［译文］

六五，黄色的衣裳，会有吉祥。

《象传》说：“黄色的衣裳，会有吉祥”，是指应以温文之美德守持中道。

[解说]

坤卦六五爻下卦为坤，裳是人穿的下体裙裤。坤代表着地，地为（土）黄色，土在金木水火土中居中，六五又是上卦中爻，所以有“黄裳”、“文在中也”之说，文通“纹”，以衣裳文饰来形容君子守中通理，内心谦恭修美，就能获得元吉，也就是获得最大的吉利。

[原文]

上六　龙战于野，其血玄(xuán)黄。朱熹《周易本义》：“阴盛之极，至与阳争，两败俱伤。”

《象》曰：“龙战于野”，其道穷也。

[译文]

上六，龙在旷野里战斗，流出黑黄色的血。

《象传》说：“龙在旷野里战斗”，表示已经处于穷途末路。

[解说]

到了上爻，可以说已经是穷途末路，阴极就要阳生，或是格阳于外，阴阳相争很激烈，阴阳混杂（其血玄黄），玄指乾阳的颜色，黄指坤阴的颜色。这个现象告诉我们，阴阳要保持平衡和谐，如果向一方倾斜，就会失衡相争。有破裂毁灭、穷途末路的危险。

[原文]

用六朱熹《周易本义》：“用六，言凡筮得阴爻者，皆用六而不用八。”**利永贞。**

《象》曰：“用六永贞”，以大终也。朱熹《周易本义》：“初阴后阳，故曰大终。”

[译文]

用六，有利于永久守持正固。

《象传》说：“用六永久守持正固”，说明人只要永远刚正不阿，就能实现远大目标。

[解说]

用六类似乾卦的用九，九为老阳之数，六为老阴之数，都是变爻，取义也是穷则思变，变则通久，这样就能做到永贞以大终也。

[原文]

《文言》曰：坤至柔而动也刚，王弼注：“动之方直，不

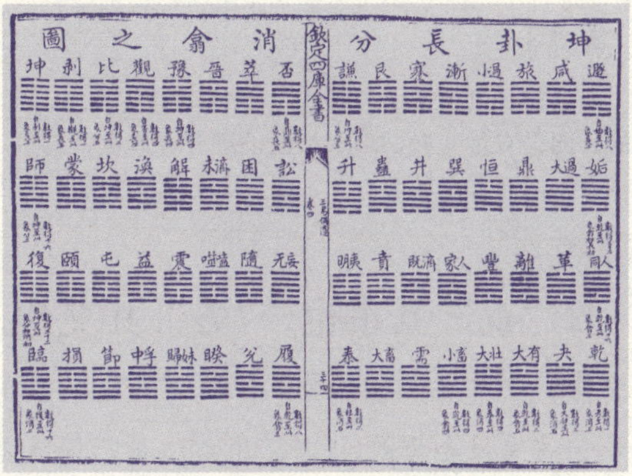

坤卦长分消翕之图

坤卦为十二消息卦之一，“消”为“静”，“翕”为“动”。坤卦由乾卦变化而来，乾卦六爻皆刚，阳盛到极端，下生一柔爻为姤卦，下生二柔爻为遁卦，下生三柔爻为否卦，下生四柔爻为观卦，下生五柔爻为剥卦，六个柔爻全部生成就是坤卦。

为邪也。”**至静而德方，**朱熹《周易本义》：“刚、方，释牝马之贞也。”**后得主而有常，含万物而化光。坤道其顺乎！承天而时行。**

[译文]

《文言》说：大地的德性是极为柔顺的，但变动时则显示出刚强；虽然极为安静，但柔美的品德却是方正的。尽管是后一步来主持万物生长，却自有一定的规律，能包容万物并使其生长光大。大地的法则是多么的柔顺啊！它秉承天的意志而顺时运行。

[解说]

坤性如水。孙子说：“夫兵形像水。”因为水至柔，其动也刚。老子说：“上善若水。”因为“水善利万物而不争”。这与“含万物而化光”一样都属于坤柔的美善。坤如大地，静而方正，忠贞不渝，这是坤阴顺天的美德。

[原文]

积善之家，必有余庆；积不善之家，必有余殃(yāng)。臣弑(shì)其君，子弑其父。非一朝一夕之故，其所由来者渐矣，由辨之不早辨也。《易》曰：“履霜，坚冰至。”盖言顺也。朱熹《周易本义》：“古字‘顺’、‘慎’通用，按此当作慎，言当辩之于微也。”

[译文]

修积善行的人家，必定有很多吉庆；累积恶行的人家，必然会留下很多的殃祸。凡是臣下杀死君王，儿子刺杀父亲，这都不是一朝一夕偶然产生的，而是日积月累逐渐演变而成的，是由于君王父亲们没能早日洞察处理。《周易》说：“踩到地面上的薄霜，便可知道冰雪寒冬要到了。”那是说明事物发展的自然规律。

[解说]

这里把“履霜，坚冰至”的哲学意义投射到人世社会上，这个不是唯心的善恶因果相报说辞，而是对量变必然形成质变的规律在人世社会的事实反映的观察。这里提醒的是要重视量变。这与人们一贯强调的研几、察微、重视点滴毫末的思想一致。

[原文]

“直”其正也，“方”其义也。君子敬以直内，徐子宏《周易全译》：“直，用如动词，矫正。直内，犹言矫正内心的僻邪。”**义以方外。**徐子宏《周易全译》：“方，用如动词，规范。方外，犹言规范行为上的悖乱。”**敬义立而德不孤。“直方大，不习无不利”，则不疑其所行也。**

[译文]

“直”是说为人应品性纯正，“方”是指办事应合乎理义。君子以恭敬慎重的态度作为内心的正直准则；以合乎理义的行为处理外界事务。只要拥有恭敬的态度和做到合适地处事，就能广布美德，得到众人的信任和支持。所以说，“只要能做到正直、端方、宏大，哪怕不熟习也不会不利”，这样他对自己的立身行事就不会有什么疑惑不定了。

[解说]

这段文言进行了明晰的名词解释，敬为立己之本，义为处世应物之道。方义之道独具中国特色，“义”这个词的内涵很难在其他民族语汇里找到对等的词语表达。中国历史上有很多这样信义著于四海的人物，他们岂止是“不孤”，而且常常很有号召力。他们有了直、方、大的品性，能毫不犹豫地去做一些义举。

[原文]

阴虽有美，含之，以从王事，弗(fú)敢成也。地道也，妻道也，臣道也。地道无成，而代有终也。

[译文]

阴柔固然是美德，但要含蓄隐藏，用以辅助君王的事业时，不可以居功。这是大地的法则，为妻的原则，称臣的原则。地道顺天道的法则表明了有成就而不居功，实际上是在时序的交替中继续天道，使事达到预期效果。

[解说]

乾道的美在于一种发扬光大的阳刚之美，而坤道的美在于美好内涵的美，即含章之美。这种美也许不像阳光那样灿烂温煦，但却如玉石、冰雪一样清澈明润，是一种难以拒绝的美的形态。这种美之于人，或羞涩妩媚，或谦逊儒雅，以其不争而天下莫能与之争美，如辅佐王事，虽不以成就自居，但也肯定会得到好的结果。

[原文]

天地变化，草木蕃(fán)。天地闭，贤人隐。《易》曰：“括囊，无咎无誉。”盖言谨也。君子“黄”中通理，朱熹《周易本义》：“黄中，言中德在内，释‘黄’字之义也。”**正位居体，**朱熹《周易本义》：“虽在尊位，而居下体。”**美在其中，而畅于四支，发于事业，美之至也。**

[译文]

天地的自然变化，使一切草木茂盛繁衍。如果天地闭塞昏暗，那贤人能士都会隐退避世。《周易》说：“将口袋收紧，虽然得不到赞誉，却可免遭灾难。”这是在说要谨慎处世的道理。君子应当具有黄色中和的美好品德，通情达理，应使自己保持在正确的位置。将这种美德蕴存于心，自然会畅达于四肢，从而发展于事业，便达到了美的极致。

[解说]

退隐虽然无誉，但也无可厚非。在世道险恶的时代里，不肯与当道小人沆瀣一气，也不失为一种美德。这段文言解说六五爻“黄裳，元吉”等爻辞。中国的哲学一直极为重视“中”，如“中和”、“中庸”、“中正”等。黄色是土色，是中色，黄道也就是中道、大道。中也有内在的意思，这里借喻人的内脏器官如果和美，四肢也会自如流利，比喻人内在的德行美可以大大有利

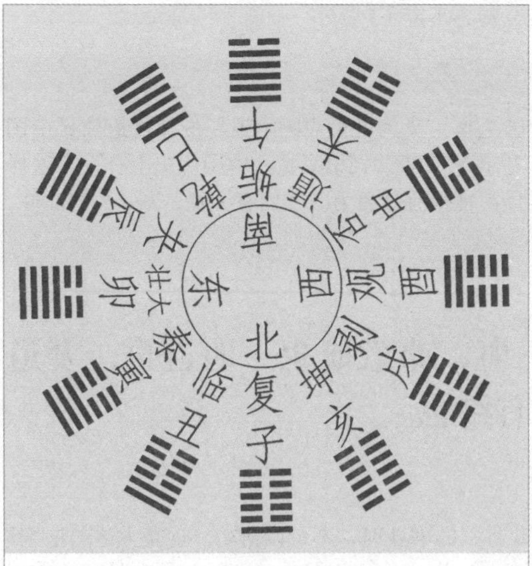

十二辟卦图

《易经》中有十二辟卦：乾、姤、遁、否、观、剥、坤、复、临、泰、大壮、夬，分别依次代表一年中从四月开始到次年三月的十二个月。十二辟卦又称“十二月卦”“十二候卦”“十二消息卦”。图中阳盈为息，从复卦到乾卦六卦为息卦，复一阳生，属子，为十一月卦；临二阳生，属丑，为十二月卦；泰三阳生，属寅，为正月卦；大壮四阳生，属卯，为二月卦；夬五阳生，属辰，为三月卦；乾六阳生，属巳，为四月卦。阴虚为消，从姤卦到坤卦为消卦，姤一阴消，属午，为五月卦；遁二阴消，属未，为六月卦；否三阴消，属申，为七月卦；观四阴消，属酉，为八月卦；剥五阴消，属戌，为九月卦；坤六阴消，属亥，为十月卦。其中，乾、坤两卦，又为消息之母。

于事业的发展，先修身然后齐家，然后治国。用今天的话说就是“做事先做人”。这里提出了近似“中美”的概念，内在的美善，是美的极致。

［原文］

阴疑（nǐ）（同“拟”）于阳，王引之注：“疑之言拟也。”朱熹《周易本义》：“疑谓钧敌而无小大之差也。”**必战，为其嫌于无阳也，故称龙焉。犹未离其类也，故称血焉。夫玄黄者，**朱熹《周易本义》：“玄黄，天地之正色，言阴阳皆伤也。”**天地之杂也。天玄而地黄。**

［译文］

阴达极盛近似于阳时，必会引起征战。这是因为阴气发展，达于极盛，好像阳已经不存在了，所以上六爻辞称龙；而阴并不曾离开同类，所以上六爻辞中又称代表阴柔之血。所谓天地玄黄，是指天地争战中混合的色象：天为青苍的黑色，而地本来就是黄色。

［解说］

曾国藩曾说道：“各朝文人学者，没有不读《易》的，也没有不懂医的。医者，易也。医则调身，易则调神。”医易同源，这段文言用中医理论解释就不那么费解了。坤六断，六爻皆为阴，到上六时已经阴到尽头。在人身体上有两种类似的反应，一是厥阴，意为阴尽阳生，阴厥极似阳厥。还有一种反应是阴与阳争，阴盛阳衰到极点，阴格阳于外，甚至造成阳脱，这就非常危险了。但坤卦上六应该还不至于如此，因为“犹未离其类也”。也就是说还没有离开阴类造成阳脱，这个类是指阴类，血在中医里定性属阴，“故称‘血’焉”。阴阳相杂，其血玄黄。

屯卦第三

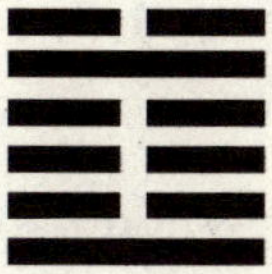

积极建功

屯卦象征着万物初生的萌芽状态，此时正是开创事业的最佳时期。

[原文]

屯（zhūn）《广雅·释诂》：“屯，聚也。” **元亨，利贞。勿用有攸**（yōu）**往，利建侯。**高亨《周易古经今注》：“古者封侯授国，新侯嗣国皆自天子命之，统曰建侯。”

[译文]

屯卦象征初生，具有原始的、伟大的、亨通有益的、贞正坚固的品性。不适合出行，有利于建立诸侯。

[解说]

屯原意是草木萌芽，有生和开始的含义。草木萌芽，充满生机，所以屯又有充满、充实的意思。另外，草木萌芽的过程相当艰难，故也有艰难、停止的意义。

万物萌生的时候，都是生机盎然，所以屯卦也具备创始、亨通、祥和、坚贞，亦即“元、亨、利、贞”四种德行。然而，萌生之始事物都很弱小，不可轻举妄动，因而勿用。但生长的前途不可限量，所以说“有攸往，利建侯”。

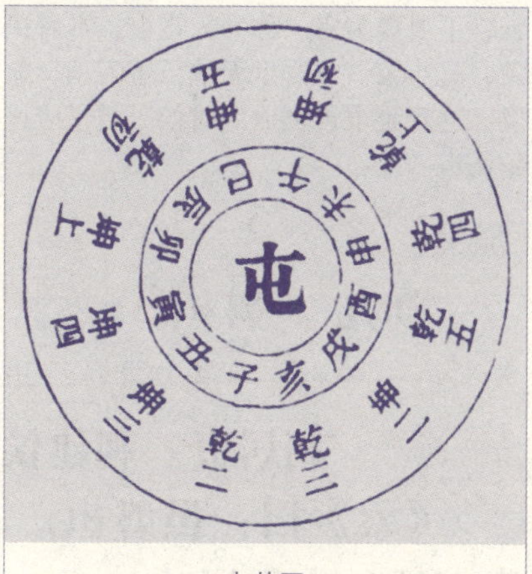

屯卦图

屯有村的意思，《广雅·释诂四》云：“村，国也”。屯卦卦名出自其九五爻辞的“屯其膏”。卦辞“利建侯”说明屯就是建立部落定居下来，而部落必有酋长，即卦辞所说的“建侯”。屯还有草木萌芽的意思，象征万物初生，此时正是开创事业的最佳时期。

[原文]

《彖》（tuàn）**曰：屯，刚柔始交而难生。动乎险中，大亨贞。雷雨之动满盈，天造草昧**（mèi）**。**朱熹《周易本义》：“天造，犹言天运。草，杂乱。昧，晦冥也。阴阳交而雷雨作，杂乱晦冥，塞乎两间。”**宜“建侯”而不宁。**王弼注：“屯体不宁，故利建侯也。屯者，天地造始之时也。造物之始，始于冥昧，故曰‘草昧’也。处造始之时，所宜之善，莫善建侯也。”

[译文]

《象传》说：屯卦是阳刚阴柔初始相交之时的景象，表明艰难相随而生。这是指在重重险象中求变化发展，想要大为亨通，必须要有纯正的品行。它又象征雷雨交加，充盈宇宙间，恰似天地创造万物的草创蒙昧时期。这时适宜建立诸侯基业，治理天下，但天下并不安宁。

[解说]

屯卦上卦为坎，下卦为震，坎代表水，代表险阻，震代表雷，代表足和动。所以往往将屯卦称为水雷屯，或云雷屯。象辞取云雷卦象，说明它象征雷雨之动，一切都开始萌动，处于草创阶段，屯卦意味着开始创建，行动适宜建侯创业，但草创阶段往往艰难不平，震为动，坎为险，所以说“动乎险中”、“刚柔始交而难生”。屯卦的元亨利贞要指向创业建侯，别的行动不适宜（勿用），而适宜有所行动（有攸往），即指利建侯。

[原文]

《象》曰：云雷，屯(zhūn)。君子以经纶(lún)。朱熹《周易本义》：“经纶，治丝之事。经引之，纶理之也。屯难之世，君子有为之时也。”

[译文]

《象传》说：乌云骤起，雷声交动，象征着天地初创的苦难时期。在这种时势下，君子应当以天下为重，负起经略天下大事的责任。

[解说]

卦象是大象，即上下卦的合象，屯卦上卦坎为水、为云，下卦震为雷，称为云雷屯，本卦里下面的象都是爻的位象，是小象。屯卦里天地云雷闪动，象征着人类社会动荡不安，这正是艰苦创业的时候，君子应该兴亡有责，积极地经纶济世。

[原文]

初九　磐桓(pán huán)。陆德明《经典释文》：“磐本作盘。”李鼎祚《周易集解》引荀爽曰：“盘桓者，动而退也。”**利居贞。利建侯。**

《象》曰：虽磐桓，志行正也。以贵下贱，大得民也。

[译文]

初九，如同大石阻住了树的生长那样难于前行，徘徊流连，有利于关于居处的卜问，利于建立诸侯基业。

《象传》说：尽管在徘徊流连，但思想和行动并没有偏离正道。在困难时期能以尊贵的身份而屈居卑下，当然能大得民心。

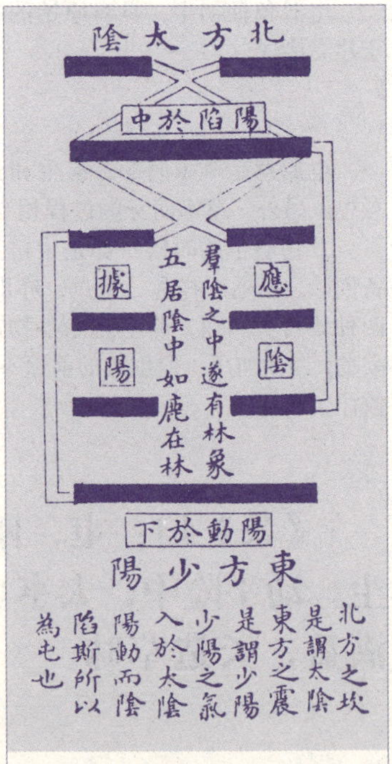

屯象之图

屯卦下卦为震卦，二阴一阳，“初九”在最下方，象征初始阶段的艰难。上卦为坎卦，一阳陷于二阴之中，象征危险。坎卦象征云，震卦象征雷。云雷相交，正是天地初创时期的景象。

[解说]

磐通盘，盘桓就是徘徊回旋，这是因为遇到险阻的缘故，贞通正，这时应该“志行正也”。建侯首先要得民心，必须以贵下贱。屯卦初爻为阳爻，为贵，但却处在三个阴爻之下，象征以贵下贱。

[原文]

六二　屯如邅如。《广雅·释诂》：“邅，转也。”陆德明《经典释文》：“邅如，马云‘难行不进之貌’。”**乘马班**（pán）**如。**陆德明《经典释文》引《子夏传》：“相牵不进貌。”**匪寇**（kòu）**婚媾**（gòu）**。**闻一多《古典新义》：“婚媾，犹今言亲戚。”**女子贞不字，十年乃字。**朱熹《周易本义》：“字，许嫁也。《礼》曰：‘女子许嫁，笄而字’。”

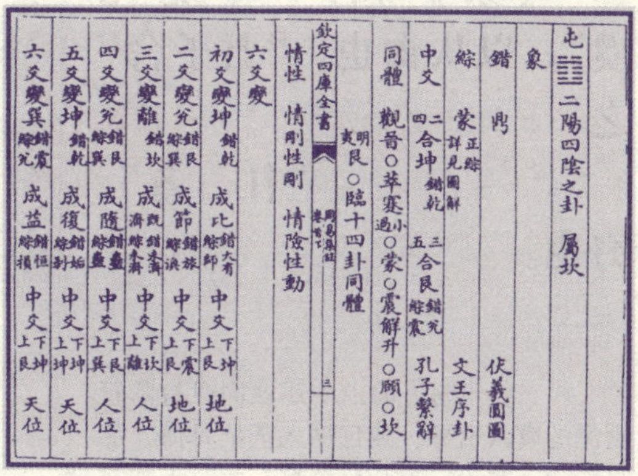

屯☵☳　二陽四陰之卦　屬坎
象
錯　鼎　伏羲圓圖
綜　蒙　正綜詳見圖解　文王序卦
中爻　二四合坤　錯乾　三五合艮　錯兌綜震　孔子繫辭
同體　觀晉○萃蹇小過○蒙○震解升○頤○坎明夷艮○臨十四卦同體
欽定四庫全書　周易集註卷首下　三
情性　情剛性剛　情險性動
六爻變
初爻變坤　錯乾　成比　錯大有綜師　中爻下坤上艮　地位
二爻變兌　錯艮綜巽　成節　錯旅綜渙　中爻下震上艮　地位
三爻變離　錯坎　成既濟　錯未濟綜未濟　中爻下坎上離　人位
四爻變兌　錯艮綜巽　成隨　錯蠱綜蠱　中爻下艮上巽　人位
五爻變坤　錯乾　成復　錯姤綜剝　中爻下坤上坤　天位
六爻變巽　錯震綜兌　成益　錯恒綜損　中爻下坤上艮　天位

屯卦错综及爻变图

屯卦下震上坎，为二阳四阴之卦。内卦震，象征动，外卦坎，象征险。屯卦的情性是：情刚性刚，情险性动。屯卦与鼎卦相错，与蒙卦相综。屯卦与观、晋、萃、蹇、小过、蒙、震、解、升、颐、坎、明夷、艮、临十四卦同体。其六爻变位为：初爻变坤位在地，二爻变兑位在地，三爻变离位在人，四爻变兑位在人，五爻变坤位在天，六爻变巽位在天。

《象》曰：“六二”之难，乘刚也。“十年乃字”，反常也。

[译文]

六二，困顿艰难，踯躅不前。乘骑纷纷牵扯难行，不是匪盗，而是求婚者。女子守贞洁不急于许嫁，过了十年才能许嫁。

《象传》说：六二的艰难，是因为它以阴柔乘凌于阳刚之上，过了十年才许嫁，说明难极至通，返归于常道。

[解说]

班通“盘”，班如是盘旋的样子，邅如也是这个意思，以下各爻都有徘徊回旋的意象。下卦震代表着行动，代表着足马，所以取象说“乘马班如”。骑马打转，不是贼寇，（匪通“非”），而是来求结婚生育。六二爻在下卦中爻，又柔居柔位，居正所以说“女子贞”。六二爻又与上卦中爻的刚爻相应，所以适合结婚。但结婚却不能生育，这个险阻困难来源于六二爻，作为阴爻却在阳爻刚爻之上，这叫“乘刚”。“字”形为屋下有子，意为生育，不字就是不生育，“十年乃字”就是十年后才生育，这才返回常道，反通“返”。

[原文]

六三　即鹿无虞（yú），李鼎祚《周易集解》引虞翻曰：“虞谓虞人，掌禽兽者。”**惟入于林中。君子几，不如舍。**刘大钧《周易概论》：“几，在此当读作‘冀’，作企冀解。《汉书·五行志·中上》：‘以成周之宝圭湛于河，几以获神助。’颜师古注：‘几，读曰冀。’”**往，吝**（lìn）**。**

《象》曰："即鹿无虞"，以从禽也。"君子舍"之，王弼注："夫君子之动，岂取恨辱哉？故不如舍。"**"往，吝"，穷也。**

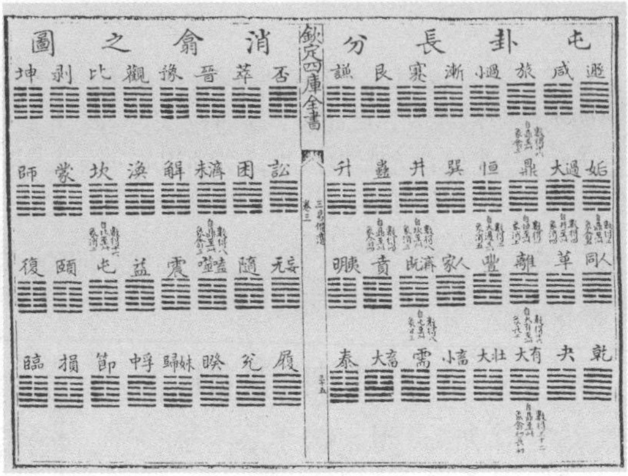

屯卦长分消翕之图

此图表现屯卦在自身运动变化中与其他卦象的关系。屯卦由临卦变化而来，临卦的九二爻与六五爻交换位置，变为屯卦。临卦为十二消息卦之一。临卦变屯卦，是乾坤互为消长变出十二消息卦，十二消息卦演为众卦的具体表现之一。

[译文]

六三，于附近的山中逐鹿而没有掌管山泽的虞人引导，独自深入茫茫林海，那很危险。君子应当心存企冀，此时不如放弃追逐，如果继续前追，则会有忧憾。

《象传》说："于附近的山中逐鹿而没有掌管山泽的虞人引导"，是贪恋追逐禽兽。"君子放弃追逐"，"继续前追，则会有忧憾"，说明穷追不舍必致困顿。

[解说]

即鹿就是接近鹿，无虞就是没有向导，虞人是周代管理山林的官，贵族打猎时做向导。六三爻处于中间三个阴爻的中爻，中间的爻组成的卦称互卦，六三就在互坤的中间，坤代表田地，象征田猎到林中迷路，君子不如舍弃猎物，若一味往前，则会不吉利。不吉利的占辞，往往用"悔（如同错）"、"吝"（如同过）、"咎（如同害）"、"凶（如同灾）"等字词表示，上面三个占辞凶险程度呈递增关系。

[原文]

六四　乘马班如，求婚媾（gòu）。往吉，无不利。

《象》曰："求"而"往"，明也。

[译文]

六四，乘骑纷纷牵扯难行，若为求得婚媾，则坚决前往，就会获得吉庆，没有什么不利的。

《象传》说：如有所求，便前往行动，这才是明智的举动。

[解说]

六四爻辞近似六二爻辞，所不同的是，六四阴爻正应初九爻，而六二爻是正应九五爻。六四与九五虽然阴阳相应，但不是正应，所以弃而去求初九婚配，因为正应，所以无不利，也是明智之举。结婚也是人生成家立业的一个新阶段，屯卦各爻都适合创建，而不适合进一步发展，否则会"即鹿无虞"或"十年乃字"。

[原文]

九五　屯其膏（gāo）。《说文》："膏，肥也。"**小贞吉，大贞凶。**

《象》曰："屯其膏"，施未光也。

[译文]

九五，克服初创的艰难，即将广施膏泽。问小事者，守持正固可获吉祥；问大事者，守持正固以防凶险。

《象传》说：“克服初创的艰难，即将广施膏泽”，是指虽施展了德泽，但还没有发扬光大。

[解说]

屯有屯聚之意，膏原意指油脂，常用来表示福祉、恩泽。这里取象于坎为云，云聚而不下雨，象征恩泽没有广布（施未光也）。这句爻辞告诉我们平时施些小恩小惠，去做小事，还会比较吉利，但要去做大事，反会招来祸患。做大事要靠大义。

[原文]

上六　乘马班如，泣血涟(lián)如。朱熹《周易本义》：“阴柔无应，处屯之终。进无所之，忧惧而已。”

《象》曰：“泣血涟如”，何可长也。

[译文]

上六，乘骑纷纷牵扯难行，而且有泣血伤心泪涟涟的哀痛。

《象传》说：已是“泣血伤心泪涟涟的哀痛”的状态，又怎么可能长久呢？

[解说]

上六本是末路，又加上上六乘刚于九五，更不利，而且上六与对应的六三不应，阴阴不生。真是呼天叫地都不应，血泪交加，怎么能长久呢？这一爻是非常凶险的。屯卦适合开创，上六却走到了尽头，是咎由自取。就如民国初创，袁世凯却篡权复辟，坐上了皇帝宝座，招致举国的反对讨伐，最后只做了八十三天皇帝，就吐血而亡了。

蒙卦第四

文明启蒙

蒙卦寓意启蒙，说明教育在人类生活中的重要性。

[原文]

蒙高亨《周易古经今注》："本卦蒙字皆借为矇，以喻愚昧无知之人。"**亨。匪(fěi)我求童蒙，**高亨《周易古经今注》："年幼而无知者，谓之童蒙。"**童蒙求我。初筮(shì)告，再三渎(dú)，渎则不告。利贞。**

[译文]

蒙卦象征蒙昧，具有亨通顺利的德性。并不是我要去求蒙昧的人们来受教育，而是人们来求教于我。初来时诚恳求教，便施以教诲，如果接二连三地滥问，就是亵渎了神灵，如此则不再施教。这卦利于守持正道。

[解说]

蒙通"萌"，幼小之貌。引申有蒙蒙、蒙蔽、蒙昧、启蒙等意思。屯卦意味着始生阶段，而蒙卦意味着幼稚发蒙阶段。

此卦首先要求儿童要主动求学好问，这样的儿童真是孺子可教，"初筮告，再三渎，渎则不告。利贞。"是强调求学要诚心，否则，三心二意就是亵渎师道尊严了。利贞，人求卦祷告非常郑重，要举行净身、戒、焚香等仪式，是为利贞。

蒙卦图

天地开辟之初称"鸿蒙"，人生之初称"童蒙"。蒙卦下坎上艮，艮为山，坎为水，为险，山下有险，前途暗昧不明朗，因此卦名"蒙"。

[原文]

《彖(tuàn)》曰：蒙，山下有险，险而止，蒙。蒙，"亨"，以亨行，时中也。"匪我求童蒙，童蒙求我"，志应也。"初筮告"，以刚中也。"再三渎，渎则不告"，渎蒙也。蒙以养正，圣功也。朱熹《周易本义》："以卦体释卦辞也。九二以可亨之道，发人之蒙，而又得其时之中，谓如下文所指之事，皆以亨行而当其可也。"

[译文]

《象传》说：蒙昧，犹如高山下有险阻，遇到危险而停止下来，所以蒙昧不明。“《蒙》卦象征蒙昧，具有亨通顺利之德性”，说明行动要把握时机，中庸适当。“不是我要去求蒙昧的人们来受启蒙教育，而是人们求教于我”，是由于志趣相应。“初来时诚恳求教，便施以教诲”，是因为他心存刚毅，符合中庸之理。“接二连三地滥问，就是亵渎神灵，如此则不再施教”，因为这样便亵渎了启蒙的初衷。启蒙是为培养纯正无邪的品质，这是造就圣人的成功之路。

[解说]

蒙卦虽然蒙昧未开，但正是新生命快速发育成长之时，生命力非常旺盛，称得上“蒙亨”。其下卦为坎、为险，上卦是艮山，表示阻止，能遇险而止，表明蒙亨虽不及乾亨广大奔放，但也平稳。坎的中爻是刚爻，取其中正，所以说亨行时中。古代的教育不普及，往往只有贵族才能受到教育，特别是良好的教育，所以也把教育看得很神圣，不可“渎蒙”。启蒙教育就是要培养儿童的正道言行，这是神圣的功德。

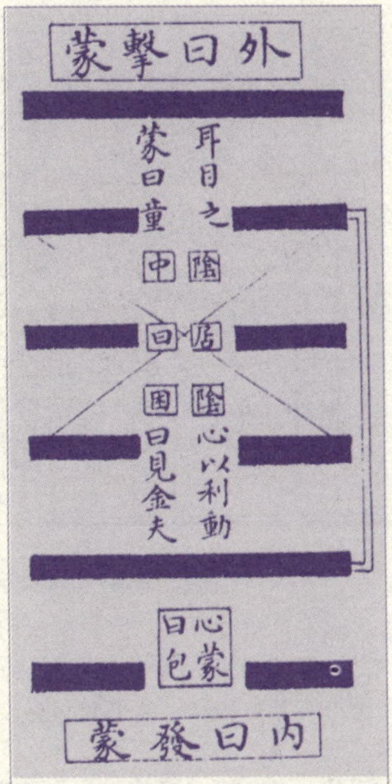

蒙象养正图

蒙卦所蕴含的哲学意义就是行中正之道，就是蒙卦《象》辞所说的“初筮告，以刚中也。再三渎。渎则不告，渎蒙也。蒙以养正，圣功也。”

[原文]

《象》曰：山下出泉，蒙。君子以果行育德。 李鼎祚《周易集解》引包咸曰：“果，谓果敢决断也。”

[译文]

《象传》说：高山下流出清泉，象征着渐启蒙昧。君子有鉴于此，就要以行动果断来培育美德。

[解说]

蒙的卦象上艮为山，下坎为水，称为山水蒙，也可视为山下出泉，这一意象人取义为“果行育德”，可能是因为看到山泉涓涓细流，清澈明快，源远流长，不可限量。蒙有弱小的意思，如蒙蒙亮、蒙蒙细雨。所以感到“蒙”正像是山泉蒙蒙初开，一派天然，发展无限，所以君子要果行育德，做好孩子的启蒙教育。

[原文]

初六　发蒙，利用刑人。用说（tuō）（同“脱”） 焦循《易章句》：“‘说’读如脱去之‘脱’。” **桎（zhì）梏（gù），** 《说文》：“桎，足械也；梏，手械也。” **以往，吝。**

《象》曰：“利用刑人”，以正法也。

[译文]

初六，启发蒙昧，应当树立典型来教育人，从而使人免犯错误，超出这个限度，则必然会

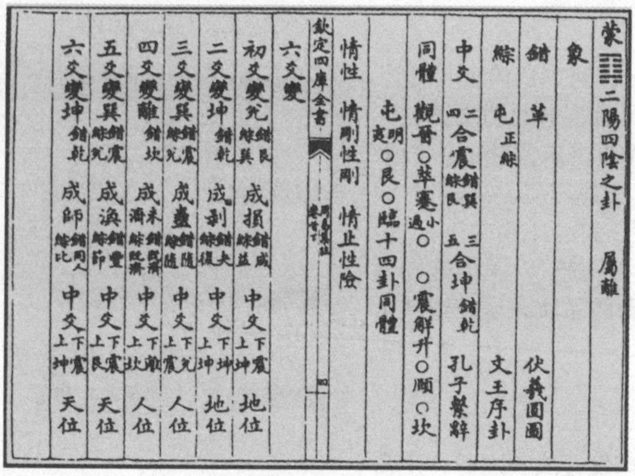

蒙卦错综及爻变图

蒙卦上艮下坎，为二阳四阴之卦。其内卦坎象征水，外卦艮象征山。蒙卦的情性是：情刚性刚，情止性险。蒙卦与革卦相错，与屯卦相综。蒙卦与观、晋、萃、蹇、小过、震、解、升、颐、坎、屯、明夷、艮、临十四卦同体。蒙卦六爻变位为：初爻变兑位在地，二爻变坤位在地，三爻变巽位在人，四爻变离位在人，五爻变巽位在天，六爻变坤位在天。

留下遗憾。

《象传》说："利用树立典型来教育人"，也是为了使人遵循正确的法则。

[解说]

发蒙意即启蒙，教育是用来规范人的，刑通型，刑人意即定型、规范人，使儿童读书明理，以避免将来的牢狱之灾。"用说桎梏"中的"用"当"以"讲，说通"脱"，桎梏指代刑具，借指触犯刑律。初六往上五个爻恰像桎梏，是两个刚爻夹着三个阴爻。不可往前，否则有害。下卦坎代表水，水最平，象征法律，所以象辞中说道，树立规范来端正法规。

[原文]

九二　包蒙，吉。孔颖达《周易正义》："包谓包含。"**纳妇，吉。子克家。**杜预注："克，成也。"

《象》曰："子克家"，刚柔接也。

[译文]

九二，包容蒙昧，可获吉祥；迎娶贤美妻室，可获吉祥。儿子能够担负起家庭的责任。

《象传》说："儿子担负起家庭的责任"，说明他与妻子能阴柔阳刚调和相应。

[解说]

包蒙意即包容，九二爻与九三、九四爻组成互卦震，震代表长子，九二爻为刚爻居中，表明长子已经当家做主，以刚节制周围，它周围是三个柔爻（刚柔接也），而且刚柔相济，故吉。克，意为成，克家即成家。这里忽然谈到长子成家、治家，同人修身然后齐家的思想一致。

[原文]

六三　勿用取女，陆德明《经典释文》："取，本又作娶。"**见金夫，**王弼注："刚夫。"**不有躬(gōng)。无攸利。**

《象》曰："勿用取女"，行不顺也。

[译文]

六三，不宜娶这样的妻子，她眼中所见只是富有的男子，而不顾自身体统，这种女人娶回家没有什么好处。

《象传》说："不宜娶这样的妻子"，说明她的行为不合礼节，若娶回去，什么事情都不会顺利。

[解说]

六三爻仍然谈齐家，六三爻为柔爻居刚位，首先不正。下卦坎由坤变（乾坤生六子，其他六卦都出自乾坤两卦，八卦叠加生六十四卦，可以说其他六十二卦都是由乾坤演变而来）。坤为身、为躬，躬就是自身，坎变坤，所以说“不有躬”，她应当同上九相应，却见到九二爻居中做，有权有势（象征金夫），就失身于他，这种势利女人行不顺也，不能娶。取通“娶”，娶了这种女人没什么好处（无攸利），“攸”意为“所”，前面卦中爻辞里“有攸往”，意思就是有所往（行动）。

[原文]

六四　困蒙，高亨《周易古经今注》：“困蒙，愚昧无知之人处困窘之境。”王弼注：“困于蒙昧不能比贤以发其志。”**吝。**

《象》曰：“困蒙之吝”，独远实也。

[译文]

六四，处于困境之中的蒙昧之人，很艰难。

《象传》说：“困境中的蒙昧之人很艰难”，说明他远离现实生活了。

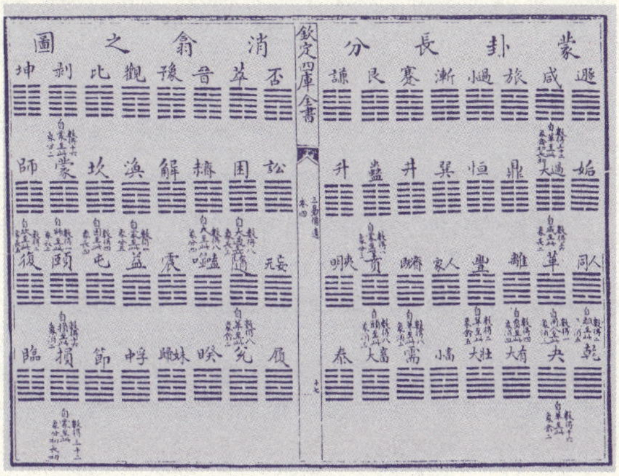

蒙卦长分消翕之图

“消”为“静”，“翕”为“动”。蒙卦在运动变化中与屯卦、观卦关系最为密切。蒙卦与屯卦是一对正覆卦，屯卦倒过来看就成为蒙卦。从卦变上讲，蒙又是十二消息卦中观卦的变化形态，观卦的六二爻与九五爻交换位置，就变为蒙卦。

[解说]

六四阴爻与初六阴阴不应。同左右两旁也是阴阴不应，距离阳爻最远，阳代表实，阴代表虚，所以在蒙卦里六四爻是独远实也，故困蒙，这里蒙有遮蔽、覆盖之意。柔爻不像刚爻具有独立果敢的力量，需要有刚爻的支持帮助。其实就是刚爻在不合适的时候，也要“利见大人”以寻求帮助。

[原文]

六五　童蒙，吉。王弼注：“以夫阴质，居于尊位，不自任察，而委于二。付物以能，不劳聪明，功斯克矣，故曰‘童蒙吉’。”

《象》曰：“童蒙之吉”，顺以巽也。

[译文]

六五，幼童幼稚蒙昧，吉祥。

《象传》说：“幼童幼稚蒙昧而吉祥”，指他恭顺谦逊，容易学习。

[解说]

儿童虽然蒙顿未开，但天性纯真，中国哲学非常推崇返璞归真，所以童蒙很吉。六五柔爻柔顺地进入尊位，达到返璞归真的至高境界。巽为八卦之一，代表风、木，也有柔顺的意思。

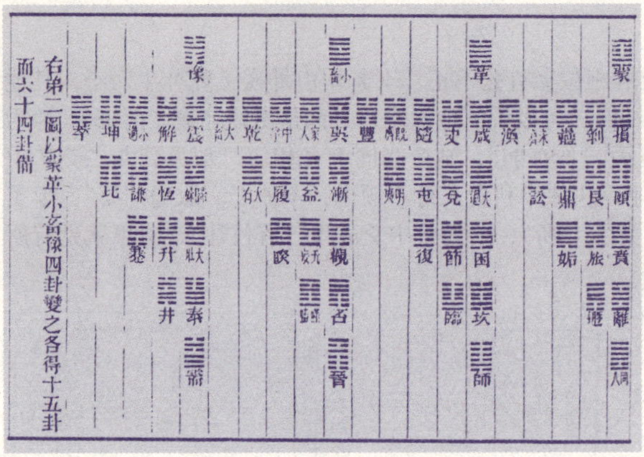

蒙、革、小畜、豫四卦变图

蒙卦变损、颐、贲、离、同人、剥、艮、旅、遁、蛊、鼎、姤、未济、讼、涣十五卦；革卦变咸、大过、困、坎、师、夬、兑、节、临、随、屯、复、既济、明夷、丰十五卦；小畜卦变巽、渐、观、否、晋、家人、益、无妄、噬嗑、中孚、履、睽、乾、大有、大畜十五卦；豫卦变震、归妹、大壮、泰、需、解、恒、升、井、小过、谦、蹇、坤、比、萃十五卦。变卦合四本卦共为六十四卦。

［原文］

上九　击蒙， 王弼注："处蒙之终，以刚居上，能击去童蒙，以发其昧者也。故曰'击蒙'也。" **不利为寇（kòu），利御寇。**

《象》曰："利"用"御寇"，上下顺也。 朱熹《周易本义》："御寇以刚，上下皆得其道。"

［译文］

上九，打击蒙昧，不利于使用过激的方法，而有利于采用刚强的态度来防止外来邪恶。

《象传》说："有利于采用刚强的态度来防止外来邪恶"，因为施教和受教者顺应同心。

［解说］

一般到上九或上六的位置亢而不吉利，但此处上九下面紧接着三个柔爻，组成互坤，坤为顺、跟从，所以上九有率众之象。上九本与六三相应，但六三投靠金夫九二不应，六三所在下卦为坎，坎为寇，与上九不应，所以上九不利为寇，上九所在艮卦代表止、代表手（前面讲过震为足，坤为身）。击蒙，这里的蒙似是昏迷的意思，如打蒙。以手击打阻止盗寇，得到众人响应，所以利御寇，且上下顺也。可见击蒙已经到了平天下的地步。

需卦第五

耐心等待

需卦意为等待。

[原文]

需　有孚（fú），光亨，高亨《周易古经今注》引林义光曰："孚即俘之古文，象爪持子。"光亨，王引之《经义述闻》："光之为言犹广也。"**贞吉。利涉大川。**

[译文]

需卦象征等待，心怀诚信则前途光明亨通。只要坚守正道，就可获得吉祥，有利于涉越江河巨流。

[解说]

蒙是幼稚成长时期，而需则是养育、等待长成的时期。养育需要营养，故需有饮食之道。

[原文]

《彖（tuàn）》曰：需，须也，险在前也。刚健而不陷，其义不困穷矣。"需，有孚，光亨，贞吉"，位乎天位，以正中也。孔颖达《周易正义》："位乎天位，用其中正，以此待物，需道毕矣，故'光亨贞吉'。"**"利涉大川"，往有功也。**

[译文]

《彖传》说：需是需要等待的意思。因为前方有艰难险阻，如要做到刚强健实而不陷入危险，那就自然不会招致路困途穷。"等待，心怀诚信则前途光明亨通，只要坚守正道，就可获得吉祥"，说明九五位居至高无上的天位，又中正不偏。所以"有利于涉越江河巨流"，前进必获成功。

[解说]

需义同须，等待之意。等待其濡养壮大、条件成

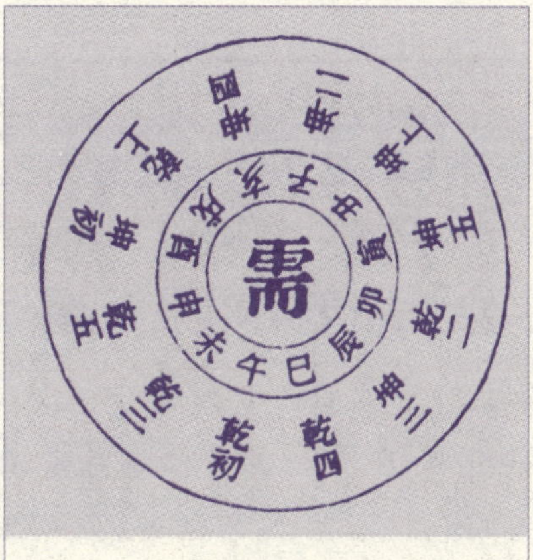

需卦图

需卦下卦为乾，上卦为坎，乾为天，坎为水，意为天上有雨，雨水下浸，云气上蒸，就是濡泽、浸润的意思，因此需是濡的本字，而濡是润的意思，引申为滋养之意。这就是需卦的意蕴。雨水积在天上，等待降下，因此需也有等待的意思。

熟时排除险阻。需下卦为乾，表示刚健，上卦为坎，表示险阻。但刚健不惧险阻，从义理上说不会被困，所以利涉大川。上下卦的中位都为刚爻，既刚健又中正，往前必会建立功勋。上下两旁有异性爻亲近叫作“有孚”，是有诚信之意。上卦坎正是中爻被两个柔爻亲附，为有孚。需卦九三、六四、九五爻组成互卦离，离象征着火和光明，所以说光亨，光明亨通，表明需卦一往无前，战胜险阻，终成大功。

［原文］

《象》曰：云上于天，需。君子以饮食宴乐。王弼注：“童蒙已发，盛德光亨，饮食宴乐，其在兹乎。”

［译文］

《象传》说：云气上升集聚于天，象征着等待。君子应于等待时机之时，安心饮食，举宴作乐。

［解说］

需卦的象是上卦坎为水，下卦乾为天，称为水天需。取云在天上，等待雨水滋润之象，君子效法以为饮食宴乐之道，养精蓄锐，等待时机。屯为始生婴儿时期，蒙为幼稚启蒙时期，需为濡养少年时期。

［原文］

初九　需于郊，《尔雅·释地》：“邑外谓之郊。”**利用恒（héng），**徐子宏《周易全译》：“利用恒，犹言利于长久等待。”**无咎。**

《象》曰：“需于郊”，不犯难行也。“利用恒，无咎”，未失常也。

［译文］

初九，在郊外等待，有利于保持恒心，这样就不会有过失灾难。

《象传》说：“在郊外等待”，指不冒险迎着艰难险阻前进。“有利于保持恒心，这样就不会有过失灾难”，表明了如此则没有偏离常道。

［解说］

初九距离上卦坎险还远，所以说等待于郊外，不犯难冒进，无危害。“利用恒”意思是保持平常、正常就好，不要盲动招惹是非，静养在平静的郊外也不错。孩子的抚育成长也要一个安静适宜的环境，所以昔日有孟母三迁。

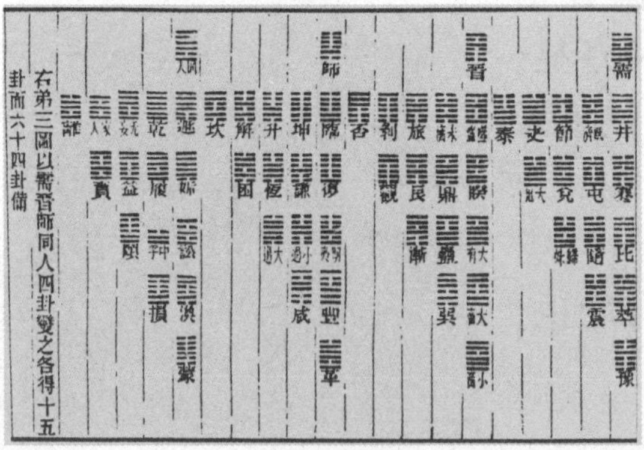

需、晋、师、同人卦变图

需卦变为井、蹇、比、萃、豫、既济、屯、随、震、节、兑、归妹、夬、大壮、泰十五卦；晋卦变为噬嗑、睽、大有、大畜、小畜、未济、鼎、蛊、巽、旅、艮、渐、剥、观十五卦；师卦变为临、复、明夷、丰、革、坤、谦、小过、咸、升、恒、大过、解、困十五卦；同人卦变为遁、姤、讼、涣、蒙、乾、履、中孚、损、无妄、益、颐、家人、贲、离十五卦。此四卦各变十五卦，合四本卦而成六十四卦。

［原文］

九二　需于沙， 朱熹《周易本义》："沙则近于险矣。" **小有言，** 欧阳维诚《周易新解》："小有言：稍有怨言。小，稍微；言，怨言。" 徐子宏《周易全译》："言，借为愆，错误。" **终吉。**

《象》曰："需于沙"，衍（yǎn）在中也。虽"小有言"，以"终吉"也。

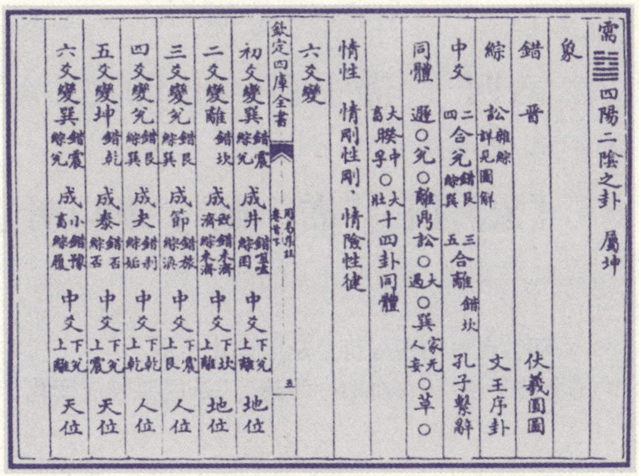

需䷄四陽二陰之卦　屬坤
象　伏羲圓圖
錯　晉
綜　訟（雜綜詳見圓解）　文王序卦
中爻　二四合兑（錯艮綜巽）　三五合離（錯坎）　孔子繫辭
同體　遯○兑○離○訟○大過○巽○家人○无妄○革○
大畜○睽○中孚○大壯十四卦同體
情性　情剛性剛、情險性健
六爻變
欽定四庫全書　周易集註　卷首下　五
初爻變巽（錯震綜兑）　成井（錯噬嗑綜困）　中爻（下兑上離）　地位
二爻變離（錯坎）　成既濟（錯未濟綜未濟）　中爻（下坎上離）　地位
三爻變兑（錯艮綜巽）　成節（錯旅綜渙）　中爻（下震上艮）　人位
四爻變兑（錯艮綜巽）　成夬（錯剥綜姤）　中爻（下乾上乾）　人位
五爻變坤（錯乾）　成泰（錯否綜否）　中爻（下兑上震）　天位
六爻變巽（錯震綜兑）　成小畜（錯豫綜履）　中爻（下兑上離）　天位

需卦错综及爻变图

需卦为四阳二阴卦，属坤。其情性是：情刚性刚，情险性健。需卦与晋卦相错，与讼卦相综。需卦与遁、兑、离、鼎、讼、大过、巽、家人、无妄、革、大畜、睽、中孚、大壮十四卦同体。需卦六爻变位为：初爻变巽位在地，二爻变离位在地，三爻变兑位在人，四爻变兑位在人，五爻变坤位在天，六爻变巽位在天。

［译文］

九二，在沙滩上等待，虽略受责难，但最终可获得吉祥。

《象传》说："在沙滩上等待"，说明宽大不躁，虽然略受责难，但最后还是能得到吉祥的结局。

［解说］

沙指沙滩、沙洲。九二离水更近，到了水边沙滩。风险又大了一点，有人稍微说些责难的话，但言语之烦，不足为虑，过去后就会吉利。常常人要做些事情，总会遭到旁人的非议，简直人言可畏，但勇者会让别人说去吧（在沙滩上等候）。坚持下去，终会成功。

［原文］

九三　需于泥， 朱熹《周易本义》："泥，将陷于险矣。" **致寇至。** 欧阳维诚《周易新解》："致寇至，招来强盗。"

《象》曰："需于泥"，灾在外也。自我致寇，敬慎不败也。

［译文］

九三，在泥泞中等待，招来了盗寇。

《象传》说："在泥泞中等待"，表明此时的灾难来自外部。自身招来了盗寇，说明要谨慎从事才能立于不败之地。

［解说］

继续前行，已经陷入泥沼，紧挨着坎水，坎为寇（注：蒙卦上九爻为利御寇）。因为九三与上六正应，所以此寇是自己招来的，但下卦乾刚健无畏，只要谨慎是不会失利的。外寇并不是最大的祸患。

[原文]

六四　需于血，出自穴(xué)。朱熹《周易本义》："血者，杀伤之地。穴者，险陷之所。"

《象》曰："需于血"，顺以听也。

[译文]

六四，在血泊中等待，从险陷中逃脱。

《象传》说："在血泊中等待"，是说要顺应变化，听从天命。

[解说]

在血泊中等候，凶险可以想见，到达坎卦险境，此时已经深入虎穴，看起来只有听天由命了。上卦坎由坤变，坤为顺，坎在人身为耳为听，所以说"顺以听也"。但乾刚健，应该没有生命之忧。

[原文]

九五　需于酒食，朱熹《周易本义》："酒食，宴乐之具，言安以待之。"**贞吉。**

《象》曰："酒食贞吉"，以中正也。

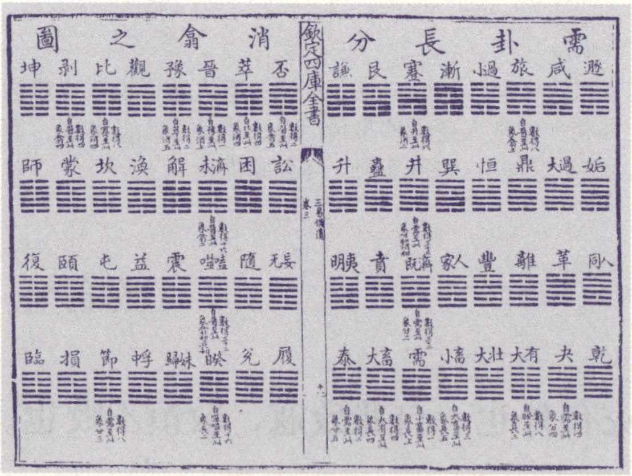

需卦长分消翕之图

"消"为"静"，"翕"为"动"。"消翕"描绘的是需卦在运动变化中与其他卦象的关系。需卦与讼卦是一组正覆卦，需卦上下颠倒就是讼卦。从卦变来看，大壮卦的九四爻与六五爻交换位置，就变成了需卦。

[译文]

九五，在醇酒佳肴中等待，要坚守正道才可获吉祥。

《象传》说："在醇酒佳肴中等待，要坚守正道才可获吉祥"，说明虽然处于安乐，但仍要强调中正之德行。

[解说]

进入坎中央，中央为阳爻、为实、为陆地沙洲，大难不死，必有余幸，此时坎水也变成了美酒，既是畅饮庆祝涉险过关，也是尽享受人生饮食之乐，这一爻体现了需卦的本意，应该是该卦的本位爻。胜利的果实来之不易，才愈加显得甘美。庆祝也会给人生增添享受人生的意义，世界第一总裁杰克·韦尔奇只要有理由就会搞庆祝，下面的人很受鼓舞，士气很高。儒家多强调生于忧患，死于安乐，是进亦忧，退亦忧，然则何时而乐也？看来《易经》的见解真的是弥久长新啊。

[原文]

上六　入于穴，有不速之客三人来，陆德明《经典释文》："速，马云：‘召也。’” **敬之，终吉。**

《象》曰：“不速之客来，敬之，终吉”，虽不当位，未大失也。王弼注：“处（无）位之地，不当位者也。敬之则得终吉，故‘虽不当位，未大失也’。”

天地设位图

图中圆圈代表太极，“——”为阳爻，“— —”为阴爻，太极生两仪，分辨出阴阳二气，阳气清轻上升为天，阴气重浊下降为地，天地由此而开辟。

[译文]

上六，回到家中，有三个不请自来的客人到了，只要恭敬相待，最终可获吉祥。

《象传》说：“有三个不请自来的客人到了，只要恭敬相待，最终可获吉祥”，是说虽在毫无预备的情况下接待来客，但只要恭敬，就不会有大的损失。

[解说]

上六因与九三正应，虽然乘刚于九二爻，而且走到尽头，却没有什么大的险害，与九三正应，九三带着九二、初九一同到来，三位不速之客着实让上六吓了一大跳，但刚柔相应，彼此没有威胁，既来之，则安之，恭敬招待，最终大家握手言欢，吉不必言。人在走投无路的时候有时只能靠外人帮助，别人是否出手相助，就要看你以前做过的事、相处过的人能否有回应、回报了。

讼卦第六

有理有节

讼卦寓意诉讼，要讲求讼德。

[原文]

讼(sòng)《说文》："讼，争也。"　**有孚**(fú)**，**徐子宏《周易全译》："孚，俘的本字。《周易》多处'有孚'，多指抓到的俘虏。"**窒惕**(zhì tì)**，中吉，终凶。利见大人，不利涉大川。**

[译文]

讼卦象征争论诉讼，是诚信被窒碍，心有警惕戒惧，中途吉利，结果凶险。利于出现有权势的人物，不利于涉越江河巨流。

[解说]

讼卦下坎中爻取得初六、六三六个柔爻附和，是为有孚，即有诚信。讼就是诉讼打官司，打官司就要诚信、有证据、令人信服。坎由坤变，即是由顺变险，所以要"窒惕"，就是要阻滞戒备，打官司是非常劳神费力、小心谨慎的事情。但坎卦中爻有孚，行为不失中正，虽然相争，依然会吉利，但官司不要死缠烂打到底，中间适可而止，就能吉利，中吉即中间吉祥。打到底最终是两败俱伤，所以说"终凶"。

[原文]

《象》曰：讼，上刚下险，险而健，讼。"讼，有孚，窒惕，中吉"，刚来而得中也。"终凶"，讼不可成也。"利见大人"，尚中正也。"不利涉大川"，入于渊也。

[译文]

《象传》说：讼卦的上卦乾是刚强，下卦坎是凶险。面临凶险而能够强健，这便是争论诉讼。"讼卦象征争论诉讼，是诚信被窒碍，心有警惕戒惧，中途吉利"，说明秉阳刚的德性而且保持了适中。"结果凶险"，是说明诉讼最终不能成功。"利于出现有权势的人物"，说明诉讼之事崇尚正直持中。"不利于涉越江河巨流"，是说这样会走向深渊。

讼卦图

讼卦乾上坎下，乾为天，坎为水，天下有水，云气上蒸，坎水下注，有争讼之意，所以说"不利涉大川"。

[解说]

讼为诉讼相争，从卦象上看，讼卦上为乾刚，下为坎险。上卦又称外卦，下卦又称内卦，讼卦外刚内险，怎么不会与人冲突相争。中华民族历来以和为贵，争也提倡君子之争，利见大人，此处大人是指德高望重、公正无私的大人物，让他裁夺调解，这是崇尚公正。此处大人在卦里是指九五爻，九五为天子位，至尊之位。坎在内为险阻大川，如果强行，则会掉入深渊，坎为水、为渊，会有灭顶之灾。

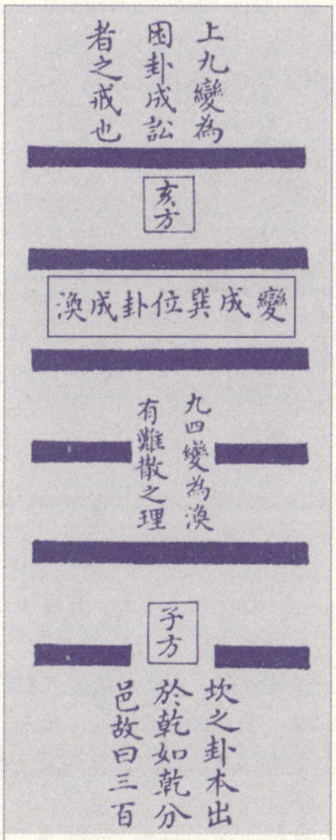

讼象图

讼卦的上卦为乾卦，乾卦象征天，三爻都是阳爻，是纯阳卦，主刚健；讼卦下卦为坎卦，坎卦象征水，坎卦两阴爻一阳爻，一阳陷于二阴之中，是险阻之象。性情刚健而又面临险境，必定会有争讼。这就是讼卦的意象。

[原文]

《象》曰：天与水违行，讼。君子以作事谋始。朱熹《周易本义》："天上水下，其行相违。作事谋始，讼端绝矣。"

[译文]

《象传》说：天向西转并处上位，水向东流而处下位，它们的行动互相违背，象征着争讼。因而，君子处理事务时，从一开始就应当考察其本源，以防止争讼。

[解说]

讼卦为坎下乾上，象征天在上，水在下，称为天水讼。水本往低处流，这样天水背道而行，互不交流，必然违逆起争。君子应当一开始就计划好，避免以后出现争执。李世民曾有世间稀有宝弓，请天下最著名的造弓工匠鉴赏，工匠说，确实是难得的好弓，可惜造弓的木材纹路有些不直，影响了精度。李世民慨叹不已。该故事说明开端初始非常重要。

[原文]

初六　不永所事，徐子宏《周易全译》："永，久，持久。"**小有言，终吉。**王弼注："处讼之始，讼不可终，故'不永所事'，然后乃吉。"

《象》曰："不永所事"，讼不可长也。虽"小有言"，其辩明也。

[译文]

初六，争讼不要久缠拖延，虽然稍稍受到责备，但最终可获吉祥。

《象传》说："争讼不要久缠拖延"，说明诉讼之事不可长久持续，应适可而止。虽然"稍稍受到责备"，但是一经说明解释就可化解。

[解说]

争辩往往不仅不能把问题说清楚，反而可能节外生枝，有些小的口舌是非，不去管它，最终会弄清楚，获得吉利。有时争执起来，反而什么事情都做不成。中国改革的成功很重要的一

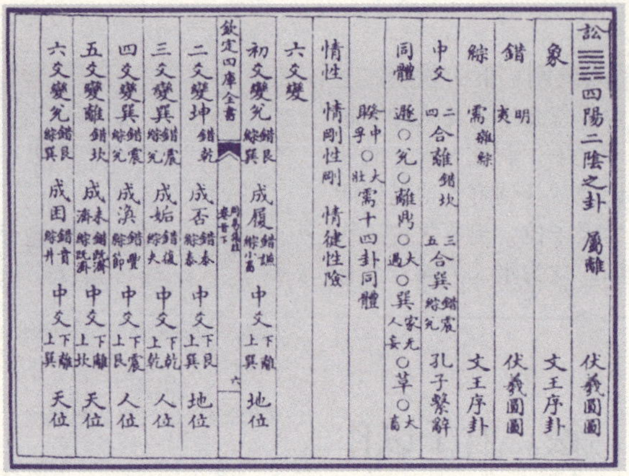
訟䷅四陽二陰之卦 屬離 伏羲圓圖
象 文王序卦
錯 明夷 伏羲圓圖
綜 需 雜綜 文王序卦
中爻 二四合離 錯坎 三五合巽 錯震 綜兌 孔子繫辭
同體 遯○兌○離○大過○巽○家人○无妄○革○大畜
睽○中孚○大壯 需十四卦同體
情性 情剛性剛 情健性險
六爻變
初爻變兌 錯艮 綜巽 成履 錯謙 綜小畜 中爻 下離 上巽 地位
欽定四庫全書 周易集注 卷首下 六
二爻變坤 錯乾 成否 錯泰 綜泰 中爻 下艮 上巽 地位
三爻變巽 錯震 綜兌 成姤 錯復 綜夬 中爻 下乾 上乾 人位
四爻變巽 錯震 綜兌 成渙 錯豐 綜節 中爻 下震 上艮 人位
五爻變離 錯坎 成未濟 錯既濟 綜既濟 中爻 下離 上坎 天位
六爻變兌 錯艮 綜巽 成困 錯賁 綜井 中爻 下離 上巽 天位

讼卦错综及爻变图

讼卦下坎上乾，为四阳二阴之卦。内卦为坎，象征险，外卦为乾，象征刚健。讼卦属离，其情性是：情刚性刚，情健性险。讼卦与明夷卦相错，与需卦相综。讼卦与遁、兑、离、大过、巽、家人、无妄、革、大畜、睽、中孚、大壮、需十四卦同体。讼卦六爻变位为：初爻变兑位在地，二爻变坤位在地，三爻变巽位在人，四爻变巽位在人，五爻变离位在天，六爻变兑位在天。

点就在于不争论，勇于实践，错了再改。一争就复杂了。

［原文］

九二　不克讼， 徐子宏《周易全译》："克，成功，胜利。不克，犹言失败。" **归而逋（bū）** 李鼎祚《周易集解》引荀爽曰："逋，逃也。" **其邑人三百户。无眚（shěng）。** 《子夏传》："眚，马云：'灾也。'"

《象》曰："不克讼"，归逋，窜也。自下讼上，患至掇（duō）也。 朱熹《周易本义》："掇，自取也。"

［译文］

九二，诉讼失败，只好逃亡藏匿起来，逃到一个有三百户人家的小村中，便没有祸患。

《象传》说："诉讼失败"，逃亡鼠窜，这是说居于下位的九二与上相争，是自己招来的祸患。

［解说］

九二与九五都为刚爻，是敌应关系，九二肯定争不过位高权重的九五，必然败诉。九二是士大夫之位，士大夫封邑是三百户。败诉后逃跑藏起来，不会累及它的封邑。自下讼上，民告官尤其在古代是取祸之道（眚是灾难），只能逃避为好。现在社会在不断进步，这种消极怕事、息事宁人的态度并不有利于事情的解决和社会的进步。在司法公正的情况下要敢于应诉，维护自己合法、合理的权益。比如中国目前遇到国外很多贸易纠纷、反倾销调查起诉等就应当积极应诉。尽量不争是对的，但该争的时候一定要争。俗话说："没事别惹事，有事别怕事。"

［原文］

六三　食旧德， 徐子宏《周易全译》："旧德，先人遗业。" **贞厉，终吉。或从王事，无成。**

《象》曰："食旧德"，从上"吉"也。

［译文］

六三，继承安享先辈的德业，必须正直而自勉，才能防止危险，最终获得吉祥。或者也有从政的可能，但不会有成绩。

《象传》说："继承安享先辈的德业"，指的是顺从上位的吉兆。

[解说]

六三是公爵之位，公爵位可以世袭，坎为滋润、饮食（见需卦），又上承乾的旧德，秉承祖先的余荫，所以说“食旧德，从上吉也”。但一旦触犯王法，祖先的余荫就可能被剥夺，俗话说：富不过五代。子孙一定要有一种危厉感，谨守正道，所谓贞厉。不张狂乱为，或者辅佐王事，不居功自傲，才有可能延续祖先的荫德。

[原文]

九四　不克讼，复即命渝，焦循《易章句》：“即，从也。”**安贞，吉。**

《象》曰：“复即命渝，安贞”，不失也。

[译文]

九四，诉讼失败，能够回头走上正道，改变初衷，顺乎自然，守持正固，可获吉祥。

《象传》说：“能够回头走上正道，改变初衷，顺乎自然，守持正固”，便不会有过失了。

[解说]

九四爻就进入上卦乾，乾为天，九四爻同时处在九三、九四、九五爻组成的互卦巽中间，巽代表风、木，古人认为风传递上天的消息，巽又代表着命。乾巽即天命，天命不可违。九四败诉后，乐天命（复即命渝），安身立命，故吉。

[原文]

九五　讼，元吉。

《象》曰：“讼，元吉”，以中正也。朱熹《周易本义》：“中则听不偏，正则断合理。”

[译文]

九五，公平公正的诉讼，至为吉祥。

《象传》说：“公平公正的诉讼，至为吉祥”，是指阳刚至中至正。

[解说]

九五就是德高望重、公正无私的大人，官司打到这里，自然会获得圆满解决，比起前面的不争、逃避、命，这的确是最圆满的结果，是最大的吉利（元吉）。这个吉利来源于中正。但从讼的过程可以看到，普通百姓，甚至士大夫打官司何其难矣！九五这个正义也算是迟到的正义吧。

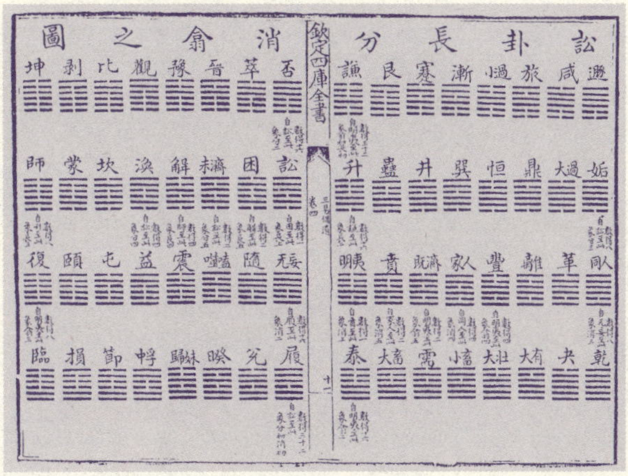

讼卦长分消翕之图

“消”为“静”，“翕”为“动”。“消翕”反映的是讼卦在运动变化中与其他卦象的关系。讼卦是需卦的覆卦，需卦倒过来就是讼卦。需卦从大壮卦变化而来，讼卦则从大壮卦的覆卦遁卦变化而来。

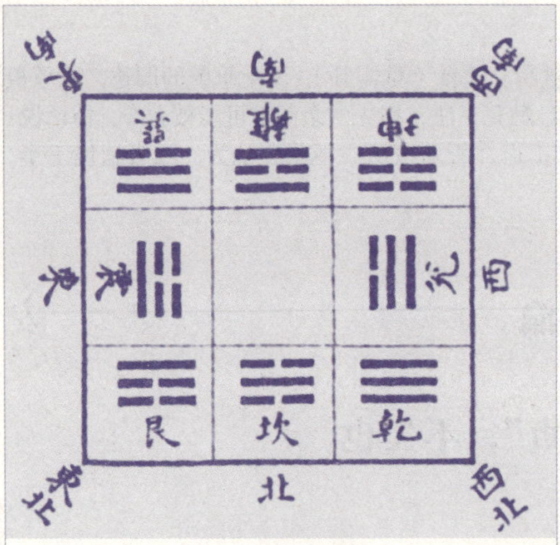

后天八卦流行图

后天八卦方位：离南、坎北、震东、兑西、艮东北、巽东南、坤西南、乾西北。乾、坤、艮、巽偏在四隅，坎、离、震、兑居于四方正位，即八卦流行之象。

［原文］

上九　或锡之鞶带，朱熹《周易本义》："鞶带，命服之饰。"**终朝三褫(chǐ)之。**焦循《易章句》："褫犹夺也。"

《象》曰：以讼受服，亦不足敬也。

［译文］

上九，或者得到赐赠的高级腰带的显贵服饰，但在一天之间，又多次地被夺去。

《象传》说：凭借诉讼而得到的官禄，是不会得到尊敬的。

［解说］

锡同赐，带是官服上的大带，官司打赢了，也可能会隆重地官袍加身，但也可能一天内被三次贬黜。乾为昼，指一天，也就是"终朝"。褫是夺。上九途穷，靠打官司得到官终非正道，所以不足敬也。君子要取之有道，胜之不武。《易经》中的这个价值观非常有价值。《易经》成书的年代，民风还很淳朴，士人也坚持天人相应，所以存有许多很神圣的观念，但今天的人们似乎以成王败寇为当然，甚至笑贫不笑娼。殊为可叹！

师卦第七

选将以道，选将以德

将为师之魂。将者，智信仁勇严也。

[原文]

师（shī）李鼎祚《周易集解》引何晏曰："师者，军旅之名。" **贞，丈人吉，**朱熹《周易本义》："丈人，长者之称。"王船山《周易内传》："丈人，为壮猷之元老。" **无咎。**

[译文]

师卦象征军队占卜的结果，老成持重的长者统兵可以获得吉祥，没有危险。

[解说]

师卦是阐述军队、战争之事的一个卦，比较忧苦。师这里指军队之师。丈人，意即资历、威望、能力、功绩很高，能服众的大人。《孙子兵法》首篇就强调统帅的重要性，要求符合"智、信、仁、勇、严"的标准。师卦开篇与《孙子兵法》开篇可谓所见略同。

[原文]

《彖》（tuàn）曰：师，众也。贞，正也。能以众正，可以王矣。刚中而应，行险而顺，以此毒天下，王弼注："毒，犹役也。" **而民从之，"吉"又何"咎"矣。**

[译文]

《彖传》说：师是部属众多的意思。贞是坚守正道的意思。能够以正道率领众多的部属，便可以成为君王了。统帅刚直，虽遇险却能一帆风顺，凭借这些来治理天下，百姓纷纷服从，当然会吉祥，又哪来的灾祸呢？

[解说]

彖辞也进一步讲明了对统帅的要求和缘由，统帅能够保持中正。师卦为九二一个阳爻统帅五个阴爻，有号召力，能众正，可以为王。九二刚爻位居下卦中位，所

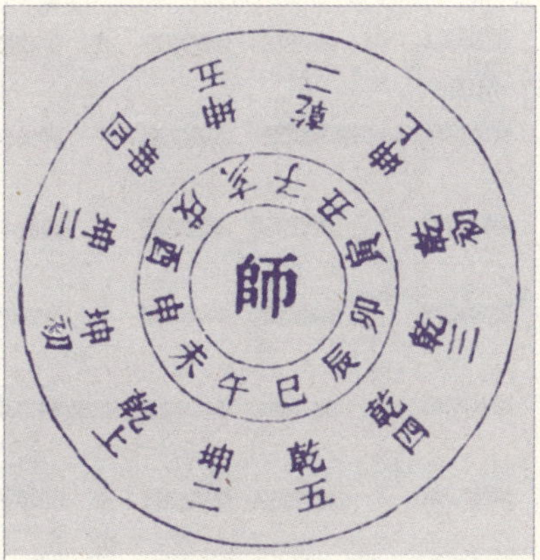

师卦图

"师"，有"师旅"之义，《彖》辞为"众"之义。无众则无师旅。师卦坤上坎下，水在地下，坤为顺，坎为险，坤为民，坎为兵，意为寓兵于民。在古代，没有战事则农众，有战事则兵众。朱熹说过"古者寓兵于农"。

以说“刚中而应”，表明统帅刚强有力，有谋略能行险而顺。师卦上卦为坤，坤为顺，下卦为坎，坎为险，所以叫“行险而顺”。战争必然带来苦难，而人民依然愿意跟从他，真是达到了孙子说的“令民与上同意，可以与之生，可以与之死”的境地。这样的统帅还怎能不战无不胜，取得胜利大吉呢？

[原文]

《象》曰：地中有水，师。君子以容民畜（xù）众。朱熹《周易本义》：“水不外于地，兵不外与民，故能养民，则可以得众矣。”

[译文]

《象传》说：大地中藏聚着水，就好似民众中包含士兵。君子应当效法这种品性，包容百姓，蓄聚民众。

[解说]

师卦为坤上坎下，坤为地，坎为水，上下合象为地中有水，称为地水师。地中有水就是在地势低的地方能聚集水，所以有聚众、会师之象，用以象征军旅。大海聚集地中最多的水，要像大海一样开阔包容，容纳百川，以容民蓄众。

[原文]

初六　师出以律，孔颖达《周易正义》：“律，法也。”**否臧（zāng），凶。**朱熹《周易本义》：“否臧，谓不善也。”

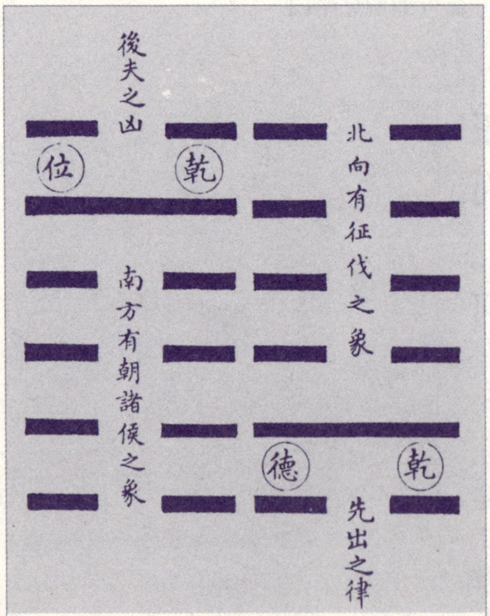

师比御众图

师卦内卦是坎，是“水”“险”；外卦是坤，是“地”“顺”。此卦五阴一阳，“九二”在内卦得中，象征掌握军权的统帅。

《象》曰：“师出以律”，失律“凶”也。

[译文]

初六，军队出发作战必须以严格的纪律约束，否则必有凶险。

《象传》说：“军队出发作战必须以严格的纪律约束”，说明丧失军纪必遭凶险。

[解说]

师旅的第一要求就是军队纪律。一下就点到了部队具备战斗力的要害精髓。历史上著名的军队无不是军纪严明的部队。孙武以严明军纪把一支由妃子、宫女组成的队伍，训练成令行禁止、敢于赴汤蹈火的队伍。军纪严明更可以得到人民百姓的拥护。中国工农红军创建不久，就制定了三大纪律、八项注意的军纪要求，成为红军取得胜利之本。在卦象中，初六居于坎卦，坎为水，水平故又用如法律（同蒙卦初六爻“以正法也”）。所以首先要师出以律。

[原文]

九二　在师中，吉，无咎。王三锡命。高亨《周易古经今注》引朱骏声曰：“《周礼》一命受职，再命受服，三命受位。《曲礼》：‘一命受爵，再命受服，三命受车马。’”

《象》曰：“在师中，吉”，承天宠也。“王三锡命”，怀万邦也。《尔雅·释言》：“怀，来也。”

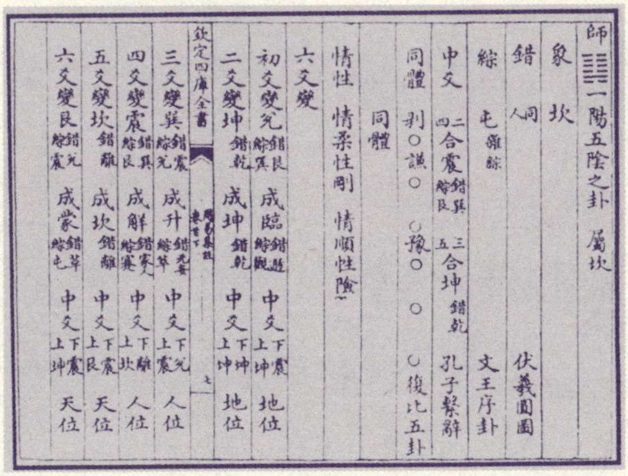
師䷆一陽五陰之卦　屬坎
象　坎　伏羲圓圖
錯　同人
綜　屯　雜綜　文王序卦
中爻　二四合震　錯巽綜艮　三五合坤　錯乾　孔子繫辭
同體　剥○謙○○豫○○○復比五卦
同體
情性　情柔性剛　情順性險
六爻變
初爻變兑　錯艮綜巽　成臨　錯遯綜觀　中爻　下震上坤　地位
二爻變坤　錯乾　成坤　錯乾　中爻　下坤上坤　地位
欽定四庫全書
三爻變巽　錯震綜兑　成升　錯无妄綜萃　中爻　下兑上震　人位
四爻變震　錯巽綜艮　成解　錯家人綜蹇　中爻　下離上坎　人位
五爻變坎　錯離　成坎　錯離　中爻　下震上艮　天位
六爻變艮　錯兑綜震　成蒙　錯革綜屯　中爻　下震上坤　天位

师卦错综及爻变图

师卦下坎上坤，为一阳五阴之卦。师卦与坎卦相象，与同人卦相错，与屯卦相综，二至四爻合为震卦，与巽卦相错，与艮卦相综。三至五爻合为坤卦，与乾卦相错。师卦与剥、谦、豫、复、比五卦同体。师卦情性为：情柔性刚，情顺性险。其六爻变位为：初爻变兑位在地，二爻变坤位在地，三爻变巽位在人，四爻变震位在人，五爻变坎位在天，六爻变艮位在天。

[译文]

九二，统兵率众刚毅持中，可以获得吉祥，不会遭到灾祸。君王多次奖赏委任。

《象传》说：“统兵率众刚毅持中，可以获得吉祥”，说明得到了上天的恩宠。“君王多次奖赏委任”，是说他心中想着奖赏臣下，有怀安天下万邦的志向。

[解说]

古代军队分为左、中、右三军，九二中爻位于中军大帐，即“在师中”。因为九二中正，又与上卦中爻六五正应，五位为天子位，所以九二是“承天宠也”，自然吉利无咎。六五天子不断嘉奖九二统帅，又九二与六五相隔三个爻位，所以爻辞谓“王三锡命”，宠誉甚隆，以慑服万邦。

[原文]

六三　师或舆（yú）尸，朱熹《周易本义》：“舆尸，谓师徒挠败，舆尸而归也。”**凶。**

《象》曰：“师或舆尸”，大无功也。

[译文]

六三，出师归来的舆车满载尸体，有凶险。

《象传》说：“出师归来的舆车满载尸体”，说明打了大败仗。

[解说]

六三为什么不能行险而顺，反而是用车（舆）拉着尸体，大败而归呢？这是因为六三是柔居刚位，不正，又处于下卦坎险中，还与上六敌应。凡此种种，此时它前面面临的坤就不是代表顺，而是代表着阴和死了。

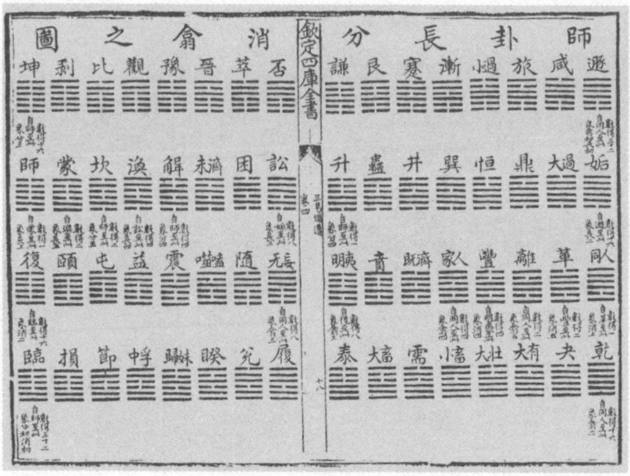

师卦长分消翕之图

“消”为“静”，“翕”为“动”。“消翕”，即表现师卦在运动变化中与其他卦象的关系。师卦是在复卦的基础上变化而来。复卦的初九爻上升到第二爻位就成为师卦。师卦与比卦构成一组正覆卦，师卦倒过来就是比卦。

[原文]

六四　师左次，程颐《易传》：“左次者，退舍也。”**无咎。**

《象》曰：“左次无咎”，未失常也。

[译文]

六四，率军退守，不会有什么灾祸。

《象传》说：“率军退守，不会有什么灾祸”，说明没违背常规用兵。

[解说]

四位常有进退，如乾卦九四所说“或跃在渊”。古代行军以左为退，次为驻扎。师左次就是退军驻扎。六四柔居柔位，因为柔弱无力，周围又没有相比（异性爻相邻为相比）、相应，所以选择退却是正确的，柔居柔位，位正，无咎。胜败乃兵家常事，所以也“未失常也”。

[原文]

六五　田有禽，李鼎祚《周易集解》引荀爽曰：“田，猎也。”**利执言，**闻一多《周易义证类纂》：“执言，犹执讯也。”**无咎。长子帅师，弟子舆尸，贞凶。**

《象》曰：“长子帅师”，以中行也。“弟子舆尸”，使不当也。

[译文]

六五，打猎时获得猎物，作战中捕获俘虏，不会有灾祸。由长子统兵打仗则战胜归来，任命次子统兵则必将车载尸体败归，说明前者成功，后者失败。

《象传》说：“委任长子统兵打仗”，说明用人得当；“委任次子统兵打仗必将车载尸体败归”，说明用人不得当。

[解说]

师上卦坤为地、为田，禽在古代是飞禽走兽的统称，坤于此表示田猎。六五为天子，天子狩猎应该有理由、有执获（利执言，言是说明理由）。古代狩猎常常就相当于军演。天子一般不能御驾亲征，故狩猎应有收获以示战争有俘获。六五位高又中正，但为柔爻，居刚位，失之柔弱，九二统帅，一阳统五阴，众望所归，能众正，可以为王，功高震，所以六五天子贞凶。

九二、六三、六四爻组成互震，震代表长子，古人以立长子为正。又因为九二长子中正，所以他帅师名正言顺。坎为中子，为险，他帅师名不正，言不顺（使不当也），所以就遇险大败，拉着尸体跑回来了。

［原文］

上六　大君有命，孔颖达《周易正义》："大君，谓天子也。"李鼎祚《周易集解》引干宝曰："大君，圣人也。"**开国承家。**程颐《周易程氏传》："大君以爵命赏有功也。开国，封之为诸侯也。承家，以为卿大夫也。承，受也。"**小人勿用。**

《象》曰："大君有命"，以正功也。李鼎祚《周易集解》引虞翻曰："谓五多功，五动正位，故'正功也'。"**"小人勿用"，必乱邦也。**

［译文］

上六，君王颁发诏令，册封诸侯，赏赐士大夫，小人不可以重用。

《象传》说："君王颁发诏令"，是为了论功行赏。"小人不可以重用"，是因为那样做必将危及国家。

［解说］

上位为宗庙位，此爻明确地讲述其地位。古代打仗前后都要在宗庙举行隆重仪式以誓师或凯旋颁赐，这里讲战胜归来，在宗庙前论功颁奖（以正功也），立大功者封疆裂土，立小功者赐予采邑。上卦坤代表土地、国土，所以说开国承家。但不能奖赏小人，否则会乱国。

比卦第八

亲君子，远小人

比卦象征人或物之间的密切关系。

［原文］

比李鼎祚《周易集解》引崔憬曰："方以类聚，物以群分，人众，则群类必有所比矣。"**吉。原筮（shì），**《广雅·释言》："原，再也。"**元永贞，无咎。不宁方来，后夫凶。**

［译文］

比卦象征相亲相辅，吉祥。再一次占卜的结果，是只要诚心诚意，长久而坚贞地亲辅有德君，就不会有灾祸。不愿臣服的邦国来朝，迟迟不来的人会有凶险。

［解说］

比是比邻，引申为亲和、亲比、亲辅，所以比较吉利。此卦表示天威远著，诸侯、外邦纷纷归附的景象。

比卦是紧随师卦而来，《易经》六十四卦，两两相偶，非覆即变。覆卦是各爻位置次序刚好倒置的两个卦，注意不是上卦与下卦倒置，而是各爻次序相反。如前面所讲的屯与蒙、需与讼，以及师与比。变卦是正看倒看都一样，但阴阳相反的两个卦，最简明如乾坤两卦就是。易经排列每两卦组合就是采用非覆即变的方式，覆卦又叫错卦，变卦又叫综卦。一般分析卦象都要参照它的覆卦或变卦。比如上面爻辞中"不宁方来"，意思就是比卦从师卦用兵后，四方归附，所以叫"（战争）不宁方来"。

后来归附亲比的人和诸侯比较凶险，因为它们是走投无路才来投奔的（后夫凶）。其实在现实中，我们也把主动归附的叫作归降，迫不得已归附的叫作投降，两者有本质上的不同。比卦首先对此做了区别。

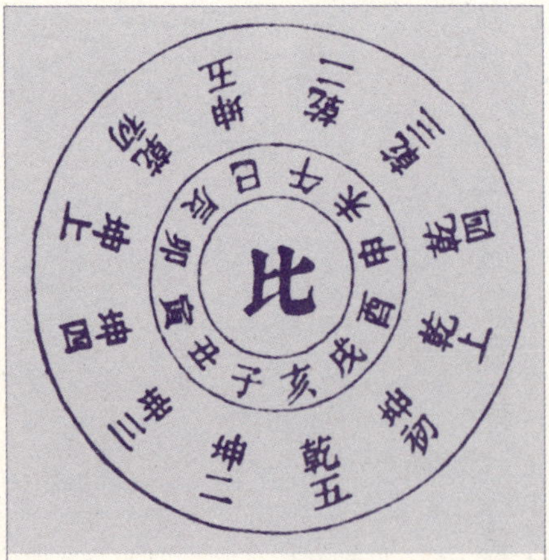

比卦图

"比"说明二人关系密切亲近。《彖》辞解释为下对上的辅佐顺从，《象传》解释为上对下通过亲比以建立邦国，天子要密切与诸侯的关系。

［原文］

《彖（tuàn）》曰：比，吉也。比，辅也，下顺从也。"原筮（shì），元永贞，无咎"，以刚中也。"不宁方

来"，上下应也。李鼎祚《周易集解》引虞翻曰："水性流动，故'不宁'。坤阴为方，上下应之，故'方来'也。"**"后夫凶"，其道穷也。**

［译文］

《象传》说：相亲相辅，必有吉祥。"比"是相互辅助，如下位顺从于上位。"再一次占卜的结果，是只要诚心诚意，长久而坚贞地亲辅有德君，就不会有灾祸"，说明此爻刚毅中正。"不愿臣服的邦国来朝"，是指上下五个阴爻都与九五阳爻呼应。"迟迟不来的人会有凶险"，是指相亲相辅之德已穷尽。

［解说］

比卦下为坤顺，所谓"下顺从也"。"原筮"就是推究、原究占卜，人遇到大事往往要占卜分析。"元永贞"就是开始建立，要永久、正固。比卦唯一阳爻居中，就是"以刚中也"，即刚健中正。

［原文］

《象》曰：地上有水，比。李鼎祚《周易集解》引何晏曰："水性润下，今在地上，更相浸润，比之义也。"**先王以建万国，亲诸侯。**

［译文］

《象传》说：地面布满水，象征着相亲相辅。古代贤君便是以此德封建邦国，与诸侯相亲相辅。

［解说］

比卦上坎下坤，象征地上有水，称为水地比。世界各国最早都是在地上有水的地方建立族群和国家的，先王自然也是。

［原文］

初六　有孚（fú），比之，无咎。有孚，盈缶（fǒu），《说文》："缶，瓦器，所以盛酒浆。"**终来有它，吉。**高亨《周易古经今注》："它，重文作蛇。是古人称意外之患曰'它'。"

《象》曰：《比》之"初六"，有它吉也。

［译文］

初六，心怀诚信，相亲相辅，就没有灾患。诚信如充盈酒缸的美酒，终将有人前来投附，必然可获吉祥。

《象传》说：比卦的初六爻，表明将获得意外的吉祥。

［解说］

比卦中各阴爻都亲信、追随唯一阳爻九五爻，叫"有孚，比之"。坤为地、为腹，借为缶。坤上为水，有盈满之象，比喻亲比充满信心，即所说的"有孚盈缶"。初六离九五最远，中间隔着一个互坤，是远方来贺，格外吉祥（它吉）。

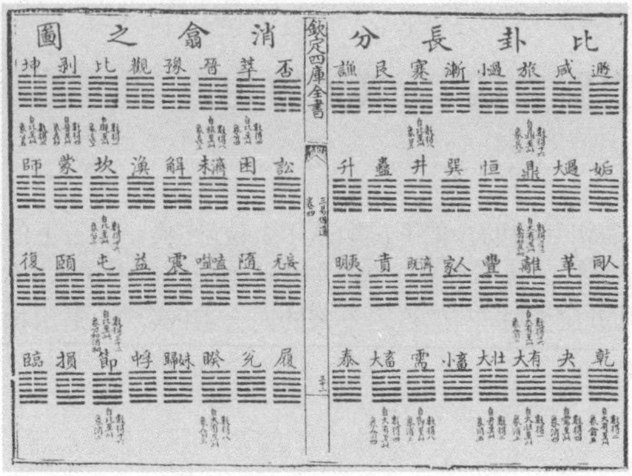

比卦长分消翕之图

“消”为“静”，“翕”为“动”。“消翕”描绘的是比卦在运动变化中与其他卦象的关系。比卦是在剥卦的基础上变化了的形态。剥卦的上九爻下到第五爻位，即剥卦上九与六五两爻交换位置，就变为比卦。比卦又是师卦的覆卦，师卦倒过来看即为比卦。

［原文］

六二　比之自内，李鼎祚《周易集解》引崔憬曰："自内而比，不失已亲也。"**贞吉。**

《象》曰："比之自内"，不自失也。

［译文］

六二，相亲相辅，发自内心，结果就可获吉祥。

《象传》说："相亲相辅，发自内心"，说明没有失去自己的主动性。

［解说］

六二柔居柔位，又居中，正道不失，且六二与九五正应，所以六二的亲比是发自内心的，吉利。与人交往，亲近某人，没有比心诚更可贵的了，所谓精诚所至，金石为开。

［原文］

六三　比之匪人。李鼎祚《周易集解》引虞翻曰："匪，非也，失位无应，三又多凶，体剥伤象，弑父弑君，故曰'匪人'。"

《象》曰："比之匪人"，不亦伤乎！

［译文］

六三，相亲相辅于不应当亲近的人。

《象传》说："相亲相辅于不应当亲近的人"，难道不是很悲伤的事吗？

［解说］

六三四周都是阴柔小人，六三位置不正，不能洁身自好，亲近的都是不应当接近的小人。近朱者赤，近墨者黑，怎不叫人感伤？

［原文］

六四　外比之，贞吉。王弼注："外比于五，履得其位，比不失贤，处不失位，故'贞吉'也。"

《象》曰："外比于贤"，以从上也。

［译文］

六四，在外亲密亲附于君主，结果可获吉祥。

《象传》说："在外亲密亲附于贤明的君主"，说明要以这样的态度顺从尊上。

[解说]

六四已经进入上卦，上卦又称外卦，所以六四前来亲附，可谓“外比之”。九五中正贤明，四位是诸侯位、大臣位，亲比九五是“外比于贤”，选择光明。

[原文]

九五　显比。《尔雅·释诂》：“显，光也。”**王用三驱。失前禽，邑人不诫(jiè)，吉。**

《象》曰：“显比”之吉，位正中也。舍逆取顺，“失前禽”也。李鼎祚《周易集解》引虞翻曰：“三驱，谓驱下三阴，不及于初，故‘失前禽’。”**“邑人不诫”，上使中也。**

[译文]

九五，以光明之道相辅佐的例子是：君王狩猎，由三面包围驱赶，听任前方的禽兽逃走，只追逐而不猎杀，老百姓对君王狩猎毫不惊惧，吉祥。

《象传》说：“以光明之道相辅佐”的吉祥，说明君主居位端正适中。舍弃背逆而只取顺从，正如“听任前方的禽兽逃走，只追逐而不猎杀，老百姓对君王狩猎毫不惊惧”，这是说君王谨守中庸之道让臣民不惊。

[解说]

九五是全卦唯一的刚爻，又位居尊位，各爻都以它为核心来亲比，非常显赫，故称显比。下卦为坤田，有狩猎之象，大王（九五）用三驱之礼来狩猎，因为中正，虽然兴师动众，但所经过地区的人（邑人）并不惊惧戒备。代以不伤猎物正面，因为以颜面为贵，这种猎物可以用来祭祀，所以打猎的时候，要放过猎物正面（前面），从侧后面射杀，“舍逆取顺，失前禽”即指此意。这种浩荡、祥和的场面，说明九五真是天下归心。

[原文]

上六　比之无首，凶。李鼎祚《周易集解》引荀爽曰：“阳欲无首，阴以大终。阴而无首，不以大终。故‘凶’也。”

《象》曰：“比之无首”，无所终也。

[译文]

上六，相亲相辅于人而不领先居首，有凶险。

《象传》说：“相亲相辅于人而不领先居首”，说明未能善始善终，故没有好结果。

[解说]

上六前面无路，没有亲比的对象，掉头回来亲比九五，上位是首，这样比之仿佛无首，茫茫然不知所归，凶险。

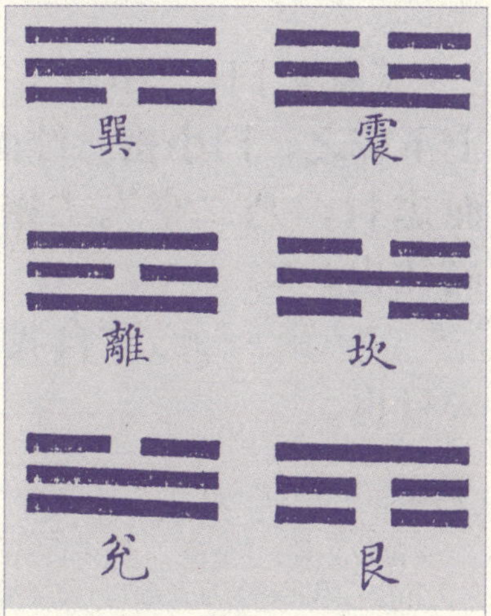

阴阳奇偶图

巽卦、离卦、兑卦为阴卦，都是由一个阴爻和两个阳爻组成，阴爻为两画，阳爻一画，其数为四，是偶数；震卦、坎卦、艮卦为阳卦，都是由一个阳爻和两个阴爻组成，其数为五，是奇数。

小畜卦第九

积小胜多，以柔制刚

小畜卦意为积蓄力量，等待时机。

［原文］

小畜（xù） **亨。**王弼注："不能畜大止健，刚志故行，是以'亨'。"**密云不雨，自我西郊。**李鼎祚《周易集解》引崔憬曰："云如不雨，积我西邑之郊，施泽未通，以明小畜之义。"

［译文］

小畜卦象征亨通顺利。乌云密布，从城外西郊来，却没有下雨。

［解说］

小畜下卦为乾天，上卦为巽风，又称风天小畜。乾天刚健，巽风和顺，刚健又和顺，所以小畜亨通。"密云不雨"象征积蓄还不足够，未能润泽下方。风从郊外（乾为远、为郊，见需卦）来吹远了云。

［原文］

《彖》（tuàn）**曰："小畜"，柔得位而上下应之，曰小畜。健而巽**（xùn）**，刚中而志行，乃"亨"。"密云不雨"，尚往也。**朱熹《周易本义》："尚往言畜之未极，其气犹上进也。"**"自我西郊"，施未行也。**

［译文］

《彖传》说："小畜"，阴柔得其位而上下的阳刚与之相应，因此称为亨通顺利。若心中有刚健的意志，并去为实现自己的志向而努力，则会因此而获得亨通。"聚积着浓密的云层而不降雨"，说明尚且在进行之中；"云气自城外西郊升起"，是指抱负刚刚开始形成还没能实行。

［解说］

小畜为一柔爻居四位，上下五个阳爻都能应合，

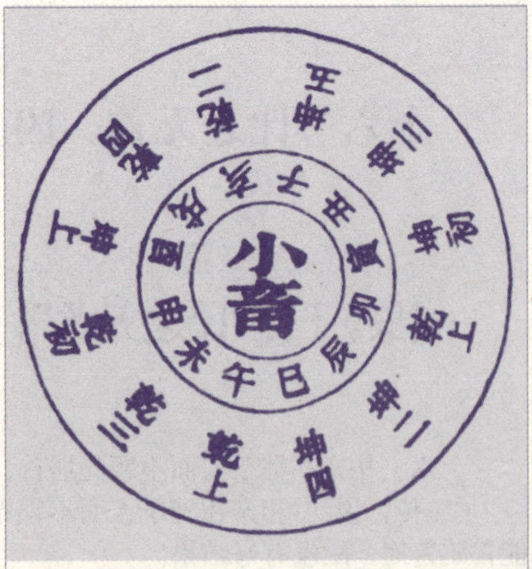

小畜卦图

"小畜"卦的意思是小有所畜，不宜大畜。小畜卦下乾上巽。乾为日气、为云；巽为风，风动物移，可聚可散，所以积畜不多。因此本卦命名为"小畜"。

柔又为小，所以叫“小畜”。小畜亨通还因为两个中爻都是刚爻，刚健中正能推行理想志愿。尚通“上”，“密云不雨”，是因为西风把云往上吹了，吹到乾天之上。六四柔爻在巽风，又在九二、九三、六四爻组成的互兑里。兑代表西方，所以风“自我西郊”来。

[原文]

《象》曰：风行天上，“小畜”。 李鼎祚《周易集解》引《九家易》曰：“风者，天之命令也。今行天上，则是令未下行，畜而未下，小畜之义也。”**君子以懿(yì)文德。**《尔雅》：“懿，美也。”

[译文]

《象传》说：和风在天上飘行，象征了“小畜”。君子应当以此种精神来完善自己的道德与文章。

[解说]

小畜卦上巽为风，下乾为天，是风行天上之象，称为风天小畜。“风行天上”是将要但还没有成雨来惠及天下，还不能大行其道的情况，君子达则兼济天下，穷则独善其身，从而使自己的才华、品格更加美好（懿文德）。

[原文]

初九　复自道， 李鼎祚《周易集解》引虞翻曰：“谓从豫四之初成复卦，故复自道。”**何其咎？吉。**

《象》曰：“复自道”，其义“吉”也。

[译文]

初九，下乾要返回自己的阳刚之道，哪里会有什么灾祸呢？这是吉祥。

《象传》说：“下乾要返回自己的阳刚之道”，这个目的本身就是吉祥的。

[解说]

卦的演变除了由八卦演变成六十四卦外，六十四卦中每卦分上、下卦，就是又把每卦分解成八卦来看。还有一种十二消息卦演变，十二消息卦就是由乾到坤，再由坤到乾逐渐演变的十二个卦。每卦从初爻开始渐次由阴到阳或由阳到阴。乾坤两卦是互变而成的，但中间还有过渡的十个卦。十二消息卦某个爻的位置变化又会演变成其他各卦，这叫卦变。在分析本卦时，应当参照它的卦变。但限于篇幅，我们在分析各卦时，一般不涉及卦变。

一阴五阳的卦都是由同样一阴五阳的消息卦姤卦或剥卦变来的。小畜卦是由姤卦（初爻为柔爻，其余为刚爻）的初位刚爻与四位柔爻互换位置而来的。其中刚爻是由下往上，如同复卦的一阳复生，所以叫“复自道”。义，意为道理，从道理上讲应该吉祥。

[原文]

九二　牵复，《说文》：“牵，引前也。”**吉。**

《象》曰：“牵复”，在中，亦不自失也。

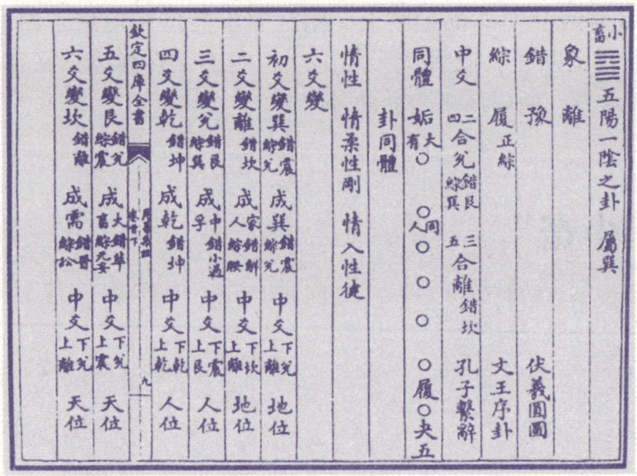

小畜䷈ㅤ五陽一陰之卦ㅤ屬巽
象ㅤ離
錯ㅤ豫ㅤ伏羲圓圖
綜ㅤ履ㅤ正綜ㅤ文王序卦
中爻ㅤ二四合兑ㅤ錯艮ㅤ綜巽ㅤ三五合離ㅤ錯坎ㅤ孔子繫辭
同體ㅤ姤ㅤ大有○ㅤ同人○ㅤ○ㅤ○ㅤ○履ㅤ○夬ㅤ五
卦同體
情性ㅤ情柔性剛ㅤ情入性徤
六爻變
初爻變巽ㅤ錯震ㅤ綜兑ㅤ成巽ㅤ錯震ㅤ綜兑ㅤ中爻ㅤ下兑ㅤ上離ㅤ地位
二爻變離ㅤ錯坎ㅤ成家人ㅤ錯解ㅤ綜睽ㅤ中爻ㅤ下坎ㅤ上離ㅤ地位
三爻變兑ㅤ錯艮ㅤ綜巽ㅤ成中孚ㅤ錯小過ㅤ中爻ㅤ下震ㅤ上艮ㅤ人位
四爻變乾ㅤ錯坤ㅤ成乾ㅤ錯坤ㅤ中爻ㅤ下乾ㅤ上乾ㅤ人位
欽定四庫全書
五爻變艮ㅤ錯兑ㅤ綜震ㅤ成大畜ㅤ錯萃ㅤ綜无妄ㅤ中爻ㅤ下兑ㅤ上震ㅤ天位
六爻變坎ㅤ錯離ㅤ成需ㅤ錯晋ㅤ綜訟ㅤ中爻ㅤ下兑ㅤ上離ㅤ天位

小畜卦错综及爻变图

小畜卦下乾上巽，故为五阳一阴之卦。下卦乾，象征“天”和“刚健”；上卦巽，象征“风”与“和顺”。其情性为：情柔性刚，情入性健。它与离卦相象、豫卦相错、履卦相综，并与姤、大有、同人、履、夬五卦同体。其六爻变位为：初爻变巽位在地，二爻变离位在地，三爻变兑位在人，四爻变乾位在人，五爻变艮位在天，六爻变坎位在天。

[译文]

九二，被别人牵引着返回阳刚之道，也是吉祥。

《象传》说：“被别人牵引着返回阳刚之道”，是因此爻居守中位，也不至于丧失自己的方向。

[解说]

初九与六四正应，受六四吸引走上正道。牵动九二一起走上正道，也吉祥。九二为中爻，能中就不会太过，也不会太不及，自己不会有过失。初九是小畜的初始，人要先走上正道才能有积蓄。

[原文]

九三　舆(yú)说辐(fú)，徐子宏《周易全译》：“舆，车辆。说，同脱。”**夫妻反目。**

《象》曰：“夫妻反目”，不能正室也。

[译文]

九三，车轮和辐条在行进中散脱，结发夫妻反目离异。

《象传》说：“结发夫妻反目离异”，说明不能安居正室，处理好家庭关系。

[解说]

九三为下乾的上爻，有些过于刚强，一味往前奔，但遭到六四柔爻阻挡，导致夫妻反目。巽为妇在上，乾为夫在下，家庭关系颠倒（不能正室），九三、六四、九五爻组成互离，离为火、为目，反目是也。舆，即是大车，说，通“脱”，辐为辐条。巽为木、为直，故可在车轮里为辐条。九三又在互兑里，兑为毁坏，家庭关系不和就如同大车车轮辐条脱落了。

小畜是原始积累的阶段，很辛苦，会有很多牺牲，但也要照顾到家庭。这是小畜阶段要注意的事情。

[原文]

六四　有孚(fú)，血去惕(tì)出，李鼎祚《周易集解》引虞翻曰：“惕，忧也。”**无咎。**

《象》曰：“有孚，惕出”，上合志也。

[译文]

六四，捕获了俘虏，暂时解除了战争危险，但仍须保持警惕，才不会有灾难。

《象传》说：“捕获了俘虏，保持着警惕”，说明尚能统一意志。

［解说］

六四柔爻是由姤卦初爻上升而来的，姤卦为初位阴爻，其余五位为阳爻，是阴灭阳的开始（复卦为阳灭阴的开始，为正道）。姤卦初爻上升到四位后，就改变了这一血腥恐怖的局势，所以就说“血去”、“有孚惕出”。反而六四与其余五位阳爻志同道合起来（上合志也）。小畜的路越走越准，越走越宽了。

［原文］

九五　有孚挛如，孔颖达《周易正义》：“挛如，相牵系不绝之名。”**富以其邻。**

《象》曰：“有孚挛如”，不独富也。

［译文］

九五，捕获俘虏，用绳子串连捆绑，这些财物与邻邑分享。

《象传》说：“捕获俘虏，用绳子串连捆绑，这些财物与邻邑分享”，说明不独享富贵。

［解说］

九五刚中尊贵，六四柔和亲比，为有孚。挛如形容与九五相依恋，上下又志同道合，小畜而富，是和大家共同富裕，九五带领大家共同富裕。

奔小康要共同富裕，这是在先秦以前的《易经》的小畜卦里就明确了的原则啊！

［原文］

上九　既雨既处。尚德载，妇贞厉。月几望，李鼎祚《周易集解》引虞翻曰：“几，近也。坎月离日，上已正，需时成坎，与离相望。兑西震东，日月象对，故‘月几望’。”**君子征，凶。**

《象》曰：“既雨既处”，“德”积“载”也。“君子征，凶”，有所疑也。

［译文］

上九，久雨新停，还赶得上栽种作物。此时妇人应坚守正道以防凶险。夏历每月十四日君子若往前进发，则必将遭凶险。

《象传》说：“久雨新停”，说明此时阳德蓄积已达极限。“君子若往前进发，则必将遇凶险”，说明对各种情况有所疑

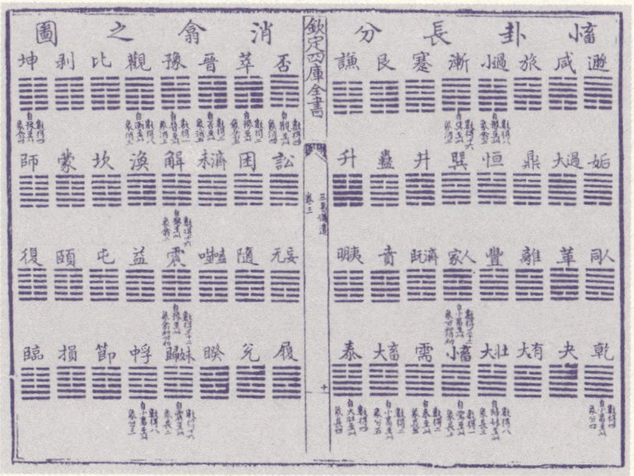

小畜卦长分消翕之图

“消”为“静”，“翕”为“动”。“消翕”描绘的是小畜卦在运动变化中与其他卦象的关系。依据卦变的定义，一柔五刚的卦，都是从夬卦或姤卦变化而来。小畜卦从姤卦变来，姤卦的初六爻与九四爻两爻交换位置，即变为小畜卦。

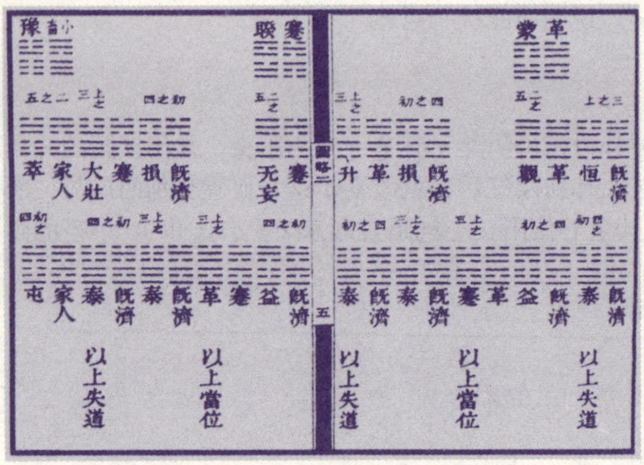

小畜卦与豫、蒙、革卦的当位失道图

这幅图讲述的是爻与爻之间的“相应”关系。一卦中，初爻和四爻、二爻与五爻、三爻与上爻之间构成相互呼应的关系。小畜卦初九与六四一阳一阴，为正应关系。九二与九五都是阳爻，是敌应关系。九三与上九也都是阳爻，是敌应关系。

惑，犹豫不决。

[解说]

小畜积聚到上九，云终于聚集到下雨泽被下方了。既下雨又停雨了（既雨既处），人富贵了就应该为社会做更多、更大的贡献，这样才会安然相处。这是负有上德啊（尚德载）。巽为妇在上，不正，故妇贞厉。上九是卦的尽头，就像夏历每月的十四日，征为行进，君子再要前行就会有衰败的凶险，故“君子征凶”。

春秋时期，范蠡帮助越王勾践复国以后，功成身退，就与西施退隐江湖去做生意，随后富甲天下，人号“陶朱公”，自觉过于满盈，就散尽家财，后又积累巨万。范蠡屡次功成身退，一生安然潇洒，令世人羡慕。

履卦第十

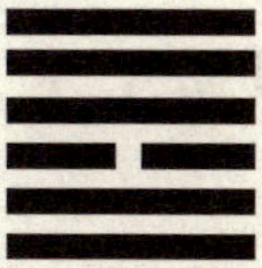

言而有信，行而有礼

履卦要求人们按礼制、法律去履行自己的义务。

［原文］

履（lǚ）　履虎尾，《说文》："履，足所依也。"王弼注："履虎尾者，言其危也。"**不咥人，**徐子宏《周易全译》："咥，噬，俗语说咬。"**亨。**

［译文］

履卦象征着跟在老虎后面踩到它的尾巴，但猛虎不咬人，故而诸事顺利。

［解说］

《序卦》说："物畜然后有礼，故受之以履。"意思是仓廪实而后知礼节。履即是礼。所以小畜后是履卦。这两卦是正覆关系。履卦下为兑卦，兑表示西方，西方在中国星象学里为白虎，故兑为虎。兑在下，又在履卦，所以说履虎尾，兑又为悦、为口，向乾。乾为人（见需卦上六爻辞），所以说不咥人。有惊无险，故亨。

［原文］

《彖（tuàn）》曰：履，柔履刚也。李鼎祚《周易集解》引虞翻曰："坤柔乾刚，谦坤籍乾，故'柔履刚'。"**说而应乎乾，是以"履虎尾，不咥人"。"亨"，刚中正，履帝位而不疚，光明也。**

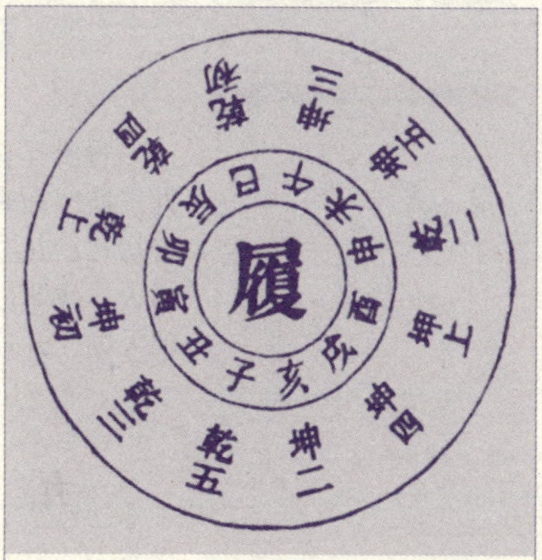

履卦图

"履"本义为鞋，作为动词则是踩踏的意思。因此"履"的意思是说人们应该脚踏实地，认真实践自己的人生之路。

［译文］

《彖传》说："履卦"卦象是说以柔顺触犯阳刚，以和悦应对刚强，因此说"跟在老虎后面踩到它的尾巴，但猛虎不咬人"，故而诸事顺利。表明卦的九五阳爻处位得正，有中正之德。小心登上帝位而内心无所愧疚，因为其行为光明磊落，故前途一片光明。

［解说］

履卦柔爻在三位，以悦（兑，说）对乾（人），心中坦荡，光明正大，登高也不愧对天。履卦九二、六三、九四爻组成互离，离为火、为光明。

履就是礼，懂礼之后，即使恶虎也变得温良，履险、登高都坦然无比，这也许就是履礼的作用。

[原文]

《象》曰：上天下泽，履。君子以辨上下，定民志。李鼎祚《周易集解》引虞翻曰："君子，谓乾。辨，别也。乾天为上，兑泽为下。谦坤为民，坎为志。谦时坤在乾上，变而为履。故'辨上下，定民志也'。"

[译文]

《象传》说：上面是天，下面是泽，这是履卦的象征。君子应循此理辨明上下等级秩序，统一百姓的尊卑意识，安定民心。

[解说]

履的卦象是上卦乾为天，下卦兑为泽，即上天下泽，称为天泽履。上天下泽，尊卑有序。这种上下尊卑关系的确定就是礼，礼制就使平民安分守己。

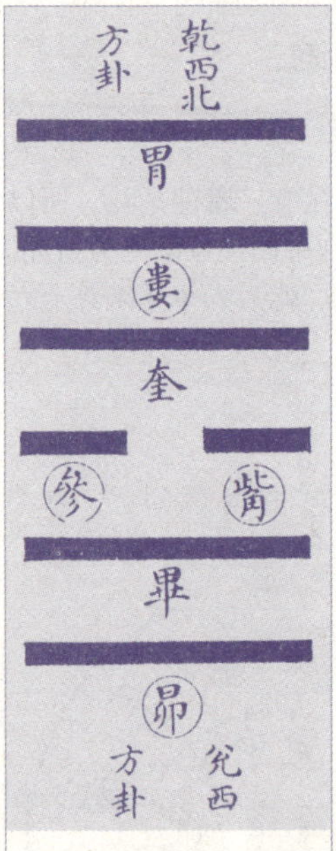

履虎尾之图

履卦上卦为"乾"，下卦为"兑"。从方位看，乾在西北，兑在西方，而胃、娄、奎、昴四个星宿都属二十八宿之西方七宿。"兑"跟在"乾"的后面，以柔顺之礼对待刚健，以和悦去应对刚健，即使踩在老虎的尾巴上，虎也不会咬人。这就是"履虎尾"的意思。

[原文]

初九　素履往，王船山《周易内传》："素如《中庸》素其位之素，如其所当然之谓。"**无咎。**

《象》曰："素履"之"往"，独行愿也。

[译文]

初九，以淳朴的态度处世，不会有灾祸。

《象传》说："以淳朴的态度处世"，说明初九独立不倚，能自己实现志愿。

[解说]

履卦是由消息卦夬卦（上位为阴爻，下五位为阳爻）的上六与九三换位而来的。柔爻来到六三，其他刚爻位置都依次往上提升，只有初九、九二地位没变。我行我素即"独行愿也"。真是有仰天大笑出门去，我辈岂是蓬蒿人的气概。宠辱不惊，不管什么繁文缛节，素履朝天也许就是礼的至高境界，大雅似俗。

[原文]

九二　履道坦坦，徐子宏《周易全译》："履道，履行道义。"**幽人贞吉。**

《象》曰："幽人贞吉"，中不自乱也。

[译文]

九二，行道之人，胸怀坦荡；隐居之人，坚守正道可获吉祥。

《象传》说："隐居之人，坚守正道可获吉祥"，这是说行为中正而不为世俗扰乱，自然就不会迷失方向。

［解说］

九二爻居下卦兑中，中正坦荡不自乱。九二又与六三、九四爻组成互离，离为火、为目，兑为毁坏（见小畜九三爻辞），目坏之人即为幽暗之人，它与初九一样不改初衷，九二应当是出现在地面欲有所作为的时候。但由于上六下降到六三后，它应升未升，所以有幽怨，但能守正不自乱，所以贞吉。

［原文］

六三　眇(miǎo)能视，李鼎祚《周易集解》引虞翻曰："离目不正，兑为小，故'眇而视'。"**跛(bǒ)能履，履虎尾，咥人，凶。武人为于大君。**

《象》曰："眇能视"，不足以有明也。"跛能履"，不足以与行也。"咥人"之"凶"，位不当也。"武人为于大君"，志刚也。

［译文］

六三，眼睛失明而强行去看，足跛不便而勉强行走，踏到虎尾后而被它咬，是灾祸。这就像刚愎自用的人称帝治国一样。

《象传》说："眼睛失明而强行去看"，是不能看清楚物品的。"足跛不便而勉强行走"，是不可能一同外出远行的。"被猛虎咬的凶险"，说明所处的位置不适当。"刚愎自用的人称帝治国"，说明他不量力而行。

［解说］

眇人目坏但没瞎，就是看不清楚。跛子能走，就是走不远。这是说六三柔爻居刚位，不正，又乘刚于两个刚爻之上，却仗着与上九正应，众阳爻的追捧，志愿比刚爻还大，想做大王（大君）。这恐怕走不远，这是无礼非分之想，必然凶多吉少。

［原文］

九四　履虎尾，愬愬，徐子宏《周易全译》："愬愬，恐惧的样子。"**终吉。**

《象》曰："愬愬，终吉"，志行也。

［译文］

九四，踩到虎尾，但能遇险知惧，终将获得吉祥。

《象传》说："惊惧警惕，终将获得吉祥"，说明戒惧而谨慎能施行其志向。

［解说］

九四面对下面兑虎，虽然虎不吃人，但不免战战兢兢，小心无大事。其实，柔爻从上九下到六三，比合、支持九四，九四直接获利，志得意满，"志行也"。

[原文]

九五　夬（guài）履，贞厉。王弼注：“得位处尊，以刚决正，故曰‘夬履，贞厉’也。”

《象》曰：“夬履，贞厉”，位正当也。

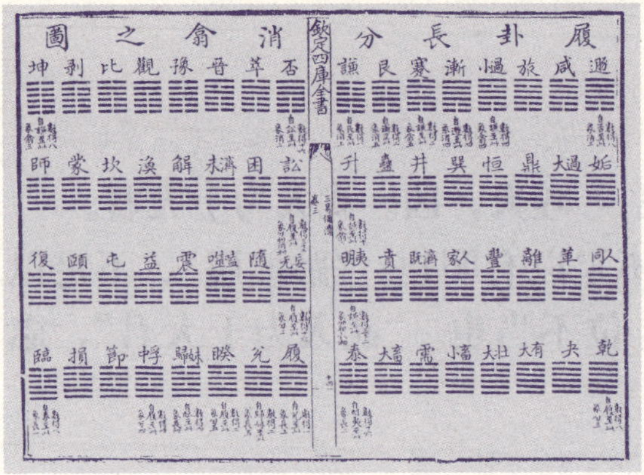

履卦长分消翕之图

“消”为“静”，“翕”为“动”。“消翕”描绘的是履卦在运动变化中与其他卦象的关系。履卦是小畜卦的覆卦，两卦构成正覆关系。小畜卦倒过来看就是履卦。

[译文]

九五，行为急躁莽撞，行事有凶险之象。

《象传》说：“行为急躁莽撞，行事有凶险之象”，说明自认以正道守其职位。

[解说]

这是明白无误地讲履卦由夬卦变来。九五是至尊之位，但九五此时身在乾中，又与九二敌应，过于乾刚独断，这样下去，它的位置就可能塌陷。夬，意为急躁莽撞，所以“夬履，贞厉”。

易道认为，上下尊卑的秩序虽不能乱，但天道讲究谦卑，上层的人应多听听下层的人的意见。水能载舟，亦能覆舟。

[原文]

上九　视履，考详李鼎祚《周易集解》引虞翻曰：“考，稽。详，善也。乾为积善，故‘考详’。”**其旋。元吉。**

《象》曰：“元吉”在上，大有庆也。

[译文]

上九，行为审慎，遇事周密而反复地考察，大吉。

《象传》说：本卦大吉大利，因为上九之爻居全卦之首，说明其人大有喜庆。

[解说]

上九居高临下，考察吉凶，上九与六三正应。六三中在互离中，离为目，故为视履。上九是从六三旋返上来，因为有全卦唯一柔爻相应，所以元吉大庆。柔为小，所以上九爻辞强调，居庙堂之高的人还是要体察、体谅小人物们，才能吉祥如意。

总之，履礼要求大家既不能像六三那样非分、妄想、乱礼，也不能像九五那样唯我独尊、刚愎自用，而是要如初九、九二那样安分如常，如九四那样小心，如上九那样体谅下情。

泰卦第十一

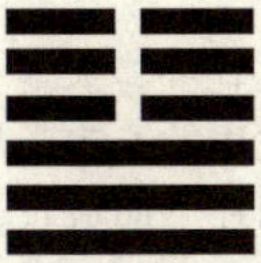

天人合一，安康和谐

泰卦意为万事通泰。

[原文]

泰王弼注：“泰者，物大通之时也。上下大通，则物失其节，故财成而辅相，以左右民也。”**小往大来，吉，亨。**李鼎祚《周易集解》引蜀才曰：“小，谓阴也。大，谓阳也。天气下，地气上，阴阳交，万物通，故‘吉、亨’。”

[译文]

泰卦象征亨通太平。阴柔者往外，阳刚者入内，表示吉祥、顺利。

[解说]

泰，意为通，所谓通泰。守礼就可以通泰平安，所以履卦之后就是泰卦，泰卦是三阴三阳且阴阳相互交流通达的卦，是阴阳平衡、最和谐的卦，故泰字的意思极为吉祥，如开泰、泰山、否极泰来等。小即是阴柔，大即是阳刚，“小往大来”，就是阴阳交泰，非常吉祥亨通。

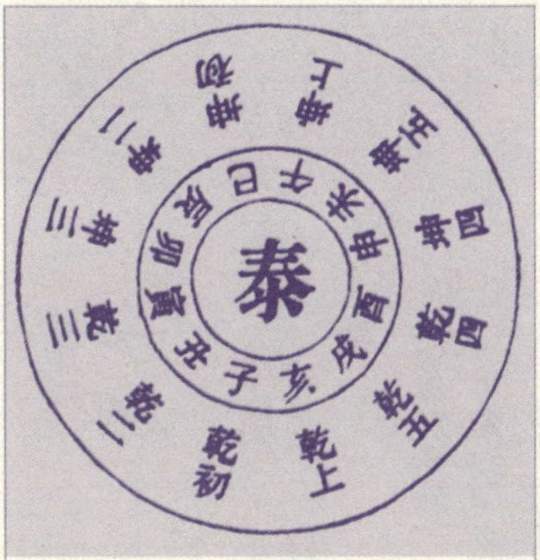

泰卦图

泰卦阐明事物通泰的道理。泰卦上坤下乾，坤为地，乾为天，天大地小，阴气从上往下降，阳气自下往上升，天地相交，所以“小往大来”。从卦象看，天在地下，地在天上，是天地错位，为什么还说是吉卦呢？《周易》所设六十四卦，凡阴阳交感的卦都是吉卦，否则为凶。泰卦三阴三阳，阴阳两两应合，阴气下行，阳气上升，阴阳交汇，“三阳开泰”，所以既吉祥又亨通。

[原文]

《彖》(tuàn)曰：“泰：小往大来，吉，亨。”则是天地交而万物通也；上下交而其志同也。内阳而外阴，内健而外顺，内君子而外小人。李鼎祚《周易集解》引崔憬曰：“此明人事也。阳为君子，在内，健于行事。阴为小人，在外，顺以听命。”**君子道长，小人道消也。**

[译文]

《彖传》说：“泰卦象征亨通太平：阴柔者往外，阳刚者入内，表示吉祥、顺利。”这表明了天地的阴阳交合，万物的生养畅通，君臣上下交相沟通，志同道合。本卦卦象内阳刚而外阴柔，内刚健而外柔顺，内为君子而外是小人。这表明了君子之道渐长，小人之道渐消。

[解说]

乾天清阳在下趋上，地阴浑厚在上趋下，所以泰卦里乾坤、天地、阴阳相交，犹如清阳之气蒸腾而上，阴雨之水绵绵而下，万物得以滋润化生。化生的心志乾坤相通。上卦为外，下卦为内，所以泰卦是内刚健（乾）外谦和（坤）的君子。阳在下而成长，阴在上而消退，非常祥和文明。

外柔内刚，道出了中国文化里极为重要的“君子”的基本的面貌风骨。

[原文]

《象》曰：天地交，泰。李鼎祚《周易集解》引荀爽曰：“坤气上升，以成天道。乾气下降，以成地道。天地二气，若时不交，则为闭塞。今既相交，乃通泰。”**后以财成天地之道，辅相天地之宜，以左右民。**

[译文]

《象传》说：天地相互交合，象征着亨通太平。君王应效法此道，适当裁剪运用，掌握天地化生的规律，从而管理天下百姓。

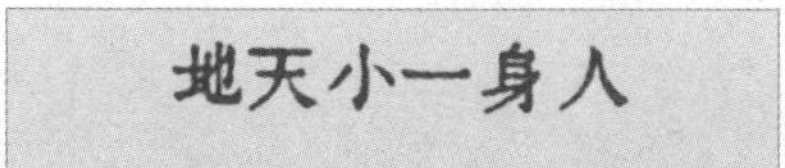

泰卦象人身分阴阳之位新图

泰卦下乾上坤，乾为纯阳卦，坤为纯阴卦。所以泰卦是下阳上阴。人体器官中，肺、心、脾、肾在上为阴，小肠、大肠、膀胱在下为阳。因此泰卦卦象与人身体相似。

[解说]

泰卦上坤地，下乾天，称为地天泰。天地相交而万物化生。所以帝后要效法天地交流感通的法则，制定人伦交往的规范，推行天道，以领导民众。

[原文]

初九　拔茅茹（máo rú），王弼注：“茅之为物，拔其根而相牵引者也。茹，相牵引之貌也。”**以其汇，**欧阳维诚《周易新解》：“汇，草木茂盛的样子。”**征，吉。**

《象》曰：“拔茅，征，吉”，志在外也。

[译文]

初九，拔起茅草时，根系牵连，是由于同类汇聚相互牵动。往前进发无阻滞，可获吉祥。

《象传》说：“拔起茅草时，往前进发无阻滞，可获吉祥”。说明是志向在向外发展的缘故。

[解说]

此句爻辞意象和语义都相对模糊，就连断句都有差别，有的版本作“拔茅茹，以其汇”。茹字有很多意思可以讲通，认识上难免有分歧。

茅是一种草本植物，一般认为拔茅象征向上生长，表明“君子道长”。泰卦的下乾是健进不息之象，征为行进，故为“征吉”。九二在地下，欲突出地面，其志向在外。

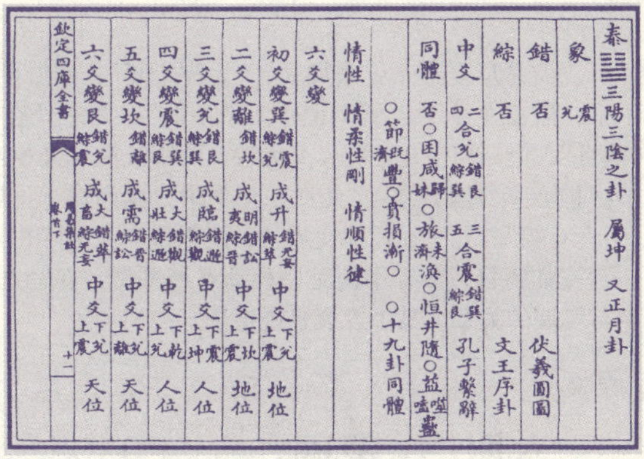
泰☷☰三陽三陰之卦 屬坤 又正月卦
象 兌震
錯 否 伏羲圓圖
綜 否 文王序卦
中爻 二四合兌 錯艮 綜巽 三五合震 錯巽 綜艮 孔子繫辭
同體 否○困○咸○歸妹○旅○未濟○渙○恒○井○隨○益○噬嗑○蠱
○節○既濟○豐○賁○損○漸○ ○十九卦同體
情性 情柔性剛 情順性健
六爻變
初爻變巽 錯震 綜兌 成升 錯无妄 綜萃 中爻 下兌 上震 地位
二爻變離 錯坎 成明夷 錯訟 綜晉 中爻 下坎 上震 地位
三爻變兌 錯艮 綜巽 成臨 錯遯 綜觀 中爻 下震 上坤 人位
四爻變震 錯巽 綜艮 成大壯 錯觀 綜遯 中爻 下乾 上兌 人位
五爻變坎 錯離 成需 錯晉 綜訟 中爻 下兌 上離 天位
六爻變艮 錯兌 綜震 成大畜 錯萃 綜无妄 中爻 下兌 上震 天位
欽定四庫全書 十二

泰卦错综及爻变图

泰卦为三阳三阴之卦，属坤。在坤官八卦中属土。泰卦与兑卦、震卦相象，与否卦相错相综。二至四爻合为兑卦，与艮卦相错，与巽卦相综。三至五爻合为震卦，与巽卦相错，与艮卦相综。泰卦与否、困、咸、归妹、旅、未济、涣、恒、井、随、益、噬嗑、蛊、节、既济、丰、贲、损、渐十九卦同体。其情性为：情柔性刚，情顺性健。六爻变位为：初爻变巽位在地，二爻变离位在地，三爻变兑位在人，四爻变震位在人，五爻变坎位在天，六爻变艮位在天。

[原文]

九二　包荒，用冯河，《尔雅·释训》：“冯河，徒涉也。”**不遐(xiá)遗。朋亡，得尚于中行。**

《象》曰：“包荒，得尚于中行”，以光大也。

[译文]

九二，有包容污秽的胸怀，涉越大河的气概，广纳远方贤哲的德性，不结党营私，这一切都是得之于光明正大的原则。

《象传》说：有包容污秽的胸怀，得之于光明正大的原则”，说明九二可凭此发扬光大。

[解说]

包为包容，荒为荒远广大，冯河即涉水过河。取象于九二、九三、六四爻组成的互兑，兑为泽、为河；九三、六四、六五组成互震，震为足，足在水中为涉水过河。遐是远，平时常说的遐迩就是远近的意思。“不遐遗”，就是不遗弃偏远地方。朋指朋友、同类。“朋亡”指坤阴消退，借指大公无私。泰卦上坤下乾，都是最广大深远的意象，天地交往，无所不包。九二上行中正无私，光明正大（以光大也）。本爻旨在强调从此岸跨越到彼岸、相互交流感通是天地万物存在的法则。

[原文]

九三　无平不陂(pō)，无往不复。艰贞，无咎。勿恤(xù)其孚，李鼎祚《周易集解》引虞翻曰：“艰，险。贞，正。恤，忧。孚，信也。”**于食有福。**

《象》曰：“无往不复”，天地际也。

[译文]

九三，没有一坦平原而不起波坎的，没有一味前往而不返回的。只要在艰难中能坚守正道，就可免遭祸患。不要担心，能取信于人，生活就会有福庆。

《象传》说：“没有一味前往而不返回的”，这是位处天地交接的九三爻反映出的自然规律。

[解说]

三位是反复道，乾来坤往，“无往不复”，泰卦阴阳平衡，但乾长坤退，平衡被打破，变得不平，陂就是不平，所以说“无平不陂”。九三处在健进与消退的前沿，自然不会容易，所以“艰贞”，但因与上六正应，又无咎。阴阳既消长又相互依赖（有孚），这种交往进退是自然现象，不必担心（勿恤其孚）。九三在互兑中，兑为口（见履卦），坤为众、为多，乾为福祉，所以说“于食有福”。九三在乾坤交界处，所以说“天地际也”。

就如骑自行车，平衡是一种动态的平衡，在动态中才能保持平衡和前进。改革要处理好稳定与发展的关系，其中发展是硬道理。

[原文]

六四　翩翩（piān），欧阳维诚《周易新解》：“翩翩，不踏实、往来轻浮的样子。”**不富以其邻，不戒以孚。**

《象》曰：“翩翩不富”，皆失实也。“不戒以孚”，中心愿也。

[译文]

六四，巧言轻佻之人，将给邻邑带来灾难，不加警戒，就会遇难被虏。

《象传》说：“轻佻欺人，祸及邻人”，是说同受损失。“不加警戒，遇难被虏”，这是因为太忠厚了。

[解说]

六四进入上坤，坤为虚在上，所以说“翩翩”，刚爻为实，坤为三阴，所以说“皆失实也”。六四失实不富，与初九正应，与九三亲比，与乾接触相吸引，不存戒心而遇难被虏（不戒以孚），是因为心地太忠厚了。

泰卦阴阳交往处理得非常好，相互沟通、理解、信赖，所以事情进展很顺利。

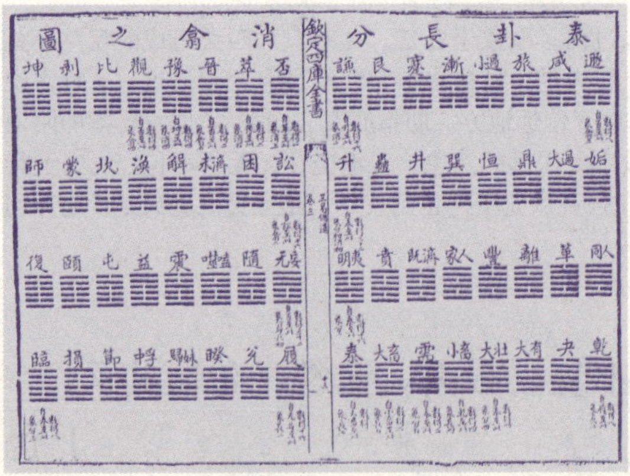

泰卦长分消翕之图

“消”即“静”，“翕”即“动”。消翕反映的是泰卦在运动、消长变化中与其他卦象的关系。泰卦为十二消息卦之一。它是从坤卦演化而来的。坤卦是六爻纯阴，一阳下生为复卦，即坤下生一位阳爻，变为复卦；二阳下生为临卦；三阳下生为泰卦，即临再下生一位阳爻，变为泰。泰卦达到了阴爻与阳爻的平衡。泰的覆卦和变卦都是否卦。

[原文]

六五　帝乙归妹，李鼎祚《周易集解》引《九家易》曰：“五者，帝位，震象称乙，是为帝乙。六五以阴处尊位，帝者之姊妹。五在震后，明其为妹也。五应于二，当下嫁二。妇人谓嫁曰归。故言‘帝乙归妹’。”**以祉（zhǐ），元吉。**《说文》：“祉，福也。”

《象》曰：“以祉，元吉”，中以行愿也。

[译文]

六五，帝乙嫁出少女给周文王，这给他带来福祉和大吉。

《象传》说：“这给他带来福祉和大吉”，是说他把握中庸原则来实现自己的愿望。

[解说]

帝乙是商朝的一个帝王，是商纣王和微子的父亲。帝乙下嫁自己的女儿给周文王。《易经》的这一爻辞也是这段史事的一个有力佐证。六五与九二阴阳正应，心愿相合。天子嫁女是莫大的福祉（以祉元吉）。归妹卦为上震下兑，震为长男，兑为少女、为妹，有嫁娶之象。泰卦中有互震在上、互兑在下的归妹卦象（见九二爻解说），六五居中能推行心愿，可谓皆大欢喜。

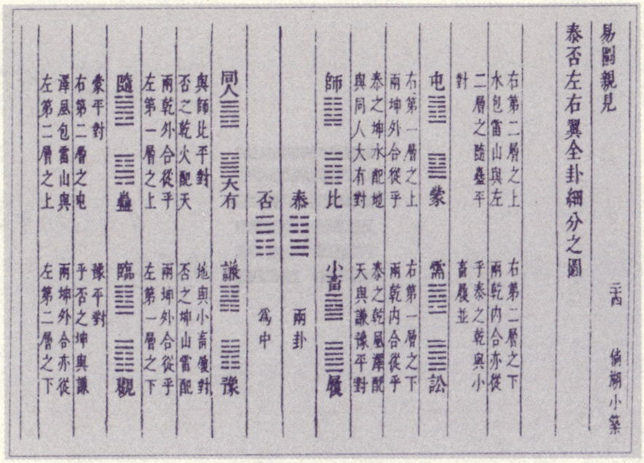

泰否左右翼全卦细分之图

泰卦象征宇宙间风调雨顺、政治清明、国泰民安的最佳状态。这种状态出现的根源是阴阳相交，双方相需相得，和谐统一。作为君王，要合理运用天地相通的道理，协助完成天地化生万物的使命，从而引导百姓安居乐业。但泰卦思想的深刻之处在于认识到这种相交会演变为相背，使事物向其相反的方向转变。

[原文]

上六　城复于隍（huáng）。李鼎祚《周易集解》引虞翻曰：“隍，城下沟。无水称隍，有水称池。”**勿用师。自邑告命。贞吝。**

《象》曰：“城复于隍”，其命乱也。

[译文]

上六，城墙倾覆在城壕里，命令不可以动用武力，要在自己的邑中祷告天命。占卜结果是有一定的困难。

《象传》说：“城墙倾覆在城壕里”，说明国家的政令已陷入混乱。

[解说]

坤阴消亡，首先是上六，上六在最上，物极必反、天地消长是自然规律。城墙要倒塌在护城河里（城复于隍，隍为无水的护城河，互兑为河，上临互震），不是人力能及，不必兴师动众来抵抗。命令不是从国都发出，而是发自士大夫的邑地（自邑告命），“其命乱也”，乾天本亲乎上，就要上复；坤本亲乎下，就要下返。天翻地覆，大势所趋。

否卦第十二

泰极否来，否极泰来

否卦说明事物不可能永远和泰畅达。

[原文]

否（pǐ）陆德明《经典释文》："否，闭也，塞也。"**否之匪人，**李鼎祚《周易集解》引崔憬曰："否，不通也。于不通之时，小人道长，故云'匪人'。"**不利君子贞，大往小来。**

[译文]

否卦象征闭塞黑暗。闭塞黑暗的局面下小人甚多，不利于君子占卜。此时的卦象是乾刚往外走，阴柔往里来。

[解说]

否与泰相反，泰是通，否是闭塞，而且这种闭塞是针对君子的。世道艰险，大人消退，小人当道。

[原文]

《彖》（tuàn）曰："否之匪人，不利君子贞。大往小来。"则是天地不交而万物不通也，上下不交而天下无邦也。内阴而外阳，内柔而外刚，内小人而外君子。小人道长，君子道消也。

[译文]

《彖传》说："闭塞黑暗的世道小人甚多，不利于君子占卜。此时卦象是乾刚向外走，阴柔往里来。"这说明了天地阴阳互不交合，万物的生养没能畅通，君臣上下不能互相沟通，天下离异难成邦国。本卦的卦象内阴柔而外阳刚，内柔顺而外刚健，内为小人而外是君子。这表明了小人之道渐长，君子之道渐消。

否卦图

否卦与泰卦相反，阐明事物闭塞不通的道理。否卦是泰卦的综卦，下坤上乾，乾为天，坤为地，天在地上。阳刚之气上行，阴柔之气下降，天地不交，这是违背常理的，并且是行不通的，所以本卦命名为"否"。

[解说]

天地不交是因为乾天上行又处在上方，地势下行又处在下方，两象愈去愈远。犹如天不下雨，地无蒸腾。万物都压抑而不能生长。否卦外乾内坤，犹如小人外刚强内阴暗，道貌岸然。柔爻在下生长，刚爻在上消退，所以是"小人道长，君子道消"。

一个有序、开放的社会有利于君子出世，而一个内里闭塞、阴暗不堪的社会则利于小人成长。

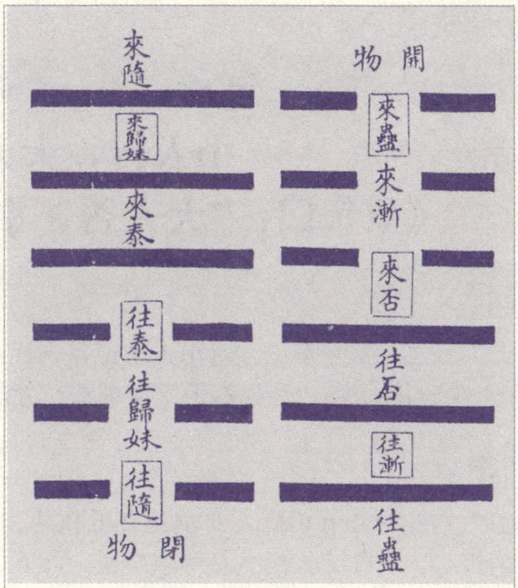

否泰往来图

我们常用"否极泰来"这个成语，泛指坏运已经过去，好运即将到来。但否、泰间的转化决不是自然而然、顺理成章、水到渠成的，人们只有在消除了阻塞的因素，并且加强沟通，才能使得"否"转为"泰"。

[原文]

《象》曰：天地不交，否。 李鼎祚《周易集解》引宋衷曰："天地不交，犹君臣不接。天气上升，而不下降；地气沉下，又不上升。二气特隔，故云'否'也。" **君子以俭德辟难，不可荣以禄（lù）。**

[译文]

《象传》说：天地阴阳不相交合，象征着闭塞黑暗。此时君子应有鉴于此，收敛自约以避免灾难，不可以被荣华富贵所诱惑。

[解说]

否卦上乾为天，下坤为地，称为天地否。否卦天地不交的状况如坤卦的一段文言所说："天地变化，草木蕃。天地闭，贤人隐。《易》曰：'括囊，无咎无誉'，盖言谨也。"

扎紧口袋的"括囊"是君子俭敛德行，规避灾难（俭德辟难）的形象说法，"括囊，无咎无誉"，就是"不可荣以禄"。世道险恶，君子固穷，不肯同流合污。

[原文]

初六　拔茅茹（máo rú），以其汇，贞吉。亨。

《象》曰："拔茅贞吉"，志在君也。

[译文]

初六，拔起茅草，根系牵连，是由于同类汇聚相互牵动，坚守正道可获吉祥，亨通顺利。

《象传》说："拔起茅草，坚守正道可获吉祥"，说明除去小人意在保存君主。

[解说]

泰卦与否卦是正覆卦，又是变卦，泰卦的初九与否卦的初六的爻辞极为相似。而就是同一卦象，《易经》一般都会取象不同，如巽卦可能会在同一卦里取象为风、为木、为草、为直、为墙、为妇、为股等，但泰否不同的卦却取同样的象，罕见。爻辞大义与泰卦初九一致。但有个显著的不同，初六为阴爻，宜于心向君王，守正不变，故"贞吉"。而泰卦初九志向在外，宜于健进不止，故"征吉"。

［原文］

六二　包承，李鼎祚《周易集解》荀爽曰："二与四同功，为四所包，故曰'包承'也。"**小人吉，大人否，亨。**

《象》曰："大人否，亨"，不乱群也。

［译文］

六二，接受奉承，对小人来说是吉祥的；君主必须不予接受，方可获得亨通顺利。

《象传》说："君主不予接受奉承，方可获得亨通顺利"，说明不要被小人的声势扰乱了意志。

［解说］

六二与九五正应，要承包九五权势，包是容纳，承是承载，这是阴柔的秉性。群小以六二为核心，成群结队，小人得志亨通，九五大人蒙尘闭塞。

小人黑道中有骨干分子，常常手眼通天，为害一方。

［原文］

六三　包羞（xiū）。

《象》曰："包羞"，位不当也。李鼎祚《周易集解》引荀爽曰："卦性为否，其义否隔。今以不正，与阳相承，为四所包，违义失正，而可羞者，以'位不当'故也。"

［译文］

六三，包容别人对自己的羞辱。

《象传》说："包容别人对自己的羞辱"，说明居位与为人已经不相称了。

［解说］

中间四爻都可称"包"，因为天地无所不包，所以否泰两卦常取包象。包羞就是包容羞耻，就是不知羞耻。六三所在是上下阴阳交界之处，如男女相处，应知礼义廉耻，而六三居阳位不当，倚仗与上九正应，不知羞耻，继续往前，是典型的外刚强内阴暗的小人。

［原文］

九四　有命，无咎。畴（chóu）离祉（zhǐ）。李鼎祚《周易集解》引《九家易》曰："畴者，类也。"

《象》曰："有命，无咎"，志行也。

［译文］

九四，奉行天命没有祸害，让相关同类一道得到福祉。

《象传》说："奉行天命没有祸害"，说明可以施行志向而不受阻碍。

［解说］

九四在六三、九四、九五爻组成的互巽里，巽为风、为命（例见讼卦九四爻辞），而且是受九五君命。畴，意为多数，是指多数柔爻为求福祉附丽（离通“丽”）于九四刚爻，乾为福。九四在小人亨通的社会里，保持刚直，并得到上层九五的支持，有尚方宝剑在手，可以推行志愿。

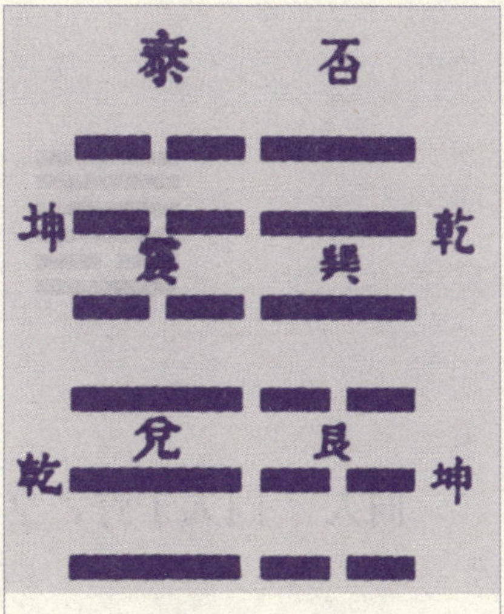

否泰含巽艮兑震新图

“否”卦坤下乾上，这意味着地之阴气沉降而不上升，天之阳气升腾而不降落。这样，阴阳二气反向运动，分离而不相交接，由此造成天地闭塞不通，这就是“否”。乾、坤两卦经过多次变化而形成泰、否两卦，泰、否是乾坤运动的两种主要形态，其区别就在于乾阳与坤阴的交与不交，交则为通、为泰，不交则为塞、为否。

［原文］

九五　休否，大人吉，其亡，其亡，系于苞(bāo)桑。 孔颖达《周易正义》：“苞，本也。凡物系于桑之苞本则牢固也。”

《象》曰：“大人”之“吉”，位正当也。

［译文］

九五，闭塞黑暗的局面停止，贵族王公可以获得吉祥。危险啊，危险，时刻警惕仍然存在的危险，这样才能像丛生的桑树一样坚固安全。

《象传》说：“贵族王公可以获得吉祥”，具体是指他居位正当。

［解说］

九五下临互艮（六二、六三、九四爻组卦），艮为山、为止、为休，又在否，所以是“休否”，闭塞不通休止的意思。九五为大人，它是刚爻的核心，居安思危，念念不忘“其亡，其亡”，有清醒的危机感，正如系在苞桑树上一样牢固。系于取象于互巽（六三、九四、九五爻组卦）。小人横行，当然要居安思危，方能保持永固。

［原文］

上九　倾否，先否，后喜。 李鼎祚《周易集解》引侯果曰：“倾为覆也。否穷则倾矣。倾犹否，故‘先否’也。倾毕则通，故‘后喜’也。”

《象》曰：否终则倾，何可长也？

［译文］

上九，已致闭塞黑暗的极点，必然倾覆，起先犹有闭塞，最终通泰欢喜。

《象传》说：否运达到极点时，必然招致倾覆，怎么会长久呢？

［解说］

上九已经无可往上，大厦将倾，但否极泰来，后喜。否道社会总不能长久，社会濒于崩溃，将小人一同埋葬。

同人卦第十三

同心同德，团结向上

同人意味着合作奋斗。

[原文]

同人　同人于野，亨。李鼎祚《周易集解》引郑玄曰：“乾为天，离为火。卦体有巽，巽为风。天在上，火炎上而从之，是其性同于天也。火得风，然后炎上益炽，是犹人君在上施政教，使天下之人和同而事之。以是为人和同者，君之所为也。故谓之‘同人’。风行无所不遍，遍则会通之德大行，故曰‘同人于野，亨’。”**利涉大川，利君子贞。**

[译文]

在郊外与人聚首，亨通顺利。有利于涉越江河巨流，有利于君子占卜。

[解说]

否不能长久，否之后必然会出现一个走向和合、同心同德的场面。有道是分久必合，所以否卦之后接着就是同人卦。

“同人于野”，乾为郊、为野（例见需卦初九爻辞等），就是朝野同心的意思，两人同心，其利断金，朝野同心非常亨通，可以越过大川。彖辞是阐说卦辞的义理，不一定要有实际的取象，这里的利涉大川是说明乾健行，可以没有大川实象。同人卦一阴五阳，是由消息卦姤卦演变而来，就是姤卦的唯一阴爻与九二爻互换位置而来。姤卦的唯一阴爻在初爻，预示着阴灭阳的开始和趋势，阳爻代表君子，而同人卦里这一阴爻置换到九二后，就改变了消灭君子的趋势，所以利君子贞。贞为正固。

同人卦图

同人卦阐明和同与人的道理。同人卦下离上乾，乾为天，离为火，天、火同是阳刚之气，火上与天亲合。卦中“六二”是唯一一个阴爻，居中得正，上与“九五”相应交感，又承于其他四阳，有“大同”之象。

[原文]

《彖》(tuàn)曰：同人，柔得位得中，而应乎乾，曰同人。同人曰：“同人于野，亨。利涉大川。”乾行也。文明以健，中正而应，“君子”正

也。唯君子为能通天下之志。李鼎祚《周易集解》引虞翻曰："唯，独也。四变成坎。坎为通、为志。故'能通天下之志'。谓五以类族辨物，圣人作而万物睹。"

[译文]

《彖传》说：同人卦的卦象，是柔顺的六二阴爻居于适当中正的位置，并与刚健的上卦乾呼应，所以说表示人与人之间的和谐。同人的卦辞说："在郊外与人聚首，亨通顺利，有利于涉越江河巨流"，是因为上卦乾的刚健前进。禀性文明而又强健，行为持中正直而又互相应和，这是君子遵循的正道。也只有君子才能沟通天下人的意志，使之都成为志同道合的人。

[解说]

同人本意是唯一柔爻居中与朝中大人九五正应，即"中正而应，君子正也"。同时下卦由卦的巽卦变为离卦，离为火、为文明，乾为健，所以有"文明以健"。"通天下之志"就是同心同德之意，只有中正而应的君子能领导大家同心同德。

[原文]

《象》曰：天与火，同人。君子以类族辨物。王弼注："君子小人，各得所同。"

[译文]

《象传》说：天与火相互亲和，象征着去聚合志同道合的人。君子当效法此种品德，按人类事物的种类辨别异同。

[解说]

同人卦离下乾上，离为火，乾为天，称为天火同人。天火都是光明正大之象，可谓同人。但天与火又有区别，"君子以类族辨物"，类族是求同，辨物是求异。君子和而不同，这是君子与人相处的一个标志。相反，小人是同而不和。

[原文]

初九 同人于门，无咎（jiù）。李鼎祚《周易集解》引虞翻曰："乾为门，谓同于四，四变应初，故'无咎'也。"

《象》曰：出门"同人"，又谁"咎"也。

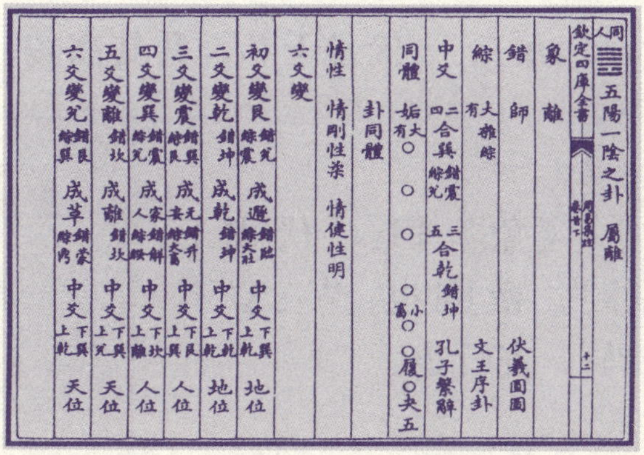

同人卦错综及爻变图

同人卦为五阳一阴之卦，属离。在离宫八卦中属火。与离卦相象、师卦相错、大有卦相综。二至四爻合为巽卦，与震卦相错，与兑卦相综，三至五爻合为乾卦，与坤卦相错。与姤、大有、小畜、履、夬五卦同体。其情性为：情刚性柔，情健性明。其六爻变位为：初爻变艮位在地，二爻变乾位在地，三爻变震位在人，四爻变巽位在人，四爻变巽位在人，五爻变离位在天，六爻变兑位在天。

[译文]

初九，刚出门就能聚合志同道合的人，没有灾祸。

《象传》说：刚出门就能聚合志同道合的人，谁也不会有灾祸。

[解说]

初九从姤卦九二的位置下来，九二是大夫位，大夫有采邑、有家（例见蒙卦九二爻辞），从九二下来就表示走出家门，去外面寻找同心同德的人，又有谁会有灾祸呢？

[原文]

六二　同人于宗，李鼎祚《周易集解》引荀爽曰："宗者，众也。"**吝(lìn)。**

《象》曰："同人于宗"，"吝"道也。

[译文]

六二，只在宗族内部聚合志同道合的人，是褊狭的。

《象传》说："在宗族内部聚合志同道合的人"，这样做是褊狭的，会导致憾惜。

[解说]

六二从初爻上来，改变了姤卦的肃杀状态，各刚爻都想与它同心，但它只与九五正应，就是只与同宗的人相应，未免显得吝啬、狭隘，没有天下为公的志向。门户之见、宗派利益，非坦荡君子所有，君子不党。

[原文]

九三　伏戎(róng)于莽(mǎng)，升其高陵(líng)，三岁不兴。欧阳维诚《周易新解》："三岁，指长时间。三，虚言其多。"

《象》曰："伏戎于莽"，敌刚也。"三岁不兴"，安行也。王弼注："安，辞也。"

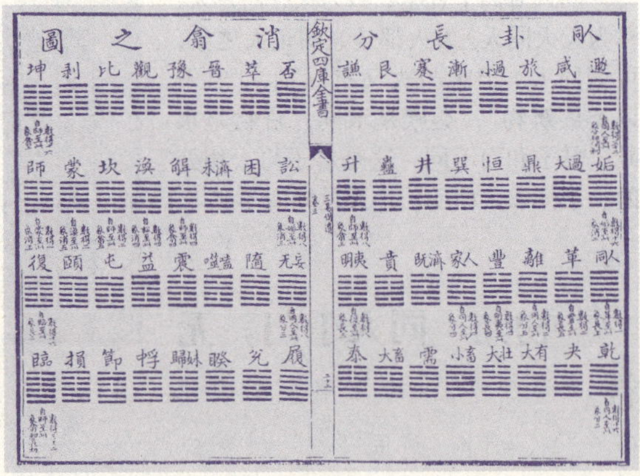

同人卦长分消翕之图

"消"即"静"，"翕"即"动"。消翕反映的是同人卦在运动、消长变化中与其他卦象的关系。同人与大有卦是正覆卦关系，大有倒过来就是同人。同人是从姤卦演变而来的，是姤卦的初六爻与九二爻交换位置，变为同人卦。

[译文]

九三，在草莽中埋伏兵戎，登上高处观察形势，这般谨慎，恐怕多年也不敢出兵作战。

《象传》说："在草莽中埋伏兵戎"，说明敌人过分强大。"多年也不敢出兵作战"，是因为采取了安稳方针。

[解说]

九三所在下卦为离、为火、为文明、为兵戈，下卦离由姤下卦巽转化而来，巽为草木，这表明九三是埋伏军队于草莽之间（伏戎于莽）。九三应在上九，上九最高，故为高陵，但上九同样为刚爻，与九三为敌应，即象辞所说“敌刚也”。九三受到上九打压，多年都升不上去，多年是指九三与上九中间间隔三个爻位。九三无法得到上层的同意，就安于现状。

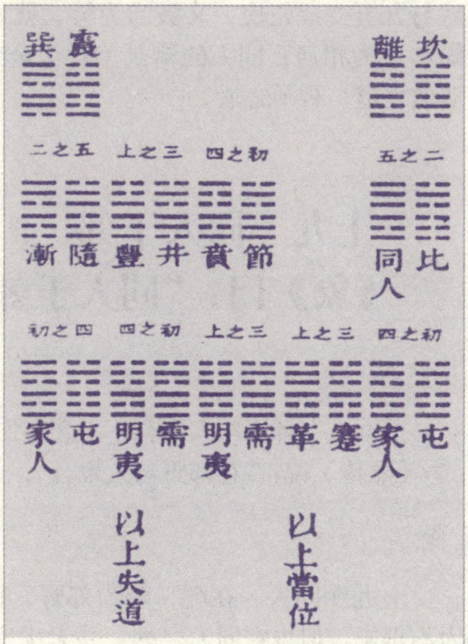

同人卦当位失道图

同人的关键是“柔”，而这个柔必须得正、得中，同人的下卦中爻就是柔爻，但仅仅有柔还不能同人，中正之柔又必须有刚健之乾与之相应，同人上卦就是乾卦。柔而能刚，则既能柔顺宽容，又能刚健有为，主动与人和同。君子行正道，心志自然会与天下人交通，人和自然也会与之相和同。

[原文]

九四　乘其墉（yōng），徐子宏《周易全译》：“墉，城墙。”**弗（fú）克攻，吉。**

《象》曰：“乘其墉”，义“弗克”也。其“吉”，则困而反则也。

[译文]

九四，登上敌方城墙，又未将其全城攻占，吉祥。

《象传》说：“登上敌方城墙”，但在道义上不能发动全面攻击。由此获得的吉祥，是由于在很难做到的情况下仍能重返正道的缘故。

[解说]

九四在下卦离之上，离由姤卦下卦巽转变而来，巽为木、为直，故可为城墙。九四登上了城墙（墉是城墙）。但姤卦的唯一柔爻上来到九二中位，形势改变了，所以虽登上了城墙，但在道义上却不能攻打，其实这是非常好的事情，原来姤卦阴欲困杀阳的状态变为顺应阳刚的正道法则（则困而反则也）。

[原文]

九五　同人先号咷而后笑，欧阳维诚《周易新解》：“号咷，大哭。”**大师克相遇。**

《象》曰：“同人”之“先”，以中直也。“大师相遇”，言相“克”也。

[译文]

九五，聚合起来的人们，起先号啕大哭，后来欣喜欢笑，因为大军克敌会师。

《象传》说：聚合起来的人们，起先号啕大哭，是因为持着正义感。大军克敌会师，是说九五的内外上下互相克胜而一起战胜敌人的现象。

[解说]

同人的前身是姤卦，姤的下卦为巽，巽为风、为号，故可为号哭。姤卦柔爻上来到九二位后与九五变成正应，又破涕为笑。就如同师卦（九二刚爻，其余柔爻），刚爻中直，战胜阴柔，姤本意为相遇，同人的错卦（六爻全变的卦）是师卦，这里借指。可见同人之道是刚直之道、浩然之道、君子之道。

［原文］

上九　同人于郊，王弼注：“郊者，外之极也。”**无悔。**

《象》曰：“同人于郊”，志未得也。

［译文］

上九，在郊野与人聚合，不会有悔恨。

《象传》说：“在郊野与人聚合”，表明虽与人聚合而志向没能实现。

［解说］

上九在同人、在乾，乾为郊野，所以说同人于郊，但上九即将引退，距离六二最远无应，为不得志。但也在同人之列，并无忧患。卦辞说“同人于郊”，是从总体上看卦，比较吉利。同样，彖辞倍加赞美六二，但六二爻辞却有些不满。一个是从总体看，一个是从细节看，毕竟没有完人。同人卦与小畜卦有异同，这两个卦都是由姤卦演变而来，但小畜为小同小富，同人为大同大公。同人卦与比卦有异同，都有亲合相近之意，但比卦为外邦亲附，甚至有迫于形势不得已才归附来的，为群小（柔爻）亲附一位阳君（刚爻）。而同人为出于内心的愿望、志向和抱负走到一起，为众君子（刚爻）志同道合。

大有卦第十四

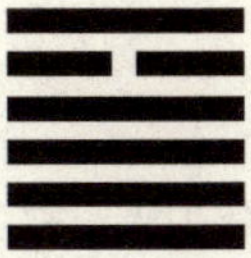

大有之后不忘谦德

大有预示前途光明。

[原文]

大有　元亨。 李鼎祚《周易集解》引虞翻曰："与比旁通。柔得尊位大中，应天而时行，故'元亨'也。"

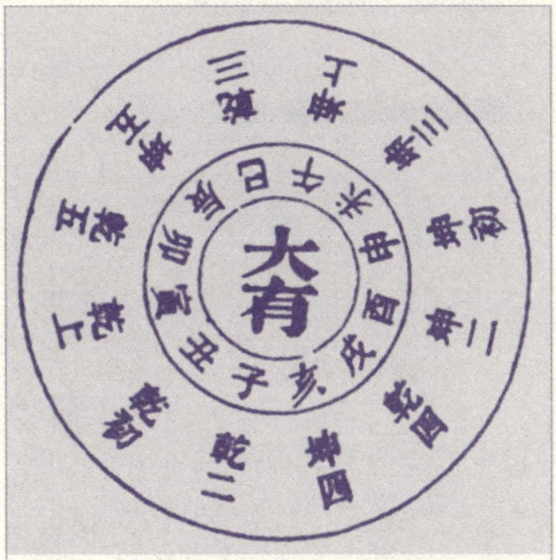

大有卦图

大有卦下乾上离，离为火，乾为天，天火通明之象。大有是同人的综卦，大有卦与同人卦一样，都是五阳一阴。但是同人卦阴爻在第二爻位，是"我与人同"；大有卦是阴爻在第五爻位，居正处尊，与五阳爻相呼应，是"物归我有"，故"元亨"。

[译文]

大有卦象征大有收获，至为亨通顺利。

[解说]

大有与同人是正覆卦关系，可以说大有是倒置的同人，同人同心，必然有利于事业发达，以至于大有，大有是富有且受拥戴的状况。大有有元、亨这两个卦德。

[原文]

《彖（tuàn）》曰：大有，柔得尊位，大中而上下应之曰大有。其德刚健而文明，应乎天而时行，是以元亨。

[译文]

《彖传》说："大有"，是指阴柔的厚德处居尊位，显示出博大持中，上下阳刚与它呼应，所以能大有收获。本卦具有刚健而又文明的美德，顺应天道，依时序而安排行动，因而必然极为亨通顺利。

[解说]

大有卦是由消息卦夬卦（上位为柔爻，其余为刚爻）的柔爻与九五互换演变来的，柔居六五尊位后，位尊而中而柔，成为各刚爻簇拥捧比的人物。柔爻居中为离，离为文明，下乾为健，故"大有德刚健而文明"。这都是柔爻顺应天道而行的结果。由阳欲灭阴的夬卦改变为富有的状态，所以元亨。

[原文]

《象》曰：火在天上，大有。君子以遏（è）恶扬善，顺天休命。

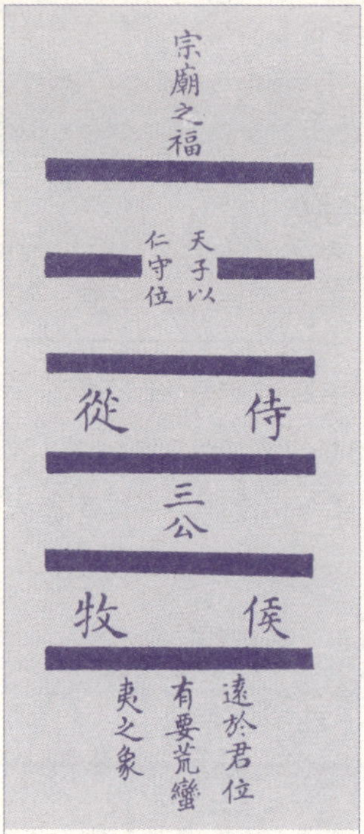

大有守位图

有“九五之尊”的说法，还有“天子以仁守中位”的说法，九四爻离君位最近，因而是侍从，是像“三公”“侯牧”一样位居高位的大臣或一方诸侯。此图阴爻六五得君位，注意宏观平衡，上下都来呼应，这就叫盛大富有。品德刚健而又文明，适应天道又因时令行事，所以大位亨通。因此“大有”就是“有大”。所有的东西大，也可以说好似无所不有。

[译文]

《象传》说：阳光普照大地，因而将“大有收获”。君子应效法光明普照的德性，遏止邪恶，显扬善行，这才是顺承至善至美的天道使命。

[解说]

大有卦上离为火，下乾为天，称为火天大有。火在天上犹如太阳高悬，君子受此启发，应当抑恶扬善，顺应天给予的美好使命，休是美好。

[原文]

初九　无交害，匪咎(jiù)，艰则无咎。

《象》曰：大有“初九”，无交害也。

欧阳维诚《周易新解》：“交害，交相为害。”

[译文]

初九，没有交相残害，就不会有灾难，即使处于艰险环境中也不会遭到祸害。

《象传》说：大有卦的初九，即是说不能相互残害。

[解说]

初九距离六五最远，没有交往，这是时运未到，艰苦磨炼，积聚力量财富，没什么害处。大有与小畜一开始都不富有，而是从无到有积累而来的。

[原文]

九二　大车以载，李鼎祚《周易集解》引虞翻曰：“比坤为大车，乾来积上，故‘大车以载’。”**有攸往，无咎。**

《象》曰：“大车以载”，积中不败也。

[译文]

九二，用大车载物，运往其该去之处，无灾难。

《象传》说：“用大车载物”，说明要装载适中，才不会招致失败。

[解说]

大有下卦乾是由坤变，坤为大车，乾为实，就是大车以载、收获颇丰的情况，九二居中守正，财富积累有道，不会败落，大车足以载重致远，君子可以有所行动（有攸往）。

有些富人虽然用非法手段聚敛了巨大财富，但很可能会在一夜之间就被查没，其本人也身陷牢狱。所以说君子应当取财有道。

[原文]

九三　公用亨于天子，小人弗克。 孔颖达《周易正义》：“小人德劣，不能胜其位，必致祸害，故云‘小人弗克’也。”

《象》曰：“公用亨于天子”，“小人”害也。

[译文]

九三，王公朝见天子，得赐宴，一般的平民则不能参与。

《象传》说：“王公朝见天子，得赐宴”，小人则不能参与，因为小人参与国政，将是国家的祸害。

[解说]

九三为公位，九三、九四、六五组成互兑，兑为口，六五为天子，就是王公受到天子的宴请招待。但这种隆重待遇不能给小人，小人得之反会招来祸害。

孔子曾经说过小人难养的话，不管给小人多少好处，小人仍会欲壑难填，故而只能远离小人。

[原文]

九四　匪其彭，无咎。

《象》曰：“匪其彭，无咎”，明辩晢也。

[译文]

九四，不自高自大，就没有灾害。

《象传》说：“不自高自大，就没有灾害”，说明应有明辨事理、权衡利弊的智慧，方可得出明白的结论。

[解说]

九四为四个刚爻累积而至，已经呈现大壮（也为四个刚爻叠加）之势，非常盛大，但九四忠心于六五，不自我膨胀（匪其彭）。九四身处上离中，离为火、为文明，能看清楚自己，没有妄自菲薄，所以无咎。

子贡曾经向孔子求教说：“贫而无谄，富而无骄，何如？”子曰：“可也。未若贫而乐，富而好礼者也？”九四已经做到了富而好礼。而古今许多人富裕后骄横不能自持，这种暴发户的心态是德才穷困的一种表现。

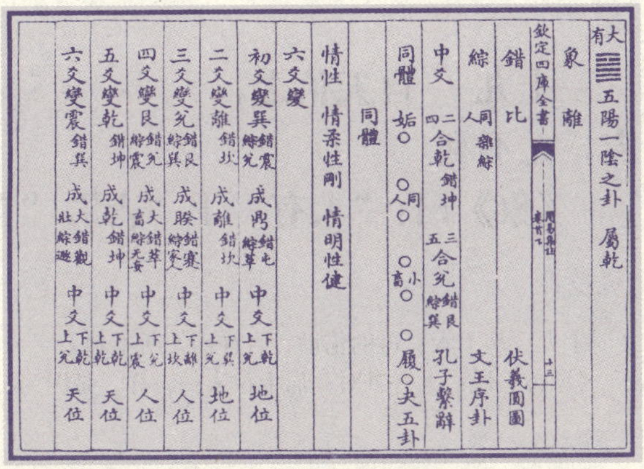

大有 ☰ 五陽一陰之卦 屬乾

象 離

錯 比 伏羲圓圖

綜 同人 離綜 文王序卦

中爻 二四合乾 錯坤 三五合兑 錯艮 綜巽 孔子繫辭

同體 姤〇 同人〇 小畜〇 履〇 夬 五卦

同體

情性 情柔性剛 情明性健

六爻變

初爻變巽 錯震 綜兑 成鼎 錯屯 綜革 中爻 下乾 上兑 地位

二爻變離 錯坎 成離 錯坎 中爻 下巽 上兑 地位

三爻變兑 錯艮 綜巽 成睽 錯蹇 綜家人 中爻 下離 上坎 人位

四爻變艮 錯兑 綜震 成大畜 錯萃 綜无妄 中爻 下兑 上震 人位

五爻變乾 錯坤 成乾 錯坤 中爻 下乾 上乾 天位

六爻變震 錯巽 成大壯 錯觀 綜遯 中爻 下乾 上兑 天位

大有卦错综及爻变图

大有卦为五阳一阴之卦，属乾。在乾宫八卦中属金。它与离卦相象、比卦相错、同人卦相综。二至四爻合为乾卦，与坤卦相错，三至五爻合为兑卦，与艮卦相错、巽卦相综。大有与姤、同人、小畜、履、夬五卦同体。其情性为：情柔性刚，情明性健。六爻变位为：初爻变巽位在地，二爻变离位在地，三爻变兑位在人，四爻变艮位在人，五爻变乾位在天，六爻变震位在天。

[原文]

六五　厥（jué）孚（fú）交如，

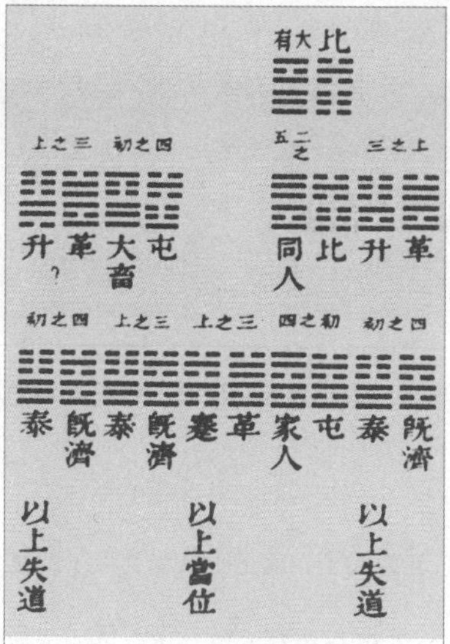

大有卦当位失道图

“大有”有丰富、伟大的意思。本卦是离在乾上，离为火、为日，乾为天。大有卦象征太阳在天上照耀。大有卦唯一的一个六五阴爻处在第五爻位这样的尊位上，其余的阳爻都处于从属地位，象征君王高高在上。

威如，吉。 李鼎祚《周易集解》引虞翻曰：“孚，信也。发而孚二，故‘交如’。乾称威，发得位，故‘威如。吉’。”

《象》曰：“厥(jué)孚(fú)交如”，信以发志也。“威如”之“吉”，易而无备也。

［译文］

六五，上下诚信相交，威严自显，吉祥。

《象传》说：“上下诚信相交”，是指以诚信感发他人的忠信之志。“威严自显的吉祥”，是指有威信而平易近人，人不必心存戒备。

［解说］

六五与众刚爻极为亲合信赖（厥孚、信以发志也），这是由于它从上位到五位换位的结果（交如）。六五虽在互兑（九三、九四、六五爻组卦）里，兑为虎（例见履卦），有虎的威风（威如），但位尊而怀柔，使人感到平易而不戒惧（易而无备也）。不像履卦九五唯我独尊，地位变得危厉。大有六五受众拥戴，这比拥有财富的大有更有意义，可谓含弘光大。

［原文］

上九　自天佑之， 李鼎祚《周易集解》引虞翻曰：“右（佑），助也。”**吉，无不利。**

《象》曰：“大有”上“吉”，“自天佑”也。

［译文］

上九，从上天获得的佑助，吉祥而无所不利。

《象传》说：大有卦对高居上位人的吉祥，是因为有上天的佑助。

［解说］

大有卦直到上九依然大吉大利，真是天佑啊。上九是同六五换位后，才转夬为大有，上九身处丽日（离，通“丽”，附丽之意），光明好礼，与六五孚信有加，所以吉，无不利。真正的大有是赖有上天庇佑啊！

谦卦第十五

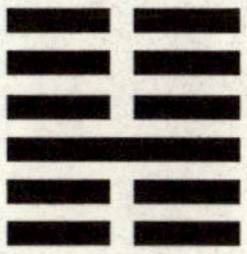

谦虚使人进步

谦卦意味着为人处世要谦恭。

[原文]

谦（qiān）《左传·昭公五年》：“谦，不足也。”陆德明《经典释文》：“谦，卑退为义，屈己下物也。” **亨。君子有终。**

[译文]

谦卦象征谦逊。谦逊方能亨通顺利，君子能行此德，必有好结果。

[解说]

大有之后，因为物不可以满盈，所以必须受之以谦。谦卦由消息卦剥卦变来，是唯一阳爻从上九下降到九三，符合天道下济的规则，可以为君子，下艮为山、为止、为终，故君子有终。是指君子做事善始善终和君子最终会获得好的结果。剥卦的上九爻与六三爻位置互换而成谦，阴阳得以交流，故谦亨通。

[原文]

《彖》（tuàn）曰：谦，亨。天道下济而光明，《尔雅·释诂》：“济，成也。”**地道卑而上行。天道亏盈而益谦，地道变盈而流谦，鬼神害盈而福谦，人道恶盈而好谦。谦，尊而光，卑而不可逾，“君子”之“终”也。**

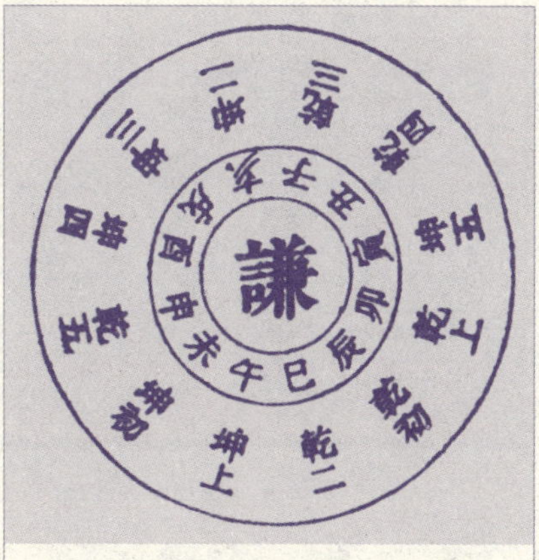

谦卦图

谦卦上坤下艮，坤为地，艮为山。坤有顺从之意，艮有笃实之意。谦卦的卦意也就是让人们处世谦恭、忍让。谦卦的六爻爻辞都是吉，也就意味着谦恭、谦虚会带来吉祥。

[译文]

《彖传》说：谦逊，亨通顺利。天的规律是阳气下降、普济万物、带来一片光明，地的规律是阴气从低处源源上升。天的规律是使满盈亏损，使谦虚得到增益；地的规律是改变满盈，充实谦虚；鬼神的规律是加害满盈，降福谦虚；人的规律是憎恶满盈而喜好谦虚。谦逊者居尊位时自身愈加光大，下处卑贱时常人亦难以欺凌。只有君子能够自始至终保持谦逊的美德，才能有好的结果。

[解说]

天道地道一下一上，万物才得以交流化生。天道地道有亏有盈，事物才能有始有终，才能周而复始。天地之道是损有余以补不足，所以鬼神都会祸害有盈余的人家，而赐福于谦卑的人家。人心也是喜好谦逊的人而厌恶自大自满的人。谦虚的品德，使尊贵者受到尊敬，使卑微者不可欺压。君子当以谦为最终归宿。

[原文]

《象》曰：地中有山，谦。李鼎祚《周易集解》引刘表曰："地中有山，以高下下，故曰'谦'。"**君子以裒(póu)多益寡，称(chēng)物平施。**《说文》："称，铨也。"

[译文]

《象传》说：上坤下艮，高山低藏在地下，象征谦逊。君子应效法此德，减损多余的而增益不足的，权衡事物，公平施予。

[解说]

谦卦为艮下坤上，艮为山，坤为地，称为地山谦。山本来在地上，现在却降低到地中，有高山就有峡谷，君子应当效法地山峡谷的谦卑精神，君子应当以多补少，称量物体，公平分施。

[原文]

初六　谦谦君子。用涉大川，吉。

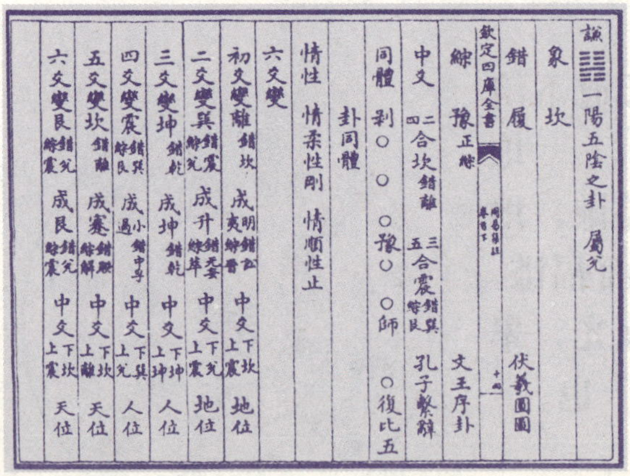
謙 ䷎ 一陽五陰之卦 屬兌
象 坎
錯 履 伏羲圓圖
欽定四庫全書
綜 豫正綜 文王序卦
中爻 二四合坎錯離 三五合震錯巽綜艮 孔子繫辭
同體 剥○ ○ ○豫○ ○師 ○復比五
卦同體
情性 情柔性剛 情順性止
六爻變
初爻變離錯坎 成明夷錯訟綜晋 中爻下坎上震 地位
二爻變巽錯震綜兌 成升錯无妄綜萃 中爻下兌上震 地位
三爻變坤錯乾 成坤錯乾 中爻下坤上坤 人位
四爻變震錯巽綜艮 成小過錯中孚 中爻下巽上兌 人位
五爻變坎錯離 成蹇錯睽綜解 中爻下坎上離 天位
六爻變艮錯兌綜震 成艮錯兌綜震 中爻下坎上震 天位

谦卦错综及爻变图

谦卦为一阴五阳之卦，属兑，在兑宫八卦中属金。谦卦与坎卦相象，与履卦相错，与剥、豫、师、复、比五卦同体。谦卦二至四爻合为坎卦，与离卦相错，三至五爻合为震卦，与巽卦相错，与艮卦相综。谦卦情性为：情柔性刚，情顺性止。六爻变位为：初爻变离位在地，二爻变巽位在地，三爻变坤位在人，四爻变震位在人，五爻变坎位在天，六爻变艮位在天。

《象》曰："谦谦君子"，卑以自牧也。王弼注："牧，养也。"

[译文]

初六，一再注意谦虚的君子，可以涉越大河巨流，吉祥。

《象传》说："一再注意谦虚的君子"，这是说用谦卑的德行严于约束自己。

[解说]

初六位在最下，谦之又谦，所以叫作"谦谦君子"。牧，原意为放牧，引申为管理，谦卑能够自我约束、自我管理自己，谦有亨通，可以渡过大川，六二、九三、六四爻所组成的互坎为水、为川。

谦卑的人走到哪里都会顺利。

[原文]

六二　鸣谦，贞吉。

《象》曰："鸣谦贞吉"，中心得也。 李鼎祚《周易集解》引崔憬曰："言中正心与谦相得。"

[译文]

六二，谦逊的名声外扬，卜问的结果一定可获吉祥。

《象传》说："谦逊的名声外扬，卜问的结果一定可获吉祥"，这是说靠心中积聚起的谦逊正直的美德能够赢得名声。

[解说]

谦的主爻是唯一刚爻九三，因为它能从剥卦上九下济到九三，受到众柔爻的青睐和拥护，六二本来与上九没有关系，忽然刚爻来到九三，与六二比邻，六二真是意外之喜，喜不自胜（中心得也），和九三唱和，赞美谦恭，就是"鸣谦"，也因此"贞吉"。

[原文]

九三　劳谦君子，有终，吉。

《象》曰："劳谦君子"，万民服也。

[译文]

九三，有功绩而谦逊，君子保持谦虚的美德至终，吉祥。

《象传》说："有功绩而谦逊的君子"，广大百姓都敬服。

[解说]

九三从剥卦上九下济而来，是谦卦的主爻，它在下卦艮里，艮为山、为终止，所以九三君子善终有吉。九三又处于互坎中间，坎为劳，劳有功劳与辛劳两重意思，九三有功而下潜，所以称作"劳谦君子"。九三又是唯一刚爻，备受各柔爻瞩目和敬佩（万民服也）。九三内刚外柔，是真正的君子。

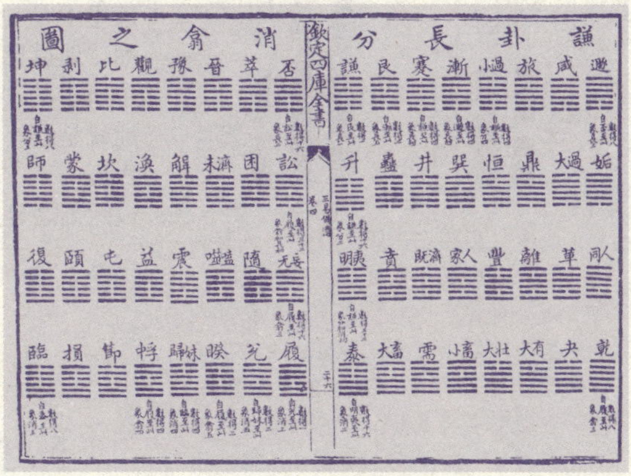

谦卦长分消翕之图

"消"即"静"、"翕"即"动"之意。消翕反映的是谦卦在运动、消长变化中与其他卦象的关系。谦卦是从剥卦演变而来，剥卦的上九爻与六三爻交换了位置，变为谦卦。豫卦与谦卦为正覆卦关系，豫卦倒过来就是谦卦。

[原文]

六四　无不利，扮谦。 李鼎祚《周易集解》引荀爽曰："扮，犹举也。"

《象》曰："无不利，扮谦"，不违则也。

[译文]

六四，发挥谦逊的美德，无论如何不会有不利。

《象传》说：“发挥谦逊的美德，无论如何不会有不利”，因为这样做没有违背原则。

[解说]

六四处在互震（九三、六四、六五爻组成）里，震为动、为旗鼓。㧑如挥，“㧑谦”，发挥谦卑精神，不违背谦的法则（不违则也），所以无不利。

六二、六四都受到九三谦恭的人格魅力感染，也变得谦逊美好起来。

[原文]

六五　不富以其邻，王弼注：“居于尊位，用谦与顺，故能不富而用其邻也。”**利用侵伐，无不利。**

《象》曰：“利用侵伐”，征不服也。

[译文]

六五，不富有，是因为邻国侵略的缘故，利于出兵征伐，无所不利。

《象传》说：“利于出兵征伐”，是因为征伐那些不遵从礼制者。

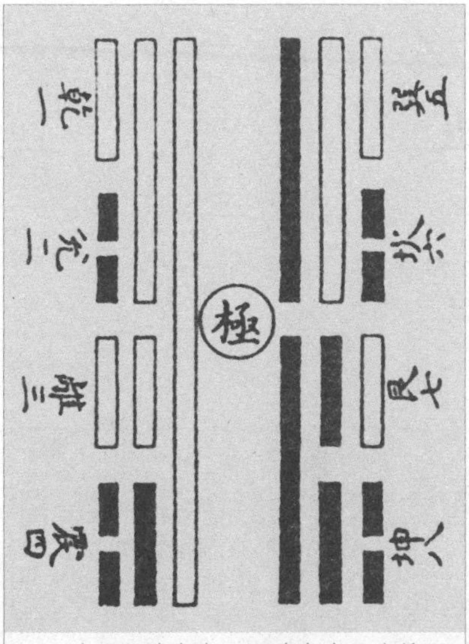

此图阳爻在左，阴爻在右，这是两仪之象。太极居中，然后在一阴爻、一阳爻之外再各画一阳爻在上，一阴爻在下，这是两仪生四象。最后，在左面偏短的阳爻左面再画一阳爻在上得乾卦，画一阴爻在下得兑卦；在左面偏短的阴爻左面再画一阳爻在上得离卦，画一阴爻在下得震卦。在右面偏短的阳爻右面再画一阳爻在上得巽卦，画一阴爻在下得坎卦；在右面偏短的阴爻右面画一阳爻在上得艮卦，画一阴爻在下得坤卦。全图的形象就是太极生两仪，两仪生四象，四象生八卦。

[解说]

六五在上卦坤中，坤三爻皆阴，阴为虚，虚就不富，“不富以其邻”说的是因为遭到了邻国的侵略而不富裕，有邻如此，侵伐之，名正而言顺。六五居尊位，有权势，可以利用侵伐，这表明谦逊不是柔弱可欺，谦卑不是一味低调，各个事物谦的表现是不同的，比如“地道卑而上行”。那么这个窃贼是谁呢？就是下爻中所讲的“邑国”，即九二，九二居大夫位，大夫的封地就是邑。九二“中心得也”，窃喜得到了九三的下济。六五与六二又是阴性敌应关系，暗示六二不服六五。以六五之尊惩罚六二窃贼，当所向披靡，无所不利。

[原文]

上六　鸣谦，利用行师征邑(yì)国。

徐子宏《周易全译》：“邑国，诸侯封国。”

《象》曰：“鸣谦”，志未得也，李鼎祚《周易集解》引《九家易》曰：“阴阳相应，故‘鸣谦’也。虽应不承，故‘志未得’。”**可“用行师”“征邑国”也。**

[译文]

上六，谦逊的名声外扬，利于用兵征战，讨伐领地中的叛乱。

《象传》说："谦逊的名声外扬"，表示仍然没有实现志向。"可以用兵征战"，是指只征讨领地中的叛乱。

[解说]

上六鸣谦是因为与九三正应而唱和，上六与九三本来在剥卦里就是正应，不过两个爻的位置刚好颠倒了一下，所以并不像六二有意外之喜，倒是有些怅然若失（志未得也），也许是感到了高处不胜寒。上九所在坤为众、为顺从，又下临互震，震为足、为行，行而众应从，象征上六利用行师率众征伐九二邑国。上六以柔、以谦行军打仗，表现和维护了先礼后兵的谦的准则。

六二鸣谦为吉，在六五、上六眼里成了窃贼，这是不同的时位使然。如同人卦六二在彖辞里被极为赞赏，但在六二这一细分的具体位置上，却又显得吝啬。

豫卦第十六

凡事预则立，不预则废

豫卦意味着悦乐安适，只有事先做好预备工作，才能悦乐安适。

[原文]

豫李鼎祚《周易集解》引郑玄曰："豫，喜佚说乐之貌也。" **利建侯、行师。**李鼎祚《周易集解》引《九家易》曰："震为建侯，坤为行师；建侯所以兴利，行师所以除害。利兴害除，民所豫乐也。"

[译文]

豫卦象征快乐。有利于建立诸侯、用兵征战。

[解说]

"有大能谦必豫"，意思是富有而且能谦和就必然愉悦，所以大有卦与谦卦之后就是豫卦。豫即愉悦。豫与谦为正覆卦，豫卦震在坤上，叫作雷出地，有龙奋飞豫跃之象。震为雷、为行、为龙、为诸侯，坤为地、为众。师即众，所以豫卦表现为"利建侯、行师"。

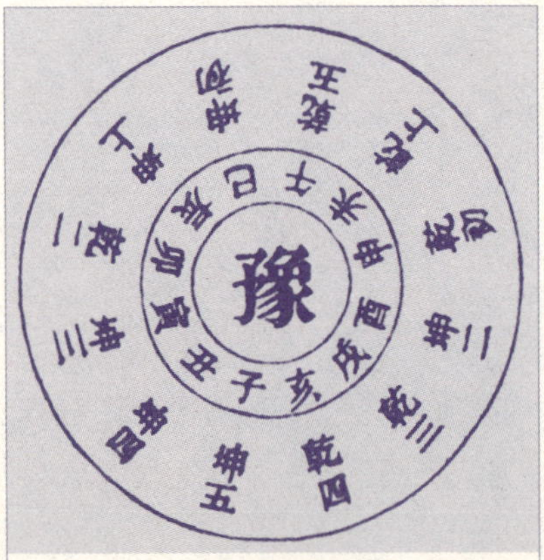

豫卦图

豫卦的卦象为坤下震上，是地上响雷的形象。雷在地上轰鸣，使大地振奋起来，这就是大自然愉快高兴的表现。上古圣明的君主，根据大自然欢乐时雷鸣地震的情景创造了音乐，并用音乐来推广教化，他们举行盛大隆重的仪式，把音乐献给天帝，并用它来祭祀自己的祖先。

[原文]

《彖》曰：豫，刚应而志行，顺以动，豫。豫，顺以动，故天地如之，而况"建侯行师"乎？天地以顺动，故日月不过，而四时不忒。李鼎祚《周易集解》引虞翻曰："忒，差迭也。" **圣人以顺动，则刑罚清而民服。豫之时义大矣哉！**

[译文]

《彖传》说：豫卦的卦象是阳爻有五个阴爻相应，从而既能够遂行志向，又能顺应时机行动，因此愉快。豫卦能顺应时机行动，就连天地的运行也如它一样，何况是"建立诸侯，用兵征战"呢？天地循时运转，因此日月的周转不会出错，四季循环不会有偏差。圣人顺应时机而行动，所以赏罚清明公正，百姓心悦诚服。豫卦“得其时”的意义是多么宏大啊！

[解说]

豫卦坤在下，是顺；震在上，是动。是以顺而动，天地的顺动表现为日月运行、四时顺序分毫不差。豫卦由消息卦复卦（初爻为刚，其余为阴，表示一阳复生）的初九与六四换位而来，初九上升至四位构成上卦震的下爻，古人认为帝圣出于震。复初之一阳即为圣人，阳长上升为顺动。九四构成互坎中间刚爻，古人认为坎水平，为法。施法之谓罚。刑罚兼于坤柔，刚柔得体，所以“刑罚清”。刚爻为清阳，九四刚爻乘坤，坤为众顺，故民服。动不顺则乱而生凶，天地圣人皆以顺动而成其事功。这就是“豫之时义”，伟大啊！

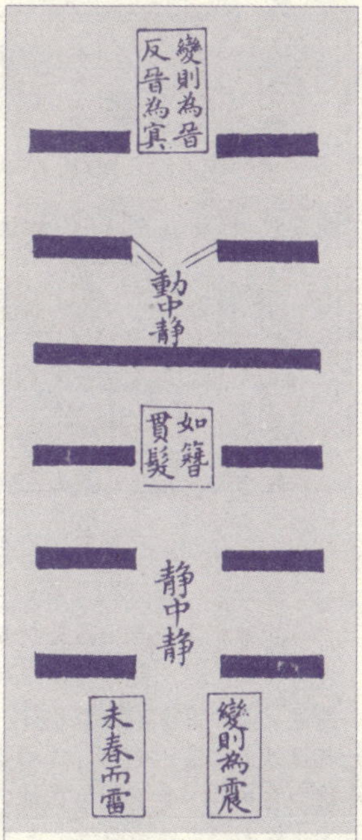

豫象之图

豫卦上为震，下为坤，震为动，坤为顺。震动于上，坤顺于下。此卦象征天子在上面封建诸侯，兴兵征战；人民在下面顺从悦服，乐于从征。卦辞说明了一个道理：要想有所作为，必须造成上下和悦顺畅的局面。这就是豫卦的精神力量和积极意义。

[原文]

《象》曰：雷出地奋，豫。李鼎祚《周易集解》引崔憬曰：“雷，阳气，亦谓龙也。”引郑玄曰：“奋，动也。雷动于地上，而万物乃豫也。”**先王以作乐崇德，殷(yīn)荐之上帝，以配祖考。**李鼎祚《周易集解》引郑玄曰：“以者，取其喜佚动摇，犹人至乐，则手欲鼓之，足欲舞之也。崇，充也。殷，盛也。荐，进也。”

[译文]

《象传》说：雷声轰轰，大地震动，象征“快乐”。古代的圣王效法这一精神，制作音乐来赞美、尊崇功德，以隆重的典礼进献给天帝，同时祭祀祖先的神灵。

[解说]

豫卦上震为雷，下坤为地，震在坤上，称为雷地豫。雷、龙都以震为象。雷出地则大地振奋。先王指夏、商、周时期的王，王者功成作乐，震声为乐，震义为起，故称作乐。殷，盛大。荐如同进。以宏大振奋的乐曲进献给伟大的天和先祖。上帝者，天之别名。祖考即为先祖。震为长兄可代父，复初之阳为祖。这种祭祀、祭奠是为报本，出于人的本性，即是顺性而动。

[原文]

初六　鸣豫，凶。王弼注：“处豫之初，而特得志于上。乐过则淫，志穷则凶，豫何可鸣？”

《象》曰：“初六鸣豫”，志穷“凶”也。程颐《周易程氏传》：“志意穷极，不胜其豫，至于鸣也，必骄肆而致凶矣。”程颐《周易程氏传》：“其志意满极，不胜其豫，至发于声音，轻浅如是，必至于凶也。”

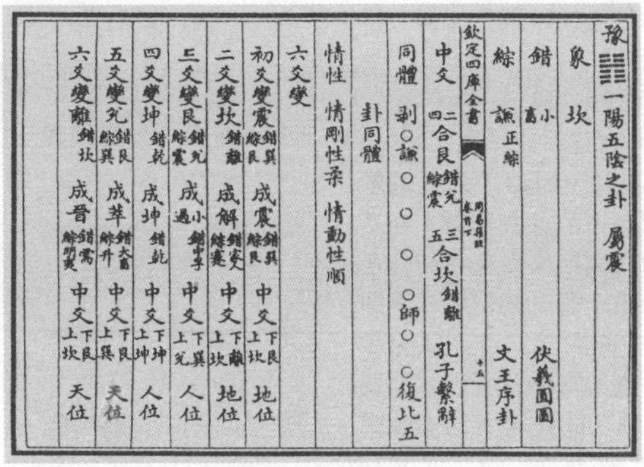
豫☷☳一陽五陰之卦　屬震
象　坎
錯　小畜　伏羲圓圖
綜　謙正綜　文王序卦
中爻　二四合艮錯兑綜震　三五合坎錯離　孔子繫辭
同體　剥○謙○○○○師○○復比五
卦同體
情性　情剛性柔　情動性順
六爻變
初爻變震錯巽綜艮　成震錯巽綜艮　中爻下艮上坎　地位
二爻變坎錯離　成解錯家人綜蹇　中爻下離上坎　地位
三爻變艮錯兑綜震　成小過錯中孚　中爻下巽上兑　人位
四爻變坤錯乾　成坤錯乾　中爻下坤上坤　人位
五爻變兑錯艮綜巽　成萃錯大畜綜升　中爻下艮上巽　天位
六爻變離錯坎　成晋錯需綜明夷　中爻下艮上坎　天位

豫卦错综及爻变图

豫卦为一阳五阴之卦，属震。在震宫八卦中属木。它与坎卦相象，与小畜卦相错，与谦卦相综。二至四爻合为艮卦，与兑卦相错，与震卦相综，三至五爻合为坎卦，与离卦相错。豫卦与剥、谦、师、复、比五卦同体。其情性为：情刚性柔，情动性顺。六爻变位为：初爻变震位在地，二爻变坎位在地，三爻变艮位在人，四爻变坤位在人，五爻变兑位在天，六爻变离位在天。

[译文]

初六，自鸣得意于享乐，有凶险。

《象传》说：初六“自鸣得意于享乐”，是说得意忘形，为胸无大志的表现，结果凶险。

[解说]

初六与九四正应、共鸣，但位在初爻就沉溺于喜乐，可见胸无大志（志穷凶也）。

[原文]

六二　介于石， 李鼎祚《周易集解》引虞翻曰：“介，纤也。” **不终日，贞吉。**

《象》曰：“不终日，贞吉”，以中正也。

[译文]

六二，像石头一般坚定不移，不用持续一整天，占卜可获吉祥。

《象传》说：“不用持续一整天，占卜可获吉祥”，是因为坚持行为中正，不走邪路的缘故。

[解说]

全卦当中独有六二与九四没有关系，不为喜乐所动，独立坚守中正如磐石，介，如耿介，引申为坚定，六二、六三、九四组成互艮，艮为山、为石、为终止，“不终日”就是不等时间，以静观动，默默耕耘。六二以柔居柔，守中不变，“贞吉”。

六二有忧患意识，不为俗乐所扰，它心中有主见和先见，早已看到了前因后果。

[原文]

六三　盱（xū）豫，悔。 朱熹《周易本义》：“盱，上视也。” **迟，有悔。**

《象》曰：“盱豫有悔”， 李鼎祚《周易集解》引向秀曰：“睢盱，小人喜说、佞媚之貌也。” **位不当也。**

[译文]

六三，媚上求欢，将有悔恨，而悔悟太迟，则更增悔恨。

《象传》说：“媚上求欢，将有悔恨”，这是说为人处世的态度没有摆正。

[解说]

盱豫为小人得意的样子。六三以柔居刚位，是为不当，三位是在上下交界、需要努力进取之处，而六三只知附和九四作乐，得意忘形，迟迟没有实际行动，这样是会有悔恨的。六三与六二真是大相径庭。

[原文]

九四　由豫，大有得。勿疑，朋盍(hé)簪(zān)。 孔颖达《周易正义》："'勿疑朋盍簪'者，盍，合也。簪，疾也。若有不疑于物，以信待之，则众阴群朋合聚而疾来也。

《象》曰："由豫大有得"，志大行也。

[译文]

九四，安乐喜悦由自身而来，会大有所得。诚信不疑，友朋才会来聚会相从。

《象传》说："安乐喜悦由自身而来，会大有所得"，说明志向充分推行了。

[解说]

九四从复卦初九而来成豫，所以叫"由豫"，除六二外，众阴爻争相附和于它，可谓"大有得"，可以大行其志，不管各阴爻是出于什么原因亲附自己，都不必怀疑，都应该把它们团结到一起，就像簪子把头发拢在一起一样，盍同"合"。九四心胸开阔，有号召力，能与朋友同甘共苦。

[原文]

六五　贞疾，恒不死。

《象》曰：六五"贞疾"，乘刚也。"恒不死"，中未亡也。

[译文]

六五，占卜有关疾病之事，虽会病很久却长寿不死。

《象传》说：六五"占卜有关疾病之事"，是因为它凌驾于阳刚之上。"长寿不死"，说明居中宁正就不会灭亡。

[解说]

六五在唯一刚爻九四之上，有乘刚之难，又在互坎里，坎为险阻，为疾，故"贞疾"，但在中正之位，又在震卦当中，震为复出、返生，所以能久久不亡。

六五在至尊之位身患重疾，而且是在豫卦里，这就是乐极生悲。

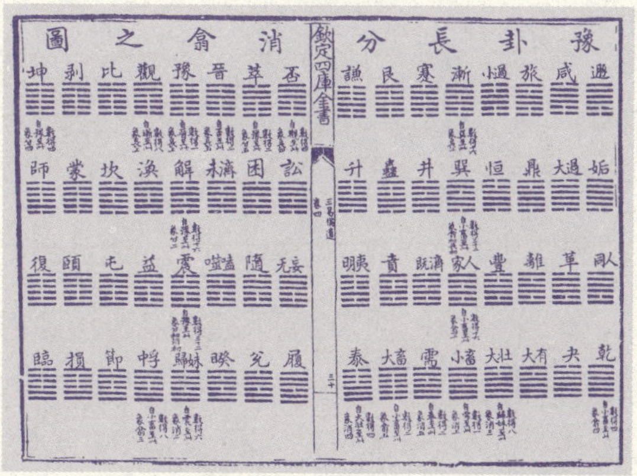

豫卦长分消翕之图

"消"即"静"，"翕"即"动"。"消翕"反映的是豫卦在运动、消长变化中与其他卦象的关系。豫卦是从复卦演变而来，复卦的初九爻上升到第四爻位，与六四爻交换位置，变为豫卦。豫卦与谦卦为正覆卦关系，豫卦倒过来就是谦卦。

[原文]

上六　冥(míng)豫，成有渝(yú)， 徐子宏《周易全译》："渝，变，变故。”**无咎。**

《象》曰：“冥豫”在“上”，何可长也？

［译文］

上六，沉溺于安乐的恶习，若能及时有所改变，就不会有灾祸。

《象传》说：“沉溺于安乐”占据了上位，这种快乐没法长久。

［解说］

冥意昏暗，“成有渝”，意为终有变，成即终，渝即变。上六已经到了穷极之处，依然醉生梦死，已经离死不远了。

谦卦多吉，豫卦多悔，可见生于忧患，死于安乐。

随卦第十七

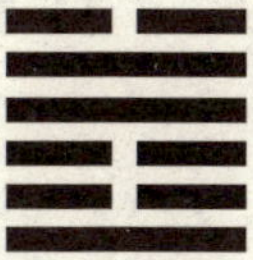

随时变化，与时俱进

随卦寓意随同，要随时变化。

[原文]

随（suí）李鼎祚《周易集解》引郑玄曰：“震，动也。兑，说也。内动之以德，外说之以言，则天下之人，咸慕其行，而随从之，故谓之随也。”**元亨，利贞，无咎。**

[译文]

随卦象征随从。至为亨通顺利，为有利占卜，没有灾祸。

[解说]

随卦震下兑上，震为雷，兑为泽，所以叫作泽雷随，卦义大致是随遇而安、相机而动，是一种很超然又很机敏的态度。

[原文]

《彖》（tuàn）曰：随，刚来而下柔，动而说，随。“大、亨、贞、无咎”，而天下随时，随时之义大矣哉！

[译文]

《彖传》说：随卦卦象是阳刚谦卑地居于阴柔之下，自身行动而使下愉悦，所以说随从。这种态度通达中正，不会有任何灾祸，于是天下的人、事、物都来追随。随从于适当时机的意义真是伟大呀！

[解说]

随卦是由消息卦否卦的上九与初六位置互换演变来的，上九刚爻来下柔位置，就打破了否塞不通的状况，阴阳得以交流、互通有无。下卦震为动，上卦兑为悦，说通“悦”，“动而说”就是行动而喜悦。随，从容不迫，不拘泥于成见，能适应形势变化，趋吉避凶，所以有元亨利贞四德。万物都在变，随时之义太重要了。

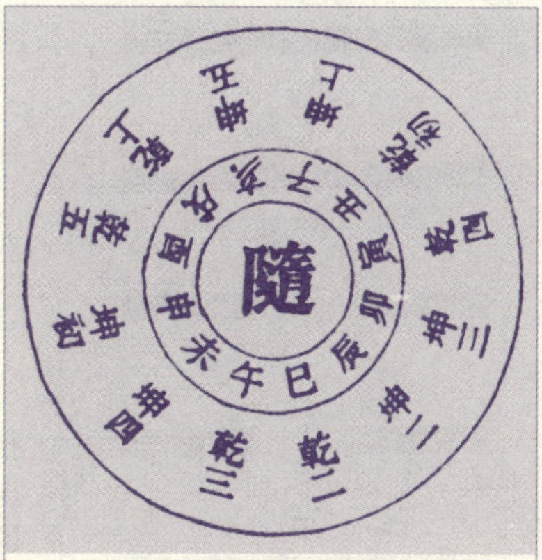

随卦图

随卦的基本精神是人们需要互相协作、互相赞同、顺从，需要讲究人际之间互相随从的道理，这也是由人的社会性决定的。从卦序上来看，豫为安乐，随为随从，安居乐业了，人们自然会来随从，所以豫卦之后是随卦。

[原文]

《象》曰：泽中有雷，随。李鼎祚《周易集解》引《九家易》曰：“兑泽震雷，八月之时。雷藏于泽，则天下随时之象也。”**君子以向晦人宴息。**《说文》：“宴，安也。”

[译文]

《象传》说：雷潜伏于大洋深处，象征着随从。君子效法此德依照作息规律，天晚应返归家中休息。

[解说]

随卦上兑为泽，下震为雷，称为泽雷随。古人认为冬季雷藏于大泽中，等到阳气复苏，就从大泽中出来，此时阴阳相击，就雷声大作，这是雷的随时之象。君子见此效法，日出而作，日落而息，懂得随时而作息。

[原文]

初九　官有渝，孔颖达《周易正义》：“官谓职掌之职。”**贞吉。出门交有功。**

《象》曰：“官有渝”，从正“吉”也。“出门交有功”，不失也。

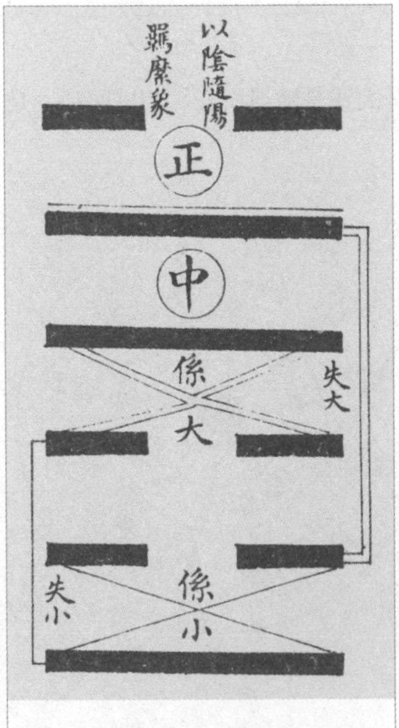

随卦系失图

随卦意味着跟随，既然已认定所跟的是位大人物，随卦之人虽在艰难困苦中，也会保持一颗平常心，跟随这位大人物，别人也会因他的努力而肯定他的能力。这就是随卦的意义。

[译文]

初九，官场之事多有变化，占卜可获吉祥。出门与人交往能获成功。

《象传》说：“官场之事多有变化”，说明要顺随正道以获得吉祥。“出门与人交往能获成功”，说明行为不致过失。

[解说]

初九在震卦里，震为诸侯，所以称“官”。渝，这里特指官的应变，就是权变。初九是从否卦上九换位而来，犹如出门交往，它的下来符合天道下济的正道，也使得否卦不通的状况为之一变，所以为有功。

官场有官场的游戏规则，在其位，谋其政，就要懂得并按照官场的道理和方式去做，只要出于公心且功效好，就会很吉利。古人对官场的态度相当通达。

[原文]

六二　系小子，失丈夫。

《象》曰：“系小子”，弗兼与也。

[译文]

六二，抓住了年轻人，却失去了壮年人。

《象传》说："抓住了年轻人"，是说不能兼得壮年人。

[解说]

六二位往往从家庭说事，六二本与九五正应，但初九来到近旁，初九是随卦的动爻、主爻，六二无法做到将九五的丈夫和初九这个小孩子兼顾（弗兼与也），就牺牲丈夫，专心照顾初九（系小子），这是六二根据情况变化所做的选择。随中有舍，虽有些无奈，但也只能如此，不失为果断明智。

[原文]

六三　系丈夫，失小子。随有求得，利居贞。欧阳维诚《周易新解》："居贞，守住正道。"

《象》曰："系丈夫"，志舍下也。王弼注："下，谓初也。"

[译文]

六三，抓住了壮年人，会失去年轻人。随时都会有所需求，需求能得到满足，有利于居处占卜。

《象传》说："抓住了壮年人"，是说已决意舍弃年轻人。

[解说]

六三与九四接壤，九四阳刚在上，六三柔顺在下，虽不是正应，但也是亲比，六三随从九四有所求，也有所得。但六三、九四的位置都不正，所以应该安守正道才能吉祥（利居贞）。柔爻此时隔着六二已经无法照顾初九，于是就舍弃了。

六三与六二的舍弃有些不同，六二是两者不可兼得，而六三的选择却只有一个，两者都是随环境变化而改变的。

[原文]

九四　随有获，贞凶。有孚(fú)在道，以明，何咎(jiù)？

《象》曰："随有获"，其义"凶"也。"有孚在道"，"明"功也。

[译文]

九四，随从于人必有收获，占卜结果为凶险。心存诚信，不离正道，用以明察事理，又何尝会有灾祸呢？

《象传》说："随从于人必有收获"，这从义理上看是凶险的。"心存诚信，不离正道"，是说明察事理可生功效。

[解说]

"获"即指取得原来不属于自己的东西。六二与九五为正应，为夫妻，但中间在道上有九四相隔，九四拦之不义，如不改变挡道状况，还会获罪于九五，为凶（贞凶）。六二也很难，与初九为邻，有九四当道，初九也是九四的应位，初九比邻不忘正义，九四当其道不忘信义，使六二、九五婚配，有功。居可疑之地而有功，足以自明，谁能责备呢？九四在互艮里，艮为止，不知通变，随时变化，会有“贞凶”。但九四能坚守诚信正道，又化险为夷，化凶为吉。

［原文］

九五　孚（fú）于嘉（jiā），吉。王弼注：“履正居中，而处随世，尽随时之宜，得物之诚，故嘉吉也。”

《象》曰：“孚于嘉吉”，位正中也。

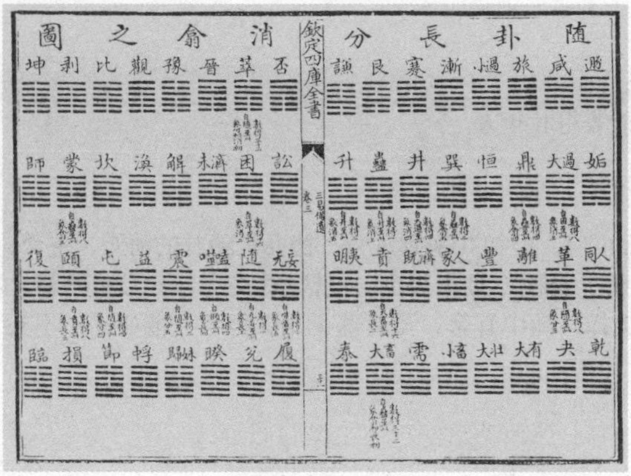

随卦长分消翕之图

“消”即“静”，“翕”即“动”。消翕反映的是随卦在运动、消长变化中与其他卦象的关系。随卦由否卦演变来的，变的方式是否卦的刚爻上九爻下降到初位，来到柔爻之下。就是否卦的上九爻与初六爻交换位置，变为随卦。随卦与蛊卦为正覆卦关系，随卦倒过来就是蛊卦。

［译文］

九五，在友善的基础上广施诚信，吉祥。

《象传》说：“在友善的基础上广施诚信，吉祥”，说明正确地立于中正之道。

［解说］

九五刚中而尊，与六二阴阳正应，位于兑中为悦，位于互巽为利，位于随卦上下能从，受到所有爻的信托，各种美好的事物都具备了，真是“嘉之会也”，所以说“孚于嘉”。

［原文］

上六　拘系之，乃从维之。王用亨于西山。徐子宏《周易全译》：“王，周文王。”

《象》曰：“拘系之”，“上”穷也。李鼎祚《周易集解》引虞翻曰：“乘刚无应，故‘上穷也’。”

［译文］

上六，先将俘虏拘禁束缚，然后放掉他，使他得以脱险。君王于是设祭西山，兴讨逆之师。

《象传》说：“先拘禁束缚”，说明其已到穷途末路了。

［解说］

此爻中有典故，一般认为是说周文王遭商纣王拘禁，周文王随机应变，使人买通了纣王上下，后来被释放，回到故地岐山。也有说是指文王收服西戎，待其自服，不强迫服从。此爻取象繁复，中有互巽，上卦兑为反巽（与巽倒置），巽为绳，正反巽表示捆绑（维之）拘禁。中有互艮为山，上卦兑为西方，所以叫作“西山”。初爻至四爻含有正反震，震代表祭祀的某物，“王用亨”是指祭祀。上六处卦之极，乘刚无应，故“上穷”。

蛊卦第十八

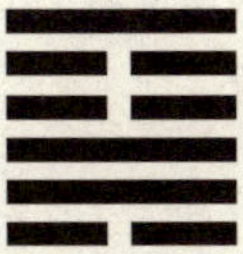

培养品德，抵制蛊惑

蛊卦意味着抵制各种乱人心智的蛊惑。

[原文]

蛊(gǔ) 陆德明《经典释文》："蛊音古。事也。惑也。乱也。" **元亨，利涉大川。先甲三日，后甲三日。** 孔颖达《周易正义》："甲者，创制之令也。"

[译文]

蛊卦象征着拨乱反正、救弊治乱。大吉大利，有利于涉越大江巨流，但要在甲前三日之辛日与甲后三日之丁日启程。

[解说]

蛊原指器皿中的虫子，引申为蛊惑、疫病等。蛊卦旨在破旧立新，中兴基业，要冲破阻滞，所以"利涉大川"。"先甲三日，后甲三日"的说法涉及古代历法，比较复杂，大意是有始有终，具体是指子没有断送而能传承父业。

[原文]

《彖》(tuàn)曰：蛊，刚上而柔下。 王弼注："上刚可以断制，下柔可以施令。" **巽(xùn)而止，蛊。蛊，"元亨"，而天下治也。"利涉大川"，往有事也。"先甲三日，后甲三日"，终则有始，天行也。**

[译文]

《彖传》说：蛊卦的卦象是阳刚处上而阴柔居下，在下者卑屈静止，在上者停滞不前，象征着需要整治腐败。而整治腐败之举，是至为亨通顺利的，于是天下大治。"有利于涉越大江巨流"，说明努力前往就可以大有作为。"甲前三日为辛日，甲后三日为丁日，从辛至丁共七日"，是说前事的终结即是后事的开始，这是天体运行的规律。

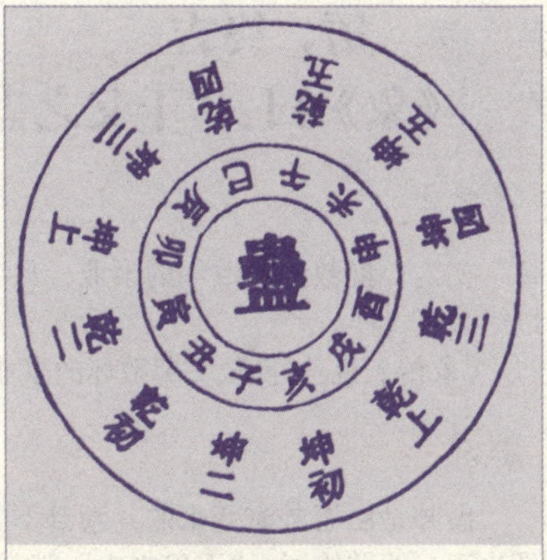

蛊卦图

蛊卦意味着要抵制诱惑，也象征着拨乱反正、救弊治乱。不过，在成就大事业之前，要考察现状，分析事态的进展，而且要讲究方式方法，预计到事件的后果。

[解说]

蛊卦由消息卦泰卦上六柔爻与初九刚爻换位而来，是刚上柔下之象。泰卦阴阳平衡，但事物是发展变化的，习于太平、安逸日久，滋长惰性，蛊由此生。蛊卦上卦是艮止，下卦是巽风，所谓“巽而止”，就是风吹止山，扫除沉疴腐败，所以能“元亨而天下治”。这个利涉大川的前行是要有兴利除弊的大事以继承父业，要有天行以健的气魄。

[原文]

《象》曰：山下有风，蛊。君子以振民育德。 孔颖达《周易正义》：“风能摇动，散布润泽。今‘山下有风’，取君子能以恩泽下振于民，育养以德。”

[译文]

《象传》说：风往山上吹，象征要整治腐败。君子效法这一精神，以德教振奋百姓、培育美德。

[解说]

蛊卦上艮为山，下巽为风，是山下有风之象，称为山风蛊。山风吹来，断枝腐叶纷纷落地，风气为之一新。君子受到启示，因此努力培育人们的美德，鼓舞人心（振民育德）。此卦是讲由于安平日久，积弊丛生，需要大力整顿，变法维新。培育德业，振奋人心，重新焕发活力。

[原文]

初六　干父之蛊， 李鼎祚《周易集解》引虞翻曰：“干，正。蛊，事也。” **有子。考，无咎（jiù）。** 高亨《周易大传今注》：“考，父也。古者父在父没皆称考。” **厉，终吉。**

《象》曰：“干父之蛊”，意承“考”也。

[译文]

初六，挽救父辈败坏的事业，只要儿子能够振兴家业，则必无灾祸。此事虽困难危险，但最终必获吉祥。

《象传》说：“挽救父辈败坏的事业”，是说儿子旨在继承父辈的未竟之业。

[解说]

蛊卦是由泰卦演变来的，泰卦下卦为乾，乾为父。初九爻刚上之后，乾不再表示父亡。干是改正，即整饬意。“干父之蛊”就是改正父亲留下的弊端。“考”为父亲，“承”是承接，“承考”即继承父业。不改革，最终会失去父业，所以虽然触动和改变了父亲过去的作为，但能延续父业，终归吉祥（厉终吉）。初六以阴柔居在蛊初爻，是“蛊”刚刚开始，可以正蛊，但阴柔力弱，故“厉”，充满艰难危险。

[原文]

九二　干母之蛊，不可贞。

《象》曰：“干母之蛊”，得中道也。

[译文]

九二，匡正母辈的弊乱，不能够过分持守。

《象传》说：“匡正母辈的弊乱”，是说明应采用中庸适度的方法。

[解说]

泰卦上卦为坤，坤为母。上六爻柔下之后，坤不再表示母亡。九二能以阳刚之气发愤兴利除弊，故有“得中道”之象。“不可贞”，谓不可固守坚持。九二以阳居阴位，虽得中，但不正。外卦成艮，艮为止，亦有“不可贞”之象。

蛊为积久生败，贞守不变，就会蛊坏，故九二“不可贞”。

[原文]

九三　干父之蛊，小有悔，无大咎。

《象》曰：“干父之蛊”，终“无咎”也。

[译文]

九三，挽救父辈败坏的事业，稍稍会有一些痛苦，但不会有大的过失。

《象传》说：“挽救父辈败坏的事业”，说明最终不会有灾祸。

[解说]

九三以阳居阳，且不中，过于刚强，导致矫枉过正，因此有小悔，但是整饬的大方向正确，最终无咎也。蛊卦九三居巽体，巽下断，是本弱之象。九三自己强但根基不稳，不可过刚，前临重阴，利于前行，故“终无咎”。

[原文]

六四　裕(yù)父之蛊， 李鼎祚《周易集解》引虞翻曰：“裕，不能争也。” **往见吝(lìn)。**

《象》曰：“裕父之蛊”，往未得也。

[译文]

六四，以宽容之心对待父辈败坏的事业，继续下去必然会出现憾惜。

《象传》说：“以宽容之心对待父辈败坏的事业”，说明继续下去也不会有收获。

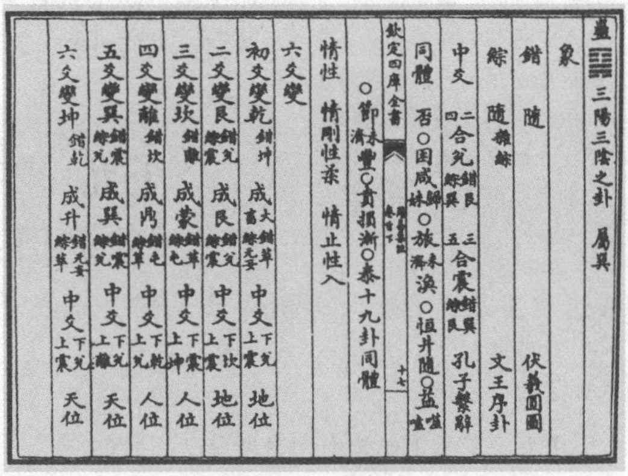
蠱 ䷑ 三陽三陰之卦 屬巽
象
錯 隨 伏羲圓圖
綜 隨 雜綜 文王序卦
中爻 二四合兌 錯艮 綜巽 三五合震 錯巽 綜艮 孔子繫辭
同體 否○困○咸○歸妹○旅○未濟○渙○恒○井○隨○益○噬嗑○節○豐○賁○損○漸○泰十九卦同體
欽定四庫全書
情性 情剛性柔 情止性入
六爻變
初爻變乾 錯坤 成大畜 錯萃 綜无妄 中爻下兌上震 地位
二爻變艮 錯兌 綜震 成艮 錯兌 綜震 中爻下坎上震 地位
三爻變坎 錯離 成蒙 錯革 綜屯 中爻下震上坤 人位
四爻變離 錯坎 成鼎 錯屯 綜革 中爻下乾上兌 人位
五爻變巽 錯震 綜兌 成巽 錯震 綜兌 中爻下兌上離 天位
六爻變坤 錯乾 成升 錯无妄 綜萃 中爻下兌上震 天位

蛊卦错综及爻变图

蛊卦为三阳三阴之卦，属巽。在巽宫八卦中属木。它与随卦相错综。二至四爻合为兑卦，与艮卦相错，与巽卦相综，三至五爻合为震卦，与巽卦相错，与艮卦相综。蛊卦与否、困、咸、归妹、旅、未济、涣、恒、井、随、益、噬嗑、节、丰、贲、损、渐、泰十九卦同体。其情性为：情刚性柔，情止性入。六爻变位为：初爻变乾位在地，二爻变艮位在地，三爻变坎位在人，四爻变离位在人，五爻变巽位在天，六爻变坤位在天。

蛊象图

蛊卦的上卦为艮，代表高山，并且向上运动，属于阳刚；下卦为巽，代表风，并且向下吹，属于阴柔。巽卦表示徘徊不前而艮卦表示静止不动。所以，蛊卦用来表示需要对混乱加以整治。蛊卦卦辞说开始顺利，而且天下因此而能够得到治理。

[解说]

裕是放松、宽裕。蛊乱已深还优游度日，不积极地处治。六四以阴居阴，太过柔弱，又居艮止之体，更为懦弱懈怠，自己就是蛊象，如何再去治蛊。六四前遇六五阴，得敌，阴遇阴则窒，故“往见吝”。六四失之以宽，此时宁可如九三矫枉过正才有救。

[原文]

六五　干父之蛊，用誉（yù）。

《象》曰：“干父之蛊，用誉”，承以德也。

[译文]

六五，挽救父辈败坏的事业，受到赞誉。

《象传》说：“挽救父辈败坏的事业，受到赞誉”，说明用美德来振兴父辈的事业。

[解说]

六五以阴居中，具干蛊之才，但也因阴柔具有承顺之德，所以不但可以干蛊，又能使君父不失名誉。“德”是阳，“承以德”，言上承上九之阳德。六五是干才，既解决了蛊乱，又维护了君父的声誉。

如果六五爻变，就变上艮为巽、为逊、为誉、为权变，消弭于无形。故治蛊有蛊术。蛊是风而不动，变为巽风而动，是蛊象消散，其病可愈，其乱可治。

[原文]

上九　不事王侯，高尚其事。

《象》曰：“不事王侯”，志可则也。 孔颖达《周易正义》：“身既不事王侯，志则清虚高尚，可法则也。”

[译文]

上九，不为王侯效力，崇尚自己的追求。

《象传》说：“不为王侯效力”，这样的志向值得效法。

[解说]

上九已经走到尽头，行将退隐，位在六五之上，“不事王侯”，自命清高，其志愿可以作为榜样。“则”，准则、榜样。

在上九蛊惑已经深极，无药可医，既然不能匡扶现世，又不肯同流合污，那么只有洁身自好，于是隐士出现了。

临卦第十九

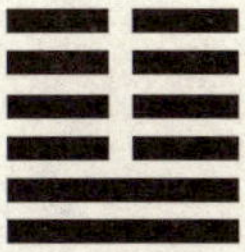

审时度势

临卦意味着审时度势。

[原文]

临(lín)李镜池《周易通义》:“《国语·周语》:‘受职于王,以临其民。’临有治义,卦中讲治民之术。” **元亨,利贞。至于八月有凶。**

[译文]

临卦象征着监临。至为亨通顺利,有利于占卜。到了阴盛阳衰的八月会有凶险。

[解说]

临卦下为兑泽,上为坤地,又名地泽临。兑为悦、为恩泽,坤为众顺,临有恩泽下施于民,上顺下悦,顺势而为,故民顺服而欣悦,故“利贞”。临即是大,如我们平常说的蔚临、莅临、光临等表示以上观下,故大,故“元亨”。临,又有监视之意,泽为八卦中最卑微低下者,被居高临下监管之。古历八月为秋,秋风肃杀,故古代先将死囚监管起来,等秋天问斩,所以临“至于八月,有凶”。

[原文]

《彖》(tuàn)曰:临,刚浸而长,说而顺,刚中而应。大“亨”以正,天之道也。“至于八月有凶”,消不久也。

[译文]

《彖传》说:“监临”,指的是阳刚渐渐增长,态度和悦而处事顺利,刚健者居中而上下相互感应。博大纯正可获得极大的亨通顺利,这才合于天道顺施的法则。“到了阴盛阳衰的八月会有凶险”,那是因为阳刚之气接近消亡,好景不能长久。

[解说]

“刚浸而长”是说临有二阳爻居下,浸在众阴之下,有上长趋势。浸又有渐渐长大的意思。“说而顺”是指临卦上下坤顺兑悦。“刚中”,九二阳刚居中。“消不久”,

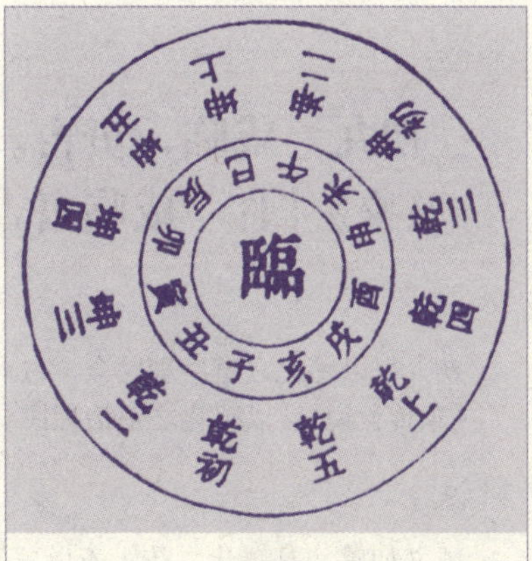

临卦图

临卦在六十四卦中排在第十九位,临卦下兑上坤,坤为地、为顺,兑为泽、为悦,地高泽低,居高临下。这说明以坤德监临于下,下以喜悦的心情接受监督,既悦且顺。因此说“临,元亨,利贞”。临卦阐明的是实行权力监督、以柔治国的道理。

临卦为消息卦，继复卦（唯一阳爻复生在初）阳长阴消之势，阳气浸长，阴消不久将至。“消不久”，有深深警示之意。“八月有凶”，提醒人们临于水涯，面临转折，要如临深渊，如临大敌，保持戒慎恐惧。

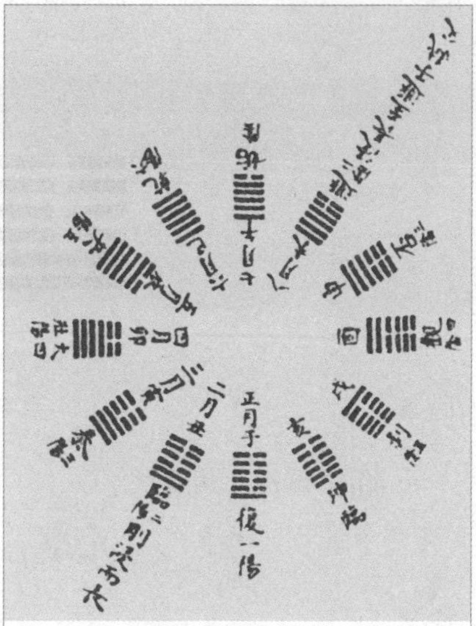

临卦八月有凶图

虽然按照自然的法则，坚持正道会获得大亨通。但是，到了八月将有凶险，这是因为阳气消减，好运不能长久。因此在春天阳气增长之时，就要想到秋季阳气衰减的可能，这是基于对阴阳消长规律的透彻了解的理性观照。所以要处盛而知衰，居安而思危，这也正是《易经》哲学思想的精华所在。

［原文］

《象》曰：泽上有地，临。李鼎祚《周易集解》引荀爽曰：“泽卑地高，高下相临之象也。”**君子以教思无穷，容保民无疆（jiāng）。**孔颖达《周易正义》：“容谓容受也。”

［译文］

《象传》说：大地居于水泽之上，象征监临。君子应效法此种精神，监督万民，不断地施以教化，启发其思考，以宽厚优容的美德包容、保护百姓。

［解说］

临卦上坤为地，下兑为泽，泽上有地，称为地泽临。临卦取象富于想象，人来到大湖边，烟波浩渺，气象万千，临者玉树临风，心旷神怡，陶冶了情操。君子有感于斯，浮想联翩，领悟到要教化百姓，宽容谨慎，让无限江山与生民得以永续。

［原文］

初九　咸临，贞吉。李鼎祚《周易集解》引虞翻曰：“咸，感也。”

《象》曰：“咸临贞吉”，志行正也。

［译文］

初九，以感化之道治理民众，占卜可获吉祥。

《象传》说：“以感化之道治理民众，占卜可获吉祥”，这是由于意志行为纯正的缘故。

［解说］

咸义如感，是感化。待人不以威制下，而以德感其心。初九力量尚小，不能盲动，特别要诚正才能贞吉，初九与六四相应，是以正道获得上位者赏识，而可以发挥，施行其志，故曰“志行正也”。

［原文］

九二　咸临，吉，无不利。

《象》曰：“咸临，吉，无不利”，未顺命也。

［译文］

九二，以感化之道治理民众，吉祥，没有什么不利。

《象传》说：“以感化之道治理民众，吉祥，没有什么不利”，是说此爻没有顺从天命。

［解说］

咸，古文作皆、都讲。初、二两阳爻皆有应，即“咸临”。咸又意味咸苦，九二“咸临”与六三的“甘临”相对。九二刚爻但居处柔位，又为四阴所乘，群阴未顺命。故当以“咸临”的严律峻法来督治。“无不利”是指九二阳刚的力量更长，前临坤阴，坤是众顺，可以大显身手，故“无不利”。

初九与九二是一柔一刚的统治之术。

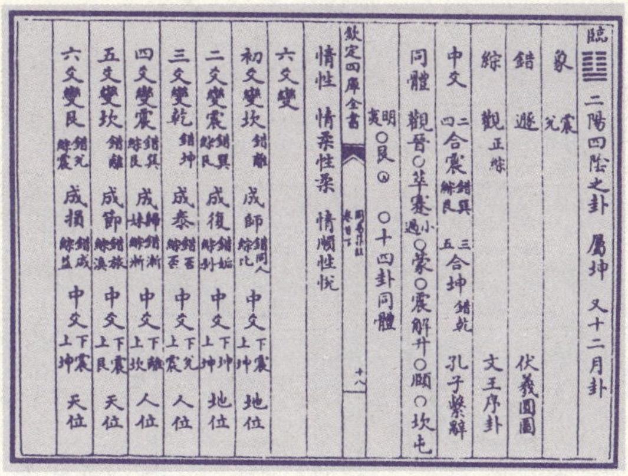
臨 ䷒ 二陽四陰之卦 屬坤 又十二月卦
象 震兑
錯 遯 伏羲圓圖
綜 觀 正綜 文王序卦
中爻 二四合震 錯巽綜艮 三五合坤 錯乾 孔子繫辭
同體 觀晉○萃蹇小過○蒙○震解升○頤○坎屯
明夷○艮○ ○十四卦同體
欽定四庫全書 十八
情性 情柔性柔 情順性悅
六爻變
初爻變坎 錯離 成師 錯同人綜比 中爻下震上坤 地位
二爻變震 錯巽綜艮 成復 錯姤綜剝 中爻下坤上坤 地位
三爻變乾 錯坤 成泰 錯否綜否 中爻下兑上震 人位
四爻變震 錯巽綜艮 成歸妹 錯漸綜漸 中爻下離上坎 人位
五爻變坎 錯離 成節 錯旅綜渙 中爻下震上艮 天位
六爻變艮 錯兑綜震 成損 錯咸綜益 中爻下震上坤 天位

临卦错综及爻变图

临卦，为二阳四阴之卦，属坤。在坤官八卦中属土。它与震卦、兑卦相象，与遁卦相错，与观卦相综。临卦的二爻到四爻合为震卦，与巽卦相错，与艮卦相综，三爻到五爻合为坤卦，与乾卦相错。临卦与观、晋、萃、蹇、小过、蒙、震、解、升、颐、坎、屯、明夷、艮十四卦同体。临卦情性为：情柔性柔，情顺性悦。六爻变位为：初爻变坎位在地，二爻变震位在地，三爻变乾位在人，四爻变震位在人，五爻变坎位在天，六爻变艮位在天。

［原文］

六三　甘临，王弼注：“甘者，佞邪说媚，不正之名也。”高亨《周易大传今注》：“甘当读为钳，强制压迫也。”**无攸利。既忧之，无咎。**

《象》曰：“甘临”，位不当也。“既忧之”，“咎”不长也。

［译文］

六三，用甜言蜜语监临百姓，无利可言。但自知这一点而心存忧惧戒慎，那就没有灾祸。

《象传》说：“用甜言蜜语治理民众”，说明所居的位置不中不正。“自知这一点而心存忧惧戒慎”，则说明产生的危害不会长久。

［解说］

六三居兑体，兑为悦，因为临卦是阳长阴消，以阳逼阴，六三是最先要被逼退，但却耽于安乐，故“无攸利”、“咎不长”。六三在互震（九二、六三、六四组成）当中，震为震悚、忧虑。六三应有忧虑，有备无患。

六三“甘临”，无远虑，则必有近忧。

［原文］

六四　至临，李镜池《周易通义》：“至临，躬亲政治。”**无咎。**

《象》曰：“至临，无咎”，位当也。

［译文］

六四，亲自治理国事，没有灾祸。

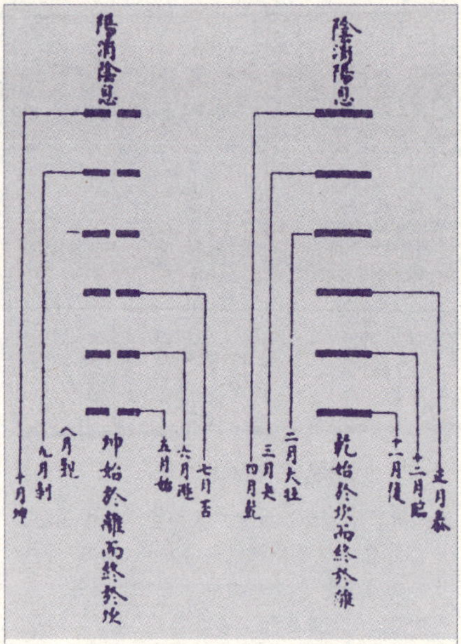

消息卦图

乾卦和坤卦都是消息卦，乾卦六爻都是阳爻，从初爻开始依次往上变为阴爻，初爻变阳爻为姤卦，二爻变阴爻为遁卦，三爻变阴爻为否卦，四爻变阴爻为观卦，五爻变阴爻为剥卦。由此，阴阳升降，演变成六十四卦。图中乾卦为阴消阳息卦，始于坎而终于离。坤卦为阳消阴息卦，始于离而终于坎。

《象传》说："亲自治理国事，没有灾祸"，说明君主处位正当。

[解说]

至意为到达、往下，往下是与初九阳爻相应。六四以阴居阴，当位有应，故无咎。六四贞静自守以顺阳，不忧不惧。

[原文]

六五　知临，高亨《周易古经今注》："知临者，以智临民也。"**大君之宜，吉。**

《象》曰："大君之宜"，行中之谓也。

[译文]

六五，以睿智治理民众，这是大国君主适宜的行为方式，吉祥。

《象传》说："大国君主适宜的行为方式"，这说明奉行了中庸之道。

[解说]

知是智慧。六五居尊为君，君临天下应当用智慧统治（大君之宜），六五以柔居中，虽大但不过分（行中之谓也），就是适度。

六五虽非英武神君，却是明智怀柔之君。

[原文]

上六　敦（dūn）临，惠栋《周易述》："敦，厚也。"**吉，无咎。**

《象》曰："敦临"之"吉"，志在内也。

[译文]

上六，以敦厚的态度治理民众，吉祥，没有灾祸。

《象传》说："以敦厚的态度治理民众，吉祥"，说明君主的敦厚之心存于内，施于政。

[解说]

敦是敦化、敦厚，上六居坤地，地厚足以承载万物。上六位于卦之极端，是一个仁厚之极的长者（敦临之极），"志在内"——下卦即是内卦，内卦为兑、为泽，临卦取象为地下有泽，泽，唯有大地才能承载，"上六志在内"欲以敦化厚载民众，容保民无疆，所以"吉，无咎"。

观卦第二十

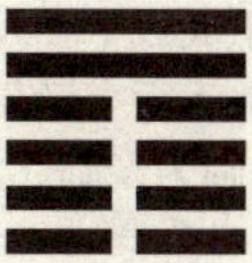

观而后学

观卦意味着观察，观察要细心。

[原文]

观(guān)高亨《周易大传今注》：“观，卦名，看也，察也。”**盥**(guàn)**而不荐**(jiàn)**，**朱熹《周易本义》：“盥，将祭而洁手也。”**有孚**(fú)**颙**(yóng)**若。**李鼎祚《周易集解》引马融曰：“孚，信。颙，敬也。”

[译文]

观卦象征仰观。祭礼前洗手自洁的时候，就应当虔诚肃穆。

[解说]

临为大，物大然后可观，故受之以观卦。观卦与临卦相偶，是正覆卦。观的本意是如鸟类敏锐的眼光审视，引申为观光、观瞻等意。

盥是洗手，以示虔敬，荐是进献，有孚是诚心，颙若是虔诚貌。“盥而不荐”是简约的祭祀，强调的是祭祀的诚心，而祭品其次。

[原文]

《彖》(tuàn)**曰：大观在上，顺而巽**(xùn)**，中正以观天下。“观，盥而不荐，有孚颙若”，下观而化也。观天之神道，而四时不忒**(tè)**。圣人以神道设教，而天下服矣。**

[译文]

《彖传》说：宏大壮观的气象高高在上，具备柔顺谦逊的美德，凭借中和刚正之德被天下人仰观。“观，祭礼前洗手自洁的时候，就应当虔诚肃穆”，是说在下者通过仰观而获得教化。仰观大自然运行的神妙法则，可知四季交替分毫不出偏差的道理。圣人效法大自然的神妙法则，设立教化，天下百姓纷纷顺服。

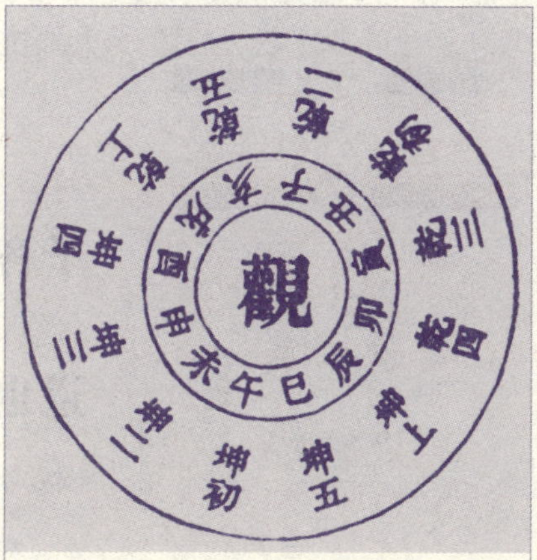

观卦图

观卦阐述的是观察事物的原则和方法。观卦在临卦之后并与临卦构成一组正覆卦，临卦颠倒后就成了观卦。《序卦传》说：“临者大也，物大然后可观，故受之以观。”就是说，居高临下的东西一定很大，成为众人观望的对象，所以在排列卦序时，临卦后面是观卦。

[解说]

观卦是讲敬天法祖，是为祭祀、宗教的教化活动。观是高大壮观的门阙，故观为大的庙宇、道观。大观在上表示仰观膜拜。卦中二阳在上为民所仰望。九五为观卦主爻，以中正居至尊之位，下乘众阴，所谓“中正以观天下”。“顺而巽”是上巽风下坤顺。民受风化、教化，所以服顺。神为伸，是伸张、彰显。天道是以四时分毫不差地运行来彰显天道，所以圣人宣扬天道进行教化（圣人以神道设教），让万民受到感化而顺服。临为亲临、深入到民间，是为现实政治。观为关注思想观念及心灵成长，神圣肃穆。

[原文]

《象》曰：风行地上，观。先王以省方，观民，设教。

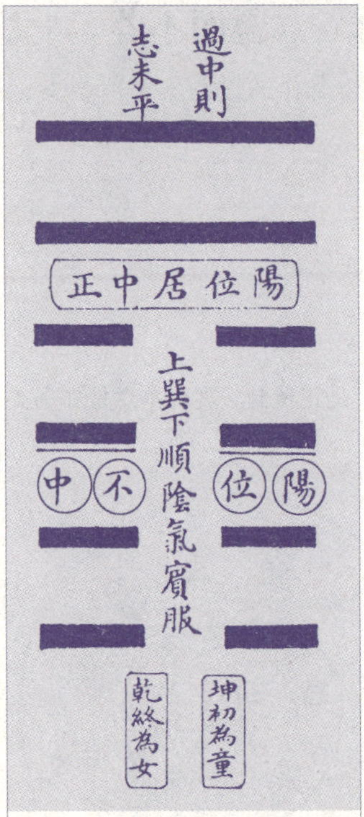

观国之光图

观卦九五爻和上九爻是两个阳爻，如同两盏明灯高悬，但九五爻其实是一个熄灭了的“灯”，只有上九爻是一盏亮着的灯。初爻则是光明照射不到的死角。在观卦中，最能够感受到上爻的光明的是四爻，四爻不仅与上爻为邻，更因为它与上爻在时间上有直接联系，上为辛，四为壬，所以六四爻的爻辞把这个爻说成是“观国之光”。

[译文]

《象传》说：风在大地上吹拂，象征着仰视。先代君王效法此德巡视全国，视察民情，以此设立教化。

[解说]

观的卦象是下坤为地，上巽为风，称为风地观。坤又为民众，所以“风行地上”实际就是民风、民俗。坤为地方，巽为风入、探求，“先王省方”就是要巡狩四方，“观民设教”是要深入民间观察民风进行教化。省亦有反省之意，观卦中有互艮（六三、六四、九五爻组成），艮为止、为反，表示反观。强调天人相应，人观天要反省自观，要修德自省。

[原文]

初六　童观，王弼注：“失位处下，最远朝美，无所鉴见，故曰‘童观’。”**小人无咎（jiù），君子吝（lìn）。**

《象》曰：“初六童观”，“小人”道也。

[译文]

初六，像幼童那样仰观一切，于百姓不会有危害，对治国之人则会有麻烦。

《象传》说：初六“像幼童那样仰观一切”，这是无知庶民的浅见之道。

[解说]

初六为柔爻居初位，柔为小，初亦小，所以叫“童观”，比喻为孩童（小人）的见识，小孩当然无咎，但君子有如此观点那就太窄浅了，故“君子吝”。初六距离上面阳爻最远，既不能大观，又不能中观，被蒙蔽而不能见到大世面。“童观”也可以指浅陋的见识。

[原文]

六二　窥观，利女贞。

《象》曰：“窥观女贞”，亦可丑也。

[译文]

六二，从门缝窥视来观察事物，有利于女子坚守正道。

《象传》说：“从门缝窥视来观察事物，即使坚守正道”，也不是庄重体面的。

[解说]

六二前临互艮，艮为门，故窥观是从门缝里看人，视线狭窄，所以看不清楚，看不到全局。古代妇女不轻易出门，往往只能从门缝里看外面的情况，六二柔居中位与九五正应，所以“窥观，利女贞”。但君子若这样，那就是妇人之见，而且行为委琐丑陋。

[原文]

六三　观我生进退。

《象》曰：“观我生进退”，未失道也。

[译文]

六三，观察审视亲族的思想动向，从而抉择进取或后退。

《象传》说：“观察审视亲族的思想动向，从而抉择进取或后退”，说明六三没有丧失用人行政的正道。

[解说]

“观我生进退。”一般认为是对自己的所作所为进行自我反观内省，以此来抉择动静进退。但更准确地讲，生是生民，是关注苍生百姓，这也与彖辞、象辞中观民设教的观点一致。关注民生，这样才不失大道。

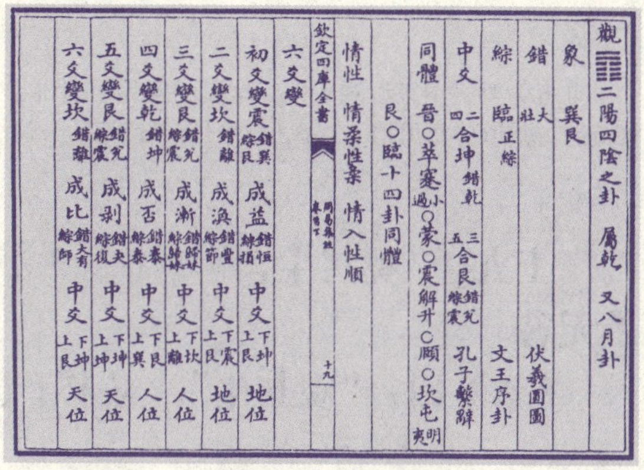

觀䷓二陽四陰之卦　屬乾　又八月卦
象　巽艮
錯　大壯　伏羲圓圖
綜　臨正綜　文王序卦
中爻　二四合坤錯乾　三五合艮錯兌綜震　孔子繫辭
同體　晉○萃蹇小過○蒙○震解升○頤○坎屯明夷
艮○臨十四卦同體
情性　情柔性柔　情入性順
欽定四庫全書　十九
六爻變
初爻變震錯巽綜艮　成益錯恆綜損　中爻下坤上艮　地位
二爻變坎錯離　成渙錯豐綜節　中爻下震上艮　地位
三爻變艮錯兌綜震　成漸錯歸妹綜歸妹　中爻下坎上離　人位
四爻變乾錯坤　成否錯泰綜泰　中爻下艮上巽　人位
五爻變艮錯兌綜震　成剝錯夬綜復　中爻下坤上坤　天位
六爻變坎錯離　成比錯大有綜師　中爻下坤上艮　天位

观卦错综及爻变图

观卦，为二阳四阴之卦，属乾。在乾宫八卦中属金，风行地上为观。它与巽卦、艮卦相象，与大壮卦相错，与临卦相综。观卦二爻到四爻合为坤卦，与乾卦相错，三爻到五爻合为艮卦，与兑卦相错，与震卦相综。观卦与晋、萃、蹇、小过、蒙、震、解、升、颐、坎、屯、明夷、艮、临十四卦同体。其情性为：情柔性柔，情入性顺。六爻变位为：初爻变震位在地，二爻变坎位在地，三爻变艮位在人，四爻变乾位在人，五爻变艮位在天，六爻变坎位在天。

[原文]

六四　观国之光，利用宾于王。

《象》曰：“观国之光”，尚“宾”也。

[译文]

六四，观察一国风俗民情之盛况，

有利于朝觐君王。

《象传》说："观察一国风俗民情之盛况"，可知该国尊重贤人能士。

[解说]

四位为诸侯位，诸侯到京城观上国之光。四独近五，四是宾，五是王，又巽为利。故利用宾于王，也表示王得到贤良辅佐。"尚宾也"，就是宾客受到高规格礼遇，有提携、发迹之象。

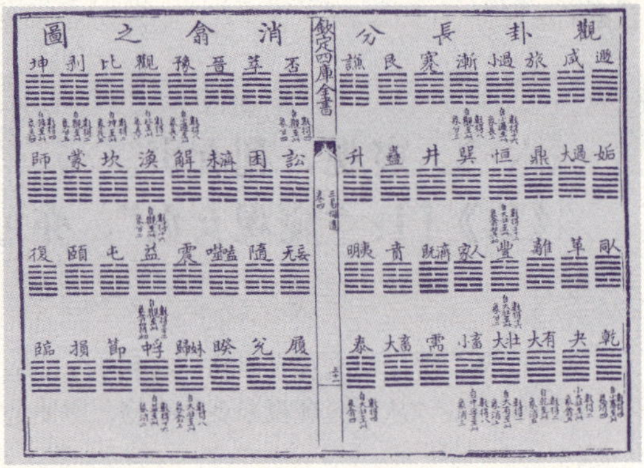

观卦长分消翕之图

"消"即"静"，"翕"即"动"。"消翕"反映的是观卦在运动、消长变化中与其他卦象的关系。观卦从乾卦演变而来，由否卦发展而成，否卦是十二消息卦中柔长刚退、阴阳趋于平衡的卦，否卦的柔爻再向上发展一位就成为观卦。观卦与临卦为正覆卦，临卦颠倒过来就是观卦。

[原文]

九五　观我生， 李鼎祚《周易集解》引虞翻曰："我，身也，谓我生。生，谓生民。" **君子无咎。**

《象》曰："观我生"，观民也。

[译文]

九五，观察审视亲族的意向，君子就不会遭受灾害。

《象传》说："观察审视亲族的意向"，说明由此可审察国民的生活状况。

[解说]

九五为君，中正以观天下，这里的象辞明确讲了"观我生"即是"观民"。九五不但刚武而且英明，知道体察民情，以风仪、习俗、道德的力量感化百姓。

[原文]

上九　观其生， 高亨《周易大传今注》："其，犹彼也，指他国。" **君子无咎。**

《象》曰："观其生"，志未平也。

[译文]

上九，观察审视其他氏族的意向，君子就不会遭受灾害。

《象传》说："观察审视其他氏族的意向"，说明上九还要向更高的目标进取。

[解说]

上九居刚亢之位，贵而无位，高而无民，不在其位，不谋其政。静观九五君王的芸芸众生，也没什么过错。不过九五感到自己的绝高智慧和理想抱负不能实施，感到心志难平。上九与九五二阳相比邻，阳遇阳则窒，故相争，而"志未平"。

噬嗑卦第二十一

以法治国，以法教民，知法守法

噬嗑卦寓意要重视法治，知法守法。

［原文］

噬(shì)嗑(hé) 王弼注：“噬，啮也。嗑，合也。” **亨，利用狱。**

［译文］

噬嗑卦象征咬合。亨通顺利，有利于处理刑狱之事。

［解说］

噬嗑离日在上，象征明镜高悬；震雷在下，是威严施法行狱。“利用狱”是利于决狱断案。上卦离为罗网，下卦震为动，以示天网恢恢，疏而不漏，故“利用狱”。

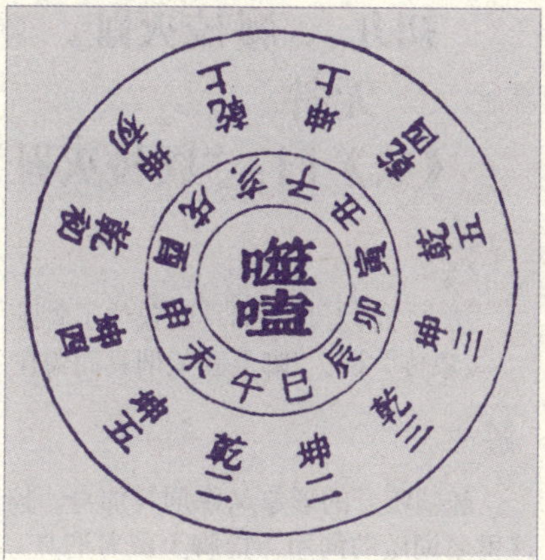

噬嗑卦图

噬嗑卦的上卦是离卦，下卦是震卦。从“噬嗑”卦的结构看，外实内虚，中有坚物，就像一张嘴内衔一物，正在紧紧咬住不放的样子。从“噬嗑”两字的本意看，“噬”是吞咬的意思，“嗑”是用上下门牙咬带壳的或硬的东西，“噬嗑”是嘴巴张而欲合，用上下门牙咬口中硬物的卦象。此外，“离”即“罗”，有罗网、法网的意思。“震”有动的意思。意思是，如果不能控制自己的贪欲，任其发动，必然落入法网，遭受惩罚。这就是噬嗑卦的意象。

［原文］

《彖(tuàn)》曰：颐(yí)中有物曰噬嗑。噬嗑而“亨”，刚柔分，动而明，雷电合而章。柔得中而上行，虽不当位，“利用狱”也。

［译文］

《彖传》说：口腔里面有食物，因此需咬合嚼碎。咬合嚼碎食物可以通畅顺利，是说本卦阳刚阴柔等分相济，下震上离行动明察，雷电交击彰明昭著。阴柔处得中道并且不断向上发展，虽然居位不合适，却有利于处理刑狱之事。

［解说］

噬嗑卦卦形是阳爻夹杂阴爻呈咬合的状况，即刚柔分离的形状。嗑，义如合，是用牙咬嚼口中之物。人有违法犯纪者，决之使合于法，故名“噬嗑”。离为火，震为雷，行雷闪电，两者相得益彰。噬嗑卦由消息卦否卦的柔爻初六与九五换位而来，初六上升变为中位六五，所以是“柔得中而上行”，以柔居刚位，所以“不当位”，但因为由否塞不通变为动而明的状况，即上离为火明，下为震动的状况，有利于断狱之事。

[原文]

《象》曰：雷电，噬嗑。先王以明罚敕(chì)法。

[译文]

《象传》说：雷电交击，象征咬合。先辈君王效法此象严明刑罚，端正法律。

[解说]

噬嗑卦上离为火，下震为雷，称为火雷噬嗑。噬嗑卦初九、上九两爻像嘴唇，二三五阴爻如牙齿，九四为口中作梗之物。咬断横梗，除去强横。噬嗑有决断之意，是以刑罚整饬罪犯，如雷电相合般果决。故名“雷电噬嗑”。震为动，离为火、为明，中有互坎（六三、九四、六五爻组成），坎为水平、为法，即是“明罚敕法”。

[原文]

初九　屦(jù)校(jiào)灭趾，李鼎祚《周易集解》引干宝曰：“趾，足也，屦校，贯械也。”**无咎(jiù)。**

《象》曰：“屦校灭趾”，不行也。

[译文]

初九，脚上套上刑具而盖住了脚趾，无灾祸。

《象传》说：“脚上套上刑具而盖住了脚趾”，使之不再犯错。

[解说]

噬嗑咬合的形象又像刑具加身。校，木制刑具，在脚为桎，在手为梏，在肩为枷。屦为鞋，这里名词做动词用，指脚上戴着刑具。灭，初九、六二都隐伏在互坎水下，所以称灭，这里当盖遮讲。刑具盖住了脚趾，行动不便，“屦校灭趾”是说初犯，刑罚较轻。小惩大戒故“无咎”。

孔子说：小人不耻不仁，不畏不义，不见利不劝，不威不惩。小惩而大戒，此小人之福也。

[原文]

六二　噬(shì)肤灭鼻，李鼎祚《周易集解》引虞翻曰：“噬，食也。”**无咎。**

《象》曰：“噬肤灭鼻”，乘刚也。

[译文]

六二，因偷食好肉，故犯人被割去鼻子，不会有灾祸。

《象传》说：“因偷食好肉，故犯人被割去鼻子”，说明本爻乘凌在阳刚的上面（必须施用严刑服众）。

[解说]

六二爻位在互艮体（二三四爻），艮为山、为鼻，艮为表面（艮形一阳在外），故为肤。“噬肤灭鼻”是说肤、鼻被刑具遮住，六二乘刚于初九，故有此凶象。二得中，刑不过重，故可免于咎。

[原文]

六三　噬腊(xī)肉，遇毒。小吝，无咎。

《象》曰：“遇毒”，位不当也。

[译文]

六三，咬嚼坚硬的腊肉，中毒，小有不适，却没有祸害。

《象传》说：“中毒”，说明吃了不该吃的东西，就像人不称其位。

[解说]

腊，干肉。互坎为肉、为毒，故三、四、五爻皆言肉。六三靠近上离火，肉近火即干为腊肉，腊肉变质有小毒。“小吝”是因为六三与上九有应，故问题不大。六三以柔居刚不当位，失位不正之人用刑施于民，民必不服，因为不服，所以怨毒生。古代，特别是先秦以前能吃上干肉的人是比较有地位的人，六三以后吃腊肉应该是指掌管司法的人。

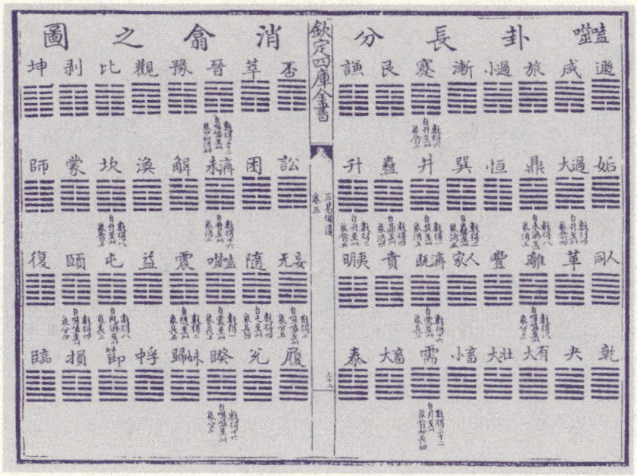

噬嗑卦长分消翕之图

“消”即“静”，“翕”即“动”之意。此图描绘的是噬嗑卦在运动变化中与其他卦象的关系。噬嗑卦是从否卦变化而来，是否卦的下卦坤卦的初六爻上升到上卦的第五爻位，也就是否卦的初六爻与九五爻交换位置，然后变为噬嗑卦。

[原文]

九四　噬干胏，李鼎祚《周易集解》引陆绩曰：“肉有骨，谓之胏。”**得金矢(shǐ)。利艰贞，吉。**

《象》曰：“利艰贞，吉”，未光也。

[译文]

九四，咬嚼干硬带骨的肉，吃到铜箭头。利于在艰难中坚正守固，吉祥。

《象传》说：“利于在艰难中坚守正道，吉祥”，说明实际上还未达到光明境界。

[解说]

胏是带骨的肉。金矢是没入骨肉中的铜箭头，象征钱财。看来审案子遇到了比较难啃的骨头，还遇到了钱财贿赂。九四刚爻横亘于阴爻中间，又居坎体，为险陷，故艰。古代在官场中守正更难，故“利贞吉”。行贿赂但不能光明正大，故“未光也”。

[原文]

六五　噬干肉，得黄金。王弼注：“干肉，坚也。黄，中也。金，刚也。”**贞厉，**李鼎祚《周易集解》引虞翻曰：“贞，正。厉，危也。”**无咎。**

《象》曰：“贞厉，无咎”，得当也。

[译文]

六五，咬嚼干硬的肉脯，吃出铜箭头。坚守正道以防危险，可免去祸害。

《象传》说：“坚守正道以防危险，可以免去祸害。”说明以柔承刚，处理得当。

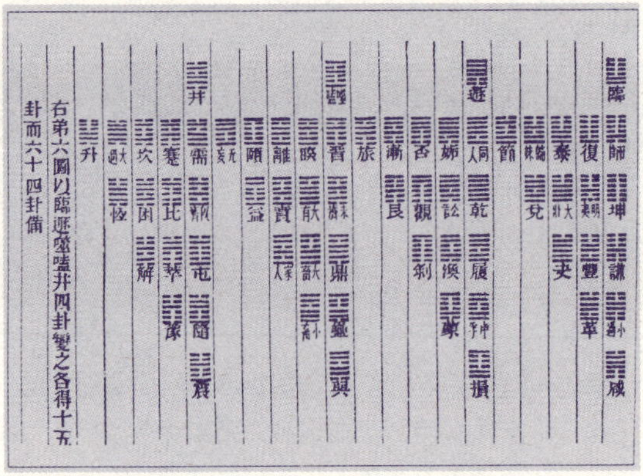

噬嗑、临、遁、井四卦卦变图

临卦变师、坤、谦、小过、咸、复、明夷、丰、革、泰、大壮、夬、归妹、兑、节十五卦；遁卦变同人、乾、履、中孚、损、姤、讼、涣、蒙、否、观、剥、渐、艮、旅十五卦；噬嗑卦变晋、未济、鼎、蛊、巽、睽、大有、大畜、小畜、离、贲、家人、颐、益、无妄十五卦；井卦变需、即济、屯、随、震、蹇、比、萃、豫、坎、困、解、大过、恒、升十五卦。所以，临、噬嗑、遁、井四卦，各变十五卦再加上本卦而成六十四卦。

［解说］

这爻是说食用猎物干肉而发现铜箭头，看来来头不小。黄是帝王才能享用的颜色，坤六五爻辞“黄裳元吉”，鼎六五“鼎黄耳金铉”。可能是皇亲国戚犯法。贞是坚守本分，虽厉但能无咎。可见法官遇到的压力之大，以六五之尊中正尚且危厉。但因为守正，加之六五柔中有刚，处置得当才得以化解。

［原文］

上九　何校灭耳，陆德明《经典释文》：“何，本亦作荷。王肃云：‘荷，担也。’”**凶。**

《象》曰：“何校灭耳”，聪不明也。王弼注：“聪不明故不虑，恶积至于不可解也。”

［译文］

上九：担负的刑具遮盖了耳朵，有凶险。

《象传》说：“担负的刑具遮盖了耳朵”，说明平日不听忠告累积恶行，以致犯罪。

［解说］

何，负荷。“何校灭耳”，就是荷在肩上的枷，枷大故灭耳，有害于听聪和视明，故“聪不明也”，上九处罚已极，重罪之象，罪不可赦，凶。

《系辞》讲道：善不积不足以成名，恶不积不足以灭身。小人以小善无益而弗为也，以小恶无伤而弗去也，故恶积不可掩，罪大而不可解。

贲卦第二十二

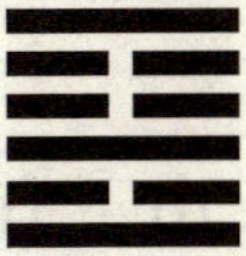

以德服人

贲卦意味着人们要注重外在的修饰，培养自己的审美意识。

［原文］

贲（bēn）《说文》：“贲，饰也。” **亨，小利有攸往。**

［译文］

贲卦象征文饰。亨通顺利，有事外出将有小利。

［解说］

贲是古“斑”字，是斑纹；贲字上“卉”，是花卉，下“贝”是蚌螺，亦是花纹灿烂。贲为无色，本质是无色的，才能接受颜色，就是修饰、文饰。噬嗑是以刑罚治理，贲是以文化礼仪的方式治理，一文一武。

贲虽外表光鲜，但总是配角。“小利有攸往”是指外出将有小利。

［原文］

《彖》（tuàn）曰：贲，“亨”。柔来而文刚，故“亨”。分，刚上而文柔，故“小利有攸往”。刚柔交错，天文也。文明以止，人文也。观乎天文，以察时变。观乎人文，以化成天下。

［译文］

《彖传》说：文饰，亨通畅达。因为以阴柔之德来辅佐刚强，阴阳交饰而亨通畅达。刚强居上而用以文饰的阴柔处下位，所以“有事外出将有小利”。日月星辰刚柔交错形成，这是天的文饰；文章灿明止于礼仪，这是人类的文明。上观天之文饰，可察看四时的交替变化；下观人类文明，可以推行教化以促使天下昌明。

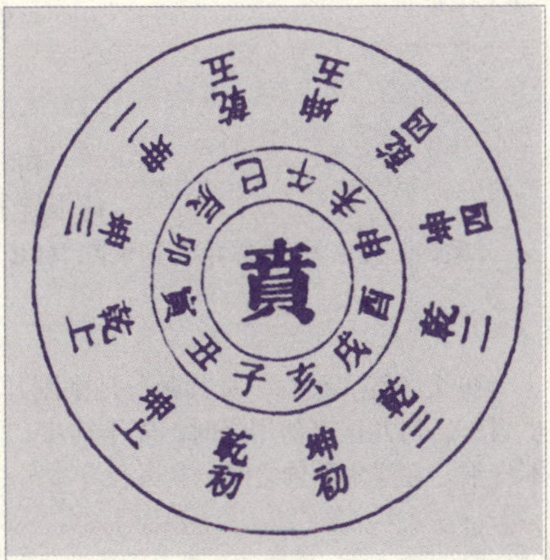

贲卦图

贲卦下为离卦，上为艮卦。离代表日，艮代表山，贲卦的卦形像太阳落山，可以引申为在黄昏时举行典礼。举行典礼就要装饰，所以贲卦也有装饰的意思。

［解说］

贲卦是由消息卦泰卦的九二刚爻与上六柔爻交换位置而来的，即是柔来而文刚，因为这样一来就使得刚柔交错相济，文治武功并举，锦上添花，所

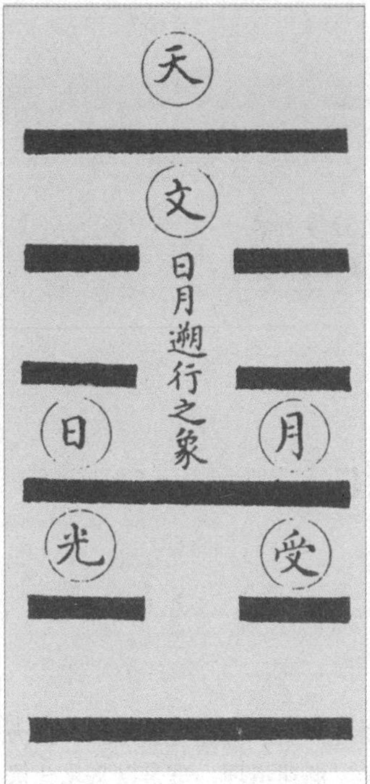

贲天文之图

贲卦是由消息卦泰卦的九二刚爻与上六柔爻交换位置而来的，即是柔来而文刚，因为这样一来使得刚柔交错相济，文治武功并举，锦上添花，所以亨通。泰卦下乾为天，用刚爻上行去加以美化，这就是天文。贲卦在八宫卦中属艮官。日为阳，月为阴，日月运行，孕育万物。

以亨通。泰卦下乾为天，用刚爻上行去加以美化，这就是天文。“文明以止”是指贲卦下卦离为火、为文明，上卦艮为山、为止。模仿天文的刚柔交错，贲卦在噬嗑卦之后，一以法，一以文化礼仪，使得文明教化更有成效（以化成天下）。

［原文］

《象》曰：山下有火，贲。君子以明庶政，无敢折狱。

［译文］

《象传》说：山下火焰燃烧，象征着文饰。君子效法这种精神，明察繁杂的政务，不敢轻率地断决讼狱案件。

［解说］

贲卦下离上艮，是山下有火的象，称为山火贲。处贲卦时要重实际，事虽小而必为。行狱施刑要讲真实之情，是本质的部分；而贲卦所言为文饰，是舞文弄墨的，不合刑狱之道，所以不敢折狱。

［原文］

初九　贲其趾，高亨《周易古经今注》：“贲其趾者，谓文其足也。”**舍车而徒。**李鼎祚《周易集解》引崔憬曰：“徒，尘贱之事也。”

《象》曰：“舍车而徒”，义弗乘也。

［译文］

初九，穿上花鞋，装饰自己的脚趾，甘愿舍弃舆车不乘，徒步行走。

《象传》说：“甘愿舍弃舆车不乘，徒步行走”，说明为了显示鞋子的文饰，而不应该乘坐舆车。

［解说］

初爻多言“趾”。“贲其趾”是刚刚开始装饰，程度轻，即或朴实之意。“舍车而徒”，是安步当车，初九正当勿用之时，安于徒步，是一步一脚印，是实实在在。“义弗乘”，言志行高洁，不肯乘。在浮华繁饰之时，初九仅守本分，不急功近利。

［原文］

六二　贲其须。《说文》：“须，面毛也。”

《象》曰：“贲其须”，与上兴也。

［译文］

六二，修饰自己的胡须。

《象传》说："修饰自己的胡须"，说明效力于上司，与之一同兴起。

[解说]

须，就是胡须。初爻是少年，二爻是壮年，美髯是强壮气盛刚猛之象，六二阴爻女子怎会有须？"贲其须"就是以须来装饰，有装扮、易容、戴面具之意。上兴也是指嘴唇上修饰好。"与上兴"者，即喜上兴也，有巴结之意，依附他人，寻求靠山。二爻贲须是真的贲，因为须可有可无，重视须的修饰，是不急之务。

[原文]

九三　贲如濡(rú)如。周振甫《周易译注》："贲如濡如，指年老、年轻的人装饰得有文采，态度柔和。"**永贞吉。**

《象》曰："永贞"之"吉"，终莫之陵也。

[译文]

九三，装饰得光泽柔润，永久坚守正道可获吉祥。

《象传》说："永久坚守正道可获吉祥"，是说能经久不被人侵犯。

[解说]

濡，是润泽、光亮的意思。九三的文饰更甚六二，六二修须以是不急之务，九三更重视修饰，将须修得光亮润泽，但又担心太过于修饰，故曰"贲如，濡如"。"永贞吉"，是要永贞才吉，要固守，不可以超过限度，才能吉。陵，凌驾。"终莫之陵"，是不能登峰造极，终不可使文饰超过本质。九三上临艮，艮为山、为止。

文饰太过，本质被削弱，社会浮华，也要出问题。《论语·雍也》说："质胜文则野，文胜质则史，文质彬彬，然后君子。"

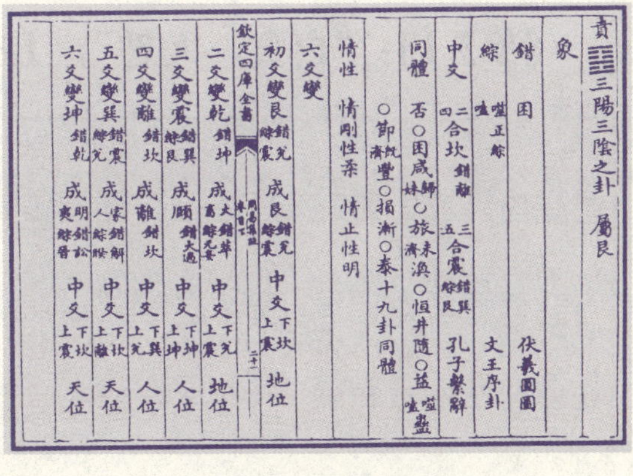
賁 ䷕ 三陽三陰之卦 屬艮
象 伏羲圓圖
錯 困
綜 噬嗑 正綜 文王序卦
中爻 二四合坎 錯離 三五合震 錯巽 綜艮 孔子繫辭
同體 否○困咸歸妹○旅未濟渙○恒井隨○益噬嗑蠱○節既濟豐○損漸○泰十九卦同體
情性 情剛性柔 情止性明
六爻變
初爻變艮 錯兌 綜震 成艮 錯兌 綜震 中爻 下坎 上震 地位
二爻變乾 錯坤 成大畜 錯萃 綜无妄 中爻 下兌 上震 地位
三爻變震 錯巽 綜艮 成頤 錯大過 中爻 下坤 上坤 人位
四爻變離 錯坎 成離 錯坎 中爻 下巽 上兌 人位
五爻變巽 錯震 綜兌 成家人 錯解 綜睽 中爻 下坎 上離 天位
六爻變坤 錯乾 成明夷 錯訟 綜晉 中爻 下坎 上震 天位
欽定四庫全書

贲卦错综及爻变图

贲卦下离上艮，为三阳三阴之卦。贲在八宫卦中属艮宫。贲卦情性为：情刚性柔，情止性明。它与困卦相错，与噬嗑卦相综。二至四爻合为坎卦，与离卦相错，三至五爻合为震卦，与巽卦相错，与艮卦相综。贲卦与否、困、咸、归妹、旅、未济、涣、恒、井、随、益、噬嗑、蛊、节、既济、丰、损、渐、泰十九卦同体。其六爻变位为：初爻变艮位在地，二爻变乾位在地，三爻变震位在人，四爻变离位在人，五爻变巽位在天，六爻变坤位在天。

[原文]

六四　贲如皤(pó)如，白马翰(hàn)如。周振甫《周易译注》："皤如，状洁白的样子。翰如，像飞的样子。"**匪寇(kòu)，婚媾(gòu)。**

《象》曰："六四"，当位疑也。"匪寇，婚媾"，终无尤也。

[译文]

六四，淡淡的装饰，一身素白，胯下的白马亦是纯白无暇。不是来抢掠，而是前往聘求婚配佳偶。

《象传》说：虽为合情理之事，却不免有所疑惧。"不是来抢掠，而是前往聘求婚配佳偶”，说明最终不会有幽怨。

［解说］

皤通“蕃”，美盛貌。皤，是斑白的头发。白马是素马，翰即是白，商朝人崇尚白色。“贲如皤如”是装饰美盛，“白马翰如”是鲜衣怒马状。易经中所有的“匪寇婚媾”都是先疑后和，转折之义。贲六四与初九相应，二三四爻互为坎，坎为盗，此爻为古代抢婚之俗。

本爻贲终返于素。离为修饰，六四在艮体，艮为反，修饰已过，该返璞归真了。

［原文］

bó jiān

六五　贲于丘园，束帛戋戋。吝，终吉。

《象》曰：“六五”之“吉”，有喜也。

［译文］

六五，装点山丘园圃，持一束微薄的丝帛，虽显吝啬，但最终可获吉祥。

《象传》说：六五的吉祥，说明将有喜庆。

［解说］

丘是山丘，古人筑屋于高地。园是屋外的园圃。丘园比喻隐士所在，束帛是古代问聘的礼物，戋戋，少状，即聘礼太少。吝，六五以柔居刚位，而且没有正应，故困难。贲，本有好大喜功之象，聘礼多寡问题至今仍存在。艮为面，是好面子，讲排场。但居中位多有功，故终吉。朝廷礼贤下士，这是社会文明的一种表现。

［原文］

上九　白贲，无咎。

《象》曰：“白贲，无咎”，上得志也。 李鼎祚《周易集解》引干宝曰：“白，素也。延山林之人，采素士之言，以饰其政，故‘上得志’也。”

［译文］

上九，素白质朴的装饰，没有灾祸。

《象传》说：“素白质朴的装饰，没有灾祸”，说明居于上位者的志向已经实现，故而崇尚质朴了。

［解说］

白贲，就是白璧。石美而无饰，达到了贲本无色的本质。上九居贲最上，至饰等于无饰。上九下乘重阴，阳得阴而通，故得志。铅华洗尽，返

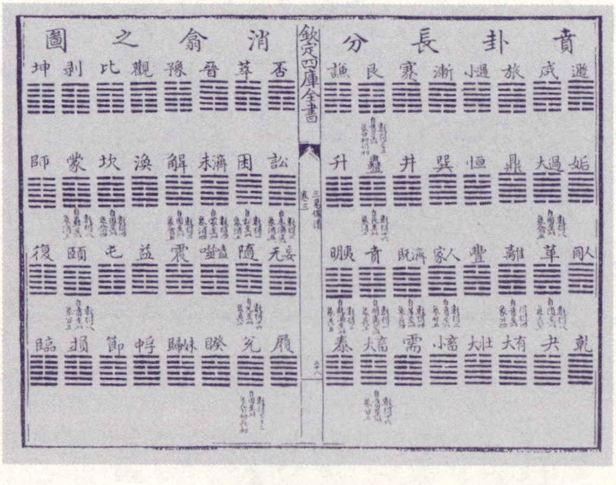

贲卦长分消翕之图

“消”即“静”、“翕”即“动”之意。此图描绘的是贲卦在运动变化中与其他卦象的关系。根据《彖辞》“柔来而文刚”的说法，贲卦是由泰卦变化而来，是泰卦的“上六”与“九二”两爻交换位置，变为贲卦。

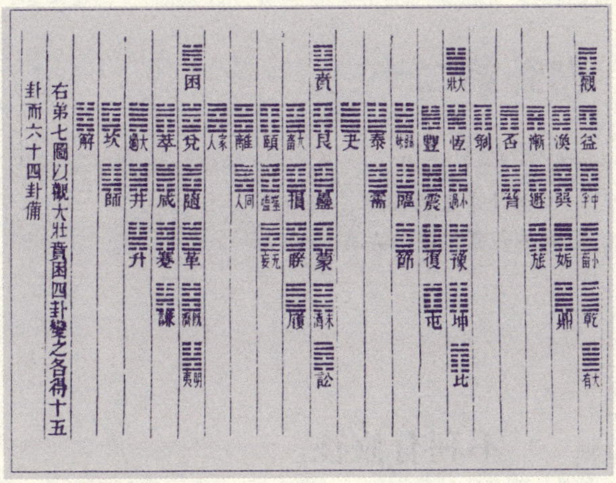

贲、大壮、困、观卦的卦变图

贲、大壮、困、观四卦各变十五卦合本卦而成六十四卦。即观卦变益、中孚、小畜、乾、大有、涣、巽、姤、鼎、渐、遁、旅、否、晋、剥十五卦；大壮卦变恒、小过、豫、坤、比、丰、震、复、屯、归妹、临、节、泰、需、夬十五卦；困卦变兑、随、革、既济、明夷、萃、咸、蹇、谦、大过、井、升、坎、师、解十五卦；贲卦变艮、蛊、蒙、未济、讼、大畜、损、益、睽、履、颐、噬嗑、无妄、离、同人、家人十五卦。

璞归真，回归原始。

孔子曾经自筮其卦得贲，愀然有不平之色。曰：“以其离耶，在周易山下有火谓之贲，非正色之卦也。夫质也，黑白宜正焉。今得贲，非吾之兆也。吾闻丹漆不文，白玉不雕，何也？质有余不受饰也。”

文采绚烂、鲜衣怒马都是假象，都是身外之物，所以老子说“五色使人盲”。君子务本，本立而道生。一切文饰都不能逾越本质。

剥卦第二十三

去伪存真

剥卦本意为剥落，引申为剥去表象、去伪存真。

[原文]

剥（bō）《说文》：“剥，裂也，割也。” **不利有攸往。**

[译文]

剥卦象征剥落。不利于有所前往。

[解说]

剥本是果木凋谢之义，引申为事物衰落。剥卦一阳在上，五阴在下，是阴长阳消、小人道长、君子道消之时。君子最好急流勇退，退隐山林。上卦艮亦是止，故不宜前往之象。

[原文]

《彖》（tuàn）曰：剥，剥也，柔变刚也。“不利有攸往”，小人长也。顺而止之，观象也。君子尚消息盈虚，天行也。

剥卦图

“剥”有剥落、侵蚀之义。剥卦上卦是艮卦，下卦是坤卦，艮为山，坤为地。剥卦卦象的寓意是山在地上。但山被剥蚀日久就会有倾覆的危险，就是《黄帝四经》所说的“高而倚者崩”，所以卦辞说“不利有攸往”。

[译文]

《彖传》说：剥，就是剥落衰败，阴柔增进，侵蚀改变阳刚的性质。“不利于有所前往”，说明小人的势力增长。君子这时应当顺应时势，停止行动，从观察卦象可知此理。君子崇尚事物消亡生息、盈盛亏虚的变化，这是宇宙运行的自然法则。

[解说]

柔变刚，由乾到坤中间消息卦渐变的过程，原本六爻皆刚为乾，由初到上，一步一步取代刚，一爻变为天风姤，二爻变天山遯，三爻变天地否，四爻变风天观，五爻变山地剥，至此一阳尚存，刚几乎被柔剥尽。阴柔改变阳刚，柔长而刚剥。柔就是阴，是小人；刚是阳，是君子。剥下坤为顺，上艮为止，是要君子顺应潮流而静止（君子尚消息盈虚）。

[原文]

《象》曰：山附于地，剥。上以厚下安宅。李鼎祚《周易集解》引卢氏曰："上，君也。宅，居也。"

[译文]

《象传》说：高山侵蚀颓落附着于地面，象征剥落。在上者应效法此精神，敦厚地对待下民，以此使其安居稳定。

[解说]

剥卦上艮下坤，即山附于地，称为山地剥。山高于地故被剥蚀削损。在上位者观剥之象，在施政上应安善人民以厚固其本，实现长治久安。

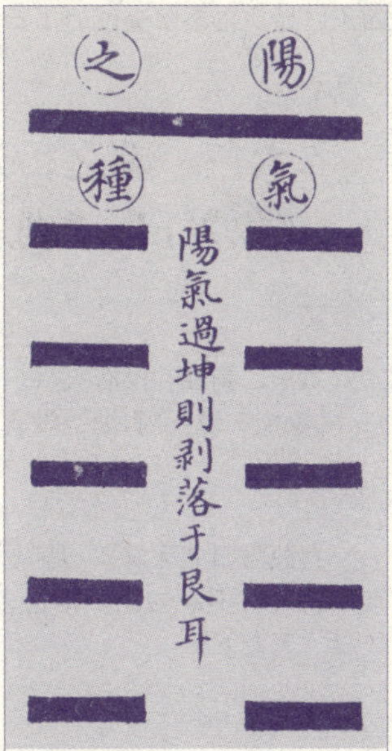

剥为阳气种图

剥卦上卦为艮，下卦为坤，在八宫卦中属乾宫，乾为阳，剥卦只有上九爻为阳爻，其余五爻都是阴爻，上实下虚，阳气过坤则落于艮，所以说剥卦是"阳气之种"。

[原文]

初六　剥床以足，蔑(miè)贞，凶。李鼎祚《周易集解》引虞翻曰："蔑，无。贞，正也。"

《象》曰："剥床以足"，以灭下也。

[译文]

初六，寝床剥蚀起自床脚，床足蚀灭，预示着凶险。

《象传》说："寝床剥蚀起自床脚"，是说蚀灭都是从基础开始。

[解说]

足，床腿。初爻在下，故以足为喻。蔑，小也。"蔑贞凶"是小凶。床乃安身之所，床足被剥，忧患已生。

[原文]

六二　剥床以辨，李鼎祚《周易集解》引郑玄曰："辨，分也。"**蔑贞，凶。**

《象》曰："剥床以辨"，未有与也。

[译文]

六二，寝床剥蚀已达床头，床头蚀灭，预示着凶险。

《象传》说："寝床剥蚀已达床头"，说明没有得到扶助。

[解说]

辨，榫头。"剥床以辨"是榫头被剥，比剥床以足稍凶，但也是小凶，只是凶象暴露得更明显，灾比剥足更近。"未有与"，言与五无应，无应是没有援手。这里是指不参与、不理会。六二以阴居阴，阴为暗，看不到凶象。所以也是"蔑贞凶"。君子于此应当分辨清楚，有所变通，凶象已显，再不解决就迟了。

［原文］

六三　剥之，无咎。

《象》曰："剥之，无咎"，失上下也。

［译文］

六三，剥蚀，没有灾祸。

《象传》说："剥蚀，没有灾祸"，说明与上下没有牵连。

［解说］

剥蚀而曰"无咎"，是因为六三与上九相应，"无咎"是因为有贵人相助。六三在众阴之间，唯一有应，不动如山，得道多助。六三处五阴之中，与上应，是能从善而不与上下二阴结党，故曰"失上下"。

［原文］

六四　剥床以肤，凶。

《象》曰："剥床以肤"，切近灾也。

［译文］

六四，寝床剥蚀已达床面，有凶险。

《象传》说："寝床剥蚀已达床面"，说明六四已迫近灾祸。

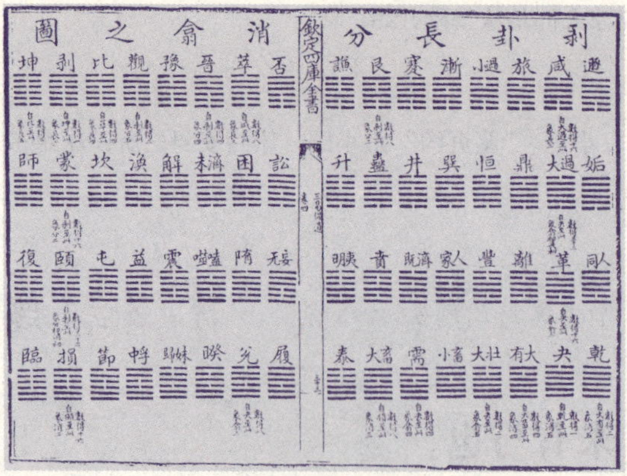

剥卦长分消翕之图

"消"为"静"，"翕"为"动"。此图描绘的是剥卦在运动变化中与其他卦象的关系。剥卦是十二消息卦之一，是柔长刚退的第五卦。剥卦的五个柔爻长成，要把最后一个刚爻彻底剥蚀掉。从卦变看，剥卦是从乾卦变来，乾卦下五爻变为阴爻即是剥卦。剥卦由四柔爻长成的观卦发展而成，观卦九五爻变为阴爻即成剥卦。

［解说］

六四居艮体，艮为表面，为肤，故曰"剥床以肤"。肤，犹如床面。人卧于床，身与床接近密切，剥及床面就是说近于灾祸，所谓切肤之痛，是切身之害，故凶。此爻与六五爻天子比邻，有犯上之举，伴君如伴虎（切近灾也）。

［原文］

六五　贯鱼，徐子宏《周易全译》："贯鱼，犹今言鱼贯，依次而进之意。"**以宫人宠（chǒng），无不利。**

《象》曰："以宫人宠"，终无尤也。

[译文]

六五，像串鱼一样引领嫔妃承宠于君王，没有什么不利。

《象传》说：“引领嫔妃承宠于君王”，说明终究没有过失。

[解说]

贯鱼，是鱼依次相续而前进。过去皇帝临幸妃子有既定秩序（贯鱼以宫人宠）。是求上九庇护、宠信。五为至尊与上九阳刚比邻，如果在此停止剥蚀，以阴顺阳，即如象辞所说“顺而止”则可以转危为安，故“无不利”。“以宫人宠”是小人受宠，小人停止作为，顺从阳君则吉。

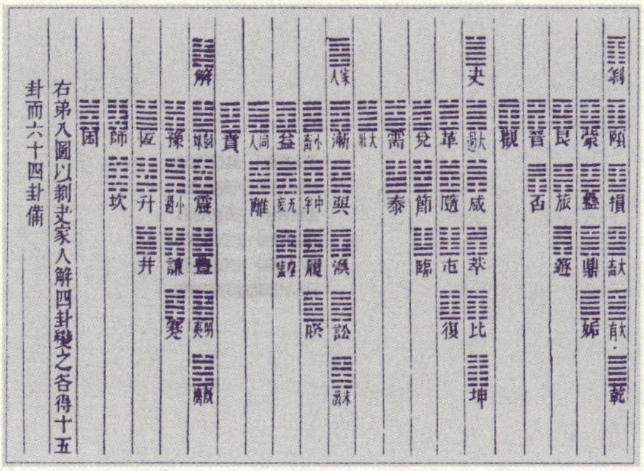

剥卦与夬、家人、解卦的卦变图

此图反映剥卦在八宫卦中的变化。剥卦属乾宫，在五行中属金，剥、家人、解、夬四卦各变得十五卦，合本卦而成六十四卦。剥卦变颐、损、大畜、大有、乾、蒙、蛊、鼎、姤、艮、旅、遁、晋、否、观十五卦。夬卦变大过、咸、萃、比、坤、革、随、屯、复、兑、节、临、需、泰十五卦。家人卦变渐、巽、涣、讼、未济、小畜、中孚、履、暌、益、无妄、噬嗑、同人、离十五卦。解卦变归妹、震、丰、明夷、既济、豫、小过、谦、蹇、恒、升、井、师、坎、困十五卦。

[原文]

上九　硕果不食，君子得舆（yú），小人剥庐（lú）。

《象》曰：“君子得舆”，民所载也。“小人剥庐”，终不可用也。

[译文]

上九，硕大的果实没有被摘食，君子得之能驱车济世，小人得之则剥蚀万家。

《象传》说：“君子得之能驱车济世”，是因得到了人民的拥戴。“小人得之则剥蚀万家”，说明小人终究不可任用。

[解说]

硕，大也，阳为大。卦剩一阳在上未被阴剥蚀，硕果仅存，故曰“硕果不食”。舆是大车，下卦坤为民众、为大车，大车能任重道远。庐是屋。艮为门宅，象征庐，上阳穷途而知由乱反治之始，得到人民的支持，负重致远（君子得舆，民所载也）。故不言吉凶悔吝。唯一阳爻在群阴之上像是庐顶，小人亢扬逆势剥落它，就无安身之地。

历史上祸国殃民的小人往往都是推翻、陷害了最后的中正善良之后，他们自己也多行不义必自毙。

复卦第二十四

周而复始

复卦寓意周而复始，循环再生。

[原文]

复(fù)陆德明《经典释文》："复，音服。反也，还也。"**亨。**李鼎祚《周易集解》引何妥曰："复者，归本之名。群阴剥阳，至于几尽，一阳来下，故称反复。阳气复反，而得交通，故云'复亨'也。"**出入无疾，朋来无咎。反复其道，七日来复。利有攸往。**

[译文]

复卦象征复归。亨通顺利。出入没有疾患，友朋前来无灾患。返转复归遵循着一定的规律，七日中打一个来回。有利于往前进发。

[解说]

复一阳生于五阴之下，阳气潜藏，却生机已萌，后势看好，故亨。复字有往复、恢复、反复、复原之义。复是震雷潜藏于地之下，有万物死而复生之义。阳气始动于凝阴之中，阴盛将尽而阳将生。剥至极上阳就要复，一元复始，万象更新。

[原文]

《彖》(tuàn)**曰："复，亨"，刚反。动而以顺行，是以"出入无疾，朋来无咎。反复其道，七日来复"，天行也。"利有攸往"，刚长也。复，其见天地之心乎。**

[译文]

《彖传》说："复归，亨通顺利"，表明阳刚反归。阳动而顺从自然之理往上行，所以"出入没有疾患，友朋前来无灾患。返转复归遵循着一定的规律，七日中打一个来回"，这是大自然运行的法则。"利于往前进发"，说明阳刚之道逐渐增长。在复卦中可以见到天地生生不息的运行规律。

[解说]

复卦是由剥卦而来。是上九刚爻下返初六位置而来，

复卦图

"复"含有"相反""返回"二义。第一，指事物发展到极端必然向其相反方向转化；第二，指事物的发展要经过否定之否定阶段。所以"复"既是运动转化，又是循环再生。

就是“刚反”。复卦下震为动，上坤为顺，就是“动而以顺行”，此时阳气萌发，可以行动。在消息盈虚渐次变化的轨道上，刚爻从一位复卦，依次经过六个消息卦（都为一阳五阴的卦，但一阳的位置渐次变化），重新回到一位复卦，一个轮回共七个次序，一个位次一日，如此周而复始的循环，叫作“反复其道，七日来复”。这七个阶段的卦分别是：阳于初爻的复，二爻的师，三爻的谦，四爻的豫，五爻的比，六爻的剥，再回到初爻的复，有如一周有七天。复是野火烧不尽，春风吹又生，是生生不息的天道。

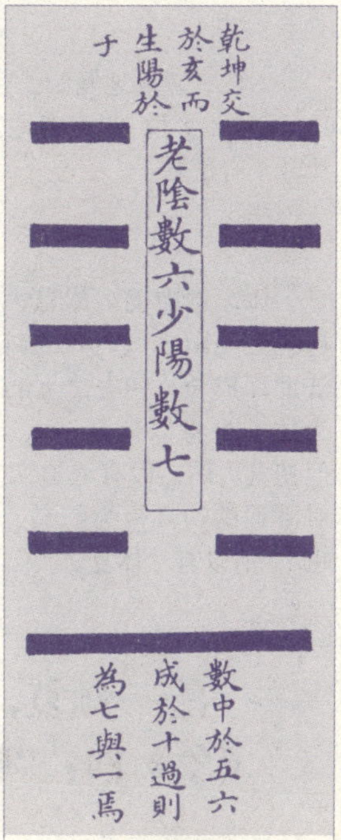

复七日图

此图说的是复卦的演变过程，从乾卦开始，初九爻变阴爻就是姤卦，然后阳爻依次变为阴爻，九二再变阴爻就是遁卦，九三变阴爻是否卦，九四变阴爻是观卦，九五变阴爻是剥卦，九六再变阴爻，乾卦就成了坤卦，坤卦的初六爻再变阳爻又成了复卦，这就是“七日来复”，这个过程是“刚决柔”的过程。

[原文]

《象》曰：雷在地中，复。先王以至日闭关，商旅不行，后不省(xǐng)方。

[译文]

《象传》说：震雷藏于地中，象征复归。古代君王效法此种精神，在冬至那一天封闭关卡，不使商贾、旅客通行，君王也不巡视四方。

[解说]

复卦上坤为地，下震为雷，是雷在地中的象，称为地雷复。震雷潜伏在地下，是阳气潜伏的状态，但到了冬至这一天，太阳开始从回归线回归，也就是一阳来复，复卦也就是冬至，当日黑夜最长，白日最短。再往后，白日渐渐变长，黑夜慢慢变短。至日一为冬至，一为夏至（阳极一阴生），一潜，一伏，故古时这两天皆公休，需要休养生息，不宜妄动。

[原文]

初九　不远复，无祇悔， 李鼎祚《周易集解》引侯果曰：“祇，大也。” **元吉。**

《象》曰：“不远之复”，以修身也。

[译文]

初九，行之不远就要返回，不会有大的灾患悔恨，至为吉祥。

《象传》说：“行之不远就要返回”，这是修身迁善改过的方法。

[解说]

“不远复”就是尽快地复得，初爻知过速改，即是失而迅速复得，才不至于有大的悔恨。元者善之长，初阳元气再生，故吉。阳微故宜修养以待，不宜远行躁动。

[原文]

六二　休复，吉。

《象》曰：“休复”之“吉”，以下仁也。

［译文］

六二，美满地复归，吉祥。

《象传》说：“美满地复归，吉祥”，说明让贤于有德君子。

［解说］

休，意为美。休息，美满而归，这是说初元之纯阳之气与六二纯阴之气相提携、相济助而成长。初九之元吉是复归于元，此爻为休养生息以恢复。六二本来乘刚于初九，但初九力弱，没有逼迫六二，加之六二中正，对下面的初九极为仁义，虚位以待（以下仁也），所以有“休复之吉”。

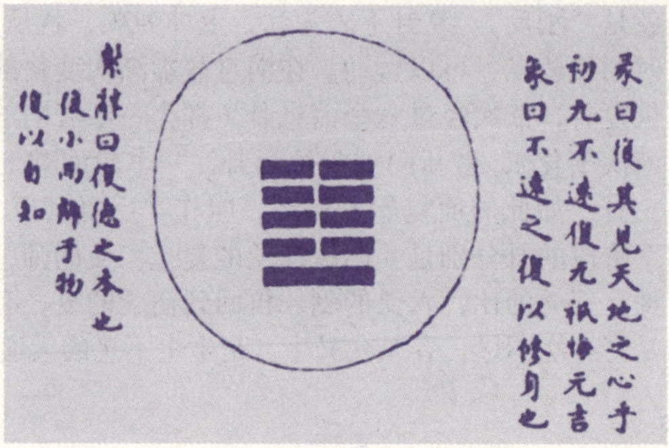

复见天地之心图

复卦的刚爻初九爻以七天为一个周期，顺着轨道反复运动，来回复始，这是天道的运行规则，体现了生生不息的自然规律。因而说复卦是“见天地之心”。

［原文］

六三　频复，李镜池《周易通义》：“频，借为颦，皱眉头。”**厉，无咎。**

《象》曰：“频复”之“厉”，义“无咎”也。

［译文］

六三，皱着眉头回来，虽遇到了危险，却无灾咎。

《象传》说：“皱着眉头回来，虽遇到了危险”，但从道义上来说并没有灾咎。

［解说］

频复是皱着眉头回来。六三以柔居刚位失位，上承下乘皆阴，又无应与，无朋无友，无依无靠，故频复而有厉。但知其危厉而复归息养，则可无咎。小过不断，大过不犯，总比死不改错好。所以《小象》说“义无咎”。就道义上来说尚有可原谅之处。此爻为反复。

［原文］

六四　中行独复。徐子宏《周易全译》：“中行，中途，半路。”

《象》曰：“中行独复”，以从道也。

［译文］

六四，与多人一同出行，中途独自返归。

《象传》说：“与多人一同出行，中途独自返归”，说明遵从正道。

［解说］

六四居众阴爻之中，独与初爻应，故曰“中行独复”。特立独行，孑然一身。六四在众阴之中尚能知复，可见六四主观上是好的，但从客观上来看所应的初爻阳弱而给予的支援不够，无法成大器，故不言吉凶悔吝。

此爻不肯苟合众阴，惟道是从，身虽孤独，但道却不孤。在坤中不从坤而从阳，是出污泥而不染，是随俗而不附和，居乱而不为所污。从道远应，德不孤，必有芳邻襄助。

[原文]

六五　敦(dūn)复，高亨《周易古经今注》："敦复者，受人之督责促迫而返。"**无悔。**

《象》曰："敦复无悔"，中以自考也。

[译文]

六五，经过考察后决定返回，没有悔根。

《象传》说："经过考察后决定返回"，说明以居中持正来反省自察。

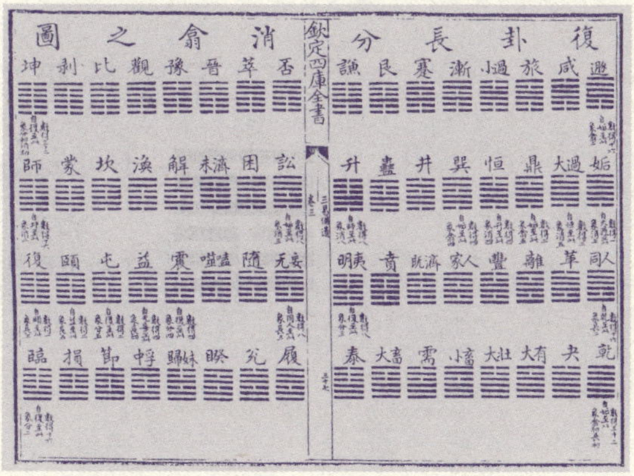

复卦长分消翕之图

"消"为"静"，"翕"为"动"。此图描绘的是复卦在运动变化中与其他卦象的关系。从十二消息卦的推移看，复卦并不是直接从剥卦变来。从剥卦到复卦经过了一个坤卦，即剥卦五个柔爻再向上长一位，全卦变为坤。阴极阳生，一阳来复，成为复卦。

[解说]

敦是考察，是积厚之象。六五敦复是历尽沧桑，是大彻大悟，是扪心自问（中以自考也），是无怨无悔，是返归本性。

[原文]

上六　迷复，凶，有灾眚(shěng)。用行师，终有大败，以其国君凶。至于十年不克征。

《象》曰："迷复"之"凶"，反君道也。

[译文]

上六，迷途不返，有凶险，有灾祸。如行兵作战，最终将有大败，并危及国君，以至十年之久不能出兵征战。

《象传》说："迷途不返，有凶险"，这是说违背了君王之道。

[解说]

迷复是迷失道路而不知返，一意孤行。上坤为荒，为乱，故为"灾眚"。灾是外来之祸，是天灾。眚是内生之祸，是自作孽。灾眚是内忧外患皆至，动辄得咎。坤为众，故为师。坤为至阴、为死丧，又复本是休息之卦，故"行师终有大败"。坤为国，震为诸侯、为王，故曰"国君"。不克征者，是说不能战胜，不能兴起。他爻皆可承阳，独上六无路不能，反君道，即上六不承阳，强与阳争则是叛君命，而殃及国君，故曰"以其国君凶"。十是终数，是说只要迷的状况不改变，那灾眚也不会改变。

上六鬼迷心窍，妄为行师，必尝败绩，想要回头，却迷失已远也回不去，虽十年也无法攻克。老子曾说："夫物芸芸，各复归其根。归根曰静，静曰复命，复命曰常，知常曰明，不知常，妄作凶。"《系辞》说："复，德之本也。"

无妄卦第二十五

不可妄动

无妄卦寓意不胡作非为，不胡思乱想，依正轨正道行事。

[原文]

无妄(wàng)《说文》："妄，乱也。" **元亨，利贞。其匪正，有眚**(shěng)**。不利有攸往。**

[译文]

无妄卦象征不妄为。至为亨通顺利，有利于占卜。不守正道则有祸患，不利于外出行动。

[解说]

上乾天下震动，"元亨"就是说此乃天意，天至大无可逆抗，要顺天而行。"利贞"是要遵守正道，正道就是天道。谨守本分，尽人事，听天命而已。匪者，非也。"其匪正"是说若是不正，不正必有眚。"眚"是人祸，原本之意为眼睛上长的翳，比喻人的欲望欺蒙了心志、天理，看不清事实真相，妄为妄行而招祸，所以就"不利有攸往"。

无妄卦图

无妄卦的卦象是震下乾上，震为雷，乾为天，是雷在天的下方运行的表象。这象征天用雷的威势警戒万物，并赋予万物以不妄动妄求的本性。在为人处事上，无妄卦讲求真实诚正，不要邪虚谬乱。这既适用于人，也适用于一切事物。无妄也意味着要尊重规律，顺应形势，因地制宜。时当行则行，不行就是妄；时当止则止，不止也是妄。

[原文]

《彖》(tuàn)**曰：无妄，刚自外来而为主于内，动而健，刚中而应。大亨以正，天之命也。"其匪正，有眚，不利有攸往"，无妄之往，何之矣？天命不佑，行矣哉？**

[译文]

《彖传》说：无妄卦卦象表明，阳刚从外部前来而成为内部的主宰，象征运动而刚健，刚毅居中并与下位应合，大为亨通顺利而坚守正道，这是上天的命令。"不守正道则有灾祸，不利于外出行动"，这是说在不妄为之时而背离正道往前进发，哪里有路可走呢？没有天命的保佑和帮助，怎么可以行呢？

[解说]

无妄卦是由消息卦（上四爻为刚，下两爻为柔）的上九下到初六的位置演变来的，上卦为外，下卦为内，刚爻由上而下就是刚自外来，这样下卦的两个阴爻就有了主心骨，即是主内；“动而健”是指下卦震动而上卦乾健，也就是健行。九五刚爻居中与六二正应，即“刚中而应”。健行以正，所以说“大亨以正”。无妄上乾为天，中有互巽（三四五爻）为命，即是天命。要谨守天道，即使天打雷劈，亦不可轻举妄动，否则就会遭到无妄之灾。“天命不佑”，即所谓天作孽犹可为，自作孽不可活。

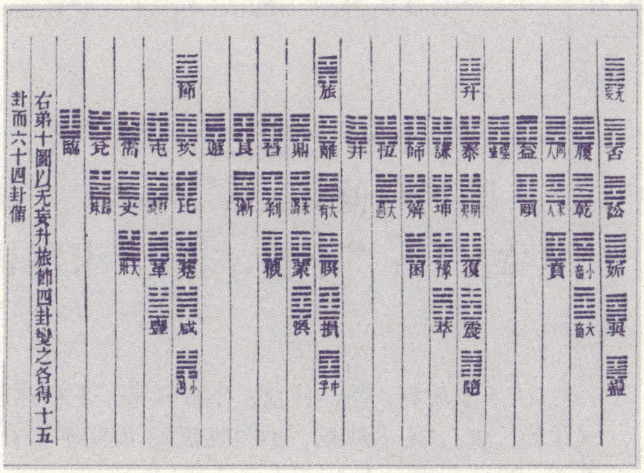

无妄、升、旅、节四卦卦变图

无妄卦变否、讼、姤、巽、蛊、履、乾、小畜、大畜、同人、家人、贲、益、颐、噬嗑十五卦。升卦变泰、明夷、复、震、随、谦、坤、豫、萃、师、解、困、恒、大过、井十五卦。旅卦变离、大有、睽、损、中孚、鼎、未济、蒙、涣、晋、剥、观、艮、渐、遁十五卦。节卦变坎、比、蹇、咸、小过、屯、既济、革、丰、需、夬、大壮、兑、归妹、临十五卦。无妄、升、旅、节四卦每卦变成十五卦与四本卦相加，而成六十四卦。

[原文]

《象》曰：天下雷行，物与，周振甫《周易译注》：“物与，万物参与，即指万物生长。”**无妄。先王以茂对时育万物。**

[译文]

《象传》说：天的下面雷在动，万物皆不妄自行动。古代君王效法此种精神，更加勤勉并遵循四季时序，保育万物。

[解说]

无妄卦上乾为天，下震为雷，称为天雷无妄。天下之雷，是天在发布命令，是生机蓬勃之象，所以先王以培育繁茂万物，诚心静候，来配合天命。天命有至上权威，“物与无妄”就是万物都不要自作主张妄动，古人行政施命不违天时，谨守天道。

[原文]

初九　无妄往，吉。

《象》曰：“无妄”之“往”，得志也。

[译文]

初九，不妄为而往前进发，就会吉祥。

《象传》说：“不妄为而往前进发”，说明推行了志向。

[解说]

初九为无妄之初，要向前发展；又初九居震为动，顺时而动，动而得宜，故吉。得志，谓初九“刚自外来而主于内”。初九往上遇六二、六三，阳遇阴也。阳遇阴则通，故往吉。此爻变则为否。否之不吉变而为吉。初九之动很单纯没有虚妄，是刚健本性的萌动，所以吉利。

［原文］

六二　不耕，获；不菑，畬。《尔雅·释地》：“田，一岁曰菑，三岁曰畬。”**则利有攸往。**

《象》曰：“不耕，获”，未富也。

［译文］

六二，不事耕耘，不图收获；不务开垦，不望熟田，听其自然，有所行动可得利益。

《象传》说：“不事耕耘，不图收获”，说明不想着谋求富贵。

［解说］

获，收割。菑为只除杂草但尚未耕种的田，即开荒的田。畬是已垦种三年的熟田。六二阴之居阴，安分守己，不耕不获，不菑不畬，不富而安，这样的君子行为不失其正，从没有非分之想。他就是收获不是自己耕作的作物，开垦不是自己待弄的良田，也是应当的，取之有道，非妄想不劳而获者可比。

［原文］

六三　无妄之灾，或系之牛，行人之得，邑人之灾。

《象》曰：“行人得牛”，“邑人灾”也。

［译文］

六三，意想不到的灾祸，如有人拴系着一头耕牛，被路人顺手牵走，附近人家却因此而蒙冤遭灾。

《象传》说：“过路人偷得了牛”，“邻居却因此被怀疑而受到中伤”。

［解说］

牛是财富的象征，牛失就是财失，为破财之灾。本地的人误遭嫌疑，这是无妄之灾、意外之祸。盖因三爻不当位，而互巽为草木、为伏、为盗，故有此象。六三无故怀疑甚至诬陷当地人，是想失而复得，出发点并不算虚妄，但方式方法则是极为虚妄荒诞，只能适得其反。

［原文］

九四　可贞，无咎。

《象》曰：“可贞，无咎”，固有之也。朱熹《周易本义》：“有，犹守也。”

［译文］

九四，可以守持正道，没有灾咎。

《象传》说：“可以守持正道，没有灾咎”，说明要坚守正道才能免灾。

[解说]

阳遇阳则窒，九四上遇众阳无法前进，下又无应，不适合于动，九四居艮止，故可以贞定不妄动（可贞）。失位不妄动，故无咎。下乘重阴，故亦无咎。九四知足守柔，长久则益。

[原文]

九五　无妄之疾，勿药有喜。

《象》曰："无妄之药"，不可试也。

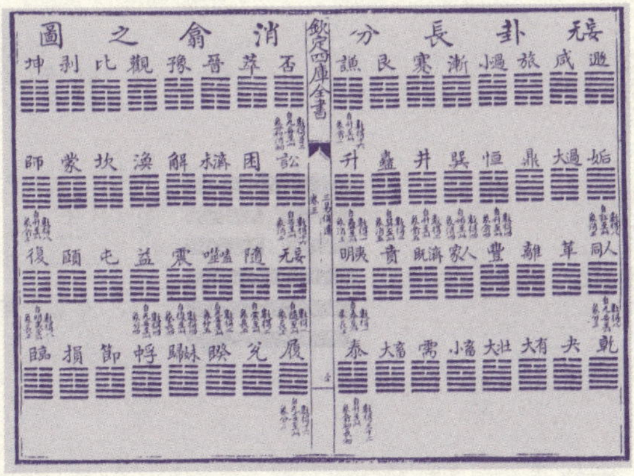

无妄卦长分消翕之图

"消"即"静"、"翕"即"动"之意。消翕图反映的是无妄卦在运动、消长变化中与其他卦象的关系。无妄卦是从遁卦演变而来的，是遁卦的上九从外卦来到内卦的初位成为内卦之主，然后遁卦的各爻依次向上运动。就是遁卦的上九爻变成无妄的初九爻，初九是全卦的主爻。无妄卦与大畜卦为正覆卦，无妄卦倒过来就是大畜卦。

[译文]

九五，没有意想到的疾患，不必用药即愈，会有喜庆。

《象传》说："没有意想到的药物"，不能够随意服用。

[解说]

"无妄之疾"是说疾病已无痊愈希望，后来不药而愈，其喜可知。此爻不言吉而言喜，盖生病有灾本无吉可言。九五虽当位有应，然承乘皆阳，过于刚健，志向过强，虽正亦有过，故有疾病。"不可试"，言此为事之偶然，非所期望，不可尝试。

[原文]

上九　无妄！行有眚[shěng]，无攸利。

《象》曰："无妄之行"，穷之灾也。

[译文]

上九，不妄为！若行动会遭祸患，不会有什么利益。

《象传》说："不妄为而行动遭祸患"，说明上九至极，穷途末路而要遭灾。

[解说]

上九居亢穷之地，身在乾体，阳刚健行，上无所往之地，下又乘阳遇敌，又是不可妄动之时，失位不安，故"行有眚，无攸利"。

上九亢阳穷途末路，宜早回头，再进必有灾。

大畜卦第二十六

畜而后动，寓进于畜，
欲动先止，止而后动

大畜卦寓意涵容之德。

[原文]

大畜《说文》："畜，积也。"《广雅·释诂》："蓄（畜），聚也。" **利贞，不家食，吉，利涉大川。**

[译文]

大畜卦象征大为蓄积。利于坚守正道，外出谋生，吉祥，利于涉越大江巨流。

[解说]

畜是容，大畜是大容，是无所不容。"大畜"是以小积大，要长期积累磨砺，故要利贞。"不家食"是养贤，是出仕而人尽其才。积蓄成了，就是才华力量大显之时，则无物可以抵挡，所以"利涉大川"。

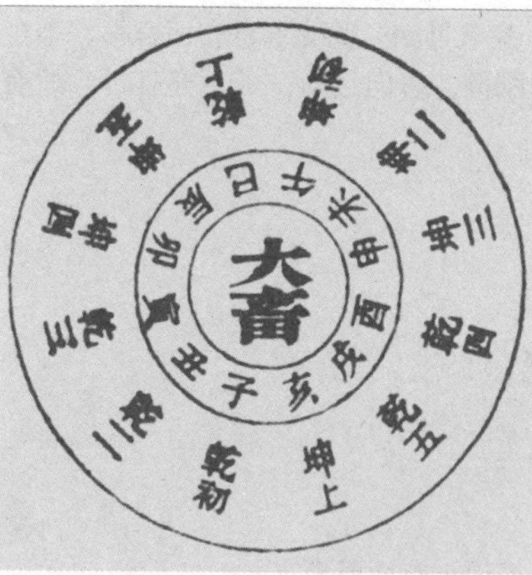

大畜卦图

大畜卦的含义表现在三个方面：一是道德学问；二是人才方面的蓄养，即爱护、使用贤才；三是行为方面的蓄止，即等待时机，不盲目行动。大畜卦象征所蓄至大。道德刚健、厚实，两者交相辉映，天天有进步。阳刚在上，尊重贤才，自强不息，又能得到保护。这都是最大的正道。大畜是大器晚成，是修养品德、百年树人，为国培养栋梁之才，这是意义重大的大正之事。

[原文]

《彖（tuàn）》曰：大畜，刚健笃实辉光，日新其德。刚上而尚贤，能止健，大正也。"不家食，吉"，养贤也。"利涉大川"，应乎天也。

[译文]

《彖传》说：大畜具有刚健笃实的美德，因而光辉焕发，他的这种美德日新月异。阳刚居上而崇尚贤能的人，能蓄积刚健者，这是天下最大的正理。"外出谋生，吉祥"，说明国君尚贤养贤。"利于涉越大江巨流"，说明行动顺应天理。

[解说]

大畜外艮，慎而不躁，内乾气度恢弘。乾之刚健，力行不倦，而艮以静敛之，蓄势待时而发。内在刚健，外在艮止，是内心的学问才智丰富、生命力充沛，外在的行为举止却谨慎小心、温良恭俭，这是充容大气之象。大畜是大器晚成，是修养品德、百年树人，为国家培养栋梁之才，这是意义重大的大正之事。

［原文］

《象》曰：天在山中，大畜。君子以多识前言往行，以畜（xù）其德。

［译文］

《象传》说：天包藏在山中，是大有蓄积的象征。君子效法此种精神，多多记住前贤的嘉言和善行，从而蓄积自己的道德学问。

［解说］

大畜卦上艮为山，下乾为天，称为山天大畜。天很大，但被包容在山里面，这是多么大的包容，君子感到应当储备、蓄藏大量前人的良言善行，来增进自己的品德修养。

［原文］

初九　有厉，利已。

《象》曰："有厉，利已"，不犯灾也。

［译文］

初九，有危险，停滞不前才有利。

《象传》说："有危险，停滞不前才有利"，是说不要冒险前行。

［解说］

已是已经，意即停止。"利已"就是停止才有利。初九居阳刚乾体，乾健行，故欲进往应四，但前有二阳窒碍不得行，故"危厉"。初九力弱应当潜伏，若不知贞止而进，必有灾。例如不可以拔苗助长。

［原文］

九二　舆（yú）说輹。

《象》曰："舆说輹"，中无尤也。

［译文］

九二，车子与轮脱离。

《象传》说："车子与轮脱离"，说明行动合于中正，能够及时停止，故而不会有过失。

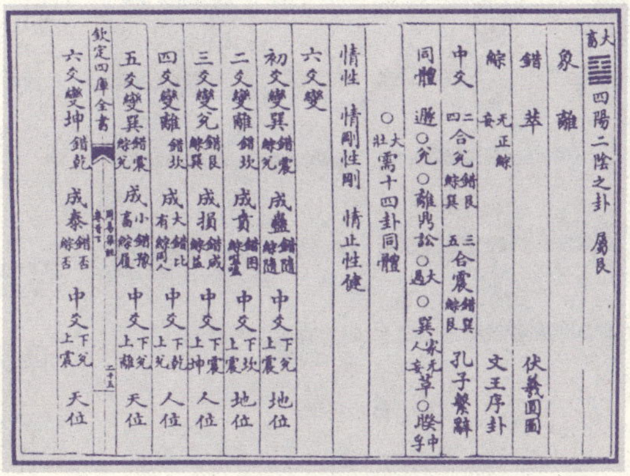

大畜 四陽二陰之卦 屬艮
象 離
錯 萃 伏羲圓圖
綜 无妄正綜 文王序卦
中爻 二四合兑錯艮綜巽 三五合震錯巽綜艮 孔子繫辭
同體 遯○兑○離○訟○大過○巽○家人○无妄○革○睽○中孚
○大壯需十四卦同體
情性 情剛性剛 情止性健
六爻變
初爻變巽錯震綜兑 成蠱錯隨綜隨 中爻下兑上震 地位
二爻變離錯坎 成賁錯困綜噬嗑 中爻下坎上震 地位
三爻變兑錯艮綜巽 成損錯咸綜益 中爻下震上坤 人位
四爻變離錯坎 成大有錯比綜同人 中爻下乾上兑 人位
五爻變巽錯震綜兑 成小畜錯豫綜履 中爻下兑上離 天位
欽定四庫全書 二十五
六爻變坤錯乾 成泰錯否綜否 中爻下兑上震 天位

大畜卦错综及爻变图

大畜为四阳二阴之卦，艮上乾下，在艮宫八卦中属土，与离卦相象，与大过卦相错。并与遁、兑、离、鼎、讼、大过、巽、家人、无妄、革、睽、中孚、大壮、需十四卦同体。二至四爻合为兑卦，与艮卦相错，与巽卦相综。三至五爻合为震卦，与巽卦相错，与艮卦相综。其情性为：情刚性刚，情止性健。六爻变位为：初爻变巽位在地，二爻变离位在地，三爻变兑位在人，四爻变离位在人，五爻变巽位在天，六爻变坤位在天。

[解说]

舆，大车，可以承担重任。说同“脱”。輹，车轴。舆说輹是车轴脱落，大车不能行。阳至九二本当大显身手，但前遇阳而窒，又在畜止之时，故有不得行之象。九二居中，行为不过分，是自己知止，所以中无尤，即内心没有怨尤。

九二是适可而止。

[原文]

九三　良马逐，李镜池《周易通义》引《集韵》：“逐，牝牡合也。”**利艰贞。日闲舆卫，利有攸往。**

《象》曰：“利有攸往”，上合志也。

[译文]

九三，良马驰逐，利于警觉艰险，守持正固；每日训练车马防卫，有利于往前进发。

《象传》说：“有利于往前进发”，说明与上天的意志相合。

[解说]

良马是指乾的三个刚爻，比喻为贤人，有才干之人。逐，驰骋，逐利，就是终日辛苦奔走。闲，练习。“日闲舆卫”，日日学习驾车之术以备不时之需，可见九三非常艰辛。三爻居互兑（二三四爻）体，兑为泽，在沼泽中驾车，所以格外艰辛，九三在乾之上，基础厚实，刚阳健行，虽艰却能往而有利。三遇重阴，阳遇阴则通，故曰“上合志也”。

九三功在平时勤于练习。

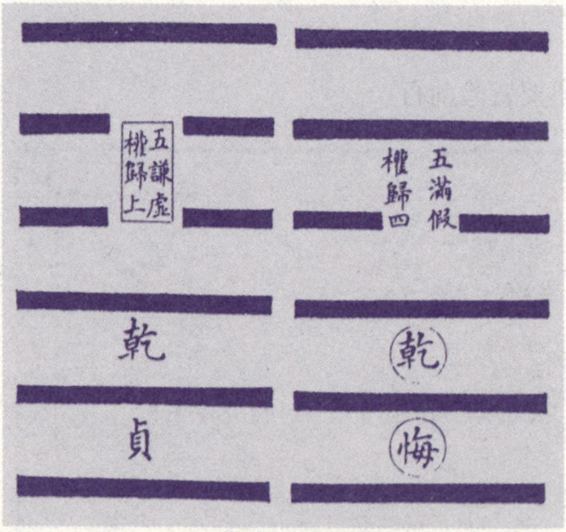

大小畜吉凶图

大畜、小畜两卦的“畜”（蓄）字都有蓄止、蓄聚、蓄养的意思。止则聚，聚则蓄，蓄则养。小畜卦谈的是作为从属因素的“阴”对于作为主导因素的“阳”所起的微小的蓄聚作用，所以叫“小畜”；大畜卦谈的则是道德和智慧的蓄聚、培养，这可以说是人生最大的蓄聚，所以叫“大畜”。德智的蓄养只有“守正”才会带来利益。“正”的概念，既包含“真”，又包含“善”。“真”与“善”方为“正”，“伪”与“恶”则为“邪”。这样，以正道蓄聚德智，才是最大的财富，是物质、金钱所无法比拟的“大畜”。

[原文]

六四　童牛之牿，周振甫《周易译注》：“童牛，小牛。”**元吉。**

《象》曰：“六四元吉”，有喜也。

[译文]

六四，绑缚在初生犊牛头角上的木牿，至为吉祥。

《象传》说：六四“至为吉祥”，说明本就有得喜庆。

[解说]

牿，牛角上着横木，因小牛躁猛好动而以牛牿防止伤人。六四居艮体，艮为止，故曰牿。六四应初九，初九为童牛。这是说止于初萌的阶段，在尚未露头角的时候就畜止最有效。

所谓元吉就是一开始就吉，六四得位当止则

止，又居兑体，兑为悦，即有喜也。

不以规矩不能成方圆。六四该畜止而能止，将来必成大器。

［原文］

六五　豮(shǐ)豕之牙，陆德明《经典释文》引刘表：“豕去势曰豮。”**吉。**

《象》曰：“六五”之“吉”，有庆也。

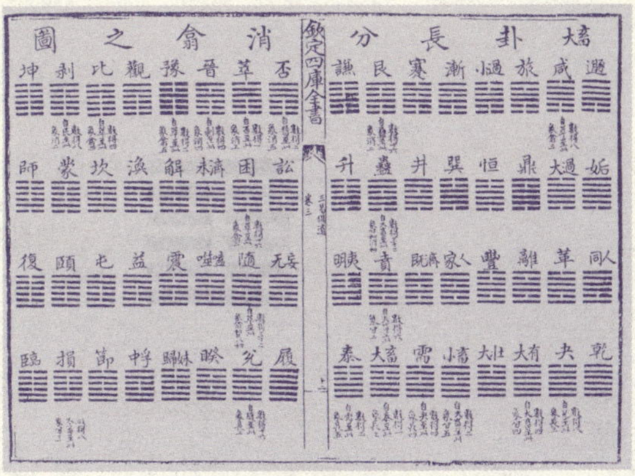

大畜卦长分消翕之图

“消”即“静”、“翕”即“动”之意。消翕反映的是大畜卦在运动、消长变化中与其他卦象的关系。大畜卦是从大壮卦演变而来的，是大壮的初九爻升到全卦的上位。即大壮的初九向最上位推移，变为大畜卦。大畜卦与无妄卦为正覆卦，大畜卦倒过来就是无妄卦。无妄从遁卦变来，大畜从遁的覆卦大壮卦演变而来。

［译文］

六五，阉割过的公猪的牙齿，吉祥。

《象传》说：六五所说的吉祥，表明有喜庆。

［解说］

豕是猪。豮豕为大猪，喻指奸佞之人。六五、六四两个柔爻夹在九三、上九两个刚爻中间，像是利牙，故喻猪。大猪之牙可以断物，凶猛之极。但在大畜里居艮止之体，故不动。大猪之牙畜止不动，故吉。有如以栏舍圈住奸佞小人则九二贤人可进用，故吉而有庆。商周之时野猪初受人畜，其性尚未驯服。有庆，杀猪庆祝。豮牙之庆，就是打牙祭。

［原文］

上九　何天之衢(qú)，朱熹《周易本义》：“‘何天之衢’，言何其通达之甚也。”**亨。**

《象》曰：“何天之衢”，道大行也。

［译文］

上九，像天空一样通行无阻的大道，亨通顺利。

《象传》说：“像天空一样通行无阻的大道”，说明上九的蓄德之道大为通行。

［解说］

衢，道路。何天之衢，上九阳刚在上不为所畜，通达之甚，大行其道，通达无碍。大畜至此积蓄已成，已成大器，所以可以大行其道。大道之行也。

颐卦第二十七

怡情养性

颐卦寓意颐神养志、怡情养性。

［原文］

颐（yí）《尔雅·释诂》："颐，养也。" **贞吉。观颐。自求口实。**

［译文］

颐卦象征着颐养。坚守正道可获吉祥。观察万物养育的现象，可知以自己的努力谋取养口果腹的道理。

［解说］

颐卦上艮下震，上与初为阳爻，像口之两唇，中皆阴爻，像齿。上艮为止是上颚，下震为动就是下颚。此卦以口取象，有饮食、有养之象，是吃饭糊口之意。养之义有养身、养德、养民、求养。养身、养德、养民皆要正，求养就是被人家所养，则关于出处、进退、辞受、取予为立身志节所关更要正，故"贞吉"。"自求口实"是自谋口粮，就是出仕得职差，食人俸禄，受人重用。颐是百岁老人得安养，是颐养天年。

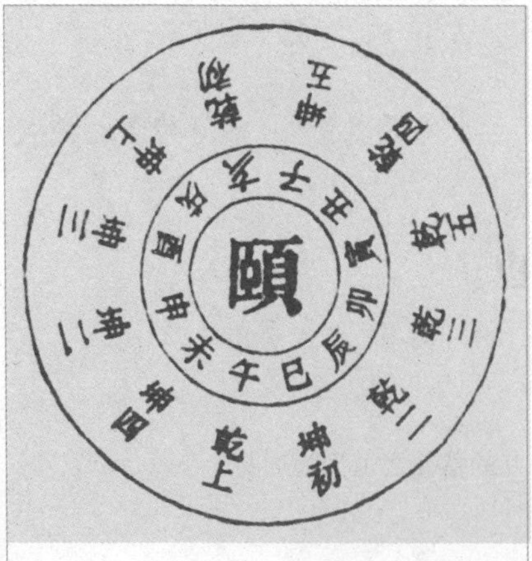

颐卦图

颐卦下震上艮。颐有两层意思：一是面颊，二为养。本卦的卦辞、爻辞中，提出了人类要自养的问题及解决问题的办法，说明只有垦荒开田，精耕细作，才是解决粮食问题（颐养）的正道。而为了粮食不足而去征伐别人的人，是违理背法的坏人，也是遭人痛恨的，这违背了颐养的正道。

［原文］

《彖》（tuàn）**曰："颐，贞吉"，养正则吉也。**李鼎祚《周易集解》引宋衷曰："颐者，所由饮食自养也。君子割不正不食，况非其食乎。是故所养必得贤明，自求口实，必得体宜，是谓'养正'也。"**"观颐"，观其所养也。"自求口实"，观其自养也。天地养万物，圣人养贤以及万民，颐之时大矣哉。**

［译文］

《彖传》说："颐卦象征着颐养，坚守正道可获吉祥"，说明用正道颐养自身，故而获得吉祥。"观察万物养育的现象"，是说观察它们如何养活自己。天地养育着万物，而圣人以德养育着贤能之士和天下百姓。可见因时制宜进行养育的道理太重要了。

[解说]

“观颐”是观养人之道，是观其所养之人是否正，观其所养之道是否正。“养贤”就是礼贤下士。古时大贵族有养士之风；“观其自养也”，上静不动，下才能任意滋生，天地间生养万物绝不干预万物之生长，万物则各自蓬勃发展，圣人养万民亦是如此。所以颐卦强调贞、慎、节。

这是颐的宏大的时义。

[原文]

《象》曰：山下有雷，颐。君子以慎言语，节饮食。

[译文]

《象传》说：山下响动着春雷，象征着颐养万物。君子效法这种精神，言语谨慎而修养德性，节制饮食以养德养生。

[解说]

颐上艮下震，取象为山下有雷，称为山雷颐。上卦艮为止、为节、为慎，颐本言语饮食之口象，故曰“慎言语，节饮食”。山静雷动，静动得宜，颐养天年要知节止，故宜观不宜动。颐是以不变应万变。

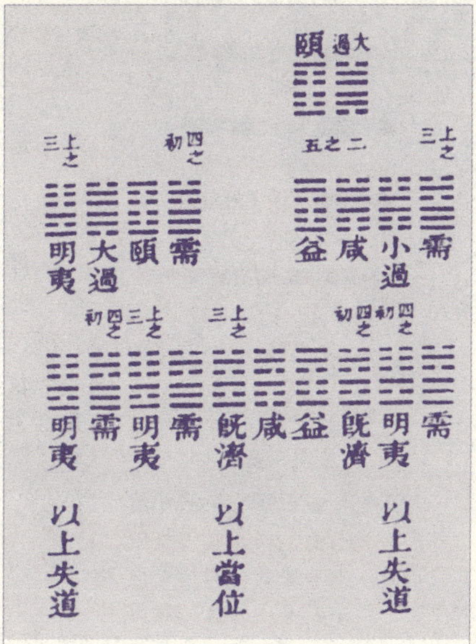

颐卦当位失道图

颐卦的养育观是：养德重于养身，养他人高于求人养。颐卦从两个侧面考察养育问题。从内容上看，卦象本身是张嘴吃饭。养育既需要物质生活资料，也需要精神食粮，前者是基础，后者起支配作用。从类型上说，有求人养和养他人的区别。下三爻求人养，而且是养身不养德，因此结果皆凶。上三爻养他人，既养身又养德，因此结果是吉。

[原文]

初九　舍尔灵龟，观我朵颐， 周振甫《周易译注》：“朵颐，吃东西时面颊鼓起来像花朵，指食物。” **凶。**

《象》曰：“观我朵颐”， 李鼎祚《周易集解》：“朵颐垂下，动之貌也。” **亦不足贵也。**

[译文]

初九，舍弃你的灵龟，来观看我鼓腮进食，有凶险。

《象传》说：“观看我鼓腮进食”，说明这样观而不为的行为不值得尊重。

[解说]

舍，弃也。尔指初九，就是占问者自己。我是筮者，在此泛指他人、别人。朵，动也，此指口颊上下张合之状。传说灵龟之生存，不食谷而食气，此是说舍去自己的谋生之道而羡慕别人口中的咀食，初九舍其自有之灵宝，而窥观他人之宠禄，不合慎节之义。如此则躁进失机，贻人笑柄，殃咎必至。“亦不足贵”，是妄动轻浮之象。言初九本来可贵，反因妄动而不足贵。

[原文]

六二　颠颐， 李鼎祚《周易集解》引王肃曰：“养下曰颠。” **拂(fú)经于**

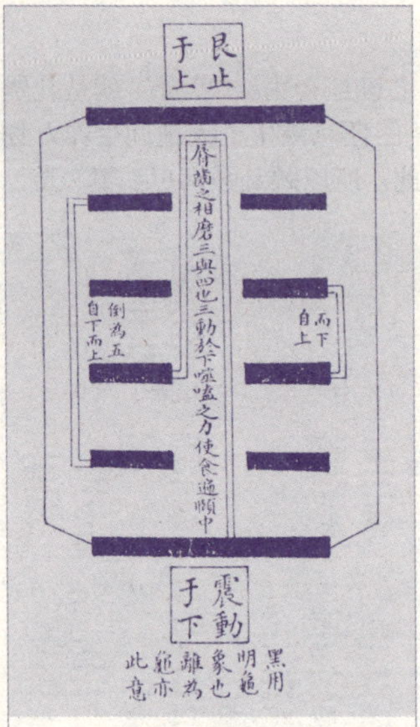

颐灵龟图

灵龟食欲不强，能够吐纳气息而致长寿。初九以刚居阳位得正，本可像灵龟那样以内质自养而不求养于外食。然而由于它象征下腭主动，易起口腹贪欲之心，又与六四相应，犹如以阳刚之实求养于阴虚。所以爻辞说，放弃了养生正道，贪于口腹之欲，必然是凶险的。

丘。颐征，凶。

《象》曰："六二征凶"，行失类也。

[译文]

六二，要颐养，就得垦荒种地。为了抢夺颐养之物而征战，这是凶险之事。

《象传》说：六二爻辞说抢劫则有凶险，因为这种行径违反了道义。

[解说]

颠是填。填颐，犹言填饱肚子。拂经，原意为不去自己经营，此指违反常道，不求正道。丘，高坡，指高贵富有者。于丘颐，谓往高处求高贵者收养。六二想要糊口却不自己经营而去乞食求养于人，非谋生正道，故凶。二、五不应，六五亦不是经营者，故前往有凶（征凶）。三、四、五皆阴，阴遇阴则窒，阴遇阳方为类，今六二不遇阳，故曰"行失类也"。

[原文]

六三　拂颐， 孔颖达《周易正义》："拂，违也。" **贞凶。十年勿用，无攸利。**

《象》曰："十年勿用"，道大悖也。

[译文]

六三，违背养生之德，就意味着凶险，多年内不受重用，也不会有任何利益。

《象传》说："多年内不受重用"，这是大大背离了万物颐养的道理的恶果。

[解说]

拂，弗也。拂颐是说口不能食，引申为不能养活自己。十年指多年。勿用，不能有所作为。无攸利，发展下去很不利。六三不当位，承乘皆阴，故"十年不用，无攸利"也。

六三缺乏谋生能力，故凶。

[原文]

六四　颠颐，吉。虎视眈(dān)眈，其欲逐逐，无咎。

《象》曰："颠颐之吉"，上施光也。

[译文]

六四，取于民而用于民，吉祥。要像老虎一样眈眈而视，显示出贪欲无厌的样子，这样才不致有灾咎。

《象传》说："取于民而用于民的吉祥"，说明居上而能下施光明美德。

[解说]

眈作耽，谓目不转睛地注视。逐逐是迫切强烈的追求。四爻居艮，震动为欲，艮止也，寡欲也；虽如虎之贪欲而能止欲，以此欲转而应初，是以虎贪之欲转而求贤，求贤若渴，故吉。初阳应四，然为二三所隔，难以下施，故须初上施而吉也，故曰“上施光”。

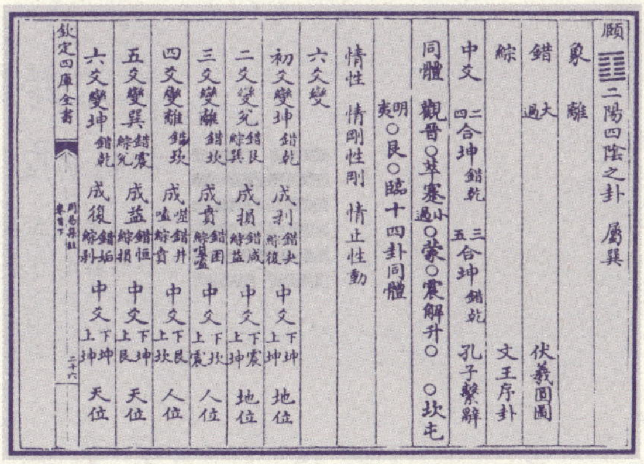
頤 ䷚ 二陽四陰之卦 屬巽
象 離
錯 大過 伏羲圓圖
綜 文王序卦
中爻 二四合坤錯乾 三五合坤錯乾 孔子繫辭
同體 觀晉○萃蹇○小過○蒙○震解升○ ○坎屯
明夷○艮○臨十四卦同體
情性 情剛性剛 情止性動
六爻變
初爻變坤 錯乾 成剝 錯夬 綜復 中爻 下坤 上坤 地位
二爻變兌 錯艮 綜巽 成損 錯咸 綜益 中爻 下震 上坤 地位
三爻變離 錯坎 成賁 錯困 綜噬嗑 中爻 下坎 上震 人位
四爻變離 錯坎 成噬嗑 錯井 綜賁 中爻 下艮 上坎 人位
五爻變巽 錯震 綜兌 成益 錯恒 綜損 中爻 下坤 上艮 天位
六爻變坤 錯乾 成復 錯姤 綜剝 中爻 下坤 上坤 天位
欽定四庫全書 周易集注 卷首下 二十六

颐卦错综及爻变图

颐为二阳四阴之卦，震下艮上，山雷颐，在巽宫八卦中属木。颐卦与离卦相象，与大过卦相错。中爻二至四合为坤，与乾相错，三至五合为坤，与乾相错。与观、晋、萃、蹇、小过、蒙、震、解、升、坎、屯、艮、临诸卦同体。其情性为：情刚性刚，情止性动。六爻变位为：初爻变坤位在地，二爻变兑位在地，三爻变离位在人，四爻变离位在人，五爻变巽位在天，六爻变坤位在天。

[原文]

六五　拂经，居，贞吉。不可涉大川。

《象》曰：“居贞”之“吉”，顺以从上也。

[译文]

六五，开荒种地，在家安居则可获吉祥，不可涉越大江巨流。

《象传》说：“居守正道获得的吉祥”，说明顺从、依附上层则吉。

[解说]

拂经是因五以柔居刚不当位。居，安也，止也，节也。贞，固守。安居五位，顺上承阳，故贞吉。若下涉坤地，阴遇阴则窒，故“不可涉大川”。上九阳，故六五当投靠顺从上九，六五知节善顺则吉。

[原文]

上九　由颐，欧阳维诚《周易新解》：“由，顺随，听从。”《论语》：“民可使由之，不可使知之。”**厉，吉。利涉大川。**

《象》曰：“由颐，厉，吉”，大有庆也。

[译文]

上九，顺从颐养之道，经历过危险，则可以获得吉祥，有利于涉越大江巨流。

《象传》说：“顺从颐养之道，经历过危险，则可以获得吉祥”，说明大有吉庆。

[解说]

由，自由、自得。上九依靠下面众阴供养，故曰“由颐”，上九亢龙之位，故厉。但上九高居万民之上，恐其贪于安逸，故振厉警醒，方吉。上九与六三应，故“利涉大川”。上九本来路尽就要引退，但上九下临互卦为坤、为安（三四五爻），可转危为安。得以颐养天年，所以是“大有庆也”。

大过卦第二十八

物极必反

大过卦寓意要小心谨慎，不可狂妄自大。

[原文]

大过　栋桡，陆德明《经典释文》："桡，曲折也。"**利有攸往，亨。**

[译文]

大过卦象征太过分。栋梁弯曲，利于离家出门，亨通顺利。

[解说]

栋桡的栋是栋梁，桡是木头弯曲。大过四阳居中，阳为大，就是栋梁的干。二阴包于外，阴为小，两头阴柔难以承受，则大厦将倾，危如累卵，国之将亡，但尚有转折之机。君子当大有作为以扶大厦之倾，使形势转危为安，故曰"利有攸往，亨"。

[原文]

《彖》曰："大过"，大者过也。"栋桡"，本末弱也。李鼎祚《周易集解》引向秀曰："栋桡则屋坏，主弱则国荒。"**刚过而中，巽而说行，"利有攸往"，乃"亨"。大过之时大矣哉！**

[译文]

《彖传》说："大过"，指阳刚太过分了。"栋梁弯曲"，说明首尾两端柔弱。阳刚太过分而居守中位，谦逊而和悦地行事，"利于离家出门"，可以获得亨通顺利。大过卦所显示的因时制宜的道理是多么重要啊！

[解说]

大过四阳居中，阳为大，阳过于集中、盛大，所以称为"大者过也"。阴为柔小，卦两端即本末都是阴柔，所以皆弱。刚爻虽过，但占居上下的中爻，即"刚过而中"，因此事情还有转机。上兑为悦，下巽为风，君子当"利有攸往"，拯救危难，乃亨。

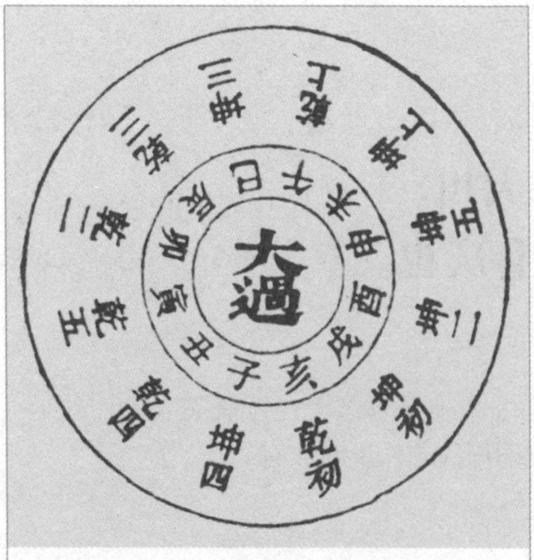

大过卦图

大过卦下巽上兑。兑为泽、为悦，巽为木、为顺，水在木上，被水淹没，十分凶险。上下两卦阴阳爻相反，阳大阴小，内刚外柔，行动非常，形象过度。

［原文］

《象》曰：泽灭木，大过。君子以独立不惧，遁世无闷。

［译文］

《象传》说：大泽淹没了树木，即是大过。君子突遇变动仍勇毅独立，无所畏惧，退隐出世也没有烦恼。

［解说］

泽灭木，称为泽风大过，即上兑泽没过下巽木，兑泽之水本应在下滋养树木，今竟淹没树木，是太过之象。君子对此灭顶之灾，当独立不惧，挺身而出，挽狂澜于既倒。如果实在是无力回天，则归隐山林，也不要太过于苦闷。

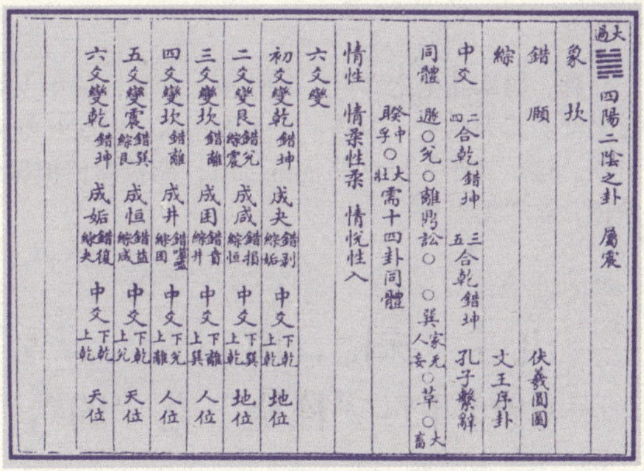

大过卦错综及爻变图

大过卦为四阳二阴之卦，兑上巽下，泽风大过，在震宫八卦中属木，与遁、兑、离、鼎、讼、巽、家人、无妄、革、大畜、睽、中孚、大壮、需十四卦同体。大过卦与坎卦相象，与颐卦相错。二至四爻合为乾卦，三至五爻也合为乾卦，都与坤卦相错。其情性为：情柔性柔，情悦性入。六爻变位为：初爻变乾位在地，二爻变艮位在地，三爻变坎位在人，四爻变坎位在人，五爻变震位在天，六爻变乾位在天。

［原文］

初六　藉（jiè）用白茅，无咎。

《象》曰："藉用白茅"，柔在下也。

［译文］

初六，用白色的茅草铺地并在上面放置祭器，不会有什么过错。

《象传》说："用白色的茅草铺地并在上面放置祭器"，是指柔顺居于下位。

［解说］

藉，荐也，垫也；凡以物衬垫曰藉。巽为伏，初在下，故为藉。古代礼制封诸侯以土，藉（藉）以白茅。巽为草木，故为白茅。柔在下也，是祭祀时铺衬白茅于地上，以示洁诚，谓慎重其事。初在最下，拯救危亡，有心无力，要勿用，故无咎。

［原文］

九二　枯杨生稊（tí），李鼎祚《周易集解》引虞翻曰："稊，稚也。杨叶未舒称稊。"**老夫得其女妻，无不利。**

《象》曰："老夫女妻"，过以相与也。

［译文］

九二，枯萎的杨树长出新枝，老汉娶得年轻的妻子，没有什么不利。

《象传》说："老汉娶得年轻的妻子"，说明虽然阳刚过甚，却仍能与阴柔结合。

[解说]

稊，树木新生之芽叶、新枝条。女妻，谓年少的妻子。“过以相与”是说相配的不当，是太过之配。巽为风木、为杨，女妻即初六，中间互乾为元、为生。“枯杨生稊”喻生机重现，生命力强，这是说于大过动荡危难之时，能抖擞精神振作起来，因而出现一线生机，局势转好而有希望，故“无不利”。

[原文]

九三　栋桡(ráo)，凶。

《象》曰：“栋桡”之“凶”，不可以有辅也。

[译文]

九三，栋梁弯曲，有凶险。

《象传》说：“栋梁弯曲，有凶险”，说明独挑栋梁，没有别的来帮辅。

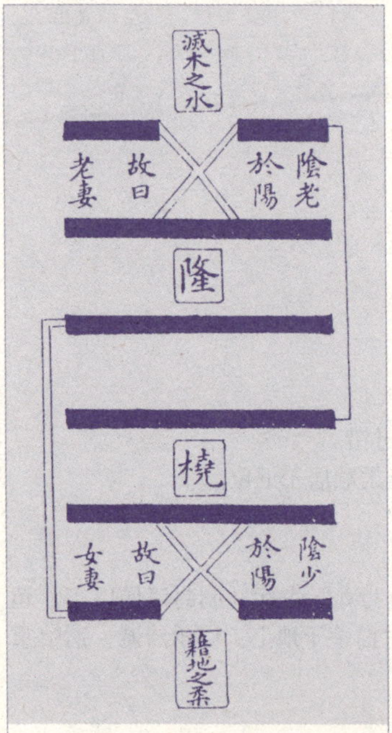

大过栋隆桡图

“栋隆”就是支撑房顶拱起的房梁。“栋桡”意为房梁弯曲。此图说明正是因为“大过”才弥补了“栋桡”的不足，从而避免发生房屋垮塌的局面。在政治上，“大过”并不是指臣子篡权，而是因为国君能力不足，要暂且代理，这也是“利有攸往，亨”的前提条件，如果没有这个前提，“大过”就是罪大恶极，且凶。

[解说]

栋桡，栋梁弯曲，屋顶塌陷，凶象之极。辅，佐助也。桡之太过无可辅也。上虽有应，然四五皆阳，得敌，九三不能应上，故曰“不可以有辅”。九三无辅，独木难支。

[原文]

九四　栋隆，吉。有它，吝。

《象》曰：“栋隆”之“吉”，不桡乎下也。

[译文]

九四，栋梁隆起，吉祥。如还有别的毛病，则必遭悔吝。

《象传》说：“栋梁隆起，吉祥”，是说下面的柱梁也不弯曲。

[解说]

隆，向上拱起。九三栋梁塌陷，九四能拱撑将塌陷的栋梁，则有由凶转吉之望，故吉。所以《小象》说：“栋隆之吉，不桡乎下也。”三、四两爻相近，福祸相倚不可测，它吝，意外之患。处大过之时，大势如此，若知其不可为而为之，则灾患艰难仍无避免，但九四做到尽人事听天命，像大丈夫能伸能屈，不拘小节。

[原文]

九五　枯杨生华，老妇得其士夫，无咎无誉。

《象》曰：“枯杨生华”，何可久也？“老妇士夫”，亦可丑也。

［译文］

九五，枯萎的杨树开出新花，老妇嫁给了年轻的丈夫，这些事没有坏处，也不值得称赞。

《象传》说：“枯萎的杨树开出新花”，哪里能够长久呢？“老妇嫁给年轻的丈夫”，并不是一件多光彩的事！

［解说］

老妇是指上六，“枯杨生华”是回光返照，与九二生稊不同。匹配失宜，故可丑。是配之太过。大过皆非常态，非常理。九五比邻上六，孚于阴，故“无咎”。巽为誉，兑泽没巽，故“无誉”。此爻似红楼梦里的大观园，外面看着鲜花着锦，其实里面已经腐朽透顶。

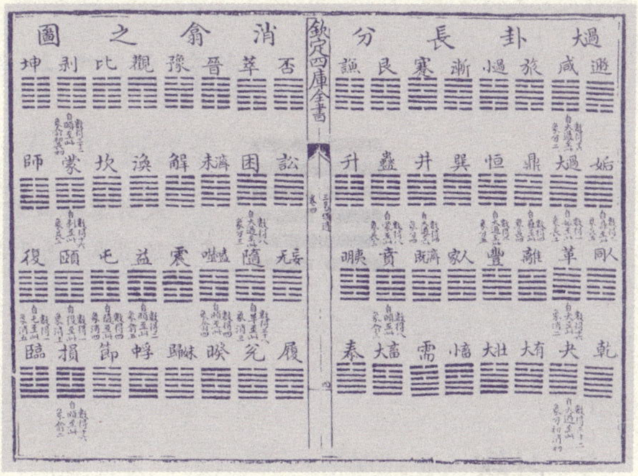

大过卦长分消翕之图

“消”为“静”，“翕”为“动”。本图表现的是大过卦在运动变化中与其他卦象的关系。“静”与“动”是一切事物运动的本质。大过的卦画，如果阳爻一律变阴爻，阴爻一律变阳爻，就成了颐的卦画。反过来说，颐卦的各爻向相反方向变化，就成了大过卦。从卦变上分析，颐卦从观卦变来，大过因为与颐是错卦，应当是从观的旁通卦大壮变来，是大壮的六五爻与初九爻换位得来。在《周易》中共有四组变卦，即乾与坤为一组、坎与离为一组、颐与大过为一组、中孚与小过为一组。

［原文］

上六　过涉灭顶，《广雅·释诂》：“过，误也。”**凶，无咎。**

《象》曰：“过涉之凶”，不可咎也。

［译文］

上六，涉水过河，水没头顶，凶险，但善补即能无事。

《象传》说：“涉水过河，水没头顶，凶险”，说明知不可为而为，就算责难也没有用。

［解说］

“过涉灭顶”，为水淹没，涉不得过。大过中为阳，两端为阴，是一个大坎象，坎为水。上六居卦之上，故曰“过涉”。互乾为阴所包，乾象不见，故为“灭顶”。坎为陷，不可涉也。涉而陷其中，故凶。上六处于大过之极，终不得过而有祸。咎就是不可咎。言致命遂义，杀身成仁，不可咎责，天命如此。

大过卦是非常之时，需要非常之人。人之境遇也是极好极坏，祸福难料，但君子不能苟且偷生，而应赴汤蹈火，虽死犹生。

坎卦第二十九

身处逆境，前途坎坷

坎卦意味着前有险阻，但是要克服困难，勇于前进。

[原文]

习坎(kǎn)朱熹《周易本义》："习，重习也。坎，险陷也。"**有孚，维心，亨。行有尚。**

[译文]

坎卦象征重重险陷。胸怀诚信，心中便豁然贯通。意志坚定而刚毅的行为将受到尊重。

[解说]

习字从羽，是小鸟习飞之意，要反复练习，所以习意如重复。坎卦两坎重叠，故名"习坎"。坎为险，所以坎卦是身陷重重险难之中。孚为信，坎为一阳居中得到上下两个阴爻的孚信。维是唯，只有（水之）心地赤诚，才能金石为开，冲破险阻。尚，嘉尚，"行有尚"就是不畏坎险之艰难，果敢而行，故可嘉尚。

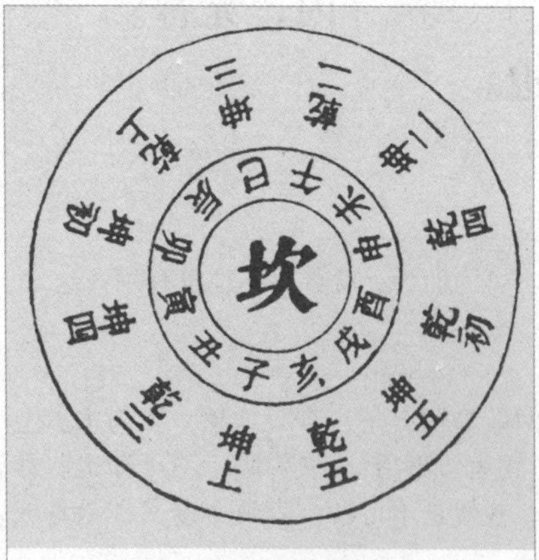

坎卦图

坎卦为上下两个三画坎卦相叠。坎为水，有危险的意思。两坎相重，险上加险，险阻重重。从卦象看，一阳陷二阴。但是阴虚阳实。虽然险难重重，但胸怀诚信可以豁然贯通，人性光彩可以显现出来。

[原文]

《象》曰：习坎，重(chóng)**险也。水流而不盈，行险而不失其信。"维心，亨"，乃以刚中也。"行有尚"，往有功也。天险，不可升也。地险，山川丘陵也。**李鼎祚《周易集解》引虞翻曰："坤为地，乾二之坤，故曰'地险'。艮为山，坎为川；半山称丘，丘下称陵。故曰'地险山川丘陵也'。"**王公设险，以守其国，险之时用大矣哉。**

[译文]

《象传》说："习坎"，是重重险陷的意思。水流陷穴不见盈满，行走在凶险之境而坚定地信守其不盈不流的本性。"心中豁然贯通"，是指刚毅中正的德行。"意志坚定而刚毅的行为将受到尊重"，说明往前进发必可建功。天险高远，如日月天空不可得而升。地险，有崇山峻岭河川丘陵。王公效法天地设置城池之险，以巩固国防，可见险陷因时制宜的伟大作用。

[解说]

坎为水，因为水流，所以不盈满，水流能越过一切险阻（行险）却不伤害到任何物体（不失其信）。水之所以以至柔而能胜万物，就是只以心通（维心亨）而不以力争。不以力争，故柔外而刚中。尚，配也。水无常形，无不因势就形，故无所往而不有功也。险之时义广大，到处可用，水避高而趋下，所以天险不可逾越，王公贵族就常常凭险自守。

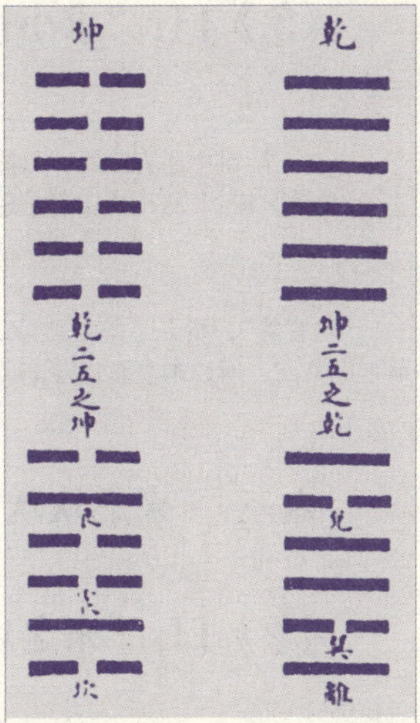

坎离天地之中图

先天八卦把八卦代表的天地、风雷、山泽、水火八类物象分为四组，说明它的阴阳对峙关系。《周易·说卦传》中将乾坤两卦相对，称为天地定位；震巽两卦相对，称为雷风相薄；艮兑两卦相对，称为山泽通气；坎离两卦相对，称为水火不相射。以此表示这些不同事物之间的对峙。

[原文]

《象》曰：水洊至，李鼎祚《周易集解》引陆绩曰：“洊，再也。”**习坎。君子以常德行，习教事。**

[译文]

《象传》说：水流滚滚而来，象征着险难重重。君子应效法这种精神，恒久保持美德，并从事于教化育人的事业。

[解说]

坎卦上下皆坎，称作坎为水。“水洊至”是说坎水一波接着一波而来，喻示习坎的重重险难。水流而不盈，所以君子当于平时不断修行积德，经常练习本领，教习为事，这样才能处变不惊，遇险而能应。

[原文]

初六　习坎，入于坎窞，《广雅·释水》：“窞，坑也。”**凶。**

《象》曰：“习坎入坎”，失道“凶”也。

[译文]

初六，面临重重险难，又再坠入穴陷深处，有凶险。

《象传》说：“面临重重险难，又再坠入穴陷深处”，说明初六失去正道，必有凶险。

[解说]

窞字从穴、从陷，是陷于穴中之穴，坎中之坎。初居坎之最下，故有入于坎底之象。初六无应，得不到他人的援助，无法自拔。水势趋下，初六身处底穴而向下，不能与九二同舟共济，渡过难关，所谓失道而极凶。失道是失去同道中人，而患难中是需要帮助的，特别是受难者要相互帮助。

[原文]

九二　坎有险，求小得。

《象》曰："求小得"，未出中也。

[译文]

九二，险难中还有险难，只能从小事中谋求解脱。

《象传》说："从小事中谋求解脱"，说明此时尚未走出危险。

[解说]

"坎有险"，指九二陷于坎险之中，有小得是指得到六三的帮助，六三力量有限，不能太多地帮助九二，所以未真正出险陷（未出中也）。

[原文]

六三　来之坎坎，险且枕。入于坎窞，李鼎祚《周易集解》引干宝曰："窞，坎之深者也。"**勿用。**

《象》曰："来之坎坎"，终无功也。

[译文]

六三，来去之路皆险难重重，往前凶险，后退亦不安全，这是落入了陷穴的深处，不能有所行动。

《象传》说："来去之路皆险难重重"，说明妄动终无成功的可能。

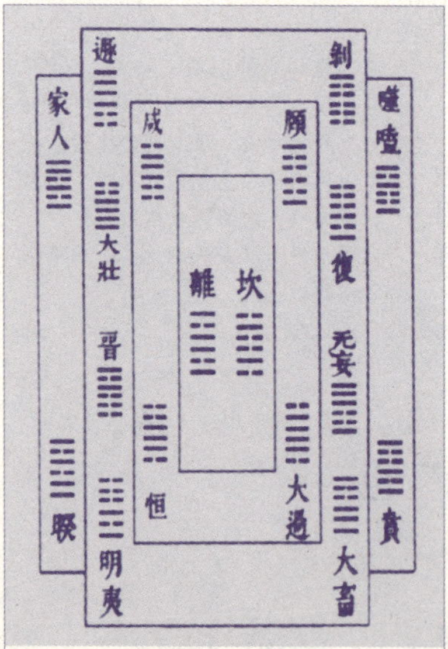

坎离左右翼卦全图

在先天易中，乾坤为父母卦，坎离为中男中女，为子女卦。坎离由乾坤而来，阳代表刚明，乾中爻变为坤阴，是为离，离中一阴为坤之正位。坤中爻变为乾阳，是为坎，坎中一阳为乾之正位。乾、兑、离、震居左，巽、坎、艮、坤居右。乾南坤北的位置就有了上下之分，而离东坎西分列左右。

[解说]

六三居坎之中央（入于坎），上坎下坎，进退皆险，所谓"来之坎坎"，险象环生。枕，深。"险且枕"形容既险又深，此时不用（勿用）挣扎，因为终无功也。

[原文]

六四　樽(zūn)酒簋(guǐ)贰，李鼎祚《周易集解》引虞翻曰："簋，黍稷器。"**用缶，纳约自牖(yǒu)，终无咎。**

《象》曰："樽酒簋贰"，刚柔际也。

[译文]

六四，一樽酒，一盘饭，用质朴的瓦器盛着，从窗户送入这些简单的食物给人，最终没有灾祸。

《象传》说："一樽酒，一盘饭"，说明患难与共，刚柔相济，自然可以君臣同心。

[解说]

樽、簋、缶是古代常用的饮食酒器，也可作为祭器。贰与二同。纳，进献。约，简约。牖，窗户，导通。坎为酒，正反互震（二三四五爻）为樽簋、为贰。正反互震相对为缶。正反震里刚柔相邻又相隔，即“刚柔际也”，际是边际，象征在窗下门牖之处祭奠。此爻所言为六四柔顺居正，以薄礼在自家的窗下祭奠，以其心诚找到通路（唯心亨），终可以摆脱困境而免于咎害。

六四是患难见真情。

［原文］

九五　坎不盈，祇（chí）既平， 陆德明《经典释文》：“祇，郑云：‘当作坻，小丘也。’” **无咎。**

《象》曰：“坎不盈”，中未大也。

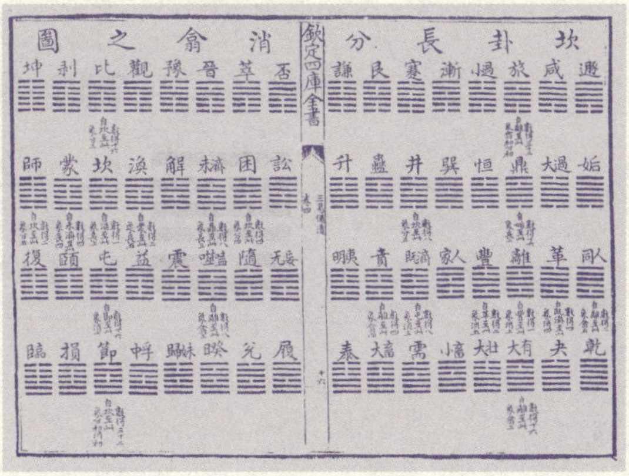

坎卦长分消翕之图

“消”为“静”，“翕”为“动”。本图表现了坎卦在运动变化中与其他卦象的关系。静与动是一切事物运动的本质。临卦的初九爻与六五爻互换位置，就成了坎卦。九五从下位升到全卦尊位，是一卦的主爻。另外坎卦与下卦离卦是一组变卦，坎卦的各爻反性变化，就是离卦。这两卦无论正看、倒看，卦画都不变，都是自身的覆卦。

［译文］

九五，坎险没有填满，小丘已被铲平，没有灾咎。

《象传》说：“坎险没有填满”，说明中正而不自大。

［解说］

祇同“坻”，土丘。“祇既平”，谓基本达到水平，九五为尊而不盈满，能取得上下柔爻的信赖（有孚），与其共患难，虽然不能光大自雄（中未大也），但也不会有危险。

九五为刚，位至尊才能勉强自保，而六四以柔弱身段却能履险而安，盖因六四以柔行险，其如水之心也柔、也纯。

［原文］

上六　系用徽纆， 李鼎祚《周易集解》引虞翻曰：“徽纆，黑索也。” **寘于丛棘，三岁不得，凶。**

《象》曰：“上六”失道，凶“三岁”也。

［译文］

上六，将犯人用绳索重重束缚，放置在有荆棘丛的监狱之中，多年都不能解救，凶险。

《象传》说：这是上六违背天道，要连续多年遭遇凶险。

［解说］

徽纆，绳索。三股为徽，两股为纆；丛棘，围有荆棘的监狱。坎为矫鞣，矫鞣是古人用绳捆缚熏烤木材定型的方式，故以徽纆为象。“上六失道”是指坎水本性趋下，而上六却升到天险之上，身处绝地，长久难以摆脱，所以说“凶三岁也”。

离卦第三十

坚守正道

离卦象征着熊熊大火，意味着光辉灿烂。

[原文]

离　利贞，亨。畜牝(pìn)牛，王弼注：“外强而内顺，牛之善也。”朱熹《周易本义》：“牝牛，柔顺之物也。”**吉。**

[译文]

离卦象征附丽。利于坚守正道，亨通顺利。畜养母牛，吉祥。

[解说]

离为火。火之为物，不能自现，必须附丽于某物而后有形，所以利贞，像牝（母）牛一样温顺服从就会吉利。

[原文]

《象》曰：离，丽也。李鼎祚《周易集解》引荀爽曰：“离者，火也。托于木，是其附丽也。烟焰飞升，炭灰降滞，是其别离也。”**日月丽乎天，百谷草木丽乎土，重明以丽乎正，乃化成天下。柔丽乎中正，故“亨”。是以“畜牝牛，吉”也。**

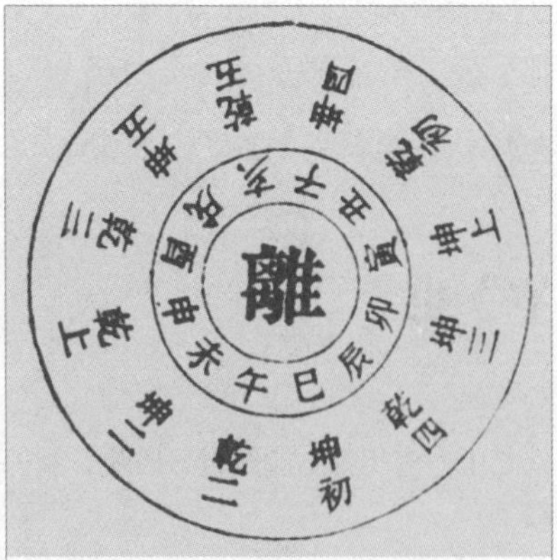

离卦图

离卦为两个三画离卦上下相叠。离者，丽也，有附着之意，一阴附丽，上下二阳。离卦象征火，内空外明，柔顺为心。离卦也象征光明，代表太阳反复升落，运行不息。

[译文]

《象传》说：离，是附丽的意思。日月附丽于天空之中，百谷草木附丽在土地之上。上下光明又附丽于正道，所以能够教化天下，促成天下昌盛。柔顺者附丽于中正之道，因此亨通顺利，因此畜养柔顺的母牛，吉祥。

[解说]

离通“丽”，附丽、附会之意。日月附丽于天，草木附丽于地。重明为离卦上离下离两火重叠，如同两坎水重叠为习坎，下面卦中的继明也是此意。二、五是柔丽中正。万物相互附丽在一起，如果不正则容易相合但难持久，中正则难相合但能长久稳，所以离卦利贞而亨。以柔丽为主，则所蓄养者，唯牝牛为吉。

[原文]

《象》曰：明两作，离。大人以继明照于四方。王弼注："继，谓不绝也。明照相继，不绝旷也。"

[译文]

《象传》说：太阳一次又一次地升起，象征着"附丽"。统治者效法此精神，以连续不断的光明照耀四方。

[解说]

离卦上离下离，称作离为火。明两作是指离卦上下火明相继升起。离中有互巽（二三四爻）为风木。火要依附于薪柴，火有所附，则一炬可以传千万，薪火相传，后继有人。

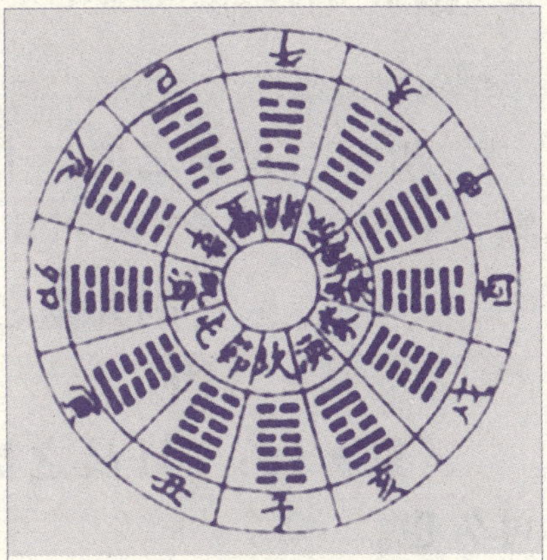

坎离交变十二卦循环升降图

既济卦在东，未济卦在西，表示人体水火之升降之象；坎北离南，表示人体水火运行之象。十二卦与十二时辰相应，并对应人体内的五脏六腑阴阳运行，气息升降。

[原文]

初九　履错然，王弼注："错然者，警慎之貌也。"**敬之，无咎。**

《象》曰："履错"之"敬"，以辟(bì)咎也。

[译文]

初九，步履错乱无序，恭敬谨慎地对待，就不会有灾咎。

《象传》说："步履错乱无序，恭敬谨慎地对待"，这样做是为了避免灾咎。

[解说]

履，践履，行进。初位在身体为足，故为履。错然是错杂，指离卦阴阳错杂。火性为附丽，而且火性炎上，所以一般向上附丽，初九附丽九二（错然），为刚附柔，不可莽撞亵渎，要礼敬有加，才能避免不利。就如俗语说的：火要空心，人要虚心。

[原文]

六二　黄离，元吉。

《象》曰："黄离，元吉"，得中道也。

[译文]

六二，被黄色所附着，至为吉祥。

《象传》说："被黄色所附着，至为吉祥"，说明六二阴爻得益于居守中庸之道。

[解说]

元吉，大吉。黄为土色，土为中，所以黄指中，坤卦文言有“黄中通理”爻辞。二、五阴爻居中不动而阳来附之，故言“元吉”。中道守正，庸容宽裕，自然可以无往不利。

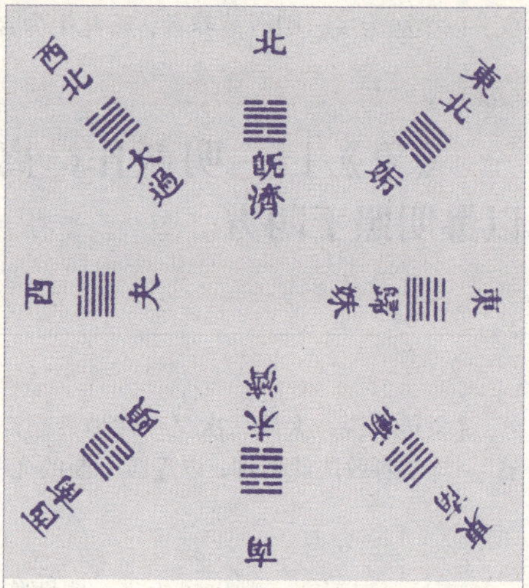

离卦末节方位图

此图是离官八卦在官室中的排列图，除离卦外，还有旅、鼎、未济、蒙、涣、讼、同人七卦。离卦属火，在卦序排列中代表中女，卦位在正南方，在节气中表示夏至。

[原文]

九三　日昃(zè)之离，不鼓缶而歌，欧阳维诚《周易新解》：“鼓缶，击缶。缶是秦国的古乐器。”**则大耋(dié)之嗟(jiē)，**《说文》：“八十曰耋。”**凶。**

《象》曰：“日昃之离”，何可久也。

[译文]

九三，夕阳西垂挂在天边，应敲击瓦缶高歌，否则将导致老暮穷衰的嗟叹，有凶险。

《象传》说：“夕阳西垂挂在天边”，此景怎么可以长久呢？

[解说]

日昃，日落。九三为下卦之终，又在离火中，故言日昃，故象曰“何可长久”。二三四五爻为正反背向互兑互巽，兑为口、为歌，巽为草木、为击杵。中孚卦之上下卦为相向兑卦，其六三爻辞有“或鼓或歌”，此背向互兑为不鼓而歌。耋，年八十曰耋。嗟，叹息。鼓缶而歌或击杵为歌，皆古代居丧之礼。九三暮气沉沉，是夕阳无限好，只是近黄昏，作日薄西山衰老之叹。九三上临九四，都是阳刚无所附，所以不会长久。

[原文]

九四　突如其来如，孔颖达《周易正义》：“突然而至，忽然而来。”**焚如，死如，弃如。**

《象》曰：“突如其来如”，无所容也。

[译文]

九四，离日突然间升起，如烈火焚烧，顷刻间又消散灭亡，舍弃净尽。

《象传》说：“离日突然间升起”，说明难以长容于天地。

[解说]

如，样子。突，冒突、不顺。二三四爻为互巽，为风顺。三四五爻为互兑，为覆（反）巽也，故为不顺。此指逆子不孝顺之意。不孝子无所容于世（无所容也），居离体为火，故如焚如，居兑体，兑为毁折，即死如、弃如。九四为臣却炎上强附九五君王，裹胁天子，大逆不道，故天地不容。

［原文］

六五　出涕(tì)沱(tuó)若，戚(qī)嗟若，欧阳维诚《周易新解》：“戚，忧伤的样子。”**吉。**

《象》曰：“六五”之“吉”，离王公也。

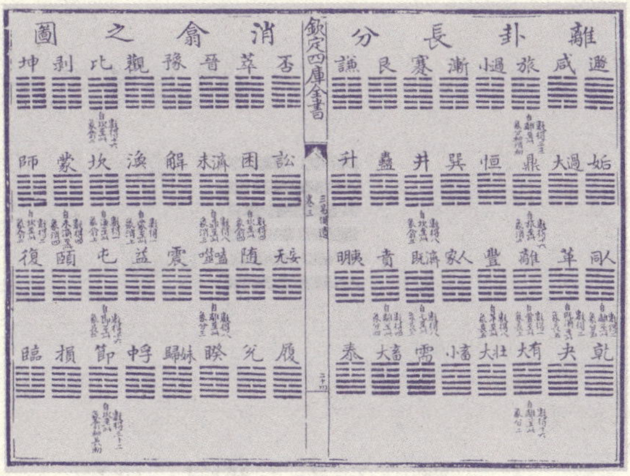

离卦长分消翕之图

“消”为静，“翕”为动。本图表现的是离卦在运动变化中与其他卦象的关系。“消”与“翕”，反映了一切事物运动的本质。离卦由临卦的旁通卦遁卦演变而来，是遁卦的初六爻与九五爻交换位置得来的。离卦的覆卦就是它本身，离卦颠倒过来还是离卦。

［译文］

六五，泪水滂沱，哀伤叹息，吉祥。

《象传》说：六五的吉祥，是因附丽于王公的尊位上。

［解说］

“出涕沱若”是涕泗纵横，眼泪流得到处都是。六五居离体，离为目，兑为泽水，为毁决，故曰“涕沱”。戚，哀戚。兑为口，故曰“嗟”。若，语气助词。离，附丽，王公是上九，“离王公”指六五攀附上九。六五承上九又居中，懂得委顺阳，如畜牝牛，故吉。

［原文］

上九　王用出征，有嘉折首，获匪(fěi)（同“非”）其丑，李鼎祚《周易集解》引虞翻曰：“丑，类也。”**无咎。**

《象》曰：“王用出征”，以正邦也。

［译文］

上九，君王出师征讨，将有丰功佳绩的敌方首领斩首，俘虏其下属，无灾无难。

《象传》说：“君王出师征讨”，是为了安定邦国，治理天下。“俘虏其下属”，是取得重大战功。

［解说］

上九一阳在互兑之上为王，兑为毁折，离为明、为甲兵，故曰“王用出征”。折首，谓除去祸首。嘉是加喜，是赐喜，有嘉即指上六平定灾难有功效。征伐用兵平定九四犯上带来的灾难浩劫。丑，是胁从之众。对叛乱首领与胁从区别对待，这是整饬邦国的手段（以正邦也），此爻为浴火重生、浩劫兵灾之后，要重建邦国，团结民心，故征伐与惩治并用。

咸卦第三十一

以情感人，以德育人

咸卦寓意以虚怀若谷的精神容纳感化他人。

[原文]

咸　亨，利贞，取女，吉。

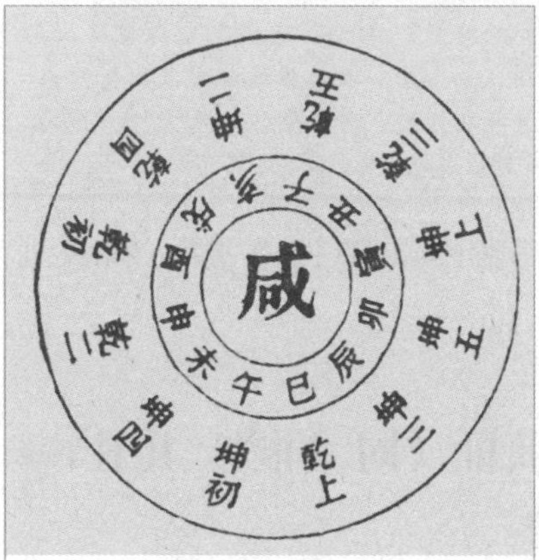

咸卦图

咸卦下艮上兑相叠。艮为山，兑为水。兑柔在上，艮刚在下，表示山上有泽，其形象为上方的水泽滋润下面的山体，下面的山体承托上方的水泽并吸收其水分。所以咸卦象征感应。君子应当效法咸卦的卦象，以虚怀若谷的精神容纳感化他人。

[译文]

咸卦象征交感。亨通顺利，有利于坚守正道，娶妻，吉祥。

[解说]

《周易》上经，以创造宇宙万物的天地开始；下经，则以人伦发端的男女关系说起。咸是感的意思，感字去掉心，就成为咸，以表示无心的感应，男女相互感应，进而爱慕，是自然、必然现象，因而亨通。但动机必须纯正，婚姻才会吉祥。

[原文]

《彖》曰：咸，感也。柔上而刚下，二气感应以相与，止而说，男下女，是以“亨，利贞，取女，吉”也。天地感而万物化生，李鼎祚《周易集解》引陆绩曰：“天地因山泽孔窍，以通其气，化生万物也。”**圣人感人心而天下和平。观其所感，而天地万物之情可见矣。**

[译文]

《彖传》说：咸的意思是交感。阴柔居上位而阳刚处下位，阴阳二气交相感应，二相亲和，阴阳感应止于此而又相互爱慕，就像男子以礼下求女子，所以“亨通顺利，有利于坚守正道，娶妻，吉祥”。天地交相感应，因而万物变化生成，圣人感化人心带来天下和平昌顺。观察这一感应的法则，就可以发现天地万物的真情。

[解说]

咸是感应的意思。咸卦是由消息卦否卦的上九下到六三，六三上升到上九变化而来的，所以叫柔上刚下，这样阴阳否塞不通的情况就变成了阴阳二气互相交感结合的情况。“男下女”是说男对女态度谦下，主动追求女子。下艮为止、为少男，上兑为悦、为少女。男女互相吸引止于（停留在）喜悦上，因此亨通，宜于娶女获得吉祥。天地也都是阴阳相互交感流通，万物才得以化生；圣人感化人心，天下和合太平。相互感应，天地万物的情理都是如此。

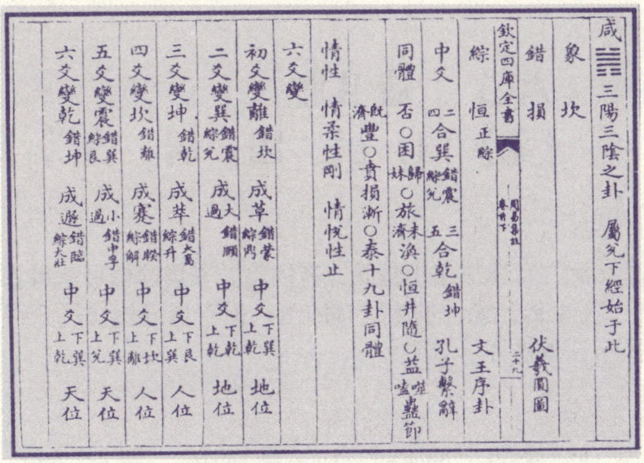
咸䷞三陽三陰之卦 屬兌下經始于此
象 坎 伏羲圓圖
錯 損
綜 恒 正綜 文王序卦
欽定四庫全書 周易集註 卷十下 二十九
中爻 二四合巽 錯震 綜兌 三五合乾 錯坤 孔子繫辭
同體 否○困○歸妹○旅○未濟○渙○恒○井○隨○益○噬嗑○蠱○節○既濟○豐○賁○損○漸○泰十九卦同體
情性 情柔性剛 情悅性止
六爻變
初爻變離 錯坎 成革 錯蒙 綜鼎 中爻下巽上乾 地位
二爻變巽 錯震 綜兌 成大過 錯頤 中爻下乾上乾 地位
三爻變坤 錯乾 成萃 錯大畜 綜升 中爻下艮上巽 人位
四爻變坎 錯離 成蹇 錯睽 綜解 中爻下坎上離 人位
五爻變震 錯巽 綜艮 成小過 錯中孚 中爻下巽上兌 天位
六爻變乾 錯坤 成遯 錯臨 綜大壯 中爻下巽上乾 天位

咸卦错综及爻变图

咸卦为三阳三阴之卦，艮下兑上，在兑宫八卦中属金，与否、困、归妹、旅、未济、涣、恒、井、随、益、噬嗑、蛊、节、即济、丰、贲、损、渐、泰十九卦同体。咸卦二至四爻合为巽卦，与震卦相错，与兑卦相综，三至五爻合为乾卦，与坤卦相错。其情性为：情柔性刚，情悦性止。六爻变位为：初爻变离位在地，二爻变巽位在地，三爻变坤位在人，四爻变坎位在人，五爻变震位在天，六爻变乾位在天。

[原文]

《象》曰：山上有泽，咸。 李鼎祚《周易集解》引崔憬曰：“山高而降，泽下而升。山泽通气，咸之象也。” **君子以虚受人。**

[译文]

《象传》说：山上有湖泊，水土相互滋润，此为咸卦。君子效法此精神，虚怀若谷，容纳感化众人。

[解说]

咸卦下艮山，上兑泽，取象山上有泽，称为泽山咸。山有低洼的地方才能聚集包容水泽，君子有感而发，领悟到要虚怀无私、容纳他人。

[原文]

初六　咸其拇（xián）。 李鼎祚《周易集解》引虞翻曰：“拇，足大指也。”

《象》曰：“咸其拇”，志在外也。

[译文]

初六，感应产生于脚拇指。

《象传》说：“感应产生于脚拇指”，是因为志向是往外发展。

[解说]

咸卦各爻都是以人体感应的部位来比喻。“拇”是指大脚趾。初爻为足、为趾。最初的感应来自于大脚趾。初六与外卦的九四相应，但脚趾只能感应却不能带动（感动）九四，仅仅是心志感应而已（志在外也），大脚趾的感应微弱，能动不能行，应当静待事情发展，不可采取积极行动。

[原文]

六二　咸其腓，朱熹《周易本义》："腓，足肚也。"**凶，居，吉。**

《象》曰：虽"凶，居，吉"，顺不害也。

[译文]

六二，感应于小腿肚，有凶险，安居静修可获得吉祥。

《象传》说：虽然"有凶险，但安居静修便可获得吉祥"，说明六二顺从事物发展趋势，才不会招致祸害。

[解说]

腓是腿肚，即小腿。初六是大脚趾，在上方的六二，就相当于腿肚。由于六二阴柔得正，又在下卦的中位，柔顺中正（居吉），虽与九五感应，但不会妄动，等待九五来求，守身如玉，得以安全，所以是"顺不害也"。

[原文]

九三　咸其股，执其随，往，吝。

《象》曰："咸其股"，亦不处也。志在"随"人，所执下也。

[译文]

九三，感应产生于大腿，执意盲从跟随他人，将会在行动中受挫。

《象传》说："感应产生于大腿"，说明不可能再停下来了。"志向在于盲从跟随他人"，说明它追求得非常卑下。

[解说]

股，大腿。九三的位置在人的身体中相当于大腿。执，拿住，牵引。亦不处也，不安处。九三居艮体为止，虽欲止而被六二小腿牵制（所执下也）。大腿随之而动（志在随人）。九三阳刚应有主见，却跟随"初六""六二"阴柔的小人妄动，就会被羞辱，所以"往吝"。

[原文]

九四　贞吉，悔亡。憧憧往来，李鼎祚《周易集解》引虞翻曰："憧憧，怀思虑也。"**朋从尔思。**

《象》曰："贞吉，悔亡"，未感害也。"憧憧往来"，未光大也。

[译文]

九四，走正道可获吉祥，没有悔恨。来来往往心意不定，朋友们最终将理解你的想法。

《象传》说："走正道吉祥，没有悔恨"，说明九四还没有因感应不正遭灾。"来来往往心意不定"，说明它的交感之道有待发扬光大。

[解说]

九四在一连三个阳爻的正中间，相当于心所在。九四阳居阴位不正，宜于守正才能消除忧悔（贞吉悔亡）。初六与九四虽有感应，但没有行动，也就不会受到感应的伤害（未感害也）。"憧憧往来"，来来往往的样子。朋，指连在一起的三个刚爻，"朋从尔思"是说朋友们都赞同你的想法，喻示躯体是受人心支配的，身体各个部分来来往往，都服从于心。九四守正不动，但有感应，以刚居柔，心中反复不定，还不够豁达开朗，也说明人心不可捉摸。

[原文]

九五　咸其脢，李鼎祚《周易集解》引虞翻曰：“脢，夹脊肉也。”**无悔。**

《象》曰：“咸其脢”，志末也。

[译文]

九五，感应于背脊肉上，没有悔恨。

《象传》说：“感应于背脊肉上”，说明九五的志向太小了。

[解说]

脢是背肉。背肉又在心脏的后方，当手、脚、口等都遵照心的命令行动时，唯独背肉不加理会，而且又在背后，看不到外物，故而不会被引诱。像这种孤僻不被外物所动的态度，不会与外界发生纠葛，所以说不会后悔。但相反的，也当然就不能与外在广大的世界感应沟通。以这种对外物完全无动于衷的态度处世，虽然安全，但志向未免太小了（志末也）。

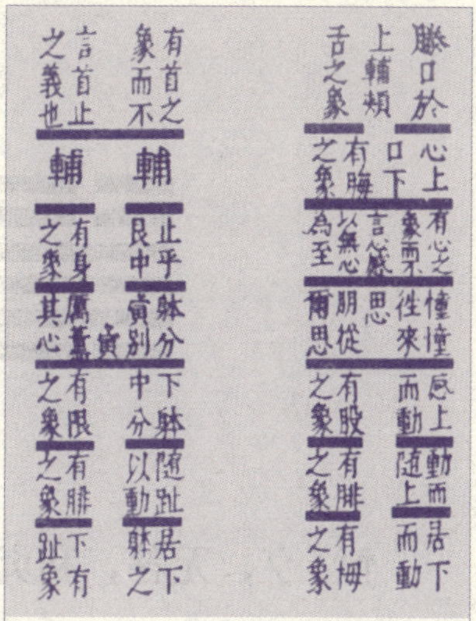

咸艮取诸身图

咸卦为《周易·下经》之首，讲述象占。咸卦主讲梦象，由梦的对象进而牵涉到梦者的肢体，由下而上，有条不紊地叙述人事的吉凶祸福。天地为万物之始，所以乾卦为《上经》之首。夫妇为人伦之始，所以咸卦为《下经》之首。在卦序排列上，寓有深刻的宇宙观和人生观的意义。

[原文]

上六　咸其辅、颊(jiá)、舌。

《象》曰：“咸其辅、颊、舌”，滕口说(tuō)也。李鼎祚《周易集解》引虞翻曰：“滕，送也。”

[译文]

上六，感应于鄂、脸颊、舌头。

《象传》说：“感应于鄂、脸颊、舌头”，说明上六不过是玩弄口舌。

[解说]

辅，亦即颚。滕，近似腾的意思。颚、颊、舌，在人体的最上部，又在上卦兑中，兑为悦、为口，表明上六是阴柔小人，以动人的言语取悦于人，使其感动，根本缺乏诚意，是在玩弄口舌（滕口说也）。言应为心声，以至诚待人最能打动人。

咸卦告诉我们要善感，但动机要纯正，行动谦虚谨慎，不要孤僻冷漠，自我封闭，光明正大地主动与外界沟通，勿逞口舌，以诚待人，建立和谐的人际关系。

恒卦第三十二

守恒道、树恒心、立恒基、置恒产

恒卦寓意坚守正道，趋善避恶。

[原文]

恒　亨，无咎，利贞，利有攸往。

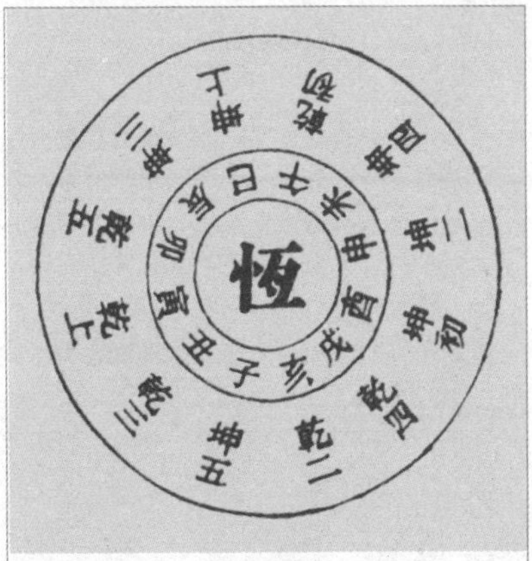

恒卦图

恒卦下巽上震相叠。震为男，为雷；巽为女，为风。风雷交加，相辅相成而不停地活动，因而恒卦象征恒久。君子要效法恒卦卦象，应当树立自身的形象，坚守恒久不变的正道。

[译文]

恒卦象征恒久。亨通顺利，没有灾咎，有利于坚守正道，有利于出行，有所作为。

[解说]

恒是恒常、永久的意思。咸卦是瞬间的感应，恒卦是长久的结合。恒卦与咸卦是正覆卦。下卦巽为长女，上卦震为长男。恒卦上震下巽，象征男尊女卑，是夫妇的常理，故命名为恒。

恒有两种基本意义，一是不易之恒，强调正固的永恒性，所谓久于其道也，利于贞吉。一是不已（不停止）之恒，强调运动的永恒性，利有攸往。

[原文]

《象》曰：恒，久也。孔颖达《周易正义》："恒之为名，以长久为义。"**刚上而柔下，**王弼注："刚尊柔卑，得其序也。"**雷风相与，巽(xùn)而动，刚柔皆应，恒。"恒，亨，无咎。利贞"，久于其道也。天地之道，恒久而不已也。"利有攸往"，终则有始也。日月得天而能久照，四时变化而能久成。圣人久于其道，而天下化成。**王弼注："言各得其所恒，故皆能长久。"**观其所恒，而天地万物之情可见矣。**

[译文]

《彖传》说：恒是恒久的意思。阳刚居上而阴柔处下，雷震风行，交相配合，谦逊以动，阳刚阴柔完全得以迎合，这都表明了恒常持久。“恒久，亨通顺利，没有灾咎，有利于坚守正道”，是因能长久地守持正道。天地运行的法则，也是恒久而永不停息的。“有利于出行，有所作为”，说明应该循环不止，终而复始。日月遵循天的法则而能永久照耀天下，四季的往复变化遵循天的法则而能永久地化生万物，圣人恒久保持其品德，天下就能遵从教化形成风俗。观察这些恒常持久的现象，便可知道天地间万物的性情。

[解说]

刚上而柔下，恒卦下巽上震，震为刚在上，巽为柔在下，故曰“刚上而柔下”，是指刚柔相济而长久，雷风相与，恒卦上震为雷，下巽为风，雷风相得益彰而长久。巽而动，恒卦下巽上震，震为动。刚柔皆应，恒卦初四、二五、三六刚柔皆相应，是说阴阳相合而稳固。天地同时有这两种恒久（恒久而不已也），表现在日月长存久照，四时变化永不停止上，这两种恒相互作用，这样天地终则有始，周而复始，循环无穷。同样，圣人确立的道德准则长久不变，使得人间生生不已，天地万物莫不如此。

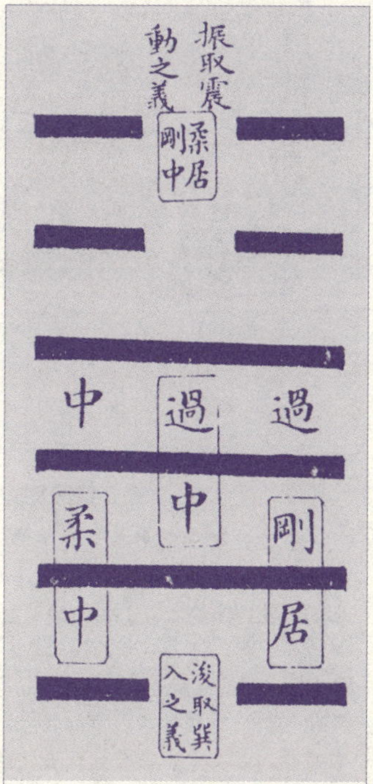

恒久之图

恒卦上卦“震”是“阳卦”，下卦“巽”是“阴卦”，阳在上阴在下。上卦“震”代表雷，下卦“巽”代表风，雷与风相互助长，雷乘风而行，风因雷而增强。另外，下卦“巽”代表顺，上卦“震”代表动，天地的常理是顺应自然法则而行动。恒卦中，“初”与“四”“二”与“五”“三”与“上”，都刚柔相济，这也是常理，都能够恒久。所以恒卦是象征恒久的卦象，君子要效法恒卦的卦象。

[原文]

《象》曰：雷风，恒。君子以立不易方。李鼎祚《周易集解》引宋衷曰：“雷以动之，风以散之。二者常相薄，而为万物用，故君子象之，以立身守节而不易道也。”

[译文]

《象传》说：雷震风行，交相不息，象征恒常持久。君子应效法此种精神，树立立世为人的原则，永不改变。

[解说]

恒者，久也。上震雷，下巽风，称为雷风恒。是雷动风随、风雷相搏、雷得风而声音远传、风随雷而吹动有力的象。君子有见于此感到：须立经久不易之志，效法雷之刚烈、风之柔缓，择善而守，富贵不能淫，贫贱不能移，威武不能屈。

[原文]

初六　浚（jùn）恒，贞凶，李鼎祚《周易集解》引侯果曰：“浚，深。恒，久也。”**无攸利。**

《象》曰：“浚恒”之“凶”，始求深也。

[译文]

初六，追求恒久之道，若一开始便乱挖深掘，则有凶险，而没有什么利益。

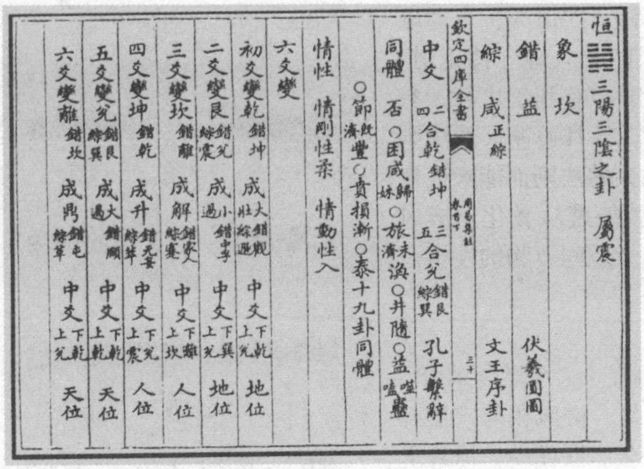
欽定四庫全書 周易集註 卷首下 三十

恒䷟三陽三陰之卦　屬震
象　坎
錯　益　伏羲圓圖
綜　咸 正綜　文王序卦
中爻　二四合乾 錯坤　三五合兌 錯艮 綜巽　孔子繫辭
同體　否○困咸歸妹○旅未濟渙○井隨○益噬嗑蠱○節既濟豐○賁損漸○泰十九卦同體
情性　情剛性柔　情動性入
六爻變
初爻變乾 錯坤　成大壯 錯觀 綜遯　中爻下乾上兌　地位
二爻變艮 錯兌 綜震　成小過 錯中孚　中爻下巽上兌　地位
三爻變坎 錯離　成解 錯家人 綜蹇　中爻下離上坎　人位
四爻變坤 錯乾　成升 錯无妄 綜萃　中爻下兌上震　人位
五爻變兌 錯艮 綜巽　成大過 錯頤　中爻下乾上乾　天位
六爻變離 錯坎　成鼎 錯屯 綜革　中爻下乾上兌　天位

恒卦错综及爻变图

恒为三阳三阴之卦，巽下震上，在震宫八卦中属木。恒卦与坎卦相象，与益卦相错，与咸卦相综，与否、困、咸、归妹、旅、未济、涣、井、随、益、噬嗑、蛊、节、既济、丰、贲、损、渐、泰十九卦同体。恒卦二至四爻合为乾卦，与坤卦相错，三至五爻合为兑卦，与艮卦相错，与巽卦相综。其情性为：情刚性柔，情动性入。六爻变位为：初爻变乾位在地，二爻变艮位在地，三爻变坎位在人，四爻变坤位在人，五爻变兑位在天，六爻变离位在天。

《象传》说："追求恒久之道的凶险"，说明于开始时就不求实际而一味深挖。

[解说]

浚，疏通，深挖。初六与九四阴阳相应，下卦巽是风入，所以，初六必定会深入追求。但中间有更为刚强的九二、九三两个阳爻阻挡。如果初六不知道进退，一味地坚持这样的错误思想，就会有危险。初六阴爻阳位，不中不正，而且在一开始就要深求（始求深也），有些自不量力，所以凶险。

[原文]

九二　悔亡。王弼注："虽失其位，恒位于中，可以消悔也。"

《象》曰："九二悔亡"，能久中也。

[译文]

九二，悔恨消亡。

《象传》说："悔恨消亡"，说明他能恒久地持守中正之道。

[解说]

九二阳爻阴位不正，本来会有忧悔。但它刚而得中，与六五正应，就权衡形势，通权达变，坚守中庸之道，在变中求恒，不恒而恒，这样就消除了忧悔（悔亡），而得以恒久存在。

[原文]

九三　不恒其德，李鼎祚《周易集解》引荀爽曰："意无所定，故'不恒其德'。"**或承之羞，贞吝。**王弼注："施德于斯，物莫之纳，鄙贱甚矣，故曰'贞吝'也。"

《象》曰："不恒其德"，无所容也。

[译文]

九三，不能恒久保持其美德，则会蒙受羞辱，以致处境困难。

《象传》说："不能恒久保持其美德"，说明将不被人容纳。

[解说]

九三阳爻阳位，正而不中。又与上六相应，以致不满现状，一心上进，这就与巽卦所具有的柔顺的德行相违背（不恒其德），从而引起大家的不满，受到大家的谴责而蒙羞，如果再继续坚持下去的话，就会不被众人所容纳。九三没有恒心，躁动不安，自取其辱。

[原文]

九四　田无禽。

《象》曰：久非其位，安得“禽”也？

[译文]

九四，田猎没打到鸟兽。

《象传》说：长久处在不适宜的角色，怎么能打得到鸟兽呢？

[解说]

恒卦是由消息卦泰卦的初九刚上、六四柔下而来的，这样一变，原来泰卦的上坤就变为上震，坤为田地，田没有，自然也就没有禽兽了，所以说“田无禽”。九四阳爻居阴不正又不中，不中不正，即久非其位。九四欲擒获初六，但居柔位而求远，中间又有阻隔，“安得禽也”？这一爻强调正义的重要性。

[原文]

六五　恒其德，贞。妇人吉，夫子凶。

《象》曰：“妇人贞吉”，从一而终也。“夫子”制义，从妇“凶”也。

[译文]

六五，恒久保持柔顺服从的德性，坚守正道。妇人守此道则吉祥，男人守此道有凶险。

《象传》说：“妇人坚守正道可获吉祥”，说明妇人一生应顺守一个丈夫。男人则必须衡量事理，因事制宜，若盲目听从妇人摆布，那是很危险的。

[解说]

六五阴爻居中柔顺，又与下卦居中的九二阳爻相应，以阴从阳为正。但九二向上应合尊贵六五，则不利。因为大丈夫应当以衡量事理正当与否为依据（夫子制义），而长久听从妻子的话，就会有凶险。

[原文]

上六　　振恒，凶。

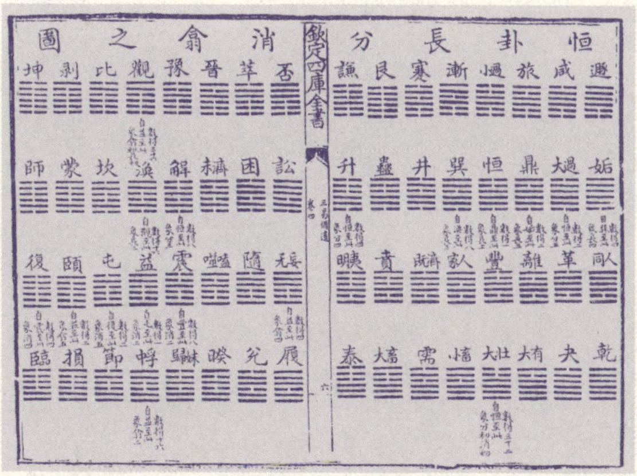

恒卦长分消翕之图

此图表现的是恒卦在运动变化中与其他卦象的关系。“消”与“翕”，反映了一切事物运动的本质。恒卦是咸卦的正覆卦，即恒卦上下颠倒而成咸卦。恒卦是由泰卦演变来的，是泰卦的刚爻初九往上推移，柔爻六四往下推移，两爻交换位置，也就是泰卦六四与初九两爻互换位置，变为恒卦。

孔颖达《周易正义》："振，动也。凡处于上者，当守静以制动。今上六居恒之上，处动之极，以振为恒，所以'凶'也。"

《象》曰："振恒"在上，大无功也。

[译文]

上六，振摇晃动恒久之道，有凶险。

《象传》说："振摇晃动恒久之道"，又高居上位，这样做一点功劳也不会有。

[解说]

振同"震"。上六是卦之极点，居上卦震的顶端，震为动，因而经常动荡不安，又高高在上就更加危险，所谓"振恒在上"。上六又是阴柔爻，阴柔本应居阳的下方，现在却不安其分，在顶端振奋不已，难以坚持，所以凶险。

遁卦第三十三

明哲保身，以退为进

遁卦寓意以退为进。

［原文］

遁(dùn)孔颖达《周易正义》："遁者，隐退逃避之名。" **亨，小利贞。**

［译文］

遁卦象征退避。亨通顺利，利于柔小者。

［解说］

柔为小，小人宜于不要妄动，所以说"小利贞"。小人当道之时，君子远遁，韬光养晦，刚正不阿，也是一种适宜的选择，所以遁也亨通。

遁卦是二阴在下，四阳在上，是阴由下方成长，阳退避，所以命名为遁。也是十二消息卦之一，代表六月。

［原文］

《彖》曰：遁，"亨"，遁而亨也。刚当位而应，与时行也。"小利贞"，浸而长也。李鼎祚《周易集解》引陆绩曰："谓阳气退，阴气将害，随时遁避，其义大矣。" **遁之时义大矣哉。**

［译文］

《彖传》说："遁卦亨通顺利"，是说退避可获亨通顺利。九五阳刚居中正之位，与六二阴柔相应，所以退避应当见机行事。"利于柔小者"，表明阴柔之气有逐渐浸润成长之势。"退避"应顺应时势，这一点十分重要。

［解说］

遁不是逃跑，而是一种顺应形势的回避，是为了更好地生存发展，所以亨通。"刚当位而应"，是指遁卦九五得位居中而与六二相应。遁卦是小人势力渐渐增长，遁二阴居四阳之下，有浸润而渐长之势（浸而长也）。君子适时远遁也是一种亨通，遁卦的时义可谓宏大悠远。

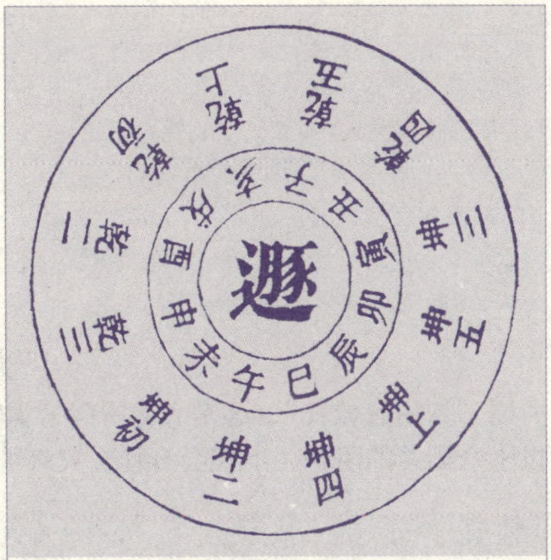

遁卦图

遁卦下艮上乾相叠。乾为天，艮为山。天下有山，山高天退。象征阴长阳消，小人得势，所以君子要退隐，明哲保身，伺机救天下。

[原文]

《象》曰：天下有山，遁。孔颖达《周易正义》：“积阳为天，积阴为地。山者，地之高峻，今上逼于天，是阴长之象。”**君子以远小人，不恶而严。**

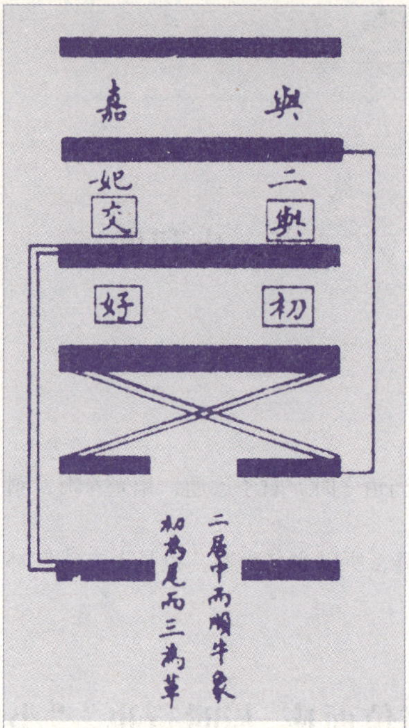

遁象之图

遁卦由乾卦变来，从姤卦发展而成，姤是一柔下生，柔爻再向上一位即为遁卦。遁卦是十二消息卦中六个柔长刚退的卦之一，二柔爻长成，逼退四刚爻，对应十二月中的农历六月，这时天气由热变冷，阳气逐渐要被阴气取代，这是一个不可逆转的自然规律。君子要效法天道，要知时而退。

[译文]

《象传》说：天底下耸立大山，象征退避。君子应效法此精神，远离小人，虽不表现出憎恶之情，但是以威严自律来做到这样。

[解说]

遁卦，上乾天，下艮山，是天下有山，称为天山遁。天高山低，天能容山，而山不能企及天。君子有感于此，知道为小人所伤害，都是由于小人器量狭窄，不能容人的缘故，因此远离小人。“不恶而严”，就是严于律己，宽以待人、待物。

[原文]

初六　遁尾，厉。李鼎祚《周易集解》引陆绩曰：“避难当在前，而在后，故‘厉’。”**勿用有攸往。**

《象》曰：“遁尾”之“厉”，不往何灾也？

[译文]

初六，遁逃在后，有凶险，不宜冒险前进。

《象传》说：“遁逃在后有凶险”，但如不冒险前进，又怎么会有灾祸呢？

[解说]

卦的上爻为首，下爻为足、为尾。动物遁逃的时候，都是转身尾巴向外跑，身首逃跑，尾巴也不能不随着跑，所以“勿用有攸往”，这是大势所趋，识时务者为俊杰，如果初六强行不跑反而往前，则会遭到以上众阳爻的阻挡，不知会有什么灾难（不往何灾也），故厉。

[原文]

六二　执之用黄牛之革，孔颖达《周易正义》：“黄中之色，以譬中和。牛性顺从，皮体坚厚，牛革以譬厚顺也。”**莫之胜说。**

《象》曰：“执用黄牛”，固志也。

[译文]

六二，用黄牛的皮革捆缚，便没有力量将其挣脱。

《象传》说："用黄牛的皮革捆缚"，说明意志坚固。

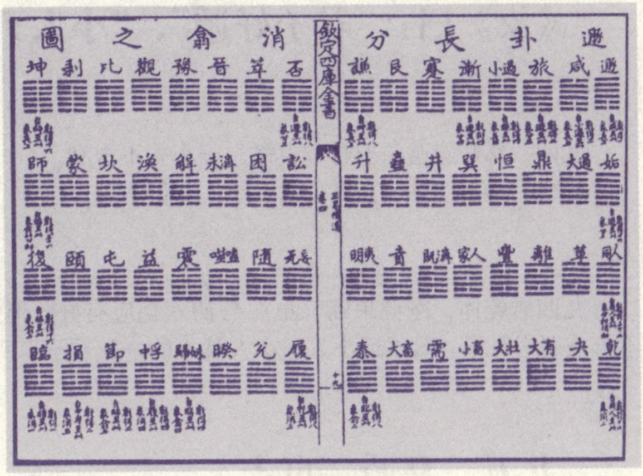

遁卦长分消翕之图

"消"为"静"，"翕"为"动"。本图表现了遁卦在运动变化中与其他卦象的关系。"消"与"翕"，反映了一切事物运动的本质。遁卦是大壮的覆卦，遁卦颠倒过来就是大壮。遁卦是由乾演变而来的，直接从姤卦发展而成。姤是一柔下生，柔爻再向上长出一位即为遁卦。就是乾卦初九变阴爻得姤卦，姤卦九二变阴爻得遁卦。

[解说]

六二阴居阴位得正在中位，又与九五阴阳相应，象征中正，洁身自爱，柔顺坚定地追随九五，就像用黄牛的皮革捆缚一样牢靠，不会解脱（莫之胜说，说通"脱"）。五位为上卦中爻，黄是中色，多表示五位，六二再向上发展，就变九三为六三，下卦就会由艮变坤，坤为牛，牛性情柔顺，象征六二的中正及对九五的柔顺忠诚的意愿（固志也）。艮一阳在表为肤、为皮，即黄牛之革，中有二三四爻组成的互巽为绳，即执（捆系）用黄牛。六二忠于九五不变，阻止阴爻的发展演变，阴爻利于正固不动，即利贞吉，六二做到了。

[原文]

九三　系遁，欧阳维诚《周易新解》："系，羁系，羁留。"**有疾，厉。畜臣妾，吉。**

《象》曰："系遁"之"厉"，"有疾"惫也。李鼎祚《周易集解》引王肃曰："病此系执而获危惧，故曰'有疾惫也'。"**"畜臣妾，吉"，不可大事也。**

[译文]

九三，被牵系住而不得退避，有疾患和危险，先畜养臣仆婢妾，可得吉祥。

《象传》说："被牵系住而不得退避以至有危险"，说明有病痛并被拖累得疲惫不堪。"畜养臣仆婢妾，可获吉祥"，说明无法干大事。

[解说]

系是系累、牵制的意思。九三阳居阳位，刚强得正，但与下方的两个阴爻同居艮体而被拖累，九三紧邻下面两个阴爻的逼迫，疲惫得无力阻挡，所以有疾厉。如果就势沉沦，畜养臣妾，过个人的小日子，那倒也自在，但做不了大事。九三为私利所牵，当断不断，反受其乱，这是非君子所为。

[原文]

九四　好遁，君子吉，小人否（pǐ）。

《象》曰："君子好遁"，"小人否"也。

[译文]

九四，喜好隐遁，于君子吉祥，于小人不吉利。

《象传》说："君子喜好隐遁，小人却做不到"。

[解说]

九四居乾体，刚健果断，虽然与初六相应有好，但能舍弃对世俗的留恋，断然隐去，自然不会被恶俗牵累。君子远小人，小人就不能企及君子，所以"小人否也"。

[原文]

九五　嘉遁，贞吉。

《象》曰："嘉遁，贞吉"，李鼎祚《周易集解》引侯果曰："时否德刚，虽遁中正，嘉遁者也。故曰'贞吉'。"**以正志也。**

[译文]

九五，成功及时地隐遁，符合正道而可获吉祥。

《象传》说："成功及时地隐遁，符合正道而可获吉祥"，说明能够端正志向。

[解说]

嘉是美好、荟萃的意思（见坤卦辞："嘉之会也。"）。九五阳刚中正与下六二有应，六二也柔顺中正，不会成为累赘。进退无碍，称作"嘉遁"。九五在位时中正贤明，退隐却能不改初衷（以正志也），所以"贞吉"。

[原文]

上九　肥遁，无不利。朱熹《周易本义》："肥者，宽裕自得之意。"

《象》曰："肥遁，无不利"，无所疑也。

[译文]

上九，远走高飞，退隐山林，没有什么不利。

《象传》说："远走高飞，退隐山林，没有什么不利"，说明没有疑虑牵系，当遁则遁。

[解说]

肥，是飞的意思。上九位于九五的君位之上，像是摆脱世俗、无位却崇高的隐士，上九无应，就没有拖累，上九远遁，对敌应且被俗事牵累的九三有利，是大隐，所以称作"肥"。上九超越世俗，置身事外，不失刚健（刚爻居乾体，能无所疑也），故"无不利"。

大壮卦第三十四

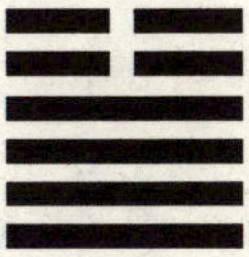

无规矩，不成方圆

大壮卦寓意形势大好。

[原文]

大壮程颐《周易程氏传》：“大而壮也。”**利贞。**

[译文]

大壮卦象征强盛，有利于坚守正道。

[解说]

大壮是表示事物的强盛状态。戒恃强凌弱，宜于遵守礼制，中正行事，所以“利贞”。

[原文]

《彖》曰：大壮，大者壮也。刚以动，故壮。大壮“利贞”，大者正也。正大，而天地之情可见矣。王弼注：“天地之情，正大而已矣。弘正极大，则天地之情可见矣。”

[译文]

《彖传》说：大壮是指刚大而强盛，刚健而有行动，所以说强盛。“强盛，有利于坚守正道”，是说刚大者还必须端正守中。正直而且刚大，就能发现天地万物的真情。

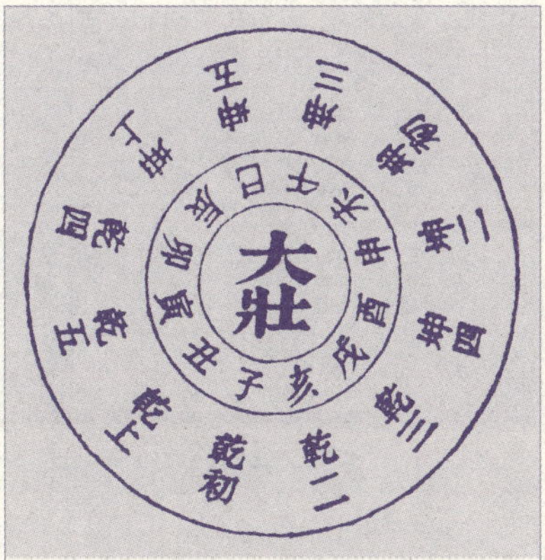

大壮卦图

大壮卦下乾上震相叠。震为雷，乾为天，乾刚震动。形象就是天鸣雷，云雷滚，声势浩大，阳气壮盛，万物生长。刚壮有力就是壮，大而且壮，因此卦名大壮。四阳壮盛，君子要积极而有所作为。

[解说]

阳为大，阴为小，本卦一连四个阳爻，可谓大，本卦上震为动，下乾为刚健，即是“刚以动”，卦象为雷在天上，声威远播，可谓壮。大壮不能横行霸道，应坚持正道，变大壮为正大，这就是雷鸣于天、生发万物的天威之情。

[原文]

《象》曰：雷在天上，大壮。君子以非礼弗履。王弼注：“壮而违礼则凶，凶则失壮也，故君子以大壮而顺礼也。”

［译文］

《象传》说：雷在天上轰隆作响，象征声势浩大。君子应效法于此，不干不合礼仪的事。

［解说］

大壮，上震雷，下乾天，是雷在天上，称为雷天大壮。雷升于天上，可震惊一切，而万物萌发，为大壮之象。君子见此，当如《杂卦传》所说“大壮则止”，止就是节制。不自恃其壮，非礼横行，恣意妄为。“弗履”，弗，即是不，履，意为履行。君子应效法雷，积极行动，做出有益于天地之间的壮举。

［原文］

初九　壮于趾（zhǐ），征凶，有，孚。王弼注：“夫得大壮也，必能自终成也，未有陵犯于物，而得终其壮者。在下而壮，故曰‘壮于趾’也。居下而用刚壮，以斯而进，穷凶可必也，故曰‘征凶有孚’。”

《象》曰：“壮于趾”，其“孚”穷也。

［译文］

初九，只是脚趾强壮，往前进发会有凶险，这是毫无疑问的。

《象传》说：“只是脚趾强壮”，贸然前进，当然无路可走。

［解说］

“壮于趾”，即初九以其最下而用强，上于九四敌应，又没有孚信（异性爻互相比邻亲附信赖为乎），如果冒进，则自身仅有的阳刚信实（有孚）也会丧失，故“征凶”。

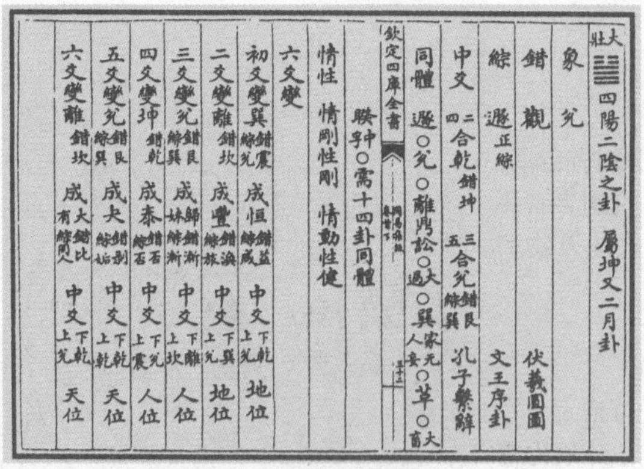
大壯 ䷡ 四陽二陰之卦 屬坤又二月卦
象 兑
錯 觀 伏羲圓圖
綜 遯 正綜 文王序卦
中爻 二四合乾錯坤 三五合兑錯艮綜巽 孔子繫辭
同體 遯○兑○離○鼎○訟○大過○巽○家人○无妄○革○大畜
欽定四庫全書
睽○中孚○需十四卦同體
情性 情剛性剛 情動性健
六爻變
初爻變巽 錯震綜兑 成恒 錯益綜咸 中爻 下乾上兑 地位
二爻變離 錯坎 成豐 錯渙綜旅 中爻 下巽上兑 地位
三爻變兑 錯艮綜巽 成歸妹 錯漸綜漸 中爻 下離上坎 人位
四爻變坤 錯乾 成泰 錯否綜否 中爻 下兑上震 人位
五爻變兑 錯艮綜巽 成夬 錯剝綜姤 中爻 下乾上乾 天位
六爻變離 錯坎 成大有 錯比綜同人 中爻 下乾上兑 天位

大壮卦错综及爻变图

大壮为四阳二阴之卦，乾下震上，雷在天上，在坤宫八卦中属土，与遁、兑、离、鼎、讼、大过、巽、家人、无妄、革、大畜、睽、中孚、需十四卦同体。大壮与兑卦相象，与观卦相错，与遁卦相综。大壮卦二至四爻合为乾卦，与坤卦相错，三至五爻合为兑卦，与艮卦相错，与巽卦相综。其情性为：情刚性刚，情动性健。六爻变位为：初爻变巽位在地，二爻变离位在地，三爻变兑位在人，四爻变坤位在人，五爻变兑位在天，六爻变离位在天。

［原文］

九二　贞吉。

《象》曰：“九二贞吉”，以中也。

［译文］

九二，坚守正道定获吉祥。

《象传》说：“九二坚守正道定获吉祥”，因为居处中正，修养正德。

［解说］

九二以阳居阴居中，中而不正，但它的内在却具备了坚定、执著、刚健的本性，以刚治内，以柔应外，九二进不触犯六五，退无帮助六五，守中安贞而已。外不足而内有余，能中，故壮。能中，就不会不正，正，就不会不吉（贞吉，以中也）。九二是内壮且中庸，为严于律己之壮。

[原文]

九三　小人用壮，君子用罔(wǎng)。贞厉。羝(dī)羊触藩，《说文》："羝，牡羊也。"《广雅·释室》："藩，篱也。" **羸(léi)其角。** 陆德明《经典释文》："羸，马云：'大索也。'"

《象》曰："小人用壮"，"君子"罔也。

[译文]

九三，小人捕兽凭气力，君子捕兽靠网罗。这么做很危险。公羊用角冲撞藩篱，角被缠挂住而进退不得。

《象传》说："小人捕兽凭气力，君子捕兽靠网罗"。

[解说]

羸，如同废。九三在互兑（三四五爻），兑卦象是两个刚爻在下，一个阴爻在上，阴爻两断如羊角，所以兑为羊，此指九三为羝羊（公羊）。藩是藩篱，"羝羊触藩"，是说九三好强用力，就像公羊争斗一样，结果羊角被藩篱卡住了，不能动，所以"贞厉"。角没有用了（羸其角）。九三周围都是刚爻，如果用强，强强相遇，不会有好处。九三刚居刚位，又在乾顶，刚猛之极。九三应在上六，上六为途穷力尽的柔爻，但穷寇莫追，九三恃强凌弱必然轻敌，阴力不能敌，必然以智取，（柔爻中空似藩篱）用藩篱卡住九三的羊角，九三以大壮欺负弱小，不义不正，君子不为（君子罔也）。九三好勇斗狠，见利忘义。"小人用壮"，危害别人的同时，也必然危害到自己，使自己无法脱身。

[原文]

九四　贞吉，悔亡。藩决不羸，壮于大舆之輹。

《象》曰："藩决不羸"，尚往也。

[译文]

九四，保持正道可获吉祥，悔恨消亡。就像藩篱被闯开了一个缺口，羊角没被缠挂，又如大车的轮辐坚固耐用。

《象传》说："藩篱被闯开了一个缺口，羊角没被缠挂"，说明要勇于往前进取。

[解说]

九四以阳居阴且不中，不中不正，外面还有两个阴爻为敌，所以有悔，但九四已呈连续四个阳爻重叠的大壮之势，已经进入上卦震中，势不可挡，九四不计较初九的触犯，反而将其纳入自己的阵营当中（不羸），一同溃决两阴的藩篱（藩决），所以能够"贞吉、悔亡"。九四再发展一步就会成为五阳在下，孤阴危悬的夬卦，九四为震卦底部刚爻，象如坤底部的一根横木，坤为大舆（大车），九四就是大舆底部的横木，即"大舆之輹"，大车的輹结实，则车坚固无比，所向披靡，摧枯拉朽，即"尚往也"，尚同"上"。

[原文]

六五　丧羊于易。 王弼注："居于大壮，以阳处阳，犹不免咎，而况以阴处阳，以柔乘刚者乎？ 羊，壮也。必丧其羊，失其所居也。”**无悔。**

《象》曰：“丧羊于易”，位不当也。

[译文]

六五，在田畔遗丧了羊，无须悔恨。

《象传》说：“在田畔遗丧了羊”，说明自己居位不正当。

[解说]

大壮发展到六五，突然变成阴爻，羝羊之势顿消，这是因为物壮则老。易，指边界，六五所在为阴阳交界之地，阴爻的消亡，六五首当其冲，加之以柔居刚位，不正，所以是“位不当也”。但六五中正有应，时势如此，怪不得它，所以“无悔”。本卦的大象为四阳爻在下，两阴爻在上，恰似一个放大的兑卦（两阳在下，一阴在上），大象为兑，兑为羊、为毁折，有丧羊之象。

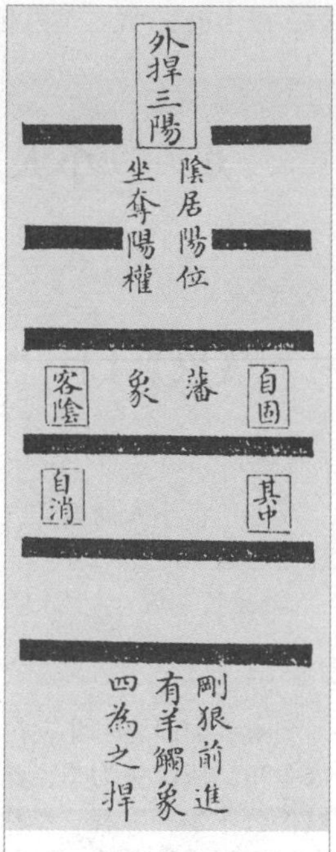

大壮羊藩图

大壮属阳，从坤卦变来，直接从泰卦发展变化而来，泰之刚爻向上长一位，变大壮。泰的上卦是坤，坤为地，变为大壮，上坤的下界已被刚爻占去，六五与九四的刚爻相接，象征丧葬之象。

[原文]

上六　羝羊触藩，不能退，不能遂，无攸利。艰则吉。

《象》曰：“不能退，不能遂”，不详也。“艰则吉”，咎不长也。

[译文]

上六，公羊猛撞藩篱，既不能前进，也不能后退，没有什么利益，但只要艰苦奋斗便可获吉祥。

《象传》说：“既不能前进，也不能后退”，说明它处事不慎，“只要艰苦奋斗便可获吉祥”，说明灾咎不会长久。

[解说]

上六与九三正应，九三是羝羊，上六是藩篱，“羝羊触藩”，羊角被挂住，藩篱冲不破，上六也退不得，也无路可退，为不详，详即祥。对九三而言无攸利，对上六来说也非常艰难，但上六居末端，否极就会泰来，度过这一段艰难时期，无论谁胜谁负，都会出现一个新的好的局面，咎害不会太久了（咎不长也）。

晋卦第三十五

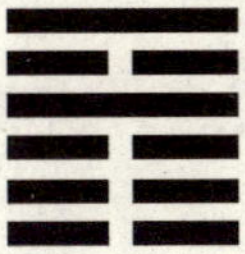

如何处理与上级的关系

晋卦寓意前进上升。

[原文]

晋李鼎祚《周易集解》引虞翻曰：“晋，进也。” **康侯用锡马蕃（fán）庶，**陆德明《经典释文》：“康，美之名也。” **昼日三接。**

[译文]

晋卦象征长进。诸侯得到天子赏赐的众多车马，一天之内三次被接见。

[解说]

晋，进也，即晋升之义。卦辞中说：“晋，康侯用锡马蕃庶，昼日三接。”这句话是用比喻来形象说明何谓“晋”的。句中“康侯”指康民安国之侯，也有说是周朝时期的康叔。锡，即赐，赏赐之义。马，赏赐之物。蕃庶，繁育，此有众多之义。这句话的大意就是说，晋升就好像你的上司赏赐你众多像马那样贵重的奖品，并且一天中三次接见一样，是极风光的。因此，晋，就是晋升。

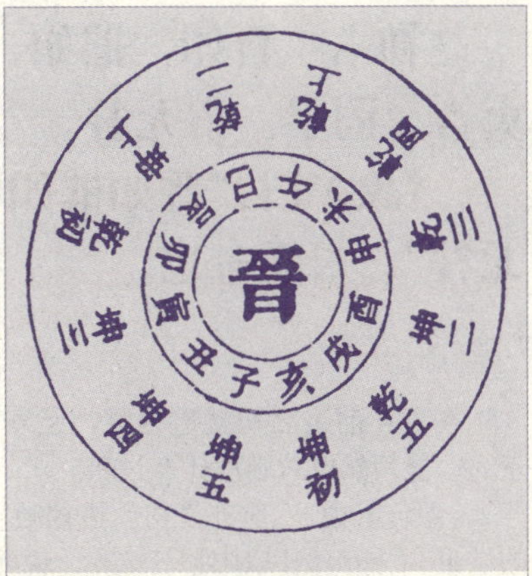

晋卦图

从卦形上看，晋卦的上卦离为日，下卦坤为地，太阳在大地之上，阳光普照大地，代表白昼之象。晋者，进也，有晋升之意。万物生长靠太阳，符合人类日行夜宿之习惯，故将代表白昼之卦称为“晋”。

[原文]

《象》曰：晋，进也。明出地上。顺而丽乎大明，柔进而上行，是以“康侯用锡马蕃（fán）庶，昼日三接”也。

[译文]

《象传》说：晋的意思是长进，犹如太阳升出地面。大地万物柔顺地依附于太阳，循着柔顺之道长进向上发展，所以“诸侯得到天子赏赐的众多车马，一天之内三次被接见”。

[解说]

晋卦上离为火，下坤为地，“坤”顺而“离”明，以顺而进，趋于明（顺而丽乎大明）。火性趋上且须附着物质（即附丽），离之象中柔，上离柔居君位，所以说“柔进而上行”，康侯一句是引用历史上非常有名的赏赐和晋升的事例，表明极为荣耀。本卦之所以名“晋”而不名“进”，正是由于“晋”字兼有上进与光明的两种含义。

[原文]

《象》曰：明出地上，晋。君子以自昭（zhāo）明德。

[译文]

《象传》说：太阳由地面升起，象征晋升增德，君子当效法于此，使自己的光明德性愈加明显光辉。

[解说]

晋卦上离日，下坤地，是日出地上之象，称为火地晋。日出地上，大地就由暗而明，君子于是明白，人要自己照亮自己，发现自己内在原有的良知与灵性，不要被黑暗所蒙蔽。

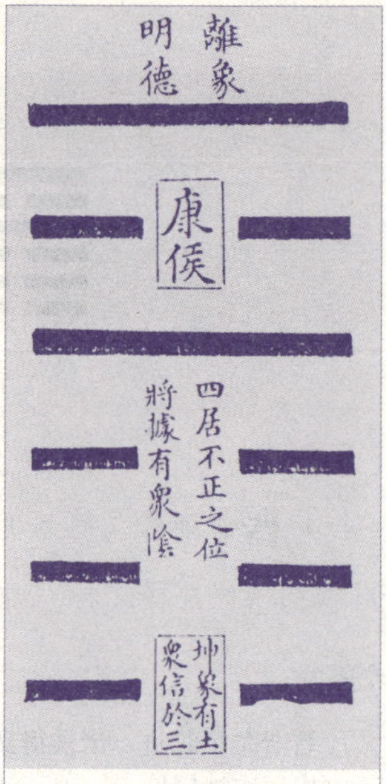

晋康侯之图

从晋卦的卦象看，上卦“离”为太阳，性格依附；下卦“坤”为大地，性格柔顺。太阳普照大地，代表万物柔顺依附的形象。从人事上看，代表诸侯恭顺地依附于天子。此图意为，把自己国家治理得安康的诸侯，可以获得晋见天子的机会。

[原文]

初六　晋如，摧如，《说文》：“摧，折也。”**贞吉。罔孚。裕无咎。**

《象》曰：“晋如摧如”，独行正也。“裕无咎”，未受命也。

[译文]

初六：前进之初就遭挫败，坚守贞正本质，即使不能取信于人，能坦然以对则没什么过错。

《象传》说：“前进之初就遭挫败”，说明如此是独守了正道的结果。“能坦然以对则无过错”，说明它此时还没得到任用。

[解说]

摧如，是推挤的样子。罔孚，罔是无，孚是信，即没有信任。裕是宽裕、宽容、谅解的意思。初六与众阴爻排队等待晋升，虽与九四正应，但没有取得其他阴爻的信任，故只有坚守正道（贞吉），不独往独行（独行正也），取得他人的谅解，才能无咎（裕无咎）。“未受命”是指没有受到九四的任命，但初六位置最下、最远，等待的时间最充裕，所以还是“裕无咎”。

[原文]

六二　晋如，愁如，程颐《周易程氏传》：“于进为可忧愁。”**贞吉。受兹（zī）介福于其王母。**

《象》曰：“受兹介福”，以中正也。

[译文]

六二，进步之中有忧愁，只要保持贞正的晋德，就能获吉，将从其祖母那里承受宏大的福泽。

《象传》说：“承受宏大的福泽”，因为他注意修养中正的晋德。

[解说]

六二处于三阴昏暗之中，因此六二的晋如就显得愁如。介福就是大福，指《彖辞》中说的“用锡马、昼日三接”的荣耀，六五以柔居天子位，故为王母。六二本于六五不应，但因为两个阴爻都中正，所以六二也在获得王母的“用锡马、昼日三接”赏赐之列。从六二到六五为三个爻位。

六五王母不因自己的本性而排斥六二，能嘉赏六二的中正柔进，可谓气度恢弘，光明磊落，与九二珠联璧合，相映生辉。

[原文]

六三　众允，悔亡。 李鼎祚《周易集解》引虞翻曰：“允，信也。”

《象》曰：“众允”之，志上行也。

[译文]

六三，因修养晋德而得到众人的信赖支持，悔恨消亡。

《象传》说：“因修养晋德而得到众人的信赖支持”，是由于有向上晋升的志向。

[解说]

允，允诺。六三是下卦坤的最上爻，坤为众，率众阴爻一同上进，虽然不中有悔，但能得到大家的拥护，悔也就亡失了。初六是独进，因而凶险，六三众进则悔亡。

[原文]

九四　晋如鼫（shí）鼠， 李鼎祚《周易集解》引《九家易》曰：“硕鼠，喻贪。”**贞厉。**

《象》曰：“鼫鼠贞厉”，位不当也。

[译文]

九四，如田间的硕鼠一样得到长进，坚守正道以防危险。

《象传》说：“田间的硕鼠，坚守正道以防危险”，说明个人位置摆得不当。

[解说]

九四，居于离体，已进入明中。但又在二阴之内，是明藏暗中，如鼫鼠夜行，所见不大，其行不远。与初阴有应，又不能提携初阴，是刚爻，又不能与中正的六二和与上九有应的六三孚信，九四处于三四五爻组成的互坎中，坎为险阻，反而横亘在众阴

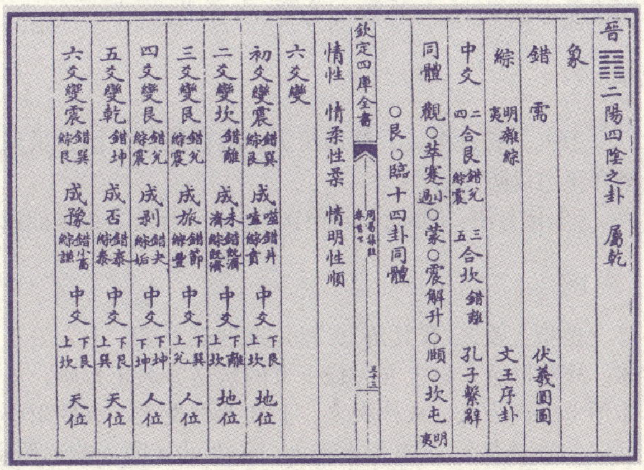
晋 二陽四陰之卦 屬乾
象
錯 需 伏羲圓圖
綜 明夷 雜綜 文王序卦
中爻 二四合艮 錯兑綜震 三五合坎 錯離 孔子繫辭
同體 觀○萃○蹇○小過○蒙○震○解○升○頤○坎○屯○明夷○艮○臨十四卦同體
欽定四庫全書
情性 情柔性柔 情明性順
六爻變
初爻變震 錯巽綜艮 成噬嗑 錯井綜賁 中爻 下艮上坎 地位
二爻變坎 錯離 成未濟 錯既濟綜既濟 中爻 下離上坎 地位
三爻變艮 錯兑綜震 成旅 錯節綜豐 中爻 下巽上兑 人位
四爻變艮 錯兑綜震 成剥 錯夬綜姤 中爻 下坤上坤 人位
五爻變乾 錯坤 成否 錯泰綜泰 中爻 下艮上巽 天位
六爻變震 錯巽綜艮 成豫 錯小畜綜謙 中爻 下艮上坎 天位

晋卦错综及爻变图

晋卦为二阳四阴卦，属乾，在乾宫八卦中属金。它与需卦相错，与明夷卦相综。二至四爻合为艮卦，与兑卦相错，与震卦相综。三至五爻合为坎卦，与离卦相错。晋卦与观、萃、蹇、小过、蒙、震、解、升、顺、坎、屯、明夷、艮、临十四卦同体，其情性为：情柔性柔，情明性顺。六爻变位为：初爻变震位在地，二匀变坎位在地，三爻变艮位在人，四爻变艮位在人，五爻变乾位在天，六爻变震位在天。

爻晋升的道路上，求进于六五又有灭上之嫌。进到六五成观卦，也是处在将要被阴灭阳的状态，退到六三也是成艮为止而不行，简直技穷犹如鼫鼠。九四位置不当，进退尴尬无比，但固守的危险就在眼前，故贞厉，而不言征吉。

［原文］

六五　悔亡，失得勿恤（xù）。《说文》："恤，忧也。"**往吉。无不利。**

《象》曰："失得勿恤"，往有庆也。

［译文］

六五，悔恨消亡，不必为得失担忧。往前进自会有吉祥，没有什么不利。

《象传》说："不必为得失担忧"，说明只求上进自然会有吉庆。

［解说］

晋卦是由消息卦观卦的九五下到六四,六四上到九五的位置演变来的，九五下到六四后，原来观卦的上卦巽就变为晋卦的离，巽为风顺、为利，所以为失利，但六四升到尊位成六五，所得大于所失。恤是忧虑，"失得勿恤"，就是要求不必患得患失，中有三四五爻为互坎，坎为忧、为恤。不必忧虑得失是因为六四进到六五的收获远远大于损失（往吉、往有庆也）。六五居离体中爻，中正光明柔和，故"无不利"。

［原文］

上九　晋其角，维用伐邑，厉，吉，无咎。贞吝。

《象》曰："维用伐邑"，道未光也。李鼎祚《周易集解》引荀爽曰："阳虽在上，动入冥豫，故道未光也。"

［译文］

上九，长进至极，钻进角尖，唯有征伐邑国，虽然危险，但可转危为安，不会有灾祸，要坚守正道以防憾惜。

《象传》说："唯有征伐邑国"，说明晋道之德未能发扬光大。

［解说］

角指上爻，"晋其角"，就是进到最上了，上九处于上离，离为明、为兵戈，九四与上九同体，故为同邑，以上九讨伐下方的叛逆，名正言顺，虽面临危厉，但终将吉，无咎。上九居离体顶上，离为火，火性炎上，上九无可炎上，火性附丽，上九无可附丽，就是进无可进，守无可守，故"贞吝"。离为火趋上，上九的光明不能远照到下方（道未光也），所以就只好用兵讨伐了（维用伐邑，维意如只）。

明夷卦第三十六

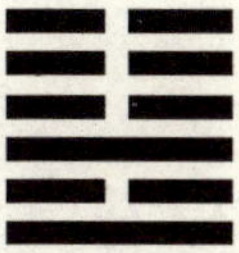

韬光养晦

明夷卦告诉我们形势不利时要韬光养晦。

[原文]

明夷李鼎祚《周易集解》引郑玄曰："夷，伤也。日出地上，其明乃光。至其入地，明则伤矣，故谓之'明夷'。" **利艰贞。**

[译文]

明夷卦象征光明损伤，利于在艰难中坚守正道。

[解说]

明夷，上坤地，下离明，明是火、是光；夷的意思是平、是伤。明在暗中，明而有伤，就叫明夷。因为光明的行为会受到伤害，所以君子在此充满忧患的时代困境中，就要知艰难而不失正道（利艰贞），收敛锋芒，以晦养明，忍耐但不屈服。

[原文]

《象》曰：明入地中，明夷。内文明而外柔顺，以蒙大难，文王以之。李鼎祚《周易集解》引虞翻曰："以，用也。"**"利艰贞"，晦其明也。内难而能正其志，箕子以之。**

明夷卦图

明夷从卦形上看，上卦坤象征大地，下卦离象征太阳。卦象直观意义为太阳落入大地之下，失去阳光。这也是黑夜的形象。夷有毁灭的意思，太阳落入大地之下，意味着黑夜来临光明消失，因此卦名称为"明夷"。

[译文]

《象传》说：光明潜入大地中，象征光明损伤。内守文明的美德，外显柔顺的情态，可以承受大灾大难，当年周文王被纣王囚禁时即以这种方式渡过危难。"利于在艰难中坚守正道"，说明要收敛光芒，虽身陷萧墙之祸但仍旧秉正守志。箕子就是以巧妙地隐晦自己的聪明才智而自守正态的方式对待困境的。

[解说]

明夷内卦离为文明，外卦坤为柔顺，所以要内文明而外柔顺。蒙：遭受。大难：此指文王遭囚禁。文王以之：文王有此道，即文王内怀文明之德而外有柔顺之性，蒙受纣王囚禁之大难。晦其明：明夷上坤为晦，下离为明，外晦内明。内难而能正其志：箕子为商纣王的伯父，纣王昏暗，故曰内难。正其志，指箕子装疯不改其志的行为。明夷离明在内，且离三爻阴阳位置都得正，故曰“正其志”，表示艰难而不失其正。

［原文］

《象》曰：明入地中，明夷。君子以莅众，王弼注：“莅众显明，蔽伪百姓者也。故以蒙养正，以明夷莅众。”**用晦而明。**

［译文］

《象传》说：光明潜入大地中，象征了明白夷难所在而远害避祸。君子当效法于此，在治理众人时大智若愚，从而更显出其道德的光明。

［解说］

明夷卦，上为坤地，下为离日，称作地火明夷。明入地中，暗中有明，是明夷之象。莅，莅临，君子由此感知：临众治事如果明察秋毫，就可能用明太过，惊世骇俗，容易遭到毁谤，所以对大众就用晦而明。晦明是一种韬明，外晦内明，对许多是是非非包容和合但不混同。

［原文］

初九　明夷于飞，欧阳维诚《周易新解》：“于飞，正在飞。”**垂其翼。君子于行，三日不食。有攸往，主人有言。**

《象》曰：“君子于行”，义“不食”也。

明夷箕子图

此图说明光明受挫时的情形。从卦象来看，内卦“离”象征文明，外卦“坤”象征柔顺。内心明智并且外貌柔顺，这样的性格可以承受磨难。商代的先贤箕子就是在艰难困境中坚守自己的信念，并且把智慧德行收敛隐藏起来，在商王朝内部的患难之中始终能坚定志向。

［译文］

初九，鹈鹕损伤时飞翔，羽翼低垂。君子仓皇出走时，三日吃不上饭也不要停步。到了所去的地方，又受到主人的责备。

《象传》说：“君子仓皇出走时”，说明坚持正义而舍弃俸禄，不食不义之食。

［解说］

这一爻是说，邪恶残害正义，明德被创伤，君子受伤出奔的情况。垂其翼，表明飞走的艰难，君子离开不义的主人逃亡，难免穷困，会三天没有吃的，主人肯定要非议、怨恨或挽留（主人有言），但君子已决意不食这个主人的俸禄了（义不食也）。

［原文］

六二　明夷，夷于左股，用拯(zhěng)马壮，吉。陆德明《经典释文》：

"拯救之拯。"

《象》曰："六二"之"吉"，顺以则也。

[译文]

六二，光明损伤之时，左腿受伤，靠强壮的马才脱离险境，可获吉祥。

《象传》说：六二的吉祥，是因为顺应局势而又能守持法则。

[解说]

六二居互坎体（二三四爻），坎中刚，为脊身健美的马，此爻说六二受伤已经行动困难，但有好马来救助代步。坎水平为法，顺以则也，是说六二随顺但有法则，表面顺从但不沆瀣一气。六二之所以吉祥，是因为阴爻阴位，又在中位，柔顺中正，能够遵循法则的缘故。

[原文]

九三　明夷于南狩（shòu），李鼎祚《周易集解》："冬猎曰狩也。"**得其大首。不可疾贞。**

《象》曰："南狩"之志，乃大得也。

[译文]

九三，光明损伤时在南方巡狩征伐，俘虏罪魁祸首。不能操之过急，这才正确。

《象传》说：在南方巡狩征伐表现出的志向，能够大施抱负。

[解说]

九三居离体的上部，离为火，南方也为火，离在方位上取位于南，狩猎在古代常借指战争，上坤为田地、为国邑、为狩猎地，九三与上六正应，所以向南征进可以俘获大的首领，但九三以阳用阳，戒于操之过急，故"不可疾贞"。

天下无道，地火燃烧，志士要以光明征服黑暗，等待举行大义的时机。历史上周武王伐纣就是一再说服起事的诸侯等到时机成熟才进行征伐并获得成功的。

[原文]

六四　入于左腹，获明夷之心于出门庭。

《象》曰："入于左腹"，获心意也。

[译文]

六四，要深入左方腹部，探获光明损伤的内中情况，并毅然走出门庭。

《象传》说："深入左方腹部"，是为了探获内中情况。

[解说]

六四居互震（三四五爻）为出、为左。上坤为腹。六四居互坎（二三四爻），坎为心，即人们常说的"心坎"。此爻说君子了解到了昏君的腹心，知道已经无药可救，大势无可挽回，于是他们就出走了。商纣王时期，贤臣微子劝谏纣王不听，不愿一同灭亡，就出走隐退了。

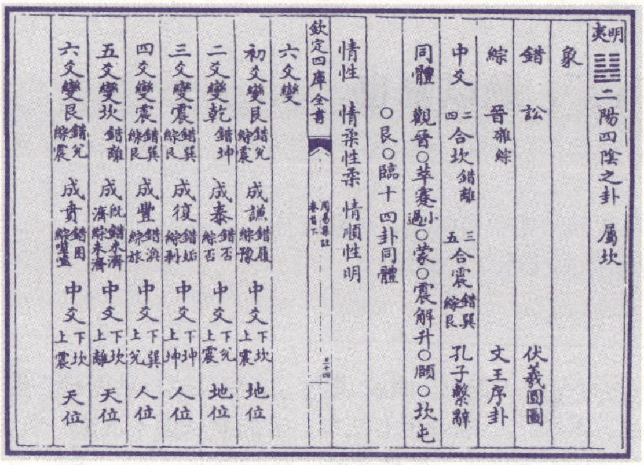

明夷卦错综及爻变图

明夷为二阳四阴之卦，属坎，在坎宫八卦中属水，它与讼卦相错，与晋卦相综，二至四爻合为坎卦，与离卦相错，三至五爻合为震卦，与巽卦相错，同艮卦相综。明夷与观、晋、萃、蹇、小过、蒙、震、解、升、颐、坎、屯、艮、临十四卦同体，其情性为：情柔性柔，情顺性明。六爻变位为：初爻变艮位在地，二爻变乾位在地，三爻变震位在人，四爻变震位在人，五爻变坎位在天，六爻变艮位在天。

[原文]

六五　箕（jī）子之明夷，李鼎祚《周易集解》引马融曰："箕子，纣之诸父，明于天道、《洪范》之九畴。"**利贞。**

《象》曰："箕子"之"贞"，"明"不可息也。

[译文]

六五，箕子在光明损伤时明智地避难，是有利而正确的。

《象传》说：箕子坚守正道的做法，说明光明不会熄灭。

[解说]

纣王暴虐，箕子不能挽回，又不忍离去，就装疯、伤害自己以避祸，所以说"箕子之明夷"，就是自己将自己的明德伤害以守正的意思。箕子的固守正义，说明光明不可熄灭（明不可息也）。六五居上卦坤中，坤三爻皆阴，是最黑暗的时候。

[原文]

上六　不明，晦（huì）。初登于天，后入于地。

《象》曰："初登于天"，照四国也。"后入于地"，失则也。

[译文]

上六，阳光消失了，天黑了。起初升上天空，后又坠落地下。

《象传》说："起初升上天空"，说明君子进仕，光明普照四方。"后又坠落地下"，说明君子隐退，违失正义的原则以至失败。

[解说]

上六是纯阴的上卦的最后一爻，亦即昏暗达到极点。前面五爻都是明而晦，为始晦而终明；上六是不明晦，就是表面非常光明而内在本质却晦暗到极点。这一爻，指纣王暴虐，开始登上像天一般高的地位，光芒四射，威震四方，最后坠落到地中，是因为他违背了正义的原则，最终走向灭亡。

家人卦第三十七

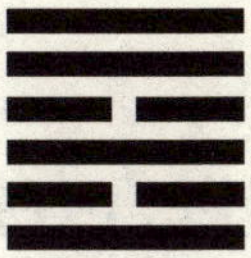

天下一家

家人卦教导人们家人之间要相亲相爱。

[原文]

家人孔颖达《周易正义》:“明家内之道,正一家之人,故谓之‘家人’。”**利女贞。**李鼎祚《周易集解》引马融曰:“家人以女为奥主。长女中女,各得其正,故特曰‘利女贞’矣。”

[译文]

家人卦象征家庭,有利于女子操持家道。

[解说]

家人卦主要说明家庭中的伦理秩序,特别强调女主内,主妇在家庭中的重要性,认为主妇正,则一家正,家庭正,延伸到家庭以外必然也正。女子正固有利于家庭和社会(利女贞)。

[原文]

《彖(tuàn)》曰:家人,女正位乎内,王弼注:“家人之义,以内为本者也。故先说女矣。”**男正位乎外。男女正,天地之大义也。家人有严君焉,父母之谓也。父父,子子,兄兄,弟弟,夫夫,妇妇,而家道正。正家,而天下定矣。**

[译文]

《彖传》说:家庭,女子在家中居正当之位,男子在外面居正当之位。男女在家庭内外各有正当的位置,这是天地间的大道理。家庭之中有严正的君长,这就是父母。父子各尽其责、兄弟各尽其责、夫尽夫责、妇守妇德,那么家风自然就正了。家道端正了,天下也就安定了。

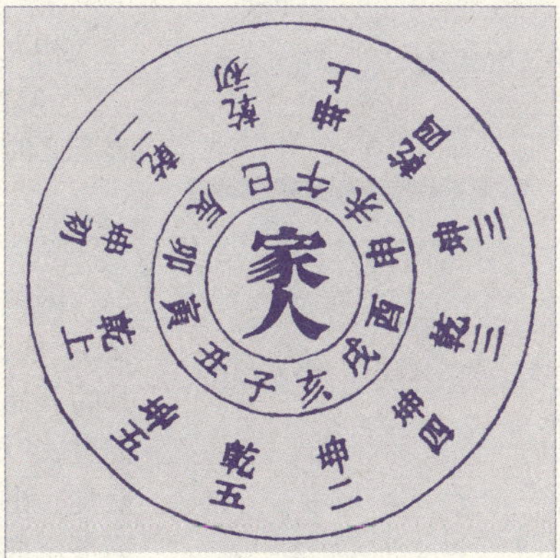

家人卦图

家人卦从卦形上看,上卦巽为风,下卦离为火,火上有风,很像房子上面有缕缕炊烟升起,是农家景象。古时以农业为主,家庭多是以农家为主。因此本卦命名为“家人”。

[解说]

家庭是组成社会的细胞,古人把个人、家庭、国家、天下联系起来，是中国的一个值得重视的文化传统。卦中六爻、四爻讲男，二爻讲女，提出女人主管家庭内部事务，男主外；男人有尊严，女人有地位；家有家规，国有国法等伦理秩序的思想。其中有男尊女卑思想已经不合时宜，不可拘泥，读《易》关键是领略精神，结合实际以变通。

［原文］

《象》曰：风自火出，家人。君子以言有物，而行有恒。

［译文］

《象传》说：燃烧的火生成了风，象征了“家庭”。君子应效法于此，日常言语须有实在的内容，日常行为须贯彻恒定的原则。

［解说］

家人卦上巽入、下离明。巽明相处，如以风吹火，火随风生。有治家之道，称作风火家人。君子看到风从火中生出的现象，从中得到启示，知道说话要有内容，行动要有结果（行有恒）。家人不仅是同家之人，而且凡与我同居、同事者也都是，天地都是一家。

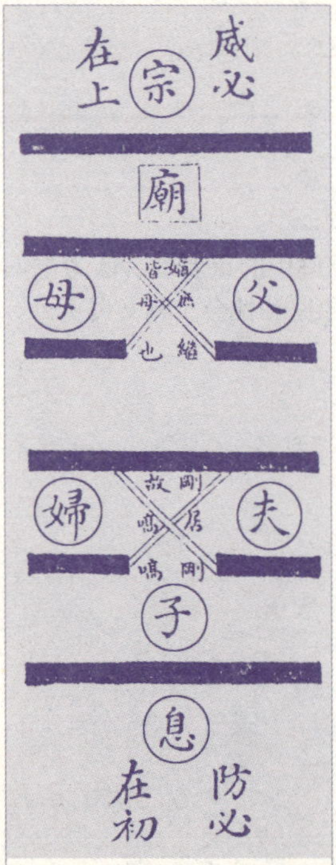

家人象图

家人卦从卦象上来看，内卦“离”象征火，外卦“巽”象征风，有火则热气上升，成为风。风生于火，这就是“家人”卦的意象。从伦理角度讲，祖宗居上，其下是宗庙、父母、夫妇、子女。

［原文］

初九　闲有家，悔亡。李鼎祚《周易集解》引荀爽曰：“初在潜位，未干国政，闲习家事而已。未得治官，故‘悔’。居家理治，可移于官，守之以正，故‘悔亡’。”

《象》曰：“闲有家”，志未变也。

［译文］

初九，在家庭中凡事防患于未然，就不会有悔恨出现。

《象传》说：“在家庭中凡事防患于未然”，说明应在用心尚未改变之时加以防范。

［解说］

闲，防闲、防范的意思。初应在四。六四在互坎体（二三四爻）。坎为心为志。初九与六四为正应，表明志未变。初九为这一卦的开始，且刚健得正，所以说能够防患于未然。孔子的弟子曾子说过，“君子所贵乎道者三：动容貌，斯远暴慢矣；正颜色，斯近信矣；出辞气，斯远鄙倍矣。如是，何闲之有？”就是说平时的言谈举止都要注意，这样就是有悔吝也会消除（悔亡）。

［原文］

六二　无攸遂，在中馈（kuì），李鼎祚《周易集解》引荀爽曰：“供肴中馈，酒食是议，故曰‘中馈’。”**贞吉。**

《象》曰：“六二”之“吉”，顺以巽（xùn）也。

[译文]

六二，不要独专家政，以中正平和的态度在家中主持烹饪事宜，自然可获吉祥。

《象传》说：六二的吉祥，是因为柔顺谦逊的缘故。

[解说]

遂字有很多含义，这里是决断的意思。“无攸遂”，即不自作主张。馈，是供应食物，“中馈”是在家中负责烹饪供应食物，指妻子。下卦离为火，中有互坎（二三四爻）为水，火在水下，有烹饪之象。六二柔顺中正，具备主妇的德性。顺以巽也，指六二以柔居柔，具有柔顺的品性，上卦为巽风，巽为随顺，指六二随顺应于九五。

[原文]

九三　家人嗃嗃，悔，厉，吉。妇子嘻嘻，终吝。 李鼎祚《周易集解》引侯果曰：“嗃嗃，严也。嘻嘻，笑也。”

《象》曰：“家人嗃嗃”，未失也。“妇子嘻嘻”，失家节也。

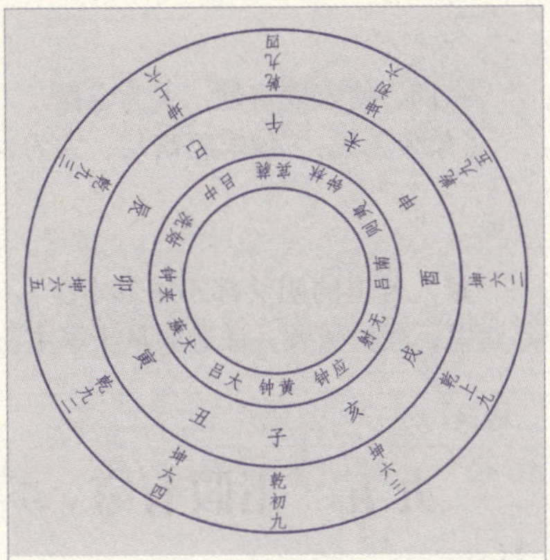

爻辰图

东汉易学大师郑玄用乾、坤二卦的十二爻配十二时辰，并且与音律中的十二律吕相配。乾卦初九爻配子，配黄钟；乾卦九二爻配寅，配大簇；乾卦九三爻配辰，配姑洗；乾卦九四爻配午，配蕤宾；乾卦九五爻配申，配夷则；乾卦上九爻配戌，配无射。坤卦初六爻配未，配林钟；坤卦六二爻配酉，配南吕；坤卦六三爻配亥，配应钟；坤卦六四爻配丑，配大吕；坤卦六五爻配卯，配夹钟；坤卦上六爻配巳，配中吕。

[译文]

九三，若对家人要求严格，尽管有所怨恨，有危险，但仍可获得吉祥。妇人与孩子成天嬉戏，最终将会带来种种麻烦。

《象传》说：“一家人受到严责”，说明并未失家道；“妇人与孩子成天嬉戏”，说明有失家中礼节。

[解说]

嗃嗃，发怒声。下卦离为目，中有互坎为水、为泪，有家长发威、家人哭泣之象。九三在内卦的最上位，是一家之主的形象。但刚爻刚位，治家过于严厉，以致家庭气氛冷冰冰的，难免会有悔吝，不过结果还是吉祥的（悔厉吉）。相反，如果治家不严厉，妻子儿女整天嘻嘻哈哈，喜乐失去节制（失家节也），则最终将会败家（终吝），所以治家宁严勿宽。

[原文]

六四　富家，大吉。

《象》曰：“富家大吉”，顺在位也。

[译文]

六四，使家庭富足，大为吉祥。

《象传》说："使家庭富足，大为吉祥"，说明顺守本分，当居正位。

[解说]

家人卦里的阴爻都不失其本位，谨守本分服从于阳。六四阴爻阴位得正，守正道，又在外卦巽里，巽为随顺，谦逊顺从于家主，家庭治理有序，当然会使家庭富足，所以大吉。

[原文]

九五　王假(gé)有家，李鼎祚《周易集解》引陆绩曰："假，大也。"**勿恤，吉。**

《象》曰："王假有家"，交相爱也。

[译文]

九五，君王用美德感化众人并视天下为一家，无须忧虑，可获吉祥。

《象传》说："君王用美德感化众人并视天下为一家"，说明天下人人应视同一家，相互亲爱。

[解说]

"假"，到达之意。"恤"是忧。九五刚健中正、在君位为王，又与内卦柔顺中正的六二相应，无忧无虑（勿恤）地相亲相爱。王者以天下为一家，又把这种情爱推广到治理国家（交相爱也）上。

历史上舜帝和周朝先王古公亶父都是以亲情感化持家治国的典范。

[原文]

上九　有孚威如，终吉。

《象》曰："威如"之"吉"，反身之谓也。

[译文]

上九，心存诚信又威严肃穆，终获吉祥。

《象传》说："威严肃穆获得的吉祥"，是说应当反省自身，严于律己。

[解说]

上九在全卦的最上位，象征家里辈分最高的长者，最有威信（有孚）和威望（威如）。上九又是这一卦的终爻，意味着终而复返，上九严格要求家人，自己也能够反身自律（反身之谓也），所以能够善终（终吉）。

持家、治家，初九用小心，六二用顺从奉献，九三用严厉，六四用配合和谐，九五用情爱，上九用诚信，各有理家之道。

睽卦第三十八

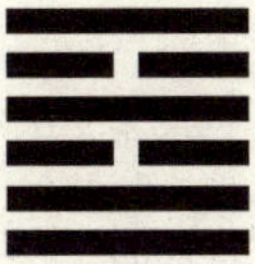

求同存异

睽卦告诉我们要求同存异，共同进步。

［原文］

睽（kuí）《说文》："睽，目不能相视也。" **小事吉。**李鼎祚《周易集解》引荀爽曰："小事者，臣事也。"

［译文］

睽卦象征乖离，小事吉利。

［解说］

睽卦离上兑下，卦名称作火泽睽。睽卦与家人卦的形象，各爻次序上下相反，互为综卦。家和万事兴，不和则一切乖离，所以家人卦后继以睽卦。睽，原意是目不相视，引申为违背、乖异、背离的意思。上离为火，火性附丽于光明，柔顺地向上行进，占据中位又与刚健相应合，因此小事吉祥。

［原文］

《象》曰：睽，火动而上，泽动而下。二女同居，其志不同行。说（yuè）**而丽乎明，**李鼎祚《周易集解》引虞翻曰："说，兑。丽，离也。" **柔进而上行，得中而应乎刚，是以"小事吉"。天地睽而其事同也，**李鼎祚《周易集解》引王肃曰："高卑虽异，同育万物。" **男女睽而其志通也，万物睽而其事类也。睽之时用大矣哉！**

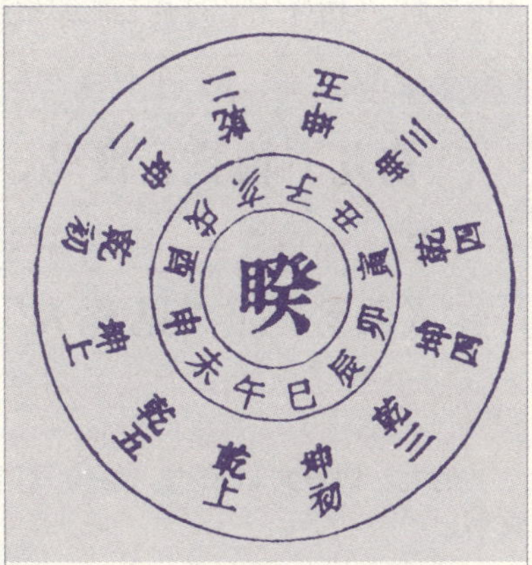

睽卦图

睽卦从卦形上看，上卦离为火，引申为房子上的炊烟，下卦兑为湖泽、为静水、为可停泊之水面，引申为篷船之象。睽有隔开、分离之意。古时许多渔民多以篷船为家，四处漂泊，颠沛流离，因此此卦命名为"睽"。

［译文］

《象传》说：乖离，就像火焰燃烧往上，水泽流动下浸，又像两个女子共事一夫，其势必妒，志不相投。下卦和悦地附丽于上卦离的光明，阴爻柔顺求进向上直行，得居中正地位而与阳刚者呼应，因此说"小事吉利”。天和地相乖离，但生育万物的事理却相同。男人和女人大不一样，但交感求合的心志相通，天下万物的形态各异，但禀受天地阴阳气质的心志却相类似。故乖离在广大时空中的作用太重要了！

[解说]

睽卦上离火，火性趋上却居上，水性趋下却居下，两者相去愈去愈远。离为中女，兑为少女，互坎（三四五爻）为心、为志。就如二女共事一夫，其势必妒，相互排斥一样。“说而丽乎明”：说通“悦”，兑为悦，离为火、为附丽、为明，即说火的性质是善于附物而且光明喜悦，并且柔进而上行。六五居中而应九二之刚，即所谓“得中而应乎刚”，也因此小事吉祥，天地不同但生育万物之事相同。男女不同但能交感而心志相通。天下万物的形态虽有差异，却又无不和合而同。故睽在广大时空中的功用太重要了。

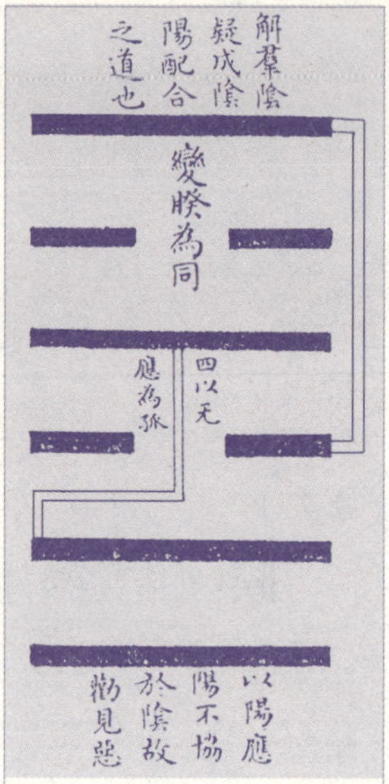

睽卦象图

睽卦的卦象上为火，下为泽，从卦的性格来看，下卦“兑”表示喜悦，上卦“离”有依附、光明之意。因此睽卦有愉快、依附明智之意。从卦变来看，离卦的“二”与“五”爻交换，中孚卦的“四”与“五”爻交换。都是柔爻前进上升，成为睽卦。

[原文]

《象》曰：上火下泽，睽。君子以同而异。

[译文]

《象传》说：上为火，下为泽，互相违背，象征着乖离。君子应效法于此，求大同而存小异。

[解说]

火在上，泽在下，这就是睽卦，称为火泽睽。火性上炎，泽水下润，两者的性质截然不同，君子从中受到启示，感到万事万物恰因不同才相互吸引，并且得以生化万物。所以君子与人相处讲究异中有同，同中有异，这样就能够相互切磋，不断进步。

[原文]

初九　悔亡，丧马，勿逐，自复。孔颖达《周易正义》：“马之为物，难可隐藏，时或失之，不相容隐，不须寻求，势必‘自复’。”**见恶人，无咎。**

《象》曰：“见恶人”，以辟（bì）“咎”也。

[译文]

初九，悔恨可以消亡，丢失马匹，不必追寻，它自己会返回。途中见到恶人，也不会有灾祸。

《象传》说：“遇见恶人”，是避免灾祸的方法。

[解说]

互坎（三四五爻）为美脊马。下兑为毁折，并且初九与九四都是阳爻，不能相应而背离，故曰“丧马”。九二与六五正应，二必升于五，五必下于二，这样下卦就成为震卦。震为出、为复，故曰“自复”。初九与九四敌应，故曰“见恶人”。能见恶人说明正邪之间也能求同存异，故“无咎”（以辟咎也，辟即避）。

[原文]

九二　遇主于巷，李鼎祚《周易集解》引崔憬曰：“遇者，不期而会。”王船山《周易内传》：“巷，宫中甬道。”**无咎。**

《象》曰：“遇主于巷”，未失道也。

[译文]

九二，在小巷中邂逅主人，没有灾难。

《象传》说：“在小巷中邂逅主人”，说明并没有违背正道。

[解说]

主，即主人，指六五。九二与六五阴阳相应，上离形中空外实，如里巷之象，加之中间有九四阻隔，所以相遇在巷子里。二五都位在中正，相应，所以“未失道也”，“无咎”。异性相吸，有缘必会相遇。

[原文]

六三　见舆曳（yè），其牛掣（chè），李鼎祚《周易集解》引虞翻曰：“牛角一低一仰，故称‘掣’。”**其人天且劓（yì），**李鼎祚《周易集解》引虞翻曰：“黥额为天，割鼻为劓。”**无初有终。**

《象》曰：“见舆曳”，位不当也。“无初有终”，遇刚也。

[译文]

六三，看见牛车被拖曳难行，拉车的牛被阻掣住，驾车的人是一个遭刺额削鼻的奴隶，起初不利，但最后可得善终。

《象传》说：“看见牛车被拖曳难行”，说明居位不适当。“起初不利，但最后可得善终”，说明得到了强者的帮助。

[解说]

“天”，本来指头顶，亦即巅的意思，转为在额上刺字的刑罚。“劓”是削去鼻子的刑罚。下兑为毁，上离为牡牛，互坎为陷害、为险阻，六三与上九相应，但中间九四刚爻挡道（遇刚也），六三又处在上下交界之处，所以说位不当也。六三本身阴柔，自己的车牛受阻，本人遭受刑罚。所以最初肯定艰难（无初），不过艰难终会消除，六三与上九分别是上下卦的终爻

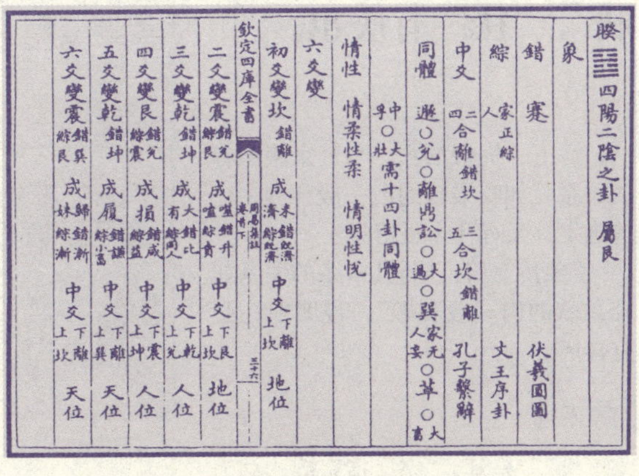
睽 ䷥ 四陽二陰之卦 屬艮
象
錯 蹇 伏羲圓圖
綜 家人正綜 文王序卦
中爻 二四合離錯坎 三五合坎錯離 孔子繫辭
同體 遯○兑○離○訟○大過○巽○家人无妄○革○大畜
中孚○大壯 需十四卦同體
情性 情柔性柔 情明性悦
六爻變
初爻變坎 錯離 成未濟 錯既濟 綜既濟 中爻下離上坎 地位
欽定四庫全書 周易集註 三十六
二爻變震 錯兑 綜艮 成噬嗑 錯井 綜賁 中爻下艮上坎 地位
三爻變乾 錯坤 成大有 錯比 綜同人 中爻下乾上兑 人位
四爻變艮 錯兑 綜震 成損 錯咸 綜益 中爻下震上坤 人位
五爻變乾 錯坤 成履 錯謙 綜小畜 中爻下離上巽 天位
六爻變震 錯巽 綜艮 成歸妹 錯漸 綜漸 中爻下離上坎 天位

睽卦错综及爻变图

睽卦为四阳二阴之卦，属艮，在艮宫八卦中属土。它与蹇卦相错、与家人卦相综。中爻与二四爻合为离卦，与坎卦相错，三至五爻合为坎卦，与离卦相错。它与遁、兑、离、鼎、讼、大过、巽、家人、无妄、革、大畜、中孚、大壮、需十四卦同体。其情性为：情柔性柔，情明性悦。六爻变位为：初爻变坎位在地，二爻变震位在地，三爻变震位在地，三爻变乾位在人，四爻变艮位在人，五爻变乾位在天，六爻变震位在天。

且相互正应，所以，最终吉祥（有终）。

此爻说明磨合的艰难。

［原文］

九四　睽孤，王弼注："无应独处，五自应二，三与己睽，故曰'睽孤'也。"**遇元夫，交孚。厉，无咎。**

《象》曰："交孚无咎"，志行也。

［译文］

九四，乖离之时孤立无援，后遇阳刚的大丈夫，彼此以诚相待，虽有危险，但终无灾难。

《象传》说："彼此以诚相待，故终无过错"，说明能施行自己的意志。

［解说］

"元"是大，"元夫"是大丈夫的意思。互坎为长男、为元夫。"四"应当与"初"相应，但都是阳爻，不能应援（睽孤）。九四上下皆阴，故为"交孚"，坎险，故为"厉"，互坎为志，交孚则志愿得以施行（志行也）。交孚就是互信，这是合作求同的基础。

［原文］

六五　悔亡，厥宗噬肤。朱熹《周易本义》："噬肤，言易合。"**往，何咎。**

《象》曰："厥宗噬肤"，"往"有庆也。

［译文］

六五，悔恨消亡，与其宗族亲者的关系就如咬柔软的肉一般和顺，往前进发，又有什么过错呢？

《象传》曰："与其宗亲的关系如咬柔软的肉一般和顺"，说明前往必有喜庆。

［解说］

"厥"是其，"宗"指宗族，兑为口，即是噬（吃），"肤"是柔软容易咬食的肉。六五阴爻居阳位，柔弱不正，当然有悔。不过与九二阴阳相应，可使悔亡。六五为宗族之主，九二与六五正应。二五相上下，五往下到二位，二往上到五位，则出现互艮体，艮一阳在外为肤，就是让同宗的人吃上好肉（厥宗噬肤），故往无咎。古

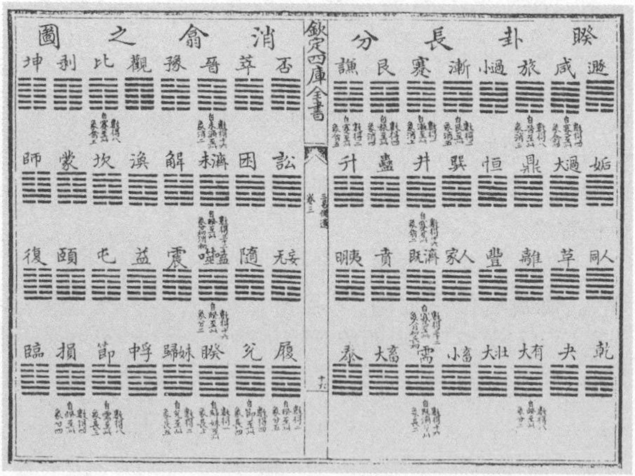

睽卦长分消翕之图

"消"即"静"、"翕"即"动"之意。消翕反映的是睽卦在运动、消长变化中与其他卦象的关系。睽卦是由大壮卦演变而来的，是大壮的上六下到第三爻位变成睽。它是家人卦的覆卦，家人的卦画倒过来就是睽。可依此卦的长分消息来占问做小事的吉凶之道。如九二爻预示着在小巷中遇到主人，没有危险。六三爻预示着开始不顺利，但最终有好结果。九四爻预示着相互信赖无危险，意志相通而行。即使有危险，最终也会平安。六五爻预示着前往有嘉庆。上九爻预示着前往遇雨就吉利。

代能吃上肉是喜庆的事情，故“往有庆也”。

古人说得好：交相益，隔相害。如果能够彼此同心，则其利断金；如果能够意见统一，则其臭如兰。

［原文］

上九　睽孤，见豕负涂，程颐《周易程氏传》：“负涂，背负泥涂。”**载鬼一车。先张之弧，**欧阳维诚《周易新解》：“张之弧，拉开其弓。”**后说(tuō)（同“脱”）之弧。匪(fēi)（同“非”）寇，婚媾。往，遇雨则吉。**

《象》曰：“遇雨”之“吉”，群疑亡也。

［译文］

上九，乖离至极孤独无援，犹如见肥猪满身泥巴，又像看见一辆大车满载鬼怪，起初张弓欲射，后又迟疑将弓放下。原来不是草寇，而是求婚者。往前走，遇雨则可获吉祥。

《象传》说：“遇雨吉祥”，说明种种疑惑都已消失。

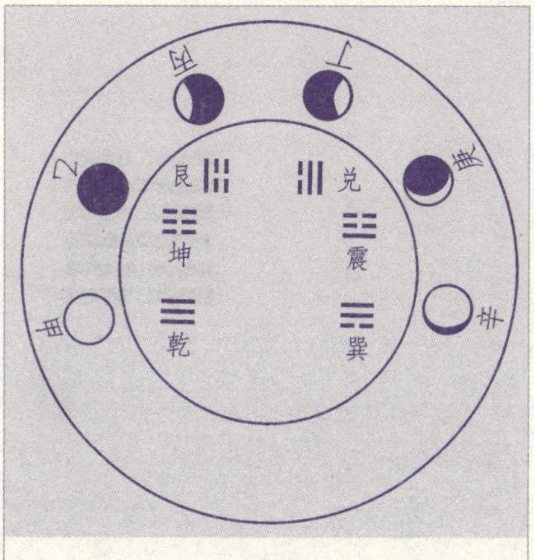

参同契纳甲图

此图是用月亮的盈虚来表示炼丹的火候。图中的六个圆圈的黑白多少，代表月亮的盈虚规律。全白的是十五月望，全黑的是三十月晦，其余的或者表示上弦月，或者表示下弦月。图中，从初三震（庚）到初八兑（丁），再到十五乾（甲），为上弦月盈；从十六巽（辛）到二十三艮（丙），再到三十坤（乙），为下弦月虚。这正与六卦中阴爻、阳爻的消长情形相合。八卦之中不见坎、离，是因为坎、离是日月交易之象，配戊、己而主于中。十天干中没有壬、癸，是因为复配乾、坤，以明“终始”之义。

［解说］

睽卦，意为反目，反目则各种离奇可见，即豕（猪）、鬼、车、涂（泥）、弧（弓）、寇、雨等等，离为目，故为见。中有互坎（三四五爻），坎为寇，六三虽居坎体，但应上九，即不是盗寇（非寇），而是婚媾。下兑为泽，坎为水，象征泽蒸腾而上化为雨水，六三在坎，与上九正应，故曰“遇雨”。下兑为悦，故“遇雨则吉”。雨水洗净一切污浊和假象，则“群疑亡也”。此爻是说因为睽不合，而互相猜疑，气氛变得离奇光怪，只有开诚布公，消除猜疑，才能恢复本来干净的面目。

蹇卦第三十九

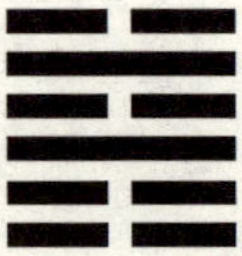

不畏艰难，勇往直前

蹇卦寓意要克服前进途中的艰难险阻。

[原文]

蹇(jiǎn)朱熹《周易本义》："蹇，难也。足不能进，行之难也。" **利西南，不利东北。利见大人，贞吉。**

[译文]

蹇卦象征行走艰难。往西南走有利，往东北走不利。利于进见王公贵族，坚守正道可获吉祥。

[解说]

蹇，音简，原义为跛，引申为行走不便、前进困难。这一卦，下卦"艮"是山、是止，上卦"坎"是水、是险，山高水深，前有险难，所以命名为"蹇"。君子见险而止，反过来寻找自己的过失，才能取得进步，故贞吉。

[原文]

《彖》曰：蹇，难也，险在前也。见险而能止，知(zhì)（同"智"）矣哉。蹇"利西南"，往得中也。"不利东北"，其道穷也。"利见大人"，往有功也。当位"贞吉"，以正邦也。蹇之时用大矣哉。王弼注："蹇难之时，非小人之所能用也。"

蹇卦图

蹇卦从卦形上看，上卦坎为水，下卦艮为山，山在水下，就像淹没在水中的大山或者礁石。淹没在水下的大山或礁石是暗礁，对船的航行有影响，预示前进有困难，因此本卦命名为"蹇"。

[译文]

《彖传》说：蹇，意思是艰难，险难在前面。遇到险难即能停止，这才是明智的啊！"行走艰难，往西南走有利"，因为往前走可得正确的道路；"往东北走不利"，因为这个方向将致路困途穷。"利于进见王公贵族"，因为往前进发将获成功。居位适当"坚守正道可获吉祥"，说明可以摆脱蹇难，摆脱困境，救振邦国。蹇卦所示的依时势变化而济蹇的功用真伟大啊！

[解说]

蹇卦上坎下艮，东北方为艮方，艮是山、为止，故往东北为山所止，难行（见险而能止，不利东北，其道穷）。“知矣哉”，知通“智”，是说停而反思智慧啊。西南方为坤方，坤是地、为顺，前往必顺（蹇利西南）。蹇卦上为坎，坎为险（险在前）。上卦九五居中，故前往得中（往得中）。五位位尊多功为大人，故前往必有功（往有功）。九五以阳居阳，当位，故“贞吉”。九五是以立于（坎）险中而能正邦，不择地而安。蹇卦的时势功用太重大了。

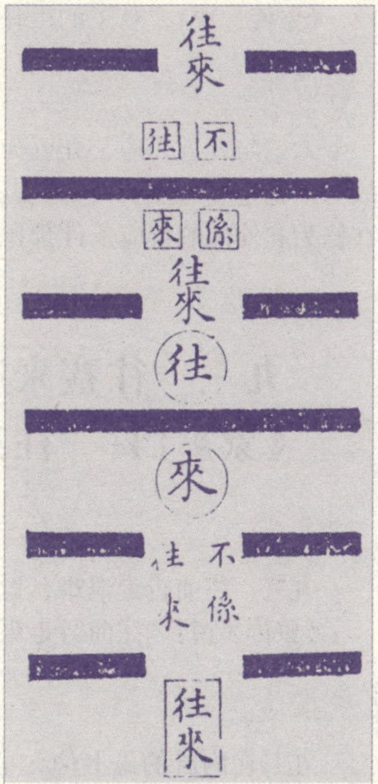

蹇往来之图

上卦“坎”象征危险，下卦“艮”象征静止。从卦变上看，小过卦的“九四”与“六五”交换，就成为蹇卦。该图的意义在于：为了避开危险之境，冒险求升迁不如退守以求自身安全，因此要往来于两个阴爻之间以获得喜悦安泰。

［原文］

《象》曰：山上有水，蹇。君子以反身修德。李鼎祚《周易集解》引虞翻曰：“君子谓观。乾坤为身，观上反三，故‘反身’。阳在三，进德修业，故‘以反身修德’。孔子曰：德之不修，是吾忧也。”

［译文］

《象传》说：高山上有水，象征行走艰难。君子应效法于此，遇有艰难时反省自身，修养品德。

［解说］

蹇卦上坎为水，下艮为山，山上有水就是蹇卦，称为水山蹇。君子从中得到启示，坎险在外，艮实在内，君子见险而止进行反思，修养品德，以求坚定性情，脚踏实地，则何患之有？

［原文］

初六　往蹇来誉。

《象》曰：“往蹇来誉”，宜待也。

［译文］

初六，往前进发艰难，往回走将获称誉。

《象传》说：“往前进发艰难，往回走将获称誉”，说明应当等待时机。

［解说］

初六柔弱不正，又与六四敌应，往前必将陷入上卦坎险中（往蹇）。初六能涉难未深就及时返回来，没有遭受困窘，所以不失荣誉（来誉）。初六应该等待时机（宜待也）。

［原文］

六二　王臣蹇蹇，匪（fēi）（同“非”）躬之故。王弼注：“私身远害，执心不回，志匡王室者也，故曰‘王臣蹇蹇，匪躬之故’。”

《象》曰：“王臣蹇蹇”，终无尤也。

［译文］

六二，君王的臣仆历尽艰难，不是为了自己的私事。

《象传》说："君王的臣仆历尽艰难"，说明终无过失。

[解说]

六二与九五正应，九五为王，六二为臣。六二前临重坎艰险，即上卦坎和互坎（二三四爻），故为"蹇蹇"。匪躬，意为奋不顾身，努力向前。六二中正，与尊位刚健的九五相应，六二的内在修为和外部的接应条件都比初六好得多，最终可以脱险（终无尤也）。

[原文]

九三　往蹇来反。

《象》曰："往蹇来反"，内喜之也。

[译文]

九三，往前行走艰难，返回时则正好相反。

《象传》说："往前行走艰难，返回时则正好相反"，这是发自内心的喜悦。

[解说]

九三在内卦的最上位，也是内卦唯一的阳爻，成为其他两个阴爻的依靠。然而九三与外卦的上六相应，一心想要升进，可是，上六柔弱无力，并不能给以援引，因而，九三要升进，就艰苦了（往蹇）。但如果认清形势，返回内卦（来反），则不但能使内卦的两个阴爻喜悦，而且其本身也会安泰（内喜）。临渊羡鱼，莫如退而结网。

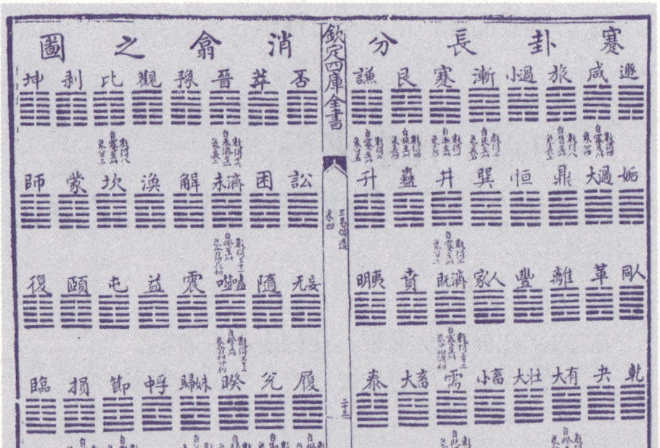

蹇卦长分消翕之图

"消"即"静"、"翕"即"动"之意。消翕反映的是蹇卦在运动、消长变化中与其他卦象的关系。蹇卦是由小过卦演变来的，是小过的九四爻升进到第五位，即小过的六五与九四两爻换位，变成蹇卦。蹇卦与下一卦解为一组，两卦是正覆卦的关系，即蹇卦上下倒置变为解卦。可根据此卦的长分消翕占问吉凶。如本卦的初六爻前往有险阻，退回来有好处。九三爻前往遇到险阻，后被牵连返回原地。九五爻遭遇重大险阻，有朋友前来相助。上六爻前往遇到险阻，退回来可获丰硕的成果，吉利，利于进见有权势的人物。

[原文]

六四　往蹇来连。

王弼注："往来皆难，故曰往蹇来连。"

《象》曰："往蹇来连"，当位实也。

[译文]

六四，往前进发艰难，返归时亦艰难不断。

《象传》说："往前进发艰难，返归时亦艰难不断"，说明正当坚实之位。

[解说]

连，意如难。"往蹇来连"，就是往来皆难。盖因九四居上坎和下互坎之间，坎为险，故往来皆难。六四上下都是阳爻，阳为实，上下的九三和九五都是以阳居阳位，所以"当位实也”。六四与它们是比合关系，只能依附而得不到相应帮助，所以来去都难。

[原文]

九五　大蹇， 王弼注：“难之大者也。” **朋来。** 朱熹《周易本义》：“必有朋来而助之者。”

《象》曰：“大蹇，朋来”，以中节也。

[译文]

九五，行走极为艰难，却有朋友前来救助。

《象传》说：“行走极为艰难，却有朋友前来救助”，说明九五坚守了中正的品德和节操。

[解说]

大蹇是非常艰难。九五在君位，但陷入上卦坎险的正中央，形势非常艰难。不过，“九五”刚健中正，必定会有朋友前来相救（朋来），那就是与之正应的六二。节，符节，古代的一种信物，以两个符节相合为凭。二五相应又都居中，所以是“以中节也”。九五中正，得道多助。

[原文]

上六　往蹇来硕，吉。利见大人。

《象》曰:“往蹇来硕”，志在内也。“利见大人”，以从贵也。

[译文]

上六，往前进发艰难，返归可获丰硕成就，吉祥。利于进见有权势的人物。

《象传》说：“往前进发艰难，返归可获丰硕成就”，说明志在于联合内部共济艰难。“利于进见有权势的人物”，说明追随贵人，能得到利益。

[解说]

上六居坎险顶端，无路可走，所以“往蹇来硕”，谓应九三。九三为阳，阳为大，故曰硕，硕即是大。上六与九三正应，三在内卦，所以说“上六志在内也，利见大人”。大人是九五，九五尊贵，依靠九五，即是“以从贵也”，上六力弱，又走投无路，必须借助外部力量支持，才能绝处逢生。

解卦第四十

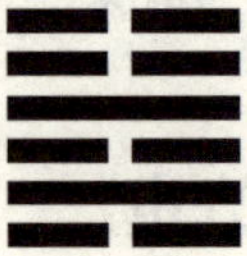

解除苦难

解卦意味着苦难的解除、束缚的解脱。

[原文]

解(jiě)朱熹《周易本义》："解，难之散也。" **利西南，无所往，其来复，吉。有攸往，夙**(sù)**，吉。**

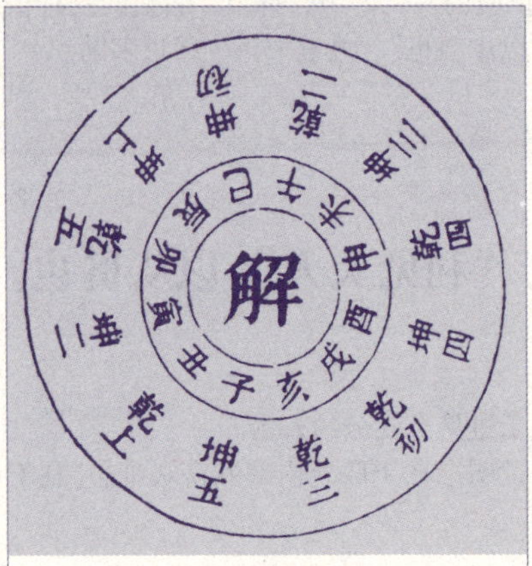

解卦图

解卦从卦形上看，上卦震可以象征树木，象征高塔，下卦坎为水，水上的塔就像指明航向的灯塔一样，可以排除触礁的危险，因此本卦命名为"解"。

[译文]

解卦象征解除困难。西南方有利，没有事情就不必前往，回到原地安居，可获吉祥。如果执意前往，及早行动，可获吉祥。

[解说]

解卦由震上坎下两卦象组成。内卦坎是险，外卦震是动，行动走出困难之外，解除困难之象，所以卦名为解。解卦与蹇卦是爻位相反的正覆卦（综卦），蹇是难，解就是解决或缓解困难。

[原文]

《彖》曰：解，险以动，动而免乎险，解。解"利西南"，往得众也。"其来复，吉"，乃得中也。"有攸往，夙，吉"，往有功也。天地解而雷雨作，李鼎祚《周易集解》引荀爽曰："谓乾坤交通，动而成解卦，坎下震上，故'雷雨作'也。"**雷雨作而百果草木皆甲坼**(chè)**。解之时大矣哉。**王弼注："无所而不释也。"

[译文]

《彖传》说：解卦象征身陷险境而努力行动，行动而能脱离危险，这就是解除困难。"解除困难利于往西南方走"，前往必得民众之拥戴。"回到原地安居，可获吉祥"，因为修养中正之德。"如果执意前往，及早行动，可获吉祥"，说明前往解难可以建功。天地解脱危机，于是雷行雨降，雷行雨降而百果草木破壳而出，萌发新芽。因时制宜地解除困难的意义真是太伟大了。

[解说]

解卦上震动下坎险，表明坎险震动得以免除，西南方是坤所在方向。九四所在相当于坤的初爻的位置，前临重阴（两个阴爻相连）、阳遇阴则通，则相得，故利西南且得众（阴爻）。六五往上遇阴而窒，故无所往。就又来到相应的中爻九二（其来复，吉，乃得中也）。谓二往五。夙，即早晨。坎离卦象相对，离为火、为明，坎为水、为暗、为夜，九二在坎为夜。六五在震为出、为晨。九二往六五则是由夜及晨而天明，故夙吉、有攸往、往有功也。上震为雷，下坎为水，雷水即是雷雨，雷雨发生则天地开解，甲是皮。震动，故甲坼，百果草木都破土而出，解的时势太重大了！

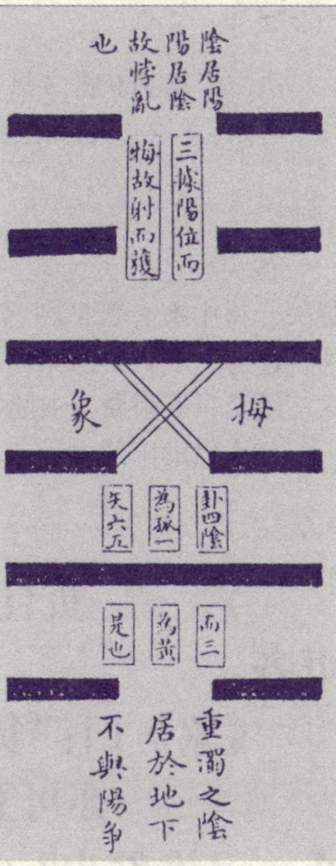

解出坎险图

解卦的内卦“坎”象征危险，外卦“震”象征行动。如果要行动，要走出困境，使困难解除，就要在险境中运动，动就能脱离险境，这就是解卦的意象。此卦来自升卦，升卦的三爻与四爻交换，就是解卦。从图上来看，由于重浊的阴气居于地下，不与阳气相争。这样，要走出困境必须行动，从危险中解脱出来。

[原文]

《象》曰：雷雨作，解。君子以赦过宥(yòu)罪。

[译文]

《象传》说：雷行雨降，象征解除困难。君子当效法于此，多施恩泽，赦免过失，宽恕有罪之人。

[解说]

雷雨大作则万物得以萌生，称为雷水解。坎之险恶，因震而动出，得到解除。君子于是悟到要赦免、宽恕有罪之人。

[原文]

初六　无咎。

《象》曰：刚柔之际，义“无咎”也。

[译文]

初六，没有灾难。

《象传》说：初六与上卦的九四阴阳相应，就解除困难的道理而言，必然没有灾难。

[解说]

“义”在此当“宜”讲。初六柔爻，与上卦的九四阴阳刚柔正应，初六上方为九二阳爻，初六承阳，刚柔交际。虽然以阴居阳失位，但也应该没有咎害（义无咎也）。

[原文]

九二　田获三狐，得黄矢。欧阳维诚《周易新解》：“黄矢，黄铜做的箭头。”**贞吉。**

《象》曰：“九二贞吉”，得中道也。

[译文]

九二，田猎获得多只狐狸，并得到黄铜箭头，坚守贞正可获吉祥。

《象传》说：九二坚守贞正可获吉祥，是因为居守中正不伪之道。

[解说]

黄为中色，矢为箭、为直，黄矢，即中直，即是六五。九二与六五正应，所以贞吉，得黄矢，得中道。狐是媚惑人的动物，象征小人。这一卦有四个阴爻，除了在君位的“六五”之外，还有三个阴爻，即是三狐。二位为地上位，相当于田野（乾卦九二爻辞：见龙在田）。初六、六三阴爻只能附属于刚健守中的九二，上六遥远，但九二与六五相应，可以上到五位以擒获。

初六借助阳的力量来自保，九二有力且借助中直的力量则收获巨大。

[原文]

六三　负且乘，欧阳维诚《周易新解》：“负，以背载物。”**致寇至，贞吝。**

《象》曰：“负且乘”，孔颖达《周易正义》：“乘者，君子之器也。负者，小人之事也。”**亦可丑也。自我“致”戎，又谁咎也？**

[译文]

六三，背负重物而乘坐大车，将招致匪盗的劫掠，卜问必有灾祸之象。

《象传》说：“背负重物而乘坐大车”，这本身是很丑恶的。自己招来的匪盗，又会是谁的过失呢？

[解说]

“负且乘”，六三对九四来说为“负”，但六三阴爻却在九二之上，乘刚于九二，六三是阴爻，是小人。古代君子方得乘车，背负东西则为小人之事。如今“六三负且乘”，品德与地位不相称，“亦可丑也”，这样会招致贼寇（自我致戎，又谁咎也）。六三阴居阳位不正，所以“贞吝”。

[原文]

九四　解而拇，朋至斯孚(fú)。

《象》曰：“解而拇”，未当位也。

[译文]

九四，解除与小人的关系，朋友们将前来，彼此间心诚相应。

《象传》说：“解除与小人的关系”，说明自己

天地自然之图

图中黑白回互环抱，象征太极生阴阳两仪。白为阳，黑为阴。外圈从震到乾，阳气逐渐兴盛，震居东北，白一分，黑二分，象征震卦一阳爻二阴爻；兑居东南，白二分，黑一分，象征兑卦二阳爻一阴爻；乾居正南，全白，象征乾卦由三阳爻组成；离卦在正东，取西之白中黑点，也是二阳爻一阴爻。从巽到乾，阴气逐渐兴盛，巽居西南，黑一分，白一分，象征巽一阴爻二阳爻；艮居西北，黑二分，白一分，象征巽卦二阴爻一阳爻；坤居正北，全黑，象征坤卦由三阴爻组成；坎卦在正西，取东之黑中白点，也是二阴爻一阳爻。全图分成八块，就是八卦的形象。

居处的位置不适当。

[解说]

解，即解脱。“而”与“尔”通用，是你的意思，指九四。九四是上震的初爻，震为足。九四就是拇，是大脚趾。九四前遇重阴，阳遇阴则通，故曰“解而拇”。但拇指能动不能行，所以九四还没有上到五位（未当位也），阴以阳为朋，如果到达五位即中位以后，众爻就会跟进，所有的阴爻都会处在与它相应或相孚的位置（朋至斯孚）。

九四以前进来解决发展中的问题，这是一种积极的态度。

[原文]

六五　君子维有解，吉，有孚于小人。

《象》曰：“君子有解”，“小人”退也。

[译文]

六五，君子被纠附的险难解除，吉祥，以诚信之德感化小人。

《象传》说：君子能够解除险难，因为小人畏服退缩了。

[解说]

君子当指阳爻，也就是九四，“维”是“惟”，也有捆绑的意思。九四只有解除了束缚上升到五位，阳刚当位而吉。阴爻是小人，小人退，指六五退居四位。九四升到五位后上卦成坎，坎上下都是阴爻孚比，故曰“有孚（取信）于小人”。

[原文]

上六　公用射隼(sǔn)于高墉(yōng)之上，孔颖达《周易正义》：“隼者，贪残之鸟，鹯鹞之属。墉，墙也。”**获之，无不利。**

《象》曰：“公用射隼”，以解悖也。

[译文]

上六，王公射杀高墙上的恶隼，一举射获并捕获了它，没有什么不利。

《象传》说：“王公射杀高墙上的恶隼”，说明是在解除悖乱的险难。

[解说]

上六在上震终爻，震为诸侯，故可称公，上六已经渡过重险（重坎），可以居高临下，挽弓射落（获之），解除那些凶险（指重坎）。“以解悖也”，悖是叛乱，故“无不利”。上九从更高的视野角度和以更大的气魄一举彻底解决了问题，有“回看射雕处，千里暮云平”这种境界。

损卦第四十一

损下益上，根基动摇

损卦寓意不能随便损失。

[原文]

损　有孚，元吉，无咎，可贞，利有攸往。李鼎祚《周易集解》引虞翻曰："泰初之上，损下益上，以据二阴，故'有孚，元吉，无咎'。艮男居上，兑女在下，男女位正，故'可贞利有攸往'矣。"**曷（hé）之用？**王弼注："曷，辞也。曷之用，言何用丰为也。"**二簋（guǐ）可用享。**王弼注："二簋，质薄之器也。行损以信，虽二簋而可用享。"

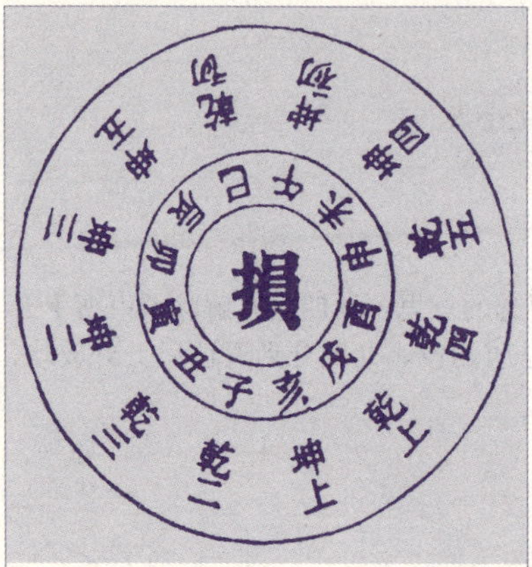

损卦图

损卦从卦形上看，上卦艮为山，下卦兑为水。艮可以引申为手，有握的意思。下卦兑有毁坏之意。兑还可以引申为刀枪。手持刀枪是军人的形象。军人是用来打仗的，战争总是给国家和百姓带来不可估量的损失，故此卦命名为"损"。

[译文]

损卦象征减损。心怀诚信，大为吉祥，没有过错，可以保持正确方向，有利于往前进发。减损之道何以运用呢？用两簋淡食享祀神灵即是。

[解说]

损者，是减，是失。但损不是简单的增减。以祭祀为例，两竹盘的祭品，只要有诚意，仍然会被神接受，会大吉。形式上虽减损了，但实质上没有减损。损卦的前卦是解卦，缓解、和解必然会损让一些东西，所以解之后就是损卦。

[原文]

《彖》曰：损，损下益上，其道上行。损而"有孚，元吉，无咎，可贞，利有攸往。曷之用。二簋可用享"，二簋应有时，李鼎祚《周易集解》引虞翻曰："时谓春秋也。损二之五，震二月，益正月，春也。损七月，兑八月，秋也。谓春秋祭祀，以时思之。艮为时，震为应，故'应有时'也。"**损刚益柔有时。损益盈虚，与时偕行。**王弼注："下不敢刚，贵于上行，损刚益柔之谓也。刚为德长，损之不可以为常也。"

[译文]

《彖传》说：减损的意思是减损下方，增益上方，它的轨道是由下奉献于上。减损的时候“心怀诚信，就会大吉，没有过错，可以保持正确的方向，有利于往前进发。减损之道何以运用呢？用两簋淡食享祀神灵即是”。用两簋淡食享祀应当守时守信，阳刚减损而阴柔增益也要随时节而变。事物的减损增益、盈满亏虚，都是顺适其时而运行的。

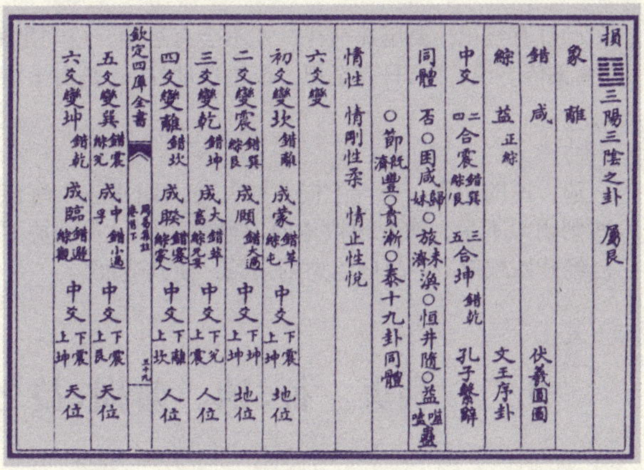
損 ䷨ 三陽三陰之卦 屬艮
象 離 伏羲圓圖
錯 咸
綜 益 正綜 文王序卦
中爻 二四合震 錯巽 綜艮 三五合坤 錯乾 孔子繫辭
同體 否○困咸歸妹○旅未濟渙○恒井隨○益噬嗑蠱○節既濟豐○賁漸○泰十九卦同體
情性 情剛性柔 情止性悅
六爻變
初爻變坎 錯離 成蒙 錯革 綜屯 中爻 下震 上坤 地位
二爻變震 錯巽 綜艮 成頤 錯大過 中爻 下坤 上坤 地位
三爻變乾 錯坤 成大畜 錯萃 綜无妄 中爻 下兌 上震 人位
四爻變離 錯坎 成睽 錯蹇 綜家人 中爻 下離 上坎 人位
欽定四庫全書 周易集註 卷十九
五爻變巽 錯震 綜兌 成中孚 錯小過 中爻 下震 上艮 天位
六爻變坤 錯乾 成臨 錯遯 綜觀 中爻 下震 上坤 天位

损卦错综及爻变图

损卦为三阳三阴之卦，属艮，在艮宫八卦中属土。它与离卦相象，与咸卦相错，与益卦相综，二至四爻合为震卦，与巽卦相错，与艮卦相综，三至五爻合为坤卦，与乾卦相错。损卦与否、困、咸、归妹、旅、未济、涣、恒、井、随、益、噬嗑、蛊、节、既济、丰、贲、渐十九卦同体。其情性为情刚性柔，情止性悦。六爻变位为：初爻变坎位在地，二爻变震位在地，三爻变乾位在人，四爻变离位在人，五爻变巽位在天，六爻变坤位在天。

[解说]

损卦是由消息卦泰卦九三上往六位（其道上行），上六下到三位演变而来的，减损了下卦一阳而增加到上卦，是损下益上。损卦六爻皆有相应，故曰“损而有孚”。二阳遇重阴（三四五阴爻），阴阳交通、交泰，故曰“元吉”。但不宜过分损让九二往上，故“可贞”。上九下乘重阴而利有攸往。卦二至上为正反两个震象，震为装食物的器皿簋，即二簋。震为动、为应，故曰“二簋应”。二簋应有时：用二簋享，正与时应也。在祭品不足的情况下，只要有诚信，二簋至薄祭品亦合礼，因为减损增益、盈满亏虚，都是伴随着时序运行的。时当益则益，时当损则损。

[原文]

《象》曰：山下有泽，损。君子以惩忿窒（zhì）欲。 李鼎祚《周易集解》引虞翻曰：“乾阳刚武，为忿。坤阴吝啬，为欲。损乾之初成兑说，故‘征忿’。初上据坤，艮为山，故‘窒欲也’。”

[译文]

《象传》说：高山的下面有深泽，象征减损。君子应当效法于此，抑制愤激，堵塞邪欲，以免损害人的德行。

[解说]

损卦上艮山，下兑泽，是山下有泽之象，称为山泽损。山遇泽水浸而不干亢，泽被山限而不外溢，损中有益，君子于是感悟到要遏制怒气，杜绝嗜欲。

[原文]

初九　已事遄（chuán）往，无咎。酌损之。

《象》曰：“已事遄往”，尚合志也。

［译文］

已日有祭祀，要迅速前往，才不会有过错。应当斟酌损减阳刚之质。

《象传》说："已日有祭祀，要迅速前往"，是由于与上方志同道合。

［解说］

遄，速的意思，尚与上同。初九与六四相应（尚合志也）。初九具有阳爻刚健的本性有余，六四则阴柔不足，初九很快地向上助益六四，损刚益柔，不会有咎，不过，初爻力量有限，自己已经开始减损了，故应当斟酌损益，使其适度。

［原文］

九二　利贞。征，凶。弗损，益之。李鼎祚《周易集解》引虞翻曰："失位当之正，故'利贞'。征，行也。震为征，失正毁折，故'不征'。之五则凶，二之五成益，小损大益，故'弗损益之'矣。"

《象》曰："九二利贞"，中以为志也。

［译文］

九二，利于坚守正道，急于向外发展则有凶险，不用减损自我就能增益上方。

《象传》说："九二利于坚守正道"，是因为它应当以持中正的品德为其志向。

［解说］

下卦已经损了一阳益上，九二不宜再损，否则损之不已，则成否象，故利于贞定、弗损、中以为志也。弗损就使九二得益，故曰"益之"。震为动、为征，二阳临重阴，本来利于征，然二往五则下方愈损，故"征凶"。

此爻讲述不损而益的道理，说明不要愚忠、愚义。

［原文］

六三　三人行(xíng)，则损一人。一人行。则得其友。

《象》曰："一人行"，"三"则疑也。高亨："行上疑脱志字。志行，谓其主张得以实行。疑，谓主张分歧，不得不实行，意见相对。"

［译文］

六三，三个人同行，会因为其中两人背地同谋，而损害另外的一个人。一个人独自行旅，则可以得到真正的朋友。

《象传》说：一个人独自行旅则可以专一求合，三人同行则将使彼此之间疑惑无主。

［解说］

损卦是由泰卦转变而来，泰下卦为乾，乾为人，乾三阳原为三人，九三上行益上成为上九，则成兑卦，即是损了一人，所以说"三人行则损一人"。上九下乘重阴，阳以阴为友，故曰"一人行则得其友"。如果泰卦三个阳爻都上行则成否象。否卦上九被四五位两个阳爻阻隔，阳阳相敌、相疑、相忌，故曰"一人行，三则疑也"。

[原文]

六四　损其疾，使遄（chuán）有喜，高亨《周易大传今注》："古人谓病愈为有喜，因其为可喜之事也。"**无咎。**

《象》曰："损其疾"，亦可"喜"也。

[译文]

六四，减损自我的错误，能使他人速来相助，使事情有惊喜的收获，没有什么过错。

《象传》说："减损自我的错误"，这是很可喜的事。

[解说]

六四有错误，与之相应的初九会很快（使遄）来帮助，因为阴得阳助，所以有喜。

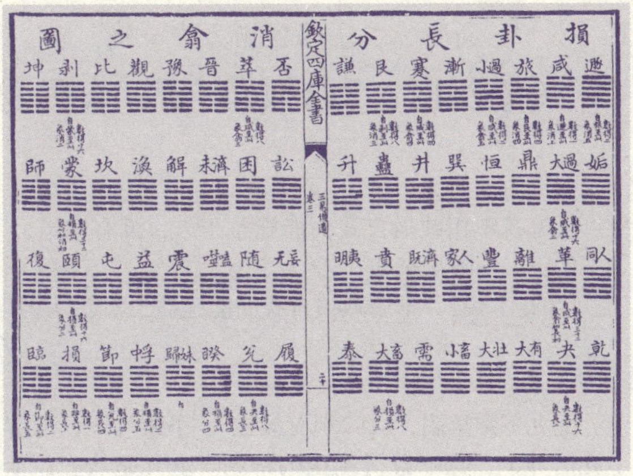

损卦长分消翕之图

"消"即"静"，"翕"即"动"。消翕反映的是损卦在运动、消长变化中与其他卦象的关系。损卦是由泰卦演变而来的，即泰卦的初九爻从最下位升到最上位，变为损卦。下卦减去一个刚爻，上卦增加一个刚爻，就是"损下益上"。下卦三个刚爻减去一个，上卦三个柔爻加上一个，即"损刚益柔"。可以依据损卦的长分消翕来占问吉利。如初九爻预示着开始损减，迅速前往，没有咎害，斟酌减损。九二爻预示着利于守正，出征有凶险，不损伤别人而是要帮助别人。六三爻预示着一人行可得朋友，三人行则会相互猜疑。六四爻预示着疾病减轻，很快痊愈，没有咎害。六五爻预示着上天保佑，大吉大利。上九爻预示着不损伤别人并帮助他们，守正则吉利。

[原文]

六五　或益之十朋之龟，弗克违，高亨《周易大传今注》："克，能也。违，犹拒也。"**元吉。**

《象》曰："六五元吉"，自上佑也。

[译文]

六五，有人以价值昂贵的大龟相赠，不必辞谢，这是大吉事。

《象传》说："六五的大吉"，是因上天的保佑。

[解说]

六五居艮，艮形一刚阳在外如龟甲，即为龟。朋是两串贝币，价值十朋的大龟，喻指本卦的动爻也是主爻的上九，就是指上九的损下益上。六五在上九之下，所谓承阳，上九这个价值十朋的大宝被六五承之（益之），所以是六五元吉，自上佑也。弗克违，就是并不违逆。六五因为中和、光大（居五位）、谦逊（以阴居坤）、有应（于九二），所以会有意外的巨大的益助。

[原文]

上九　弗损益之，无咎，贞吉。李鼎祚《周易集解》引虞翻曰："损上益三也。上失正，之三得位，故'弗损益之，无咎，贞吉'。动成既济，故'大得志'。"**利有攸往。得臣无家。**李鼎祚《周易集解》引王肃曰："刚阳居上，群下共臣，故曰‘得臣’矣。得臣则万方一轨，故‘无家’也。”

《象》曰：“弗损益之”，大得志也。

[译文]

上九，不用减损自我而能施益于人，没有过错，坚守正道可获吉祥，事业进展顺利，可使天下臣服，不限于家族。

《象传》说：“不用减损自我而能施益于人”，说明实现了自己施惠天下的志向。

[解说]

上九下乘重阴，故“利有攸往”。下乘坤顺，可谓“大得志也”，坤性先迷而后得主，为臣。上九居坤上，意味着得到臣的帮助。上九是从三位上来的，是上九的家。但上九本性是益上，又得到臣的帮助，虽与六三应，但不返回来减损自己以补益三位（弗损益之），故曰“得臣无家”，谓公而忘私也。

益卦第四十二

损上益下，固本强根

益卦寓意上下受益，繁荣昌盛。

［原文］

益朱熹《周易本义》："增益也。" **利有攸往，利涉大川。**李鼎祚《周易集解》引郑玄曰："阴阳之义，阳称为君，阴称为臣。今震一阳二阴，臣多于君矣。而四体巽，之不应初，是天子损其所有以下诸侯也。人君之道，以益下为德，故谓之益也。震为雷，巽为风。雷动风行，二者相成，犹人君出教令，臣奉行之，故'利有攸往'。坎为大川，故'利涉大川'矣。"

［译文］

益卦象征增益。有利于往前进发，有利于涉越大江巨流。

［解说］

损与益是一对综卦，即卦形完全相反，益卦就是由泰卦的综卦否卦变化而来，就是由否卦上乾中的四位刚爻下到初位，初位阴爻上到四位，刚爻由上及下，这是损上益下、利民、恤民，故名益卦。益卦显示了益中有损，损中有益，损益可以相互转化的哲理。

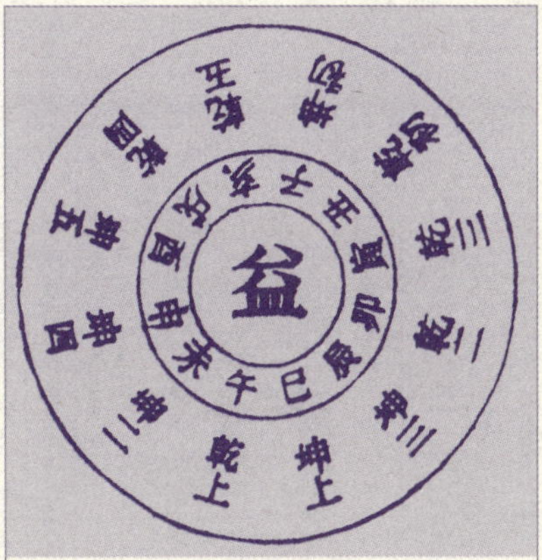

益卦图

益卦从卦形上看，上卦为巽，下卦为震，巽可以引申为绳、为线，震可以引申为动、为梭（震为木、为动，梭就是移动之木），所以整个卦象可以解释为织布。上卦巽为长女，古时织布多为女人所为，因此有织女的意思。织布使人类摆脱了穿兽皮和树叶的时代，男耕女织又是古代典型的生活方式，因此用代表好处的"益"命名此卦。

［原文］

《彖》曰：益，损上益下，民说（yuè，同"悦"）无疆。李鼎祚《周易集解》引虞翻曰："上之初。坤为无疆，震为喜笑；以贵下贱，大得民，故'说无疆'矣。"**自上下下，其道大光。"利有攸往"，中正有庆。**王弼注："五处中正，自上下下，故有庆也。以中正有庆之德，有攸往也，何适而不利哉！"**"利涉大川"，木道乃行。**李鼎祚《周易集解》引虞翻曰："谓三动成涣。涣，舟楫象。巽木得水，故‘木道乃行’也。”**益动而巽，日进无疆。天施地生，其益无方。**《广雅·释诂》：“方，类也。”**凡益之道，与时偕行。**

[译文]

《彖传》说：增益的意思是减损上层以增益下层，这样民众就会喜悦无穷。由上而下推行益德，这种道义必能发扬光大。“利于往前进发”，因为六二与九五都居中持正，所以有吉庆。“利于涉越大江巨流”，是因为上卦巽木成船，顺风而动，涉渡之事通畅。增益之时下者兴动而上者谦逊，所以能够天天增进，以至无边无际，正如上天普降利惠，大地受益，万物茁壮生长，自然之生益遍及万方。大凡事物增益的现象和规律，都是随时令的到来同步地进行的。

[解说]

益卦巽上震下，上卦巽是风、是木，下卦震是雷动，风雷同声相应，卦名称作“风雷益”。因为减损上面而补益下面，这是兴利保民的光明大道，所以百姓喜悦无边（民说无疆，说即是悦）。九五之阳居中得正，所以“中正有庆”。益卦初阳遇坤阴而通，巽震合象也是木动之象，木道，指舟楫，故曰“利有攸往，利涉大川”。风动雷动相互助益，每天的进益无穷无尽，坤为广，故曰“无疆”。方，表面积，无方即无表极大。补益之阳自上来，故曰“天施”。震为生，坤为地，故曰“地生”。益之道，也是伴随时序而行，时益则益。

[原文]

《象》曰：风雷，益。君子以见善则迁，有过则改。朱熹《周易本义》：“风雷之势，交相助益，迁善改过，益之大者，而其相益亦犹是也。”

[译文]

《象传》说：风雷交动相互助长，象征着增益。君子应效法于此，见善美之德行就认真效仿，有了过错就马上改正。

[解说]

益卦上巽风，下震雷，称为风雷益。是雷动风生，风声助雷，风雷相合之象。君子见此感到，要增益自己的善行，同时减少自己的过错，行善如巽风一样柔和，改过如雷动一样迅猛。

[原文]

初九　利用为大作，孔颖达《周易正义》：“谓可以兴作大事也。”**元吉，无咎。**李鼎祚《周易集解》

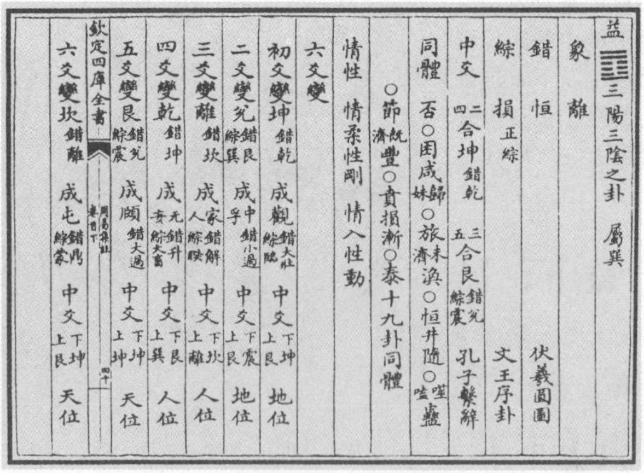
益 ䷩ 三陽三陰之卦 屬巽
象 離
錯 恒 伏羲圓圖
綜 損 正綜 文王序卦
中爻 二四合坤 錯乾 三五合艮 錯兑 綜震 孔子繫辭
同體 否○困○咸○歸妹○旅○未濟○渙○恒○井○隨○噬嗑○蠱
○節○既濟○豐○賁○損○漸○泰十九卦同體
情性 情柔性剛 情入性動
六爻變
初爻變坤 錯乾 成觀 錯大壯 綜臨 中爻下坤上艮 地位
二爻變兑 錯艮 綜巽 成中孚 錯小過 中爻下震上艮 地位
三爻變離 錯坎 成家人 錯解 綜睽 中爻下坎上離 人位
四爻變乾 錯坤 成无妄 錯升 綜大畜 中爻下艮上巽 人位
五爻變艮 錯兑 綜震 成頤 錯大過 中爻下坤上坤 天位
六爻變坎 錯離 成屯 錯鼎 綜蒙 中爻下坤上艮 天位

益卦的错综及六爻变卦图

益卦为三阳三阴之卦，属巽。它与离卦相象，与恒卦相错，与损卦相综，二至四爻合为坤卦，与乾卦相错，三至五爻合为艮卦，与兑卦相错，与震卦相综。益卦与否、困、咸、归妹、旅、未济、涣、恒、井、随、噬嗑、蛊、节、既济、丰、贲、损、渐、泰十九卦同体。其情性为：情柔性刚，情入性动。六爻变位为：初爻变坤位在地，二爻变兑位在地，三爻变离位在人，四爻变乾位在人，五爻变艮位在天，六爻变坎位在天。

引侯果曰："大作，谓耕植也。处益之始，居震之初。震为稼穑，又为大作。益之大者，莫大耕植。故初九之利，'利为大作'。若能不厚劳于下民，不夺时于农畯，则"大吉，无咎"矣。"

《象》曰："元吉，无咎"，下不厚事也。

[译文]

初九，有利于大有作为，至为吉祥，没有过错。

《象传》说："至为吉祥，没有过错"，因为老百姓努力工作，毫不落后。

[解说]

益卦初阳前临坤阴（二三四爻），往前有利无阻（元吉，无咎）。所以最下位的初九也可大有作为。"下不厚事"，初九阳刚自上而下，在下而不厚劳其民，不夺其时。此爻初阳时益则益，与时偕行。

[原文]

六二　或益之，十朋之龟，弗克违，永贞吉。王用享于帝，吉。王弼注："帝者，生物之主，兴益之宗，出震而齐巽者也。"李鼎祚《周易集解》引干宝曰："圣王先成其民而后致力于神，故'王用享于帝'。在巽之宫，处震之象，是则苍精之帝同始祖矣。"

《象》曰："或益之"，自外来也。高岛吞象《易断》："以益为内，损为外，龟自损来，故谓'外来也'。"

[译文]

六二，有人以价值昂贵的大龟相赠，不必辞谢，永远坚守正道就能吉祥。君王任用他来祭祀天帝这是吉利的。

《象传》说："有人以价值昂贵的大龟相赠"，说明这是外来的赠与，有益无害。

[解说]

"或益之，十朋之龟，弗克违。"与损卦六五的爻辞相同。损卦倒过来，就是益卦，所以，益卦的六二相当于损卦的六五，但受益的在下卦位。六二与九五相应，所以九五又用十朋之龟助益六二。六二既受九五之益，又受初九之益，初九是否卦刚爻由上及下来的，受益都来自上卦，上卦即是外卦，所以是"或益之，自外来也"。以阳助阴，故不违逆（弗克违）。六二柔弱，需保持柔顺、虚心、中正，就会吉祥（永贞吉）。益卦下为震，震为诸侯，为祭祀的用食器皿簋，所以是"王用享于帝，吉"。

[原文]

六三　益之用凶事，无咎，有孚，中行，告公用圭（guī）。王弼注："公者，臣之极也。几事足以施天下，则称王；次天下之大者，则称公。"

《象》曰："益用凶事"，固有之也。王弼注："用施凶事，乃得固有之也。"

[译文]

六三，于凶险事故中求助增益，没有过错，应心怀诚信，中道而行，执玉圭向王公告急。

《象传》说："于凶险事故中求助增益"，这当然是可行的。

[解说]

"益之用凶事"，就是把益用于凶险方面。六三阴柔不中不正，故凶事为此爻本来就有（固有之）。二三四阴爻共同承顺于居中的九五（有孚，中行）。六三居震为诸侯，震是动，即是六三约同诸侯执圭，同往朝拜天子九五（告公用圭）。圭是用玉制成，方正有棱角，以象征诚信。六三本来有凶，但能恭谨地求助于九五，所以无咎。

[原文]

六四　中行告公，从，李鼎祚《周易集解》引虞翻曰："中行谓震位在中。震为行，为从，故曰'中行'。公谓三。三上失位。四利三之正，已得以为实，故曰'告公从'矣。"**利用为依迁国。**李鼎祚《周易集解》引虞翻曰："坤为邦。迁，从也。三动坤从，故利用为依迁国也。"

《象》曰："告公从"，以益志也。王弼注："志得益也。"

[译文]

六四，持中慎行求告王公，他必言听计从，有利于依从君上迁都遗民。

《象传》说："求告王公，他必言听计从"，这是有损己益天下的志向。

[解说]

这一爻辞，与前"六三"的"爻辞"意义连贯，六四所在原来是九四的位置，四阳从上外卦，增益到下内卦去了（喻指迁国），故为"以益志"。六四与下三阴宜共同承九五（告公从）。坤为国，震动，故曰"迁国"。六四往中迁移（中行），三四五爻组成互艮为止，至五艮而止。艮止，故曰"依"，就是依此建国。六四迁移国都，以获得强大友善的天子国度庇护。

[原文]

九五　有孚（fú）惠心，贾谊《新书·道篇》："心省恤人谓之惠。"**勿问元吉。有孚惠我德。**

《象》曰："有孚惠心"，"勿问"之矣。"惠我德"，大得志也。李鼎祚《周易集解》引崔憬曰："居中履尊，当位有应。而损上之时，自一以损己为念。虽有孚于国，惠心及下，终不言以彰己功。故曰'有孚惠心，勿问'。问，犹言也。如是，则获元吉，且为下所信而怀己德，故曰'有孚惠我德'。君虽不言，人惠其德，则我'大得志也'。"

[译文]

九五，有诚信的态度和恩惠他人之心，毫无疑问是至为吉祥的。这样天下百姓必然也会诚意回报我的恩德。

《象传》说："有诚信的态度和恩惠他人之心"，其吉祥是无疑的。"诚意回报我的恩德"，说明这是益民之志大得推行。

[解说]

"惠心"是施予恩惠的心。"德"与"得"相同。九五在中央君位，阳爻阳位，因而刚毅中正，又有下卦同样中正的六二相应，所以有力量，也有诚意，对人民布施恩惠（惠我德），用不着问卜，就知道会非常吉祥（勿问元吉）。九五阳爻下乘重阴坤顺，故为"大得志也"。

[原文]

上九　莫益之，或击之。立心勿恒，凶。徐子宏《周易全译》："莫，犹言没有人。益，帮助。"

《象》曰："莫益之"，偏辞也。"或击之"，自外来也。徐子宏《周易全译》："偏，周遍。"

[译文]

上九，没有人增益援助，反而有人攻击，不能长久恒守立下的心志，就会有凶险。

《象传》说："没有人增益援助"，因为是求益的片面言辞。"反而有人攻击"，说明凶险是从外部不招自来的。

[解说]

上九与九五皆阳，相邻为敌，上九应在三，然而上九若增益六三，则为九五所隔，故"莫益之"（六三），否则会受到九五攻击。五在外卦，故言攻击来自外（或击之，自外来也）。上九处巽风上端，就要风吹陨落，故曰"立心勿恒，凶"。偏辞，偏心之辞。上九帮助六三是偏私相助，是私授，故九五击之。援助应该无私、无条件，否则自己也会遭受损失。

夬卦第四十三

用和平的手段消除罪恶

夬卦寓意要和平，不要冒险采用武力。

［原文］

夬（guài）孔颖达《周易正义》：“夬，决也。” **扬于王庭，** 程颐《周易程氏传》：“当显形之于公朝。” **孚号有厉。告自邑，** 王弼注：“谓行令于邑也。” **不利即戎，利有攸往。**

夬卦图

夬卦从卦形上看，上卦为兑，为口，下卦为乾，为金属。金属开口，是尖刀、剪刀的形象。用剪刀剪开物体，就像人作决断一样。夬就是决断的意思，所以本卦命名为“夬”。

［译文］

夬卦象征决断。在君王的朝廷上表演武舞，宣布小人的罪状，心怀诚信地疾呼危险。告诫自己封邑中的人，不利于立即动用武力制裁，但往前进发是顺利的。

［解说］

夬卦接益卦之后，因为益增益不止到容纳不下的时候，必然会决口外溢。夬，决绝、崩决、溃决。夬本来是拉弓时戴在大拇指上的护套，弦由护套上弹离，所以有决断的意思。但凡夬偏旁的字，如决、快、诀、缺等，都有离的含义。夬卦有五个阳爻在下，一个阴爻在上，是强大的阳将阴切断的形象，所以称作夬卦。这一卦，也是消息卦，代表三月。

［原文］

《彖》曰：夬，决也，刚决柔也。健而说（yuè）**（同“悦”），决而和。“扬于王庭”，柔乘五刚也。** 王弼注：“刚德齐长，一柔为逆，众所同诛而（无）忌者也，故可扬于王庭。” **“孚号有厉”，其危乃光也。** 王弼注：“刚正明信以宣其令，则柔邪者危，故曰‘其危乃光’也。” **“告自邑，** 李鼎祚《周易集解》引干宝曰：“殷民告周以纣无道。” **不利即戎”，所尚乃穷也。“利有攸往”，刚长乃终也。**

[译文]

《象传》说：夬的意思是决断，犹如阳刚君子果决制裁阴柔小人。刚健勇进而又使人心悦诚服，果决行事而又意气平和。“在君王的朝廷上宣布小人的罪状”，因为阴柔小人乘凌在阳刚君子之上。“心怀诚信地疾呼危险”，这样才能渡过危险，使君子的作为发扬光大。“告诫自己封邑中的人，不利于立即动用武力制裁”，说明若一味崇尚武力，将使刚决之道衰微；“往前进发是顺利的”，说明阳刚盛长终获善终。

[解说]

夬卦五阳一阴，五阳盛长将决去一阴（刚决柔）。态势强健而和悦，夬卦下乾上兑，乾为健，兑为和悦（说），但一阴居卦之上，指在朝廷之上，下卦兑口，故为告。故在王庭上宣扬公布事情（扬于王庭），竭诚呼号有危厉（孚号有厉）。上六阴柔乘五阳刚，故危。阴退阳长，故光（其危乃光）。但不可掉以轻心，并告诫自己封邑内的人，不宜立即动武（告自邑，不利即戎）。所尚乃穷，尚通“上”，指卦上只有一阴，阳刚盛长，直到决去一阴而终结（刚长乃终）。

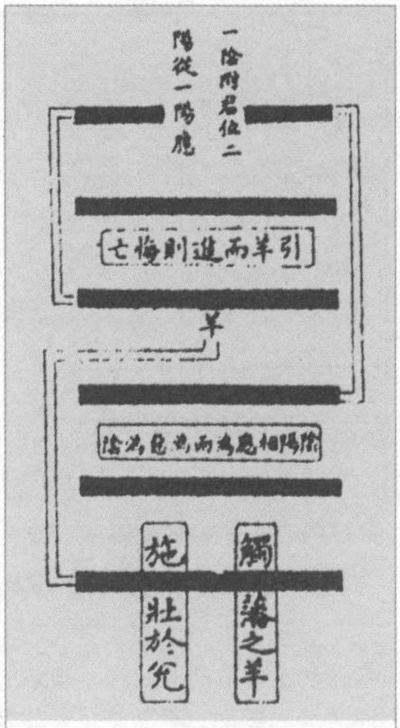

夬决之图

夬卦阳盛，象征君子势力强大，仅有少数的小人，正待驱除。夬，就是决断的意思，表示以刚断柔，引申为决断小人之道。如图所示，牵羊前行，没有忧悔。山羊一定决行于中道，没有危害，但最终引羊小人会被决断。

[原文]

《象》曰：泽上于天，夬。 李鼎祚《周易集解》引陆绩曰：“水气上天，决降成雨。故曰‘夬’。”**君子以施禄及下，居德则忌。** 王弼注：“忌，禁也。法明断严，不可以慢，故居德以明禁也。施而能严，严而能施，健而能说，决而能和，美之道也。”

[译文]

《象传》说：泽水蒸发升至天空，象征决断。君子当效法于此，果决地广施恩泽于下民，仅停留在个人功德上是为大忌。

[解说]

夬卦上兑泽，下乾天，是泽上于天之象，称为泽天夬。泽之水汽上升于天，化而为雨，天不自私，滋润万物。而泽水自蓄，泽决下流就会枯竭。君子见此悟到：要广施惠禄，但不使人知道，施德不望报，有德而不自居，所谓大德不德。若有私心，把施惠当作自己的恩德，也不会施禄多久，则自己最终会因满溢而崩决。多藏厚亡，此为君子大忌。

[原文]

初九　壮于前趾（zhǐ）**，** 徐子宏《周易全译》：“壮，即伤。”**往，不胜为咎。**

《象》曰：“不胜而往”，“咎”也。 李鼎祚《周易集解》引虞翻曰：“往失位应阳，故咎矣。”

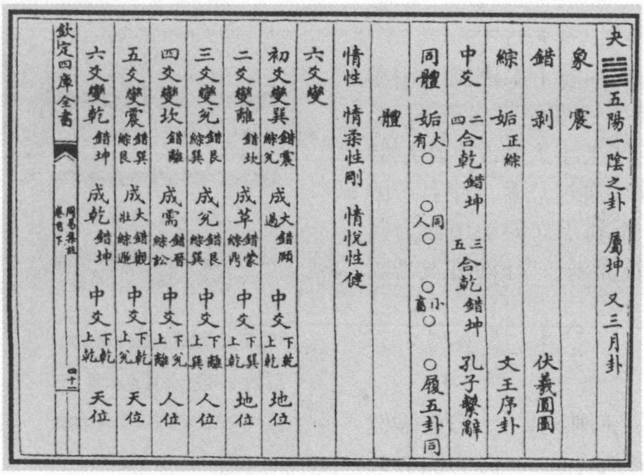
夬 ䷪ 五陽一陰之卦 屬坤 又三月卦
象 震 伏羲圓圖
錯 剥
綜 姤 正綜 文王序卦
中爻 二四合乾錯坤 三五合乾錯坤 孔子繫辭
同體 姤 大有○ 同人○ 小畜○ 履五卦同
體
情性 情柔性剛 情悅性健
六爻變
初爻變巽 錯震 綜兌 成大過 錯頤 中爻 下乾上乾 地位
二爻變離 錯坎 成革 錯蒙 綜鼎 中爻 下巽上乾 地位
三爻變兌 錯艮 綜巽 成兌 錯艮 綜巽 中爻 下離上巽 人位
四爻變坎 錯離 成需 錯晉 綜訟 中爻 下兌上離 人位
五爻變震 錯巽 綜艮 成大壯 錯觀 綜遯 中爻 下乾上兌 天位
六爻變乾 錯坤 成乾 錯坤 中爻 下乾上乾 天位
欽定四庫全書 周易集註 四十二

夬卦错综及爻变图

夬卦为五阳一阴之卦，属坤，在坤官八卦属土。它与震卦相象，与剥卦相错，与姤卦相综，二至四爻合为乾卦，与坤卦相错，三至五爻合为乾卦，与坤卦相错。夬卦与姤、大有、同人、小畜、履五卦同体。其情性为：情柔性刚，情悦性健。六爻变位为：初爻变巽位在地，二爻变离位在地，三爻变兑位在人，四爻变坎位在人，五爻变震位在天，六爻变乾位在天。

[译文]

初九，足趾前端强盛，冒失前往不能胜任，反而会有灾祸。

《象传》说：不能胜任而往前冒进，将会有灾祸。

[解说]

大壮卦下四阳上两阴，阳再长一爻，就成为夬卦，初九与大壮卦初爻的爻辞相同。初爻为趾，脚趾健壮，但脚趾能动不能行，初九前有重阳都是敌人，肯定胜不了。不能胜任而勉强前往，则必然会有灾难。

[原文]

九二　惕号，莫(mù)夜有戎，勿恤(xù)。《说文》："恤，忧也。"

《象》曰："有戎勿恤"，得中道也。李鼎祚《周易集解》引虞翻曰："动得正应五，故'得中道'。"

[译文]

九二，时刻忧惧警惕地呼号，就算夜间遭到敌人攻击，也不必担心。

《象传》说："夜间遭到敌人攻击，也不必担心"，说明修养夬德，不失持中慎行之道。

[解说]

"惕"是忧惧，"莫"是"暮"的本字，"恤"是忧患。九二与九五敌应，故有惕，九五在兑中，兑为口，故为号。戎指上六阴爻。九二刚爻柔位，刚柔并济，居中而中庸，不会冒进。所以，能够时刻忧惧警惕地呼叫，提醒防范敌人的袭击，就算夜间遭遇敌人的攻击，也不必担心失败了。

[原文]

九三　壮于頄，有凶。李鼎祚《周易集解》引翟元曰："頄，面也。谓上处乾首之前，称頄。頄，颊间骨。三往壮上，故'有凶'也。"**君子夬夬，独行**王弼注："君子处之，必能弃夫情累，决之不疑，故曰'夬夬'也。"**遇雨，若濡有愠，无咎。**

《象》曰："君子夬夬"，终"无咎"也。李鼎祚《周易集解》引王弼曰："頄，面颧也，谓上六也。最处体上，故曰'頄'也。剥之六三，以应阳为善。夫刚长则君子道兴，阴盛则小人道长。然则处阴长而助阳则善，处刚长而助柔则凶矣。而三独应上六，助于小人，是以凶也。君子处之，必能弃夫情累，决之不疑，故曰‘夬夬’也。若不与众阳为群，而独行殊志，应于小人，则受其困焉。遇雨若濡有愠，而无所咎也。”

[译文]

九三，决断之心显于脸部，有凶险。君子当刚毅果决，独自行事，尽管遇雨被淋，心中颇有怨气，但终究事成，无灾祸。

《象传》说：“君子刚毅果决”，说明终能成功，不致有灾祸。

[解说]

“頄”是颧骨。九三在乾刚上方，刚强过度（壮于頄）。九三上下承乘皆阳，遇敌，故凶。九三与上六应，助阴为凶，当有咎。上六居兑，兑为泽，在天为雨，九三因被淋湿而恼怒（若濡有愠），面临抉择、决断，九三以阳居阳，刚决不疑（夬夬），最终能决去阴，故终无咎。

[原文]

九四　臀无肤，《广雅·释器》：“肤，肉也。”**其行次且（zī jū）（同“趑趄”）。牵羊悔亡，闻言不信。**李鼎祚《周易集解》引虞翻曰：“兑为羊，二变巽为绳，剥艮手持绳，故‘牵羊’。谓四之正，得位承五，故‘悔亡’。震为言，坎为耳，震坎象不正，故‘闻言不信’也。”

《象》曰：“其行次且”，位不当也。“闻言不信”，聪不明也。

[译文]

九四，臀部皮肤已经磨烂，行动趑趄困难，如能像牵羊一般跟从他人前进，就能消除悔恨，无奈听了这忠告却不相信。

《象传》说：“行动趑趄困难”，说明居处的位置不恰当。“听了忠告却不相信”，说明虽然听见了，但却不能审明事理。

[解说]

三位是股，四位是臀，互乾（三四五爻）为肤。上兑为毁折，所以是臀无肤。“次且”，即趑趄，行进困难。九四上下承乘皆阳为敌（位不当也），所以“其行次且”。兑为羊，牵羊悔亡，言指四宜随五，速进决阴，

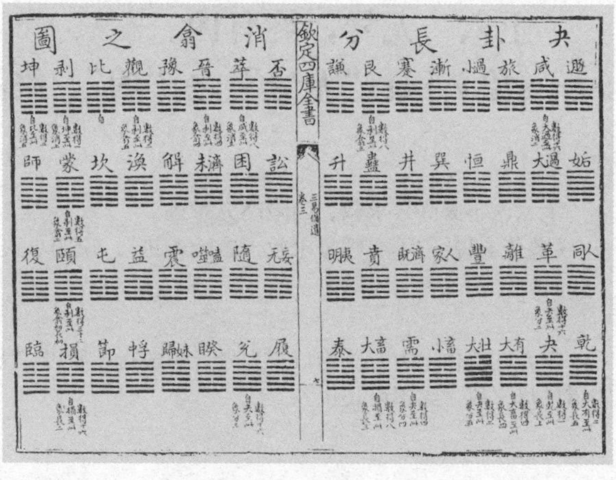

夬卦长分消翕之图

“消”即“静”，“翕”即“动”。“消翕”反映的是夬卦在运动、消长变化中与其他卦象的关系。夬卦有五个阳爻，一个阴爻，阳气盛。这一卦，也是“消息卦”，代表三月。夬卦是刚爻生长到第五位，从坤卦渐次变化而来的，也是从大壮卦变来的，大壮卦的刚爻向上再长一位即成夬卦。夬卦是姤卦的正覆卦。用此卦的长分消翕可测吉凶。如九二爻预示着警惕惊惧，夜有兵戎，无虑。九三爻预示着壮勇见于颜色，有凶险，君子决断无害。上六爻预示着不用号叫，终有凶险发生。

阴决则四当位居五，故曰悔亡。兑口亦为言。九四与上六同在兑体，兑为泽、为昧，故闻决阴之言而不信，聪不明也。九四迟疑，如乾卦九四或跃在渊。

[原文]

九五　苋(xiàn)陆夬夬，中行无咎。王弼注：“苋陆，草之柔脆者也，决之至易，故曰‘夬夬’也。夬之为义，以刚决柔，以君子除小人者也。而五处尊位，最比小人，躬自决者也。以至尊而敌至贱，虽其克胜，未足多也。处中而行，足以免咎而已，未足光也。”

《象》曰：“中行无咎”，中未光也。

[译文]

九五，像斩除柔脆的苋陆草一样刚毅果决地清除小人，坚持中正的品行，就不会有灾难。

《象传》说：“坚持中正的品行，就不会有灾难”，说明中正之道尚未发扬光大。

[解说]

苋陆是一种柔脆多汁不容易干的草。九五因近比上六之阴，而为阴所掩，态度暧昧就像苋陆一般湿软，不能夬夬。九五居兑体之黯昧中间，故中未光。但九五阳爻阳位，居中天子位，刚毅中正，不会有灾难。九五行中庸，是以感化的方式，使上六改过迁善。

[原文]

上六　无号，终有凶。高亨：“无，当作犬，形似而误。”

《象》曰：“无号”之“凶”，终不可长也。

[译文]

上六，不必呼号求救，凶险终究难逃。

《象传》说：“不必呼号求救，凶险难逃”，说明小人高居上位的情况终究不会长久。

[解说]

上六在兑体上方，兑为口、为号、为毁折，所以“无号”。上六阴柔居卦之末，为众阳所决，阴道已尽，故“终不可长也”。

姤卦第四十四

当合则合，不当合则不合

姤卦寓意要保持清醒的头脑、正确的立场。

[原文]

姤　女壮，李鼎祚《周易集解》引虞翻曰："消卦也，与复旁通。巽，长女；女壮，伤也。阴伤阳，柔消刚，故'女壮'也。"**勿用取女。**李鼎祚《周易集解》引虞翻曰："阴息剥阳，以柔变刚，故'勿用取女，不可与长'也。"

[译文]

姤卦象征邂逅。女子过分强壮，则不宜娶为妻室。

[解说]

姤卦与夬卦都是一阴与五阳，但姤卦的一阴在初位，卦形与夬卦正覆相反，是夬卦的综卦。姤卦一阴在下为柔灭刚的开始，故曰"女壮，勿用取女"。夬卦是切离，姤卦是相遇。有离必会有遇，所以夬卦之后接着是姤卦，姤是指男女间的相遇。姤卦也是消息卦之一，代表五月。

[原文]

《象》曰：姤，遇也，柔遇刚也。"勿用取女"，不可与长也。天地相遇，品物咸章也。徐子宏《周易全译》："品，种类。品物，犹言万物。"**刚遇中正，天下大行也。**李鼎祚《周易集解》引翟元曰："刚谓九五。遇中处正，教化大行于天下也。"**姤之时义大矣哉！**

[译文]

《象传》说：姤是相遇、邂逅的意思，即阴柔遇阳刚而相合。"不宜娶为妻室"，说明娶这种女子为妻是不会长久的。天与地相遇，各种物类才得以生存繁盛。刚者遇到居中守正的柔者，则能使其抱负大行于天下。邂逅之时的意义是多么宏大啊！

姤卦图

姤卦从卦形上看，上卦为乾，下卦为巽。乾为金，为刚，为实。巽为风，为孔，风无孔不入，巽还有线的意思。全卦取的是缝衣物所用的带线之针的形象。姤有相遇、遭遇的意思，针线使两物相遇并结为一体，因此此卦命名为"姤"。

[解说]

姤卦是一阴遇五阳，所以是柔遇刚，因为姤卦是柔要灭刚，不可与之长相处，所以“勿用取女”，取同“娶”。姤卦以男女相遇作为象征，涵盖天地、男女、君臣种种相遇。九五刚遇中（居）中正，一阴生于下，阴遇阳，故曰“天地相遇”。巽为草木。姤卦代表五月，五月草长莺飞，众物显明（品物咸章，品、咸为众多，章通“彰”）。姤卦下巽上乾，乾为天，巽为风，风行天下，故曰“天下大行”。所以姤的时遇道理多么博大啊！

[原文]

《象》曰：天下有风，姤。后以施命诰（gào）四方。李鼎祚《周易集解》引虞翻曰：“后继体之君。姤阴在下，故称‘后’。与泰称后同义也。乾为施，巽为命，为诰。复震二月，东方；姤五月，南方；巽八月，西方；复十一月，北方。皆总在初，故以诰四方也。”

[译文]

《象传》说：天下有风吹起时，象征邂逅。君王应当效法于此，布告四方，推行伟大的道德。

[解说]

姤卦上乾天，下巽风，是天下有风之象，称为天风姤。天借风而孕育万物，乾为天，巽为风，风行天下，天命得以贯彻。君子于是感到，要以施教化之命宣布于四方广大之地，使人人得以教化。

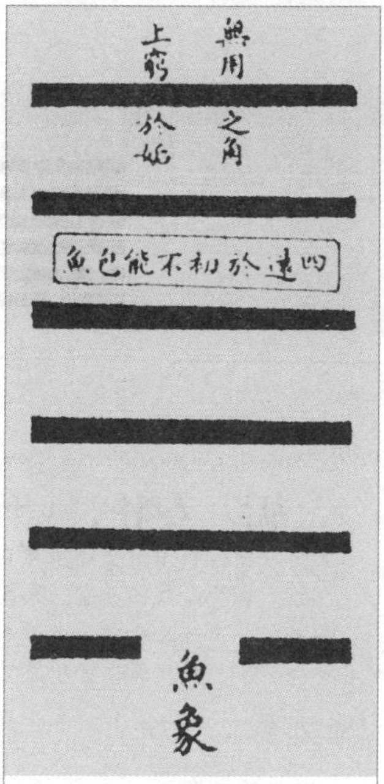

姤遇之图

姤卦有一阴爻与五阳爻，就是一个柔爻遇到五个刚爻，可以引申为一个女人在五个男人之间周旋，一女心系五男，其情不专。此卦上乾下巽，巽为长女，古代不娶长女的说法即出于此。如图所示，从卦形上来看，卦象是阴柔侵入阳刚的形象。

[原文]

初六　系于金柅（nǐ）。徐子宏《周易全译》：**“金，指黄铜。”贞吉。有攸往，见凶，羸（léi）豕孚蹢躅（zhí zhú）。**徐子宏《周易全译》：“蹢躅，徘徊不前的样子。”

《象》曰：“系于金柅”，柔道牵也。李鼎祚《周易集解》引虞翻曰：“阴道柔，巽为绳，牵于二也。”

[译文]

初六，紧紧系缚在金属制成的刹车上，坚守正道可获吉祥。往前进发，将出现凶险，就像瘦弱的猪困难行走一样。

《象传》说：“紧紧系缚在金属制成的刹车上”，说明此爻应居守柔顺之道，接受阳刚的牵制，难于自主。

［解说］

“柅”是车闸。“羸”是瘦。“蹢躅”即徘徊不前的意思。初六是在纯阳下面开始生长的阴，它要渐渐取代阳，所以，要像用金属制成坚固的刹车一般，阻止这一全卦唯一的阴爻的行进，巽为木、为绳，乾为金，故曰“系于金柅”。阴柔小人利于正固不动，故“贞吉，有攸往，见凶”。初六虽然瘦弱，行进踯躅，但应及早戒备，否则，阴柔发展的速度也会很快（柔道牵也。牵是速的意思）。

［原文］

九二　包有鱼，《释文》：“包，本亦作庖。”**无咎，不利宾。**

《象》曰：“包有鱼”，义不及“宾”也。

［译文］

九二，用白茅包裹着的鲜鱼祭祀，没有灾祸，但不宜用来招待宾客。

《象传》说：“用白茅包裹着的鲜鱼祭祀”，从道义上看不宜用来宴请宾客。

［解说］

鱼属阴，指初六，九二居中居高将鱼包住，使小人的祸害不会扩散，故“无咎”。宾指九四，因为初六与九四相应，鱼包起来之后，九四就不能相应了，所以“义不及宾也”。包是形象说法，当指封锁或融合的办法。

［原文］

九三　臀无肤，其行次（zī）且（jū）。厉，无大咎。李鼎祚《周易集解》引虞翻曰：“夬时动之坎，为臀。艮为肤。二折艮体，故‘臀无肤’。复震为行，其象不正，故‘其行次且’。三得正位，虽则危厉，故‘无大咎’矣。”

《象》曰：“其行次（zī）且（jū）（同“趑趄”）”，行未牵也。

［译文］

九三，臀部皮肤被磨烂，行动趑趄困难，虽有危险，但没有大难。

《象传》说：“行动趑趄困难”，说明行为还没有受到牵制。

［解说］

此爻爻辞近似于夬卦九四的爻辞，夬卦是姤卦的正覆卦，各爻倒置就成为

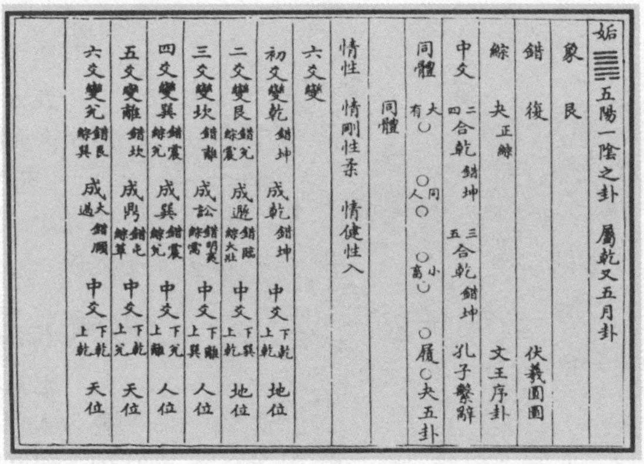
姤䷫五陽一陰之卦　屬乾又五月卦
象　艮
錯　復　伏羲圓圖
綜　夬正綜　文王序卦
中爻　二四合乾錯坤　三五合乾錯坤　孔子繫辭
同體　大有○同人○小畜○履○夬五卦
同體
情性　情剛性柔　情健性入
六爻變
初爻變乾錯坤　成乾錯坤　中爻下乾上乾　地位
二爻變艮錯兌綜震　成遯錯臨綜大壯　中爻下巽上乾　地位
三爻變坎錯離　成訟錯明夷綜需　中爻下離上巽　人位
四爻變巽錯震綜兌　成巽錯震綜兌　中爻下兌上離　人位
五爻變離錯坎　成鼎錯屯綜革　中爻下乾上兌　天位
六爻變兌錯艮綜巽　成大過錯頤　中爻下乾上乾　天位

姤卦错综及爻变图

姤卦为五阳一阴之卦，属乾，在乾宫八卦中属金。它与艮卦相象，与复卦相错，与夬卦相综，二至四爻合为乾卦，与坤卦相错，三至五爻合为乾卦，与坤卦相错。姤卦与大有、同人、小畜、履、夬五卦同体。其情性为：情刚性柔，情健性入。六爻变位为：初爻变乾位在地，二爻变艮位在地，三爻变坎位在人，四爻变巽位在人，五爻变离位在天，六爻变兑位在天。

姤卦，夬卦的九四相当于姤卦的九三。九三周围都是阳爻，行进遇敌，故次且不前。行未牵，即行未速。然而九三阳居阳位当位，故虽危厉而无大咎。九三很难受，遇阴不利，遇阳得敌。

[原文]

九四　包无鱼，起凶。王弼曰："二有其鱼，四故失之也。无民而动，失应而作，是以凶矣。"

《象》曰："无鱼"之"凶"，远民也。

[译文]

九四，用白茅包裹着的鲜鱼不见了，奋起争执，会有凶险。

《象传》说：没有鱼招致的凶险，说明远离下民，丧失民心。

[解说]

初六为鱼，初六本来与九四相应，但被九二包住之后，九四的包中就没有鱼了，阴为臣，为民，为小人，鱼属阴，包无鱼，喻示远离民众，民心背离，九四行动就会凶多吉少。

阳也不可无阴，孤阳不长。

[原文]

九五　以杞(qǐ)包瓜，含章，李鼎祚《周易集解》引干宝曰："初二体巽，为草木。二又为田，田中之果，柔而蔓者，瓜之象也。"**有陨自天。**

《象》曰："九五含章"，中正也。"有陨自天"，志不舍命也。

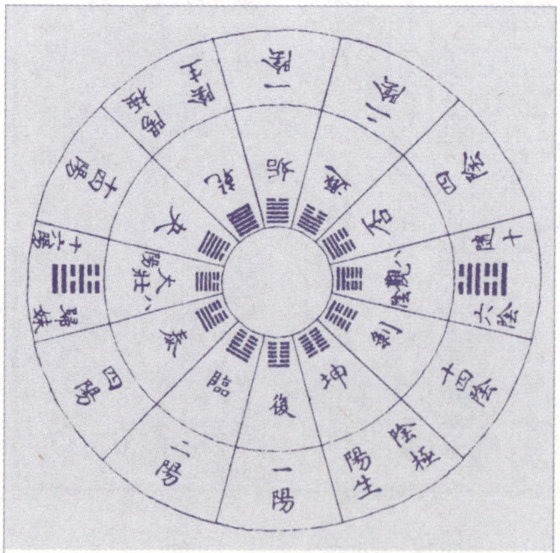

复姤小父母图

复姤小父母之卦象。一阳来复，变到临卦为二阳，变到泰卦为四阳，变到大壮为八阳，变至夬卦为十四阳，终其变于归妹，成为十六阳，变到乾卦为阳极阴生，变到坤卦为阴极阳生。

[译文]

九五，用柳条包扎甜瓜，修养内在的文采，好运由天而降。

《象传》说：九五修养内在的文采，是由于居中守正。"好运由天而降"，说明它的心志没有违背天命。

[解说]

杞是杞柳，瓜甜易烂属于阴，指初六小人；上乾为大明，故曰章（章义彰显）。九五上下承乘皆阳，知道盛极必败，故含章自守。巽为风，风为陨。有陨自天，是说不久阴长阳消至九二。五与二为应，六五天子有陨落之险。六五知其险而为之防备，其实知道天命陨落是无法阻挡的，但六五君子不以命废志（志不舍命也），而以自己的美德及智慧，冷静地防范小人的长势。

[原文]

上九　姤其角，吝，无咎。

王弼注:“进之于极，(无)所复遇，遇角而已，故曰‘姤其角’也。进而(无)遇，独恨而已;不与物争，其道不害，故(无)凶咎也。”

《象》曰:“姤其角”，上穷“吝”也。

[译文]

上九，与墙角相遇，心有憾惜，但没有过错。

《象传》说:“与墙角相遇”，说明已至上位极点而导致相遇无人的憾惜。

[解说]

乾为首，上九居乾体之上，是角之象。角质刚硬，上九处在距离初六最远的角落，又刚硬无比，所以难以与初六相遇而被消灭，得以暂时自保，故为吝而不言凶，但上九处亢龙之位，虽然穷吝，但穷则变，变则通，故“无咎”。

萃卦第四十五

齐心协力，前程似锦

萃卦寓意要齐心协力。

[原文]

萃(cuì)　亨。 孔颖达《周易正义》："萃，聚也。" **王假(gé)有庙。**《说文》："假，至也。" **利见大人，亨，利贞。用大牲，吉，利有攸往。** 李鼎祚《周易集解》引虞翻曰："大人谓五。三四失位，利之正。变成离，离为见。故'利见大人，亨，利贞'。聚以正也。"

[译文]

萃卦象征聚集。亨通顺利。君王到宗庙祭祀，有利于出现有权势的人物，亨通顺利。祭祀时宜进献大牲畜，则可获吉祥，有利于往前进发，一切顺利。

[解说]

萃，原意是丛生的草，有聚集的含义。事物都是先相遇，然后才能聚集在一起，所以姤卦之后接着就是萃卦。

萃卦图

萃卦从卦形上看，上卦兑有喜悦的意思，可以引申为给人愉悦的各种表演。下卦坤为众人的意思，可以引申为顺从。台上有人在说或表演，台下众人顺从（听着），这是一幅礼堂画面。萃是聚集的意思。礼堂是众人聚集的场所。因此此卦命名为"萃"。

[原文]

《彖》曰：萃，聚也。顺以说(yuè)（同"悦"），刚中而应，故聚也。 王弼注："但顺而说，则邪佞之道也；刚而违于中应，则强亢之德也。何由得聚？顺说而以刚为主，主刚而履中，履中以应，故得聚也。" **"王假有庙"，致孝享也。** 王弼注："全聚乃得致孝之享也。" **"利见大人，亨"，聚以正也。"用大牲，吉，利有攸往"，顺天命也。观其所聚，而天地万物之情可见矣。**

[译文]

《彖传》说：萃的意思是聚集。和顺而欢悦，刚健中正而应合时代，所以能得到四方响应，会聚民众。"君王到宗庙祭祀”，是说能尽其心，以祭品对祖先表达孝意。“利于出现有权势的人物，亨通顺利”，说明君王主持聚会必须要遵循正道。“进献大牲畜，可获吉祥，利于往前进发”，说明此时顺应了天道规律。观察其聚集的情况，天地万物的性情和规律也就可以明白了。

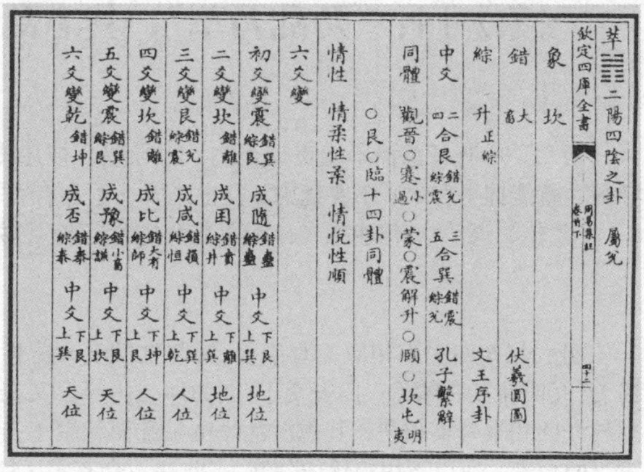
萃 ䷬ 二陽四陰之卦 屬兑
欽定四庫全書 周易集註 卷十下 四十二
象 坎 伏羲圓圖
錯 大畜
綜 升 正綜 文王序卦
中爻 二四合艮 錯兑 綜震 三五合巽 錯震 綜兑 孔子繫辭
同體 觀○晉○蹇○小過○蒙○震○解○升○頤○坎○屯○明夷○艮○臨十四卦同體
情性 情柔性柔 情悅性順
六爻變
初爻變震 錯巽 綜艮 成隨 錯蠱 綜蠱 中爻 下艮 上巽 地位
二爻變坎 錯離 成困 錯賁 綜升 中爻 下離 上巽 地位
三爻變艮 錯兑 綜震 成咸 錯損 綜恒 中爻 下巽 上乾 人位
四爻變坎 錯離 成比 錯大有 綜師 中爻 下坤 上艮 人位
五爻變震 錯巽 綜艮 成豫 錯小畜 綜謙 中爻 下艮 上坎 天位
六爻變乾 錯坤 成否 錯泰 綜泰 中爻 下艮 上巽 天位

萃卦错综及爻变图

萃卦为二阳四阴之卦，属兑，在兑宫八卦中属金。它与坎卦相象，与大畜卦相错，与升卦相综。二至四爻合为艮卦，与兑卦相错，与震卦相综。三至五爻合为巽卦，与震卦相错，与兑卦相综。萃卦与观、晋、蹇、小过、蒙、震、解、升、颐、坎、屯、明夷、艮、临十四卦同体。其情性为：情柔性柔，情悦性顺。六爻变位为：初爻变震位在地，二爻变坎位在地，三爻变艮位在人，四爻变坎位在人，五爻变震位在天，六爻变乾位在天。

[解说]

萃是聚集的意思，萃下卦为坤顺，上卦兑是悦，愉悦而且顺从（顺以说），卦中九五阳刚居中而得正并与六二有应（刚中而应），六二率众阴应之，故能聚集。宗庙是祖先灵魂聚集的场所，君王到宗庙去（王假有庙，假，至），是尽孝心祭享祖先（致孝享也）。聚集起来的群众，需要治理，所以利见大人来领导，才能亨通，按正道集聚，不会造成祸乱。聚集使物资丰富，应进献大的牲畜而获吉祥。在祭祀祖先时，知道天命，民心一致，就可以积极前进（利有攸往），顺天命并去从事伟大的事业。不期而聚，必有至情。观察如何相聚，就可窥见天地万物的真情。

[原文]

《象》曰：泽上于地，萃。 李鼎祚《周易集解》引荀爽曰：“泽者卑下，流潦归之，万物生焉，故谓之萃也。” **君子以除戎器，戒不虞(yú)。** 李鼎祚《周易集解》引虞翻曰：“君子谓五。除，修。戎，兵也。”

[译文]

《象传》说：水聚为泽而居地上，象征聚集。君子应当效法于此，经常修治兵器，以戒备不测之事的发生。

[解说]

萃卦下坤上兑，兑为泽在上，坤为地在下，故为泽上于地，称作泽地萃。水在地上聚集成泽，如果处理不好，那水就会泛滥。君子于此感到：要经常修治兵器，（除戎器：除，去旧取新），以戒备意外之患（戒不虞）。

[原文]

初六　有孚不终，乃乱乃萃， 王弼注：“有应在四，而三承之，心怀嫌疑，故‘有孚不终’也。不能守道，以结至好，迷务竞争，故‘乃乱乃萃’也。” **若号，一握为笑。勿恤，往，无咎。**

《象》曰："乃乱乃萃"，其志乱也。

［译文］

初六，心有诚意而不能贯彻至终，将导致心神迷惑，行为紊乱而与人妄聚。如果及早悔悟呼援，就能握手言欢。不要忧虑，往前进发，不会有灾祸。

《象传》说："心神迷惑，行为紊乱而与人妄聚"，说明心志迷乱。

［解说］

初六与九四阴阳相应（有孚），要与九四会聚。但中间有两个阴爻阻挡，故难有结果（不终）。九四在互巽体（三四五爻），巽为风、为号。又在互艮体（二三四爻），艮为手、为握。初六与九四相聚号笑相杂，其志已乱。虽是乱而相聚（乃乱乃萃），但因为两者彼此都是正应，是正当的会聚，所以不用担忧（勿恤），前往不会有害（往无咎）。

［原文］

六二　引吉，无咎。李鼎祚《周易集解》引虞翻曰："应巽为绳，艮为手，故'引吉'。得正应五，故'无咎'。利引四之初，使避己，己得之五也。"**孚乃利用禴。**王弼注："禴，殷春祭名也，四时祭之省者也。"

《象》曰："引吉，无咎"，中未变也。

［译文］

六二，被人援引可获吉祥，没有灾难。只要诚心诚意，即使是微薄的祭祀也有利于献享神灵。

《象传》说："被人援引可获吉祥，没有灾难"，说明中正的本性始终未曾改变。

［解说］

禴，简单的祭祀。六二与九五正应，要相聚，但又陷在两个阴爻的包围中，必须有九五的援引才好（引吉）。六二与九五都在中位，而且都柔居柔位，刚居刚位得正，两者是真心诚意地相聚。中未变也，即指两者中正，也指内心不变，犹如祭祀，虽然简单，但只要诚心诚意，神灵也会降福（孚乃利用禴）。

聚以诚信而不聚以利。

［原文］

六三　萃如嗟(jiē)如。徐子宏《周易全译》："萃，借为悴，忧虑。"**无攸利。往，**

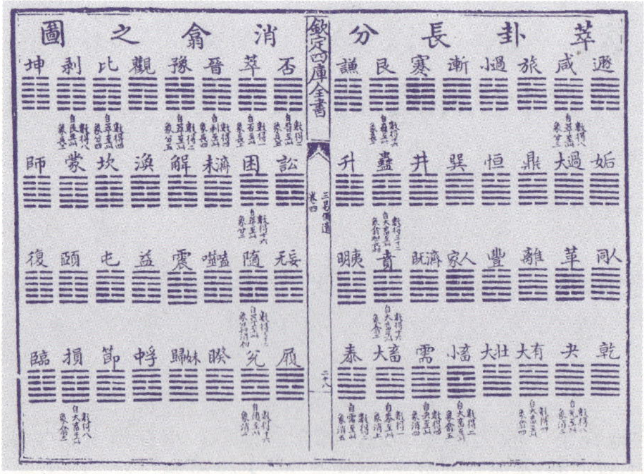

萃卦长分消翕之图

"消"即"静"，"翕"即"动"。"消翕"反映的是萃卦在运动、消长变化中与其他卦象的关系。萃卦是升卦的覆卦。萃卦是先由临变为小过，再由小过变为萃卦。可以依据此卦的长分消翕占问吉凶。如初六爻预示着前往无害，六二爻预示着引入吉祥，无害，有诚信，春季"薄祭"有利。六三爻预示着相聚的叹息，不利，前往无害，有小麻烦。九四爻预示着大吉大利，无害。

无咎，小吝。

《象》曰："往，无咎"，上巽也。

[译文]

六三，聚集在一起叹息，没有什么利益。往前进发，没有灾难，但有小小的憾惜。

《象传》说："往前进发，没有灾难"，说明能谦逊地顺从上面的阳刚。

[解说]

萃如，相聚的状态。嗟，叹息。其他的阴爻阳爻都有相应，而六三不中不正，没有人与它相应会聚，只有叹息。三四五爻组成互巽，巽为风、为嗟、为利。六三失位无应，故"无攸利"。它只好去与上六相聚，然上六也是阴爻，与它无应，故"小吝"。六三在互巽体（上巽也），巽为随顺，也是前遇重阳，故"往无咎"。

[原文]

九四　大吉，无咎。王弼注："履非其位，而下据三阴，得其所据，失其所处。处聚之时，不正而据，故必大吉，立夫大功，然后（无）咎也。"

《象》曰："大吉，无咎"，位不当也。

[译文]

九四，至为吉祥，没有灾咎。

《象传》说："至为吉祥，没有灾咎"，说明居位不适当。

[解说]

九四下乘三阴，故"大吉"。以阳居阴位，失位（位不当也），故"无咎"。

九四聚会时的座次安排得不好。

[原文]

九五　萃有位，徐子宏《周易全译》："萃，借为瘁。"**无咎，匪（fěi）（同"非"）孚。**高亨《周易古经今注》："孚，罚也。"**元永贞，悔亡。**

《象》曰："萃有位"，志未光也。

[译文]

九五，聚集的时候高居尊位，没有灾难，但尚未取信于民。宜于永久不渝地修养德行，保持正确的方向，则会消除悔恨。

《象传》说："聚集的时候高居尊位"，说明志向有待光大，故人还未信服。

[解说]

九五刚毅、中正，在君位，故"无咎"。九五有孚于六二，但为敌阳九四所阻，难于应二，故曰"匪孚"。但六二在坤中，坤有利牝马之贞，自始至终永贞于九五（元永贞），所以"悔亡"。九五被上六阴柔所掩，在兑体，兑为泽、为昧，故其志未能光大。

[原文]

上六　赍咨涕洟，无咎。 李鼎祚《周易集解》引虞翻曰："赍，持。资，赙也。货财丧称赙。"

《象》曰："赍咨．涕洟"，未安上也。

[译文]

上六，悲伤哀叹，痛哭流涕，但没有灾难。

《象传》说："悲伤哀叹，痛哭流涕"，说明高居极位，孤立无援，以致心不能安。

[解说]

赍咨，悲伤的怨声。涕洟，流眼泪和鼻涕。上兑为口，为泽水，故为"涕洟"。上六柔弱穷极又乘刚孤立无援，不安于穷吝（未安上也），悲叹自己的命运，故"涕洟"，然而它以阴居阴，故当位"无咎"。

六四是心比天高，命比纸薄。

升卦第四十六

人才的提升

升卦寓意上升。

［原文］

升李鼎祚《周易集解》引郑玄曰："升，上也。坤地巽木，木生地中，日长而上，犹圣人在诸侯之中，明德日益高大也，故谓之'升'。升，进益之象矣。" **元亨，用见大人，**陆德明《经典释文》："用见，作利见。" **勿恤(xù)。南征，吉。**

［译文］

升卦象征上升。至为亨通顺利，宜于出现有权势的人物，无须担忧。往南方开拓事业，可获吉祥。

［解说］

升，上升的意思。升卦与萃卦的卦形相反，两相对偶。萃是聚集和结合力量，升则是力量聚集后积极的有所作为。升的特点，是强调因时而升，依势而升，不急于求成，而要积累德行，有德就会有大人帮助，有才就能把握形势。升卦从卦象、卦与爻、爻与爻的相互关系来看，都比较和谐，所以没有凶、厉、悔、吝之类用语，比较少见。

［原文］

《彖(tuàn)》曰：柔以时升，李鼎祚《周易集解》引虞翻曰："柔谓五，坤也。升谓二。坤邑无君，二当升五虚。震兑为春秋；二升，坎离为冬夏。四时象正，故'柔以时升'也。" **巽(xùn)而顺，刚中而应，是以大"亨"。**王弼注："纯柔则不能自升，刚亢则物不从。既以时升，又巽而顺，刚中而应，以此而升，故得大亨。" **"用见大人，勿恤"，有庆也。"南征，吉"，志行也。**

升卦图

升卦从卦形上看，上卦为坤，下卦为巽。上卦坤为地，为众人，为布，引申为布制旗子。下卦巽为风，为高，引申为细高之旗杆。上下卦合一为"旗帜"，整体卦象是广场升旗的形象，所以本卦命名为"升"。

［译文］

《彖传》说：以柔顺之德适时上升，谦逊而又和顺，保持刚强中正的品性而能与上呼应，所以大为亨通顺利。“宜于出现有权势的人物，无须担忧”，说明此时上升将有福庆。“往南方开拓事业，可获吉祥”，说明有志者如愿畅行。

[解说]

升卦与萃卦卦象倒置。萃卦时坤在下，升卦里坤在上，坤为柔，故为“柔以时升”。下卦巽与上卦坤分别是随顺和柔顺（巽而顺），说明上升的过程非常顺利，九二居中而应六五,二五上下相应，得到有权势的人物的援引，故志愿能够施行（志行也），无须担忧（勿恤）。此卦不说利见大人，而说用见大人，是明确讲会被大人引荐或重用，故“有庆”。南方为火，火性炎上，所以要升需往南方走，即往上走吉祥。

[原文]

《象》曰：地中生木，升。李鼎祚《周易集解》引荀爽曰：“地谓坤。木谓巽。地中生木，以微至著，升之象也。”**君子以顺德，积小以高大。**

[译文]

《象传》说：地里生出树木，象征上升。君子应效法于此，遵循美德修行之道，积小善而逐渐成就崇高宏大的德业。

[解说]

升卦上坤地，下巽木，是地中生木象，称为地木升。高大的木材，非一朝一夕能长成，是顺时而长，渐次形成。君子见此想到：品格修养既不能停滞不前，也不能急于求成，要点滴积累，循序渐进，积卑而高。

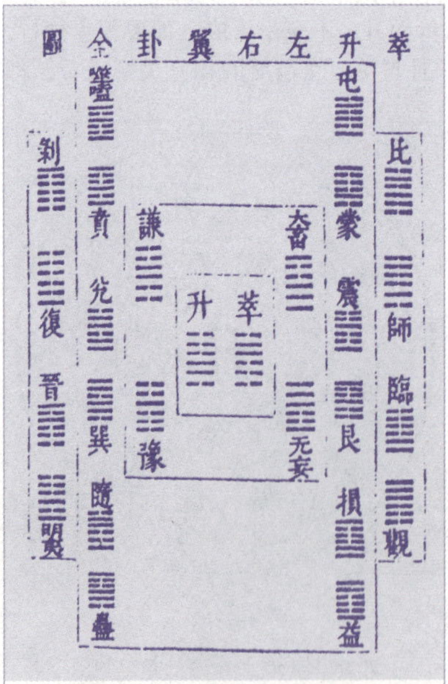

萃升左右翼卦全图

升卦与萃卦是形象相反的“综卦”，萃卦是聚集，是消极的聚集力量。升卦则是积极的有所作为。两卦阴阳相生，相反相成。

[原文]

初六　允升，大吉。朱熹《周易本义》：“初以柔顺居下，巽之主也。当升之时，巽于二阳，占者如之，则信能升而大吉矣。”

《象》曰：“允升，大吉”，上合志也。

[译文]

初六，守时守信的上升，大为吉祥。

《象传》说：“守时守信的上升，大为吉祥”，说明顺合上方的高远志向。

[解说]

允是众。初六前遇重阳，有孚信。又在下卦巽顺里，所以能承上面两个阳的力量一起上升。所以《象》曰：“允升大吉，上合志也”。

[原文]

九二　孚乃利用禴，无咎。王

弼注："与五为应，往必见任。体夫刚德，进不求宠，闲邪存诚，志在大业，故乃利用纳约于神明矣。"

《象》曰："九二"之"孚"，有喜也。

[译文]

九二，只要诚心诚意，即使是微薄的祭祀也有利于献享神灵，没有灾难。

《象传》说：九二的诚信之美德，必然会带来喜庆。

[解说]

此爻辞与萃卦的六二爻辞相同，可参看。所不同的是两卦二五的位置交换了，因为这两个卦是正覆卦，但二五相互正应的关系并没有改变。爻辞大意是：九二因为心诚有应，所以即使是简单的祭祀，也能获得神祇的保佑。

[原文]

九三　升虚邑(yì)。 高亨："大丘也，虚邑。邑在大丘之上者也。"陆德明《经典释文》："虚，马云：丘也。"

《象》曰："升虚邑"，无所疑也。

[译文]

九三，进入没有民众的城镇。

《象传》说："进入没有民众的城镇"，就没有疑虑了。

[解说]

阳为实，阴为虚，升到九三，上临坤阴，坤为地，故为邑、为虚，故为虚邑，意思是无人居住的空旷的地方。九三刚毅，前方又是坤顺、虚邑，故应当没有任何疑虑地大胆前进。

[原文]

六四　王用亨(xiǎng)(同"享")于岐山，吉，无咎。 徐子宏《周易全译》："王，周王。亨，祭祀。"

《象》曰："王用亨于岐山"，顺事也。

[译文]

六四，君王来到岐山祭祀神灵，吉祥，没有灾难。

《象传》说："君王来到岐山祭祀神灵"，说明这是顺乎天理之事。

[解说]

亨，即享，享用、供享。六四在互震（三四五爻）中，震为诸侯王，四位也是诸侯位，震为可以祭祀用的古代青铜或陶制盛食物的容器——簋，六四在互兑（二三四爻），兑为悦，故亨，所以说是"王用亨于岐山，吉，无咎"。六四以柔居柔得正，有顺德，故而可以顺利地升进（顺事也）。

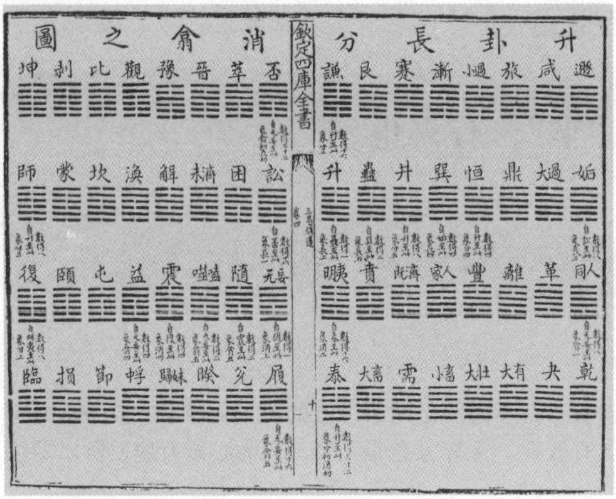

升卦长分消翕之图

“消”为“静”、“翕”为“动”之意。“消翕”反映的是升卦在运动变化中与其他卦象的关系。升卦是萃卦的覆卦，萃卦颠倒过来就是升卦。升卦从观卦演变而来，观卦先变为小过卦，小过卦再变升卦，即小过的六二爻与九四爻换位变为升卦。

[原文]

六五　贞吉，升阶。李镜池《周易通义》：“升阶犹阶升，一级级上升，逐步发展。”

《象》曰：“贞吉，升阶”，大得志也。

[译文]

六五，坚守正道可获吉祥，登阶而上升。

《象传》说：“坚守正道可获吉祥，登阶而上升”，说明遂行心志。

[解说]

六五阴爻阳位，本来不正，但居中，居天子位，又与下方刚健的九二相应，所以“大得志也”。六五柔顺守中（贞吉），又有九二甘为阶梯辅佐，所以顺利升进。

[原文]

上六　冥升，利于不息之贞。《广雅·释言》：“息，休也。”孔颖达《周易正义》：“处升之上，进而不已。”

《象》曰：“冥升”在上，消不富也。

[译文]

上六，昏昧至极而继续上升，有利于不停息地坚守正道。

《象传》说：昏昧至极而继续上升，高居上位，说明位置过高而养料消减，实力已不富足。

[解说]

冥，昏昧。上六阴爻在坤的三阴之上位，达到阴暗的极点，所以叫“冥升”。坤三阴为虚，故为不富。息，熄灭，在这里的意思与下句象辞里的“消”相近，当“消退”讲。上六已是穷极，不宜再升进，应该正固不动，但也不是消退，就是“利于不息之贞”的意思。上六不消退还因为与九三正应，九三在下巽，巽为利，如果消退，就无利而不富了（消不富也）。

本卦初六是利见大人，九二是用见大人，六三因势而升，六四是因时而升，六五守中用贤而升，上九升到极点后力求保持。

困卦第四十七

知困早悟重实践

困卦告诉我们在困难面前要有勇气克服。

[原文]

困朱熹《周易本义》："困者，穷而不能自振之义。" **亨。贞大人吉，无咎。**王弼注："处困而得（无）咎，吉乃免也。"**有言不信。**

[译文]

困卦象征困顿。困顿之时而能自强自济，则能亨通。坚守正道，有权势的人可获吉祥，没有灾难。此时仅有空言则不会见信于人。

[解说]

困的前卦是升卦，是非常顺利的一个卦，但接着的困卦就显得非常苦，这是物极必反的易理。困卦的阳爻都被阴爻掩蔽，象征君子被小人穷困，所以称作困卦。

[原文]

《彖》曰：困，刚掩也。险以说（yuè）（同"悦"），困而不失其所，"亨"，王弼注："处险而不改其说，困而不失其所亨也。"**其唯君子乎。"贞大人吉"，以刚中也。**李鼎祚《周易集解》引荀爽曰："谓五虽弇于阴，近无所据，远无所应，体刚得中，正居五位，则'吉无咎'也。"**"有言不信"，尚（shàng）口乃穷也。**李鼎祚《周易集解》引虞翻曰："兑为口，上变口灭，故'尚口乃穷'。"

[译文]

《彖传》说：穷困，是由于阳刚被掩盖。处险难而心中愉悦，这样虽处困顿，却不失亨通之道，大概只有君子才能做到这一步吧！"坚守正道，则有权势的人可获吉祥"，因为他有刚正中直的美德。"空言语不会见信于人"，说明仅靠多言巧辩无补于事，反而会使自己更加困顿。

困卦图

困卦从卦形上看，上卦兑为静水，下卦坎为流水。上方水静不动，下方水流不止，这是水库的形象。水库为困水之所，所以此卦命名为"困"。

[解说]

掩，掩盖，指困卦阳爻都在阴爻之下，阳刚被阴柔所掩。从卦象上看，困卦下坎上兑，坎刚被兑柔所掩。再以卦的性格来说，下卦坎是险，上卦兑是悦（险以说），象征君子虽陷身于穷困之中，但仍然自得其乐，不被困难所吓倒，这样的人必然是能坚守自己的理想原则（困而不失其所）的，所以通达（亨）。像这样坚守正道，唯有有权势的人物才能做到，因而吉祥（贞大人吉）。上兑为口，故为言。但兑卦卦形是上穷，指柔弱的一阴居上，尚通“上”，故为“尚口乃穷也”，其意是说，被小人掩蔽，所说的话不会有人相信（有言不信），故应当隐忍，保持沉默。

[原文]

《象》曰：泽无水，困。朱熹《周易本义》：“水下漏，则泽上枯，故曰泽无水。”**君子以致命遂志。**徐子宏《周易全译》：“致命，犹言献出生命。遂志，犹言实行志愿。”

[译文]

《象传》说：本卦上卦为兑泽，下卦为坎水，水渗泽底，泽中干涸，象征穷困。君子应效法于此，困顿之中不惜以献出生命来实现理想。

[解说]

困卦上兑泽，下坎水，称为泽水困。水性润下，宜处于下方，但此时大泽却处在了上方，泽水就会向下流失而干枯，所以是泽无水，显得非常困穷。君子见此种情景由衷感到：天命与心志相违背，要舍弃生命实现其志向（致命遂志）。

[原文]

初六　臀困于株木，入于幽谷，三岁不觌(dí)。王弼注：“最处底下，沉滞卑困，居（无）所安，故曰‘臀困于株木’也。欲之其应，二隔其路；居则困于株木，进不获拯，必隐遁者也，故曰‘入于幽谷’也。困之为道，不过数岁者也，以困而藏，困解乃出，故曰‘三岁不觌’也。”

《象》曰：“入于幽谷”，幽不明也。

[译文]

初六，臀部困坐于树桩上不能动弹，只得在幽深的山谷中徘徊，多年不见一线光明。

《象传》说：“在幽深的山谷中徘徊”，说明处在幽暗不明的处所。

[解说]

《易经》中卦的取象比较复杂，有时相同又相异，容易混淆。如取马象，乾健行，故为马；而坤忠贞，故为牝马；坎中刚，故为美脊马。如取牛象，坤柔顺，故为牛；火性附丽（附贴），故为牝牛。如取木象，巽为木，多指直木；离为火，木能生火，故离为槁木；坎中刚，故为坚木、栋木等等。如取车象，坤厚载物，故为大车；坎中刚，故为底轴坚实的车。再加上卦变，取象就更为繁复，限于篇幅，有些爻辞的取象只能大致说说。

此爻的取象就比较复杂，臀部属四位，而初爻与四爻相应，故提及。坎为险、为困、为株（栋）木，“臀困于株木”是指九四被困。而初爻在坎的下部，坎为险，象征初六入于幽谷。初六与九四之间有互离卦（二三四爻），离为目，故为见，因为入于幽谷不明，所以是不见，三岁指多年，初六与九四之间有坎险，有坎株木、离槁木等，阻隔重重，所以相见困难。初爻一般利害关系都不大，但此初爻一开始就陷入了严重的困难当中，这与它自性柔弱、位置不正也有关系。

[原文]

九二　困于酒食，朱绂方来， 李镜池：“朱绂，红色的服装，代指穿红色服装的民族。绂借为祓。”《说文》：“祓，蛮夷衣。” **利用享祀。征凶，无咎。**

《象》曰：“困于酒食”，中有庆也。

[译文]

九二，被酒食应酬困住，荣禄即将到来，利于主持宗庙祭祀。此时进发有凶险，但没有灾咎。

《象传》说：“被酒食应酬困住”，说明居守中道会有喜庆。

[解说]

坎为水，故为酒食。朱绂是红色官服，九二为中正君子，所以无咎。君子以道穷为困，九二与九五阳阳敌应，所以受困，但不受穷，有酒食，但心志受困。此时不宜前行（征凶），可以用酒食祭祀（利用享祀），诚心正意，就会有吉庆到来（中有庆也）。此爻是说九二在受困时，信仰更加虔诚。

[原文]

六三　困于石，据于蒺藜， 李鼎祚《周易集解》引虞翻曰：“二变正时，三在艮山下，故‘困于石’。蒺藜，木名。坎为蒺藜。二变艮手，据坎。故‘据蒺藜者’也。” **入于其宫，** 《系辞下传》：“上古穴居而野处，后世圣人易之以宫室。” **不见其妻，凶。**

《象》曰：“据于蒺藜”，乘刚也。“入于其宫，不见其妻”，不祥也。

[译文]

六三，被巨石困住，而背后所附

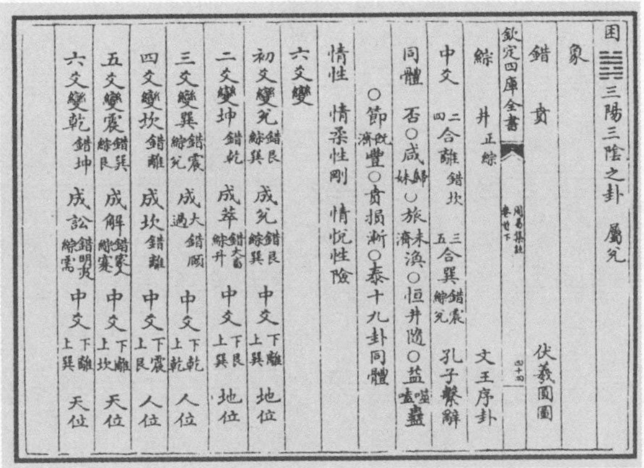

困卦错综及爻变图

困卦，为三阳三阴之卦，属兑，在兑宫八卦中属金。困卦与贲卦相错，与井卦相综。二至四爻合为离卦，与坎卦相错，三至五爻合为巽卦，与震卦相错，与兑卦相综。困卦与否、咸、归妹、旅、未济、涣、恒、井、随、益、噬嗑、蛊、节、既济、丰、贲、损、渐、泰十九卦同体。其情性为：情柔性刚，情悦性险。六爻变位为：初爻变兑位在地，二爻变坤位在地，三爻变巽位在人，四爻变坎位在人，五爻变震位在天，六爻变乾位在天。

是多刺的蒺藜，历难后回到家中，看不到自己的妻子，有凶险。

《象传》说：“背后所据是多刺的蒺藜”，说明六三以阴柔凌驾于阳刚之上。“回到家中，看不到自己的妻子”，这是不祥的征兆。

[解说]

坎为险、为坚木，故为“蒺藜”，六三在坎上部，所以是“据于蒺藜”。六三在互巽（三四五爻）中，巽为长女、为妇，故为妻。六三在互离（二三四爻）当中，离为目、为见，所以是“不见其妻”。此爻是说六三阴柔，不中不正，与上六又无应。前后左右无不受困，找不到安身的场所，小人受困，极为不祥。

[原文]

九四　来徐徐，《说文》：“徐，安行也。”《广雅·释诂》：“徐，缓也。”**困于金车。**《释名·释天》：“金，禁也。”**吝，有终。**

《象》曰：“来徐徐”，志在下也。虽不当位，有与（jǔ）（同“举”）也。

[译文]

九四，迟缓前来，被金车困住，虽有所憾惜，但最终仍能有满意的结果。

《象传》说：“迟缓前来”，是说志在援救下层。虽然它本身居处的位置不妥当，但因与下应合，所以能达到目的。

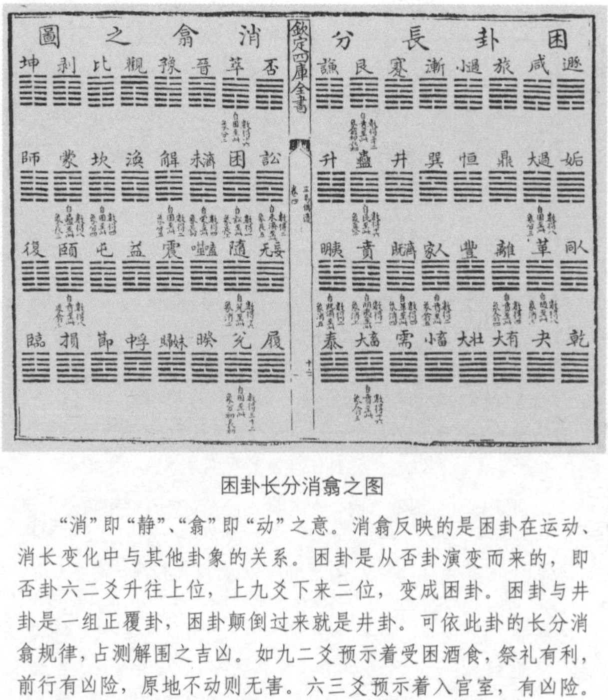

困卦长分消翕之图

“消”即“静”、“翕”即“动”之意。消翕反映的是困卦在运动、消长变化中与其他卦象的关系。困卦是从否卦演变而来的，即否卦六二爻升往上位，上九爻下来二位，变成困卦。困卦与井卦是一组正覆卦，困卦颠倒过来就是井卦。可依此卦的长分消翕规律，占测解困之吉凶。如九二爻预示着受困酒食，祭礼有利，前行有凶险，原地不动则无害。六三爻预示着入官室，有凶险。九四爻预示着受困金车，小有不利，但结果还是好的。上六爻预示着有悔悟，前行吉利。

[解说]

九四自身以刚居柔位不正（虽不当位），但与初六相应（有与也），九四欲解困初六（志在下也），但中间有同样阳刚的九二妨碍，以致行动迟缓（来徐徐）。坎为坚实的车，故为金车，金车表示沉重迟缓。但因为两者正应，志同道合，所以虽吝，但最终会好（有终）。

[原文]

九五　劓刖（yì yuè），困于赤绂（fú），李鼎祚《周易集解》引虞翻曰：“割鼻曰劓。断足曰刖。四动时震为足，艮为鼻。离为兵，兑为刑。故‘劓刖’也。赤绂谓二。否乾为朱，故‘赤’。坤为绂，二未变应五，故‘困于赤绂’也。”**乃徐有说（同“脱”），利用祭祀。**

《象》曰：“劓刖”，志未得也。“乃徐有说”，以中直也。“利用祭祀”，受福也。

[译文]

九五，割鼻断足，因穿着不合身的赤色祭服而受困，但可以逐渐摆脱困境，有利于举行祭祀。

《象传》说：“割鼻断足”，说明尚未实现其心志。“逐渐摆脱困境”，因为它持守刚中正直之道。“有利于举行祭祀”，这样就可得到神的降福。

[解说]

“劓”是削鼻的刑罚，“刖”是砍脚的刑罚。“赤绂”即朱绂，红色官服，九五被上六掩蔽，就像被削去鼻子。九五和上六都在尊位，削鼻使高官受辱，所以是“困于赤绂”。九二与九五敌应，就像被砍脚。九五大人没有九二的支持，志愿难以施行（志未得也）。但九五刚毅中正，历史终究会使他沉冤昭雪（乃徐有说，说当脱讲）。九五被褐怀玉，其心唯有苍天可鉴，只有以祭祀告天，最终在九五大辱之后可享受大荣福。

九五所受为大辱，是大人受辱，是历史性的冤屈。

[原文]

上六　困于葛藟，于臲卼。李鼎祚《周易集解》引虞翻曰：“巽为草莽，称葛藟，谓三也。兑为刑人。故‘困于葛藟，于臲卼’也。”**曰动悔有悔。征吉。**李鼎祚《周易集解》引虞翻曰：“乘阳，故‘动悔’。变而失正，故‘有悔’。三已变正，已得应之，故‘征吉’也。”

《象》曰：“困于葛藟”，未当也。“动悔有悔”，“吉”行也。

[译文]

上六，被葛藤缠绕困住，陷入动摇不定的危险境地。这行动将招致悔恨，及时悔过，前进仍然可获吉祥。

《象传》说：“被葛藤缠绕困住”，说明居位还不妥当。“行动将招致悔恨，及时悔过”，说明往前进发可走出困境，获得吉祥。

[解说]

“葛藟”是葛与蔓，攀附缠绕的蔓生植物，“臲卼”，是动摇的危险场所。上六居上，穷困到极点，从三至六爻，卦象为正反巽，即三四五爻组成互巽，上卦兑形为倒置的巽，巽为草木，正反巽表示被葛蔓缠绕，无法挣脱，稍动就会难受。上六此际开始悔改，因为上六已在困卦的最上位，再向前进，就可以走出困卦了，所以行也，征吉。

井卦第四十八

勤勤恳恳，为民服务

井在人们的生活中是不可缺少的。

［原文］

井　改邑不改井，无丧无得，往来井井。汔(qì)《说文》：“汔，水涸也。”**至亦未繘井，羸(léi)其瓶，凶。**《广雅·释诂》：“矞，穿也。”程颐《周易程氏传》：“羸，毁败也。”

［译文］

井卦象征水井。村邑迁移而井不改变，每日汲取不见减少，泉水流入不见增多，来来往往者都依赖井水为用。汲水已至井口，绳索还没离开井口时，水瓶却倾覆了，有凶险。

［解说］

在远古，水井是群聚村落的生命之源。井卦以井取象，阐述古代宗法社会中贵族养民的道理。村落变迁而井不会变迁（改邑不改井），井水不会丧失也不会获得什么（无丧无得），不变的只是养育人民。而井边来来往往的人（往来井井），水井快干枯了（汔至）也不修治井（亦未繘井），以至汲水的瓦瓶，翻覆破裂（羸其瓶，羸为毁缺），人们只知道索取，却不懂得养护，危险啊！

井卦图

井卦从卦形上看，上卦坎为水、为陷。下卦巽为绳、为木桶。整个卦象为桶在深井中打水的形象。所以此卦命名为“井”。

［原文］

《象》曰：巽(xùn)乎水而上水，井。井养而不穷也。“改邑不改井”，乃以刚中也。王弼注：“以刚处中，故能定居其所而不变也。”**“汔至亦未繘井”，**李鼎祚《周易集解》引荀爽曰：“汔至者，阴来居初下。至汔，竟也。繘者，所以出水通井道也。今乃在初，未得应五，故‘未繘’也。繘者，绠汲之具也。”**未有功也。“羸其瓶”，是以凶也。**

［译文］

《象传》说：木瓶入于水而汲水上来，便是水井。水井养人而功德无穷。“村邑迁移而井不改变”，是因为其刚正中直的品德。“汲水已至井口，绳索还没离开井口”，说明这时仍未有所收获。“水瓶倾覆”，无水可饮，所以有凶险。

［解说］

井上卦坎水，下卦巽入（巽为风，故无所不入）。进入井中汲水（巽乎水而上水），井水养育人们而不枯竭。卦中阳爻表示水，阴爻表示井身。井卦的二五以阳居中不会改变（乃以刚中也），象征“改邑不改井”。这寓意造福人民的工具不可轻易毁弃，处理事务成例，不可以任意变更。“未有功”也指不修治井，不会发挥其功用。汲水的瓦瓶翻覆破裂，提醒人们处事应当谨慎小心，贯彻始终，不可功亏一篑。

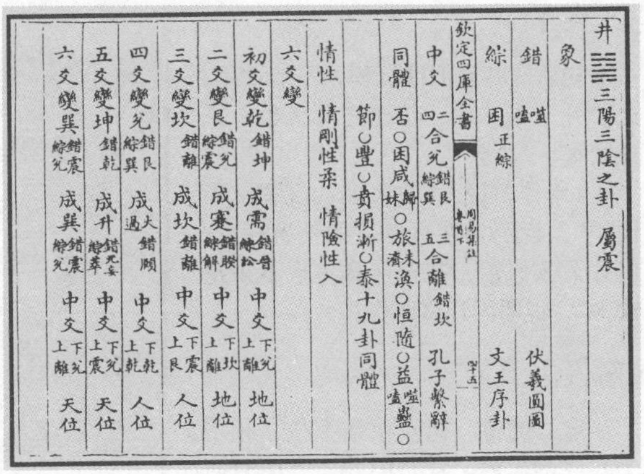

井卦错综及爻变图

井卦为三阳三阴之卦，属震，在震宫八卦中属木。井卦与噬嗑卦相错，与困卦相综，二至四爻合为兑卦，与艮卦相错，与巽卦相综，三至五爻合为离卦，与坎卦相错。井卦与否、困、咸、归妹、旅、未济、涣、恒、随、益、噬嗑、蛊、节、丰、贲、损、渐、泰十九卦同体。其情性为：情刚性柔，情险性入。六爻变位为：初爻变乾位在地，二爻变艮位在地，三爻变坎位在人，四爻变兑位在人，五爻变坤位在天，六爻变巽位在天。

［原文］

《象》曰：木上有水，井。君子以劳民劝相（xiàng）。王弼注：“木上有水，井之象也。上水以养，养而不穷者也。相，犹助也。可以劳民劝助，莫若养而不穷也。”

［译文］

《象传》说：使水源源不断自地下提上来，象征“水井”。君子应效法于此，鼓励百姓要勤劳，并劝勉他们相互协助。

［解说］

井上卦是坎水，下卦是巽木，古井皆在井底之部制以四方形木框，所以井为木上有水，命名为井卦，称为水木井。君子看到井的状况和人们打水的过程，感悟到：要像井水养人一样慰劳人民，要像修井一样使民劳作，要像小心打水一样让人民互相劝勉。

［原文］

初六　井泥不食。旧井无禽。丁晏《周易解故》：“井之无禽，犹云无鱼也。”

《象》曰：“井泥不食”，下也。“旧井无禽”，时舍也。

[译文]

初六，井底泥沙沉积，不能饮用，这口井久未修治，甚至连禽兽也不来这饮水。

《象传》说："井底泥沙沉积，不饮用"，说明处在最卑下的位置；"这口井久未修治，甚至连禽兽也不来这饮水"，说明因迁移而将其舍弃。

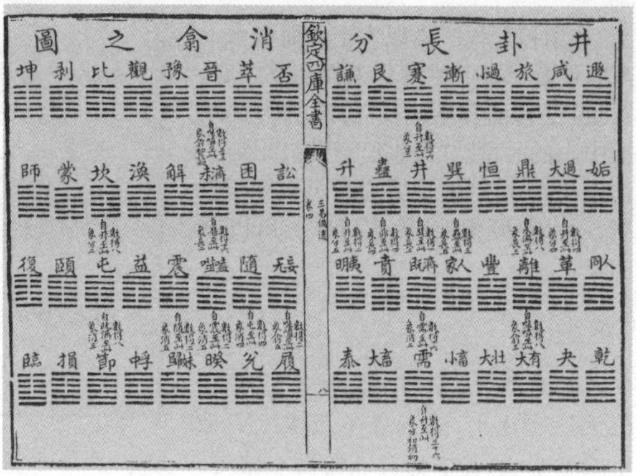

井卦长分消翕之图

"消"即"静"、"翕"即"动"之意。消翕反映的是井卦在运动、消长中与其他卦象的关系。井卦与困卦是正覆卦，井卦由泰卦演变而来，即泰卦的初九爻上升到第五爻位，六五爻下降到初位，即初爻与五爻交换位置得井卦。可依据卦的长分消翕规律来占测养贤之道的吉凶。如初六爻预示着不合时宜之人，会被淘汰。九二爻预示着不被养护，亦不会养育人。九三爻预示着求贤发掘人才。六四爻预示着砌井壁，无害。九五爻预示着寒泉清洌，吉。上六爻预示着有诚信，则大吉大利。

[解说]

禽，禽兽。初六在最下位，相当于井底的泥沙。这是旧井，井中只有泥沙，没有水，不能汲水（井泥不食）也没有禽兽来井边饮水（旧井无禽），旧井随时会被舍弃（时舍也）。初六在下巽，巽卦形为反兑，兑口为食，反兑故为不食。不合时宜的人，会像旧井一样被淘汰。

[原文]

九二　井谷射鲋(yì fù)。 王引之《经义述闻》："井谷，井中容水之处也。" **瓮敝(wèng bì)漏。** 李鼎祚《周易集解》引虞翻曰："离为瓮。瓮瓶毁缺，羸其瓶凶，故'瓮敝漏'也。"

《象》曰："井谷射鲋"，无与也。

[译文]

九二，在井下的穴隙中射取小鱼，瓶罐破漏。

《象传》说："在井下的穴隙中射取小鱼"，说明上方没有人迎合援引。

[解说]

九二刚爻居阴位不正，所以与九五不相应（无与也），而趋下与初六相比，趋下就是到井底，所谓井谷，谷即壑，井中容水处。鲋是小鱼，在谷底，所以初六为鲋。有鱼的井，是人们厌恶的，这个井就像破旧漏水的瓮一样。此井不被养护，也不会养育人，而只能养些小鱼。

[原文]

九三　井渫(xiè)不食， 孔颖达《周易正义》："渫，治去秽污之名也。" **为我心恻。** 《说文》："恻，痛也。" **可用汲。王明，并受其福。** 王引之《经义述闻》："并，普也。"

《象》曰："井渫(xiè)不食"，行"恻"也。求"王明"，"受福"也。

[译文]

九三，水井已掏治洁净却没有人汲用，这使我心里为之忧虑！这是可以汲取饮用的水，如果君王贤明，则君臣万民必能同享井水的福泽。

《象传》说："水井已掏治洁净却没有人汲用"，说明九三的行为让人忧虑；希望"君王圣明"，是希望赏识它的上级享受福泽。

[解说]

渫，是将井中的泥沙挖出，使井水清洁。九三在下卦的最上位，已经接近上坎水，这种去泥的水已经清澈，却没有人饮用（井渫不食），未免可惜（为我民恻，恻隐可惜）。这就犹如有贤士在野不用。君王如果英明（王明），就应该发掘人才，不管对君王还是贤士，这都是福运。九五为王在坎为隐伏，所以是不明。

[原文]

六四　井甃（zhòu），无咎。《说文》："甃，井壁也。"

《象》曰："井甃，无咎"，修井也。

[译文]

六四，水井正在加固修治，没有灾难。

《象传》说："水井正在加固修治，没有灾难"，说明这是修井的美德。

[解说]

甃是修理井的内壁。二三四爻为互兑，兑为毁折，六四居互兑上，喻示井快修好了。六四阴居阴位得正，故"无咎"。这说明贤者应进修充实，以等待时机。

[原文]

九五　井洌（liè），寒泉，食。李鼎祚《周易集解》引虞翻曰："泉自下出称井。周七月，夏之五月，阴气在下。二已变坎，十一月为寒泉。初二已变，体噬嗑食。故'洌寒泉食'矣。"

《象》曰："寒泉"之"食"，中正也。

[译文]

九五，井水清凉且犹如寒泉，很好喝。

《象传》说："井水清凉且犹如寒泉，很好喝"，说明它具备刚毅中正的德性。

[解说]

洌是洁。九五刚毅中正位尊，表示水大量涌出，

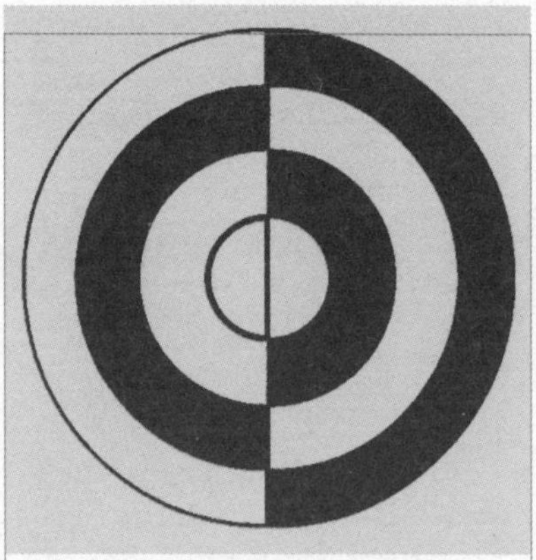

水火匡廓图

此图为周敦颐《太极图》中的第二层图，象征"太极"动而生阳，静而生阴，中间的小圈是太极的本体。图中的左半圆轮白、黑、白相套，是离卦的形象（☲）；右半圆轮黑、白、黑相套，是坎卦的形象（☵）；中间的圆圈可以理解为坎离之胎。坎在八卦中代表水，离在八卦中代表火，所以此图又可以叫做"水火二用图"。

九五居上坎中，坎为冬（寒）、为水，故为“寒泉”。泉甘洌可食。五虽无应，然位正中，故可食。

[原文]

上六　井收勿幕，有孚(fú)，元吉。李鼎祚《周易集解》引虞翻曰：“幕，盖也。收，谓以辘轳收繘也。坎为车，应巽绳，为繘。故‘井收勿幕’。有孚谓五坎。坎为孚，故‘元吉’也。”

《象》曰：“元吉”在“上”，大成也。

[译文]

上六，汲取井水的功事已成，不必覆上盖子。心怀诚信，至为吉祥。

《象传》说：“至为吉祥”在于将美德发扬，说明此时已大功告成。

[解说]

收是汲取，幕是盖子。坎为隐伏，故为覆盖。井水应供应汲取使用，不宜盖上（井收勿幕）。上六有阳爻九三相应，故有孚，就是有水。上六居坎上，说明井已经完成（大成也），所以吉祥。

革卦第四十九

革故鼎新

革卦意味着革命、革新。

[原文]

革《说文》:“革，更也。”高岛吞象《易断》:“革，改革也。” **已日乃孚，元亨，利贞，悔亡。**王弼注:“夫民可与习常，难与适变;可与乐成，难与虑始。故革之为道，即日不孚，已日乃孚也。孚，然后乃得元亨，利贞，悔亡也。已日而不孚，革不当也。悔吝之所生，生乎变动者也。革而当，其悔乃亡也。”

[译文]

革卦象征变革。多日筹谋之后再推行变革，方能取信于民，至为亨通顺利，有利于坚守正道，消除悔恨。

[解说]

革的原义是加工皮成革，有更新的意思。已日，是古代的天干地支的纪日方法，已日为一旬的第六日。孚是信，“已日乃孚”是说革命以后会得到信赖和拥护，因为革故鼎新了，所以大亨通（元亨）。但革命是非常手段，不能轻易使用，有利于坚守正固，忧悔就会消亡。

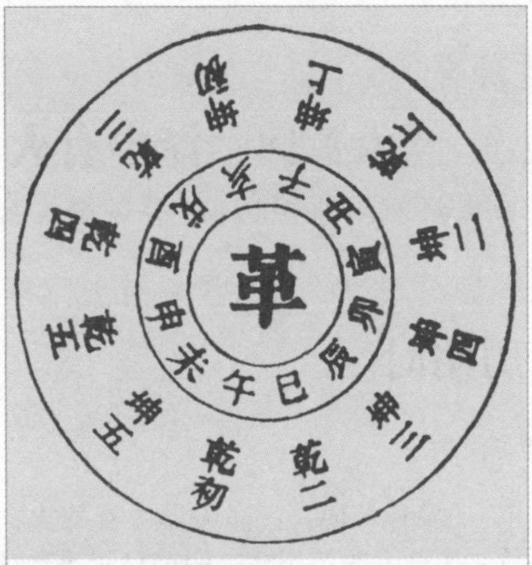

革卦图

革卦从卦形上看，上卦兑为湖泽、为口，联系“兑上缺”，可以将其看作是上面开口，形状像湖一样的东西，又因其属性为金，故兑可视为锅或者炉之类的东西；下卦离为火，炉在火上，是冶炼或者炼丹的形象。不论冶炼还是炼丹，都是质的改变，所以此卦命名为“革”。

[原文]

《彖》曰:革，水火相息，李鼎祚《周易集解》引虞翻曰:“息，长也。离为火，兑为水。《系》曰:润之以风雨。风，巽。雨，兑也。四革之正，坎见，故独于此称水也。”**二女同居，其志不相得，**李鼎祚《周易集解》引虞翻曰:“二女，离兑。体同人象。蒙艮为居，故‘二女同居’。四变体两坎象，二女有志。离火志上，兑水志下。故‘其志不相得’。坎为志也。”**曰革。“已日乃孚”，革而信(shēn)（同“伸”）之。文明以说(yuè)（同“悦”），大“亨”以正。革而当，其“悔”乃“亡”。天地革而四时成，汤武革命，**

顺乎天而应乎人。革之时大矣哉！

［译文］

《彖传》说：变革，像水火相克相息。两个女子共事一夫，则互相争妒。矛盾着的双方，都力图克制对方，这就叫变革。“多日筹谋之后再推行变革并取信于民”，说明在变革过程中应得到民众的信赖。以文明的美德使民众悦服，这样就能大为亨通顺利，使一切步入正道。变革而又合于正当的法则，一切悔恨就会消亡。天地的变革形成了四季的变化，商汤和周武王的革命，顺从了天道规律而又应合民众的愿望，取得了胜利。变革之时的意义是多么伟大啊！

［解说］

革卦上卦兑是泽，下卦离是火，所以是“水火相息”，指兽皮在水中浸，在火上烤，制成皮革。兑为少女，离为中女，同在革卦，即所谓“二女同居”，因为是同性，所以互相排斥（其志不相得），上兑为悦，下离为明（文明以说），革命是改过换新，所以变得文明而喜悦，但革命不是革去一切，而是要顺应天命和人心，这才是正当的革命，才不会造成动荡（其悔乃亡）。天地有变革才有四季，商汤和周武王的革命就是符合天命人心的变革，革命之时的意义真是非常伟大啊！

［原文］

《象》曰：泽中有火，革。李鼎祚《周易集解》引崔憬曰：“火就燥，泽资湿，二物不相得，终宜易之，故曰‘泽中有火，革’也。”**君子以治历明时。**

［译文］

《象传》说：汪洋大泽中有烈火，象征急需变革。君子当效法于此，改革历法来明确显示季节的变化，按规律行事。

［解说］

革卦上兑泽，下离火，是泽中有火之象，称为泽火革。泽中之火是潜伏的火，水火不相容，这就预示着快要变革了。君子感悟到要修订历法，明辨时序天命，要更新历法和章典成例中不合时宜的内容。

［原文］

初九　巩用黄牛之革。王弼注：“在革之始，革道未成，固夫常中，未能应变者也。此可以守成，不可以有为也。巩，固也。黄，中也。牛之革，坚韧不可变也。固之所用，常中坚韧，不肯变也。”

《象》曰：“巩用黄牛”，不可以有为也。

革卦炉鞴鼓铸图

革卦由兑、离两卦组成。下卦离象征火，上卦兑象征泽，为水，水在火上，水火相息。另外，像本图所表示的那样，兑卦的属性为金，还可以将兑卦看作是锅或者炉。因此，革卦的形象就可以看作是锅、炉在火上烧烤，这是冶炼金属或者炼制丹药的景象。

[译文]

初九，像用黄牛皮捆缚一样的牢固。

《象传》曰："像用黄牛皮捆缚一样的牢固"，说明初九应慎重行事，不可有所作为。

[解说]

巩是固的意思。离为牝牛，在革卦，所以是黄牛之革，比喻结实巩固。初九巩固自己而不可以有为，是因为初九在卦的最下位，与上方的九四又不相应，所以必须加强自己的力量，等待时机。

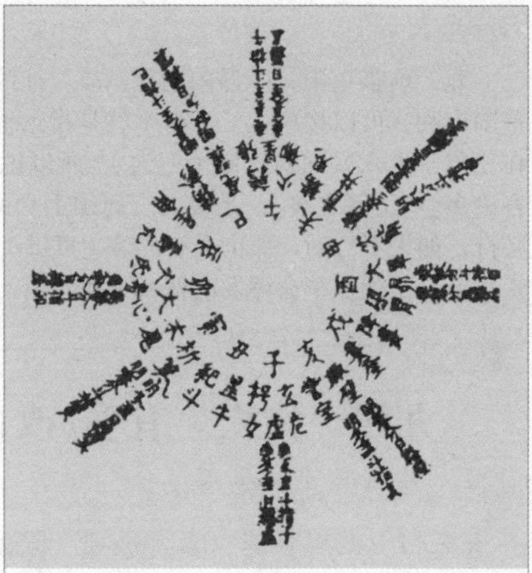

革历图

革卦上卦"兑"是泽，下卦"离"是火。革卦的意象是水泽中有火。泽中有火，水盛大，使火熄灭；火盛大，使水蒸发消失。水火二者相克，不能调和。君子观此卦象而制定历法（革命），以明确显示季节变化、阴阳消长。

[原文]

六二　已日乃革之，征吉，无咎。 李鼎祚《周易集解》引荀爽曰："日以喻君也。谓五已居位为君。二乃革意去三应五。故曰'已日乃革之'。上行应五，去卑事尊，故曰'征吉，无咎也'。"

《象》曰："已日革之"，行有嘉也。

[译文]

六二，已日果断地推行变革，进展吉祥，必无灾祸。

《象传》说："已日果断地推行变革"，说明准备充分的行动将会获得成功。

[解说]

六二柔顺中正，处于二位，就是所说的已日，而且有九五应援，行动会获得成功（行有嘉也）。革命首先要自己正，然后要有强大的外部支援，这两个条件，六二都具备了。

[原文]

九三　征凶，贞厉。革言三就，有孚。 王弼注："已处火极，上卦三爻，虽体水性，皆从革者也。自四至上，从命而变，不敢有违，故曰'革言三就'。其言实诚，故曰'有孚'。革言三就，有孚而犹征之，凶其宜也。"

《象》曰："革言三就"，又何之矣。

[译文]

九三，行动过激必生凶险，顽固保守也会有危险。变革必须慎重，须再三讨论达成一致再施行，且要有诚心。

《象传》说："变革必须慎重，须再三讨论达成一致再施行"，说明这样就不会走错路！

[解说]

九三前临重阳，阳遇阳则窒，故“征凶”。九三与上六正应，虽遇阻不能应上，但上六下乘重阳有利，可以接应九三。有孚就是指这种情况。上兑为口、为言、为毁折，故曰“革言”。又在三位，上六又面对三阳（三人），所以说“革言三就”，就为即遇、来到的意思，形容革命的言论多。“又何之矣”，是说九三何须上六的支持，大众对革命已经议论纷纷了，变革即或势在必行，如果不行动，那也会有危险（贞厉）。

九三是处在革命爆发前最紧张的时刻，已是山雨欲来风满楼之势。

[原文]

九四　悔亡。有孚，改命，吉。李鼎祚《周易集解》引虞翻曰："革而当，其悔乃亡。孚谓五也。巽为命。四动五坎改巽，故‘改命吉’。四乾为君，进退无恒，在离焚弃，体大过死，传以比桀纣。汤武革命，顺天应人，故‘改命吉’也。"

《象》曰："改命"之"吉"，信（shēn）（同"伸"）志也。

[译文]

九四，消除悔恨，取得民众信赖而革除不合天命的旧制度，可获吉祥。

《象传》说："革除不合天命的制度，可获吉祥"，说明取信于民，遂行心志。

[解说]

九四阳居阴位失位，本来有悔。但它已经跃居互巽（二三四爻）之上，巽为风、为（天）命，所以已经改命而吉，自然就悔亡。九四与初九无应，本来无孚，但处在互乾中（三四五爻），乾的阳爻本与九四为敌，但因已经改命，乾为实，故可为信，所以九四就变成有孚，而志愿也可以施展了（信志也，信志就是伸志）。

初九天时未到，所以固守。六二与天时相应，九三与人事相应，到九四时，所有的阻碍都消失了，原来反对变革的人都支持改革了，所以也该实行改革了。

[原文]

九五　大人虎变，未占有孚。孔颖达《周易正义》："创制立法，有文章之美焕然可观，有似虎变，其文彪炳，不劳占决，信德自著，故曰‘大人虎变，未占有孚’也。"

《象》曰："大人虎变"，其文炳（bǐng）也。

[译文]

九五，有权势的人物像猛虎一样推行变革，不必占卜就知能取得民众的充分信任。

《象传》说："有权势的人物像猛虎一样推行变革"，说明美德光彩显耀。

[解说]

野兽夏季脱毛，色彩浅，到冬季，毛变厚，光泽美丽。"文"是斑纹、文采。"炳"是光辉。九五居上兑，兑为西方，属虎，九五刚毅位尊，以虎来比拟。与六二相应，所以可以得到下面群众的爱戴，所以未占卜就有孚。九五是领导变革的有权势的人物，虎变是登高一呼，十分的威武和崇高。

［原文］

上六　君子豹变，小人革面。王弼注："居变之终，变道已成。君子处之，能成其文，小人乐成，则变面以顺上也。"**征，凶。居贞吉。**

《象》曰："君子豹变"，其文蔚也。"小人革面"，顺以从君也。

［译文］

上六，君子像豹子一样协助变革，小人改变其旧面目，贸然前进，会有凶险。正确的改革才会吉祥。

《象传》说："君子像豹子一样协助变革"，说明他的美德蔚然成彩。"小人改变其旧面目"，说明他们只是表面顺从君主。

［解说］

君子比大人低一级，豹也比虎的光彩次一等。"蔚"同"郁"，繁盛但不显明，比炳也稍差。上六是革卦的极点，表示改革已经成功，再继续革命就革到自己头上了，所以是征凶。应当巩固改革的果实才对（居贞吉）。在这个时候，君子应该着力于使得自己的文采斐然，就像豹变的斑纹一样鲜艳光彩。此时小人当洗心革面，重新做人，顺从君王。

改革之后，要休养生息，致力于人心改化、文化繁荣等建设性的事业。

鼎卦第五十

治大国若烹小鲜

鼎象征着国家政权。

[原文]

鼎(dǐng)李鼎祚《周易集解》引郑玄曰："鼎，象也。卦有木火之用。互体乾兑。乾为金，兑为泽，泽钟金而含水，爨以木火，鼎烹熟物之象。鼎烹熟以养人，犹圣君兴仁义之道以教天下也，故谓之鼎矣。" **元吉，亨。**

[译文]

鼎卦象征鼎器。至为吉祥，亨通顺利。

[解说]

鼎卦的卦形，与革卦完全相反，彼此是综卦，革是去旧，鼎是更新，不破不立，两者相反相成。鼎卦的卦辞、爻辞也充满着变的意味。鼎是煮食物的器具，一切生硬的食物，经过鼎煮熟，都会变软，有更新的作用。鼎卦的卦形也像鼎，阴爻形状是两断，初阴像鼎的脚，六五阴爻像鼎的耳，中间三个阳爻像是鼎腹。另外，鼎不但是煮食物的器具，古代也将鼎看作是代表君王权威的宝物，所以大有亨通。

鼎卦图

从卦形上看，上卦离为火，为鱼（离为内软外硬的龟鳖，为外有坚硬鳞甲的鱼虾。震为龙，也可引申为活鱼、动鱼；离代表的是静鱼、死鱼），下卦巽为木，为荣（巽为草木），烹饪之相也。古代烹饪食物多用鼎，尤其是祭祀之时用，故此卦命名为"鼎"。

[原文]

《象》曰：鼎，象也。王弼注："法象也。"**以木巽火，亨饪(pēng)也。**王弼注："亨饪，鼎之用也。"**圣人亨以享上帝，而大亨以养圣贤。**王弼注："亨者，鼎之所为也。革去故而鼎成新，故为亨饪调和之器也。去故取新，圣贤不可失也。饪，熟也。天下莫不用之，而圣人用之乃上以享上帝，而下以大亨养圣贤也。"**巽(xùn)而耳目聪明，柔进而上行，得中而应乎刚，是以"元亨"。**

［译文］

《象传》说：鼎器是一种烹饪的形象，将木材放入火中，可以烹煮食物。圣王烹煮祭品享祭天帝，又烹饪大量食物以供养圣贤良才。谦逊柔顺而能耳聪目明，以谦柔的美德前进上行，得居中正之位而又下应阳刚，因此至为亨通顺利。

［解说］

鼎卦下卦巽是木，上卦离是火，象征燃木煮物的鼎。鼎是供养贤士的器皿，也是祭器。圣人烹煮食物来荐享上天，大量烹煮食物来养育圣贤。鼎卦上为离，离为目，为明。鼎卦六五又有耳象，故为“巽（顺）而耳目聪明”。鼎卦是由消息卦遁卦的二五换位演变来的，其中六二柔爻上到五位，所以是柔顺而上行，取得中位并与刚健的九二相应，获得强大的支持，因此大亨通。

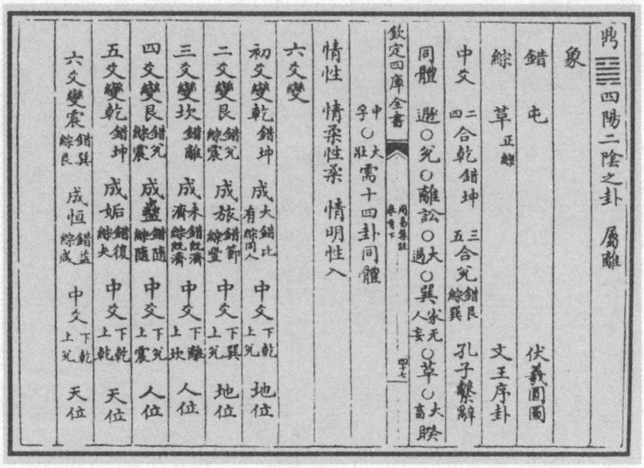
鼎 四陽二陰之卦 屬離
象
錯 屯 伏羲圓圖
綜 革正綜 文王序卦
中爻 二四合乾錯坤 三五合兌錯艮綜巽 孔子繫辭
同體 遯〇兌〇離〇訟〇大過〇巽〇家人〇无妄〇革〇大畜〇睽〇中孚〇大壯〇需十四卦同體
情性 情柔性柔 情明性入
六爻變
初爻變乾 錯坤 成大有 錯比 綜同人 中爻 下乾 上兌 地位
二爻變艮 錯兌 綜震 成旅 錯節 綜豐 中爻 下巽 上兌 地位
三爻變坎 錯離 成未濟 錯既濟 綜既濟 中爻 下離 上坎 人位
四爻變艮 錯兌 綜震 成蠱 錯隨 綜隨 中爻 下兌 上震 人位
五爻變乾 錯坤 成姤 錯復 綜夬 中爻 下乾 上乾 天位
六爻變震 錯巽 綜艮 成恒 錯益 綜咸 中爻 下乾 上兌 天位

鼎卦错综及爻变图

鼎卦为四阳二阴之卦，属离，在离宫八卦中属火。鼎卦与屯卦相错，与革卦相综，二至四爻合为乾卦，与坤卦相错，三至五爻合为兑卦，与艮卦相错，并与巽卦相综。鼎卦与遁、兑、离、讼、大过、巽、家人、无妄、革、大畜、睽、中孚、大壮、需十四卦同体。其情性为：情柔性柔，情明性入。六爻变位为：初爻变乾位在地，二爻变艮位在地，三爻变坎位在人，四爻变艮位在人，五爻变乾位在天，六爻变震位在天。

［原文］

《象》曰：木上有火，鼎。李鼎祚《周易集解》引荀爽曰：“木火相因，金在其间。调和五味，所以养人。鼎之象也。”**君子以正位凝命。**《释文》引郑云：“凝，成也。”

［译文］

《象传》说：木上面烧着火，象征鼎器在烹饪食物。君子应当效法于此，端正身心的位置，严守自己的使命。

［解说］

鼎卦下巽为风、为木，上离为火，称为火风鼎。木上有火，鼎就可以烹煮食物，同时鼎的形状也铸造得厚重威严。君子从中得到启示：要摆正自己的位置，不妄自菲薄，要凝重厚集，以示天命。

［原文］

初六　鼎颠趾，《说文》：“颠，倒也。”**利出否（pǐ）。**陆德明《经典释文》：“否，恶也。”**得妾以其子，无咎。**

《象》曰：“鼎颠趾”，未悖（bèi）也。“利出否”，以从贵也。

［译文］

初六，鼎器的足颠倒翻覆，有利于倒出残渣污物。就像娶妾生子被扶为正室一样，没有

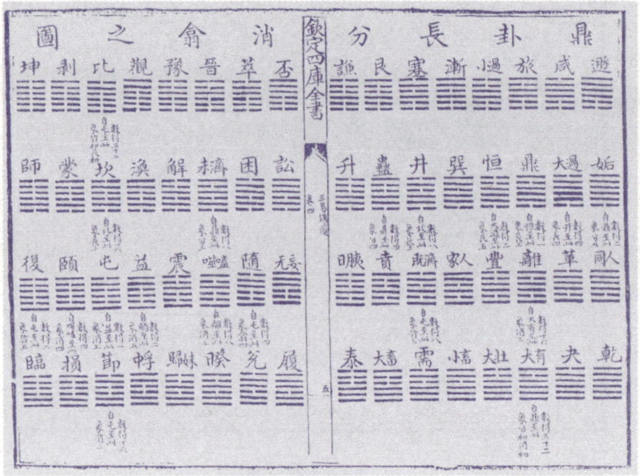

鼎卦长分消翕之图

“消”即“静”，“翕”即“动”。“消翕”反映的是鼎卦在运动、消长变化中与其他卦象的关系。鼎卦是革卦的覆卦，革卦倒过来看就是鼎卦。从卦变上来看，鼎卦是由遁卦演化而来，即遁卦的九五与六二两爻位置互换，变为鼎卦。遁卦的六二柔爻向上推移到第五位，即“柔进而上行”之意。可以依据此卦的长分消翕规律来占测吉凶。如初六爻预示着鼎颠倒，有利。新娶妾生子，无害。九三爻预示着悔恨消除，吉利。九四爻预示着鼎足断，凶险。上九爻预示着镶玉的鼎环，大吉大利。

灾祸。

《象传》说：“鼎器的足颠倒翻覆”，这还不违背常理。“有利于倒出残渣污物”，这是为了遵从新的贵人。

[解说]

鼎卦由遁卦演变而来。鼎颠趾，指由遁卦的六二上行到五位，留下鼎（脚）趾初六。六二所应部位是小腿，小腿朝上表示鼎翻倒。本来不好，但六二上行后，上卦就加入一个柔爻，原来遁上卦一连三个阳爻的否象就改变了，所以是“利出否”，取义是将鼎中残留的渣滓污物倒出以去旧布新，反而有利无咎。六二上到尊位是“以从贵也”。

[原文]

九二　鼎有实。我仇有疾，陆德明《经典释文》：“仇，匹也。”**不我能即，吉。**

《象》曰：“鼎有实”，慎所之也。“我仇有疾”，终无尤也。

[译文]

九二，鼎器内装满了食物，我妻有病，不能接近我，但仍然可获吉祥。

《象传》说：“鼎器内装满了食物”，说明谨慎前行较好。“我妻有病”，终将没有怨尤。

[解说]

仇是仇匹、匹配的意思，这里指配偶。二五换位后，九二与六五仍然正应匹配。我的仇（九二自己的）是六五，但两者还是相隔而不能相遇（不我能即）。六五阳爻下来成九二，就充实了鼎腹（鼎有实），柔爻上到五位阳位不正，故有疾。九二是从尊位下来，要慎重，六五虽然不太合适，但有正应，而且位尊守中，所以最终没有怨恨（终无尤也，尤是怨）。人们在变迁中要把握自身。

[原文]

九三　鼎耳革，其行塞，雉（zhì）膏不食，李鼎祚《周易集解》引虞翻曰：“动成两坎，坎为耳，而革在乾，故‘鼎耳革’。初四变时，震为行。鼎以耳行，伏坎震，折而入乾，故‘其行塞’。离为雉，坎为膏。初四已变，三动体颐。颐中无物，离象不见，故‘雉膏不食’。”**方雨，亏悔，终吉。**

《象》曰："鼎耳革"，失其义也。

[译文]

九三，鼎器的耳柄脱落，移举行动阻塞，致使美味的野鸡膏脂不能煮食。一旦霖雨降下，悔恨消散，最终将得到吉利。

《象传》说："鼎器的耳柄脱落"，说明其失去了本身存在的意义。

[解说]

鼎卦的初至五爻，中间是阳爻（三个），两端是阴爻，像一个放大的坎象，坎为耳，现在六二上来变成六五，六五的形象位置都如鼎耳，九三所在的坎耳就失去意义，所以是"鼎耳革，失其义也"。上离为火，在鸟为雉，初至五爻包含一组正反兑，兑为口、为食，反兑即是不食。兑为泽、为雨、为毁折，即是"方雨，亏悔"，九三在众阳爻当中，位于鼎腹，故"其行塞"。但九三阳居阳位得正，刚健而不忧不惧，正位凝命，故"终吉"。

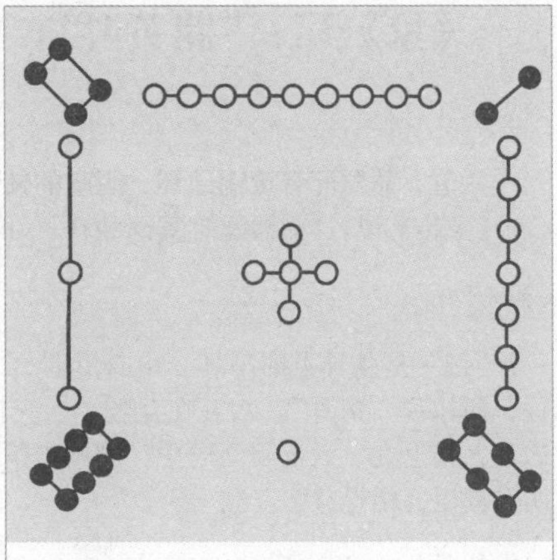

洛书

图中白点表示奇数（阳），即天数；黑点表示偶数（阴），即地数。此图是根据《周易·系辞上传》中"河出图，洛出书，圣人则之"和"天一，地二；天三，地四；天五，地六；天七，地八；天九，地十。天数五，地数五。五位相得而各有合，天数二十有五，地数三十，凡天地之数五十有五，此所以成变化而行鬼神也"两句，排列成"戴九履一，左三右七，二四为肩，六八为足，五居中央"的龟形方位，又称戴九履一图。洛书中九位数，无论纵横相加还是斜向相加都得十五，这就是"九宫数"。

[原文]

九四　鼎折足，覆公𫗧，其形渥(wò)，凶。 李鼎祚《周易集解》引《九家易》曰："鼎者，三足一体，犹三公承天子也。三公谓调阴阳，鼎谓调五味。足折𫗧覆，犹三公不胜其任，倾败天子之美。故曰'覆𫗧'也。"

《象》曰："覆公𫗧"，信如何也。

[译文]

九四，鼎器折断其足，王公的美食全被翻倒，鼎器上油腻龌龊，有凶险。

《象传》说："王公的美食全被翻倒"，说明德行浅薄而地位尊贵不足以使人信任。

[解说]

"𫗧"是用八珍煮成的米羹。"形渥"，是被打翻的羹淋湿的样子。九四与初六相应，初六为足，九四在互兑（三四五爻）中，兑位毁折，故为"鼎折足"。兑为口、为食，故为𫗧。四位是诸侯和上公位，鼎折翻覆，即是"覆公𫗧"。兑为泽，故为湿，所以"其形渥"。九四才能薄弱，而图谋大事，故必然有灾祸。这不是信任与否（信如何也），而是能否胜任的问题。

[原文]

六五　鼎黄耳，金铉(xuàn)。 孔颖达《周易正义》："铉，所以贯鼎而举之也。"**利贞。**

《象》曰："鼎黄耳"，中以为实也。

［译文］

六五，鼎器配有黄铜鼎耳，刚坚的铉环，这是顺利而正确的。

《象传》说："鼎器配有黄铜鼎耳"，说明居中守正而获充实之利。

［解说］

"铉"是鼎耳上的吊环。由卦形看，"六五"相当于鼎耳。"黄"是中色，"五"在上卦的中位，所以说"黄耳"。六五在互乾（二三四爻），乾为实、为明，故为金玉。金铉，是坚固的金属环，指上九。六五阴爻居中，周围上下所应都是阳爻辅佐，只要守正就会吉利（利贞）。好比明君良臣，相得益彰。

［原文］

上九　鼎玉铉（xuàn），高亨《周易大传今注》："鼎玉铉，更是华贵之物，有此鼎者必为大富贵之家。"**大吉，无不利。**

《象》曰："玉铉"在"上"，刚柔节也。

［译文］

上九，鼎器配着镶玉的铉环，大为吉利，无所不利。

《象传》说："镶玉的铉环高居上位"，说明刚柔相济，互相调节。

［解说］

上九在鼎卦的最上方，相当于鼎铉。六五上行后，上卦加入了一个柔爻，上卦由乾刚变成火明，刚柔得到调节。上九阳爻阴位，刚柔相济，互乾为玉，上离为明，所以上九之铉就是温润高雅的玉铉。

革故鼎新之后，当大兴文明礼仪，比德如玉。

震卦第五十一

泰山崩于前而面不改色

震卦教导人们要临乱不惊、镇定从容。

[原文]

震李鼎祚《周易集解》引郑玄曰："震为雷。雷，动物之气也。雷之发声，犹人君出政教以动中国之人也。故谓之震。人君有善声教，则嘉会之礼通矣。"**亨，震来虩(xì)虩(xì)，**陆德明《经典释文》："虩虩，恐惧貌。"**笑言哑(è)哑。**《说文》："哑，笑也。"**震惊百里，不丧匕鬯(chàng)。**王弼注："威震惊乎百里，则足可以不丧匕鬯矣。匕，所以载鼎实。鬯，香酒。奉宗庙之盛也。"

[译文]

震卦象征震动，亨通顺利。雷电袭来，万物恐惧，然后戒惧慎行，遂能谈笑自若，雷声惊动百里，而祭主却没有被惊吓致掉落手中的酒匙。

[解说]

震卦象征长子，含义是动。鼎是祭器，古人认为主持国家重器的人没有比嫡长子更适当的了，所以鼎卦之后接着是震卦。

"虩虩"是壁虎，引申为恐惧。"哑哑"是笑声。"匕"是匙。当地震来时，使百里以内震惊，但虔诚祭祀的人，手中的酒匙却没有掉落，比喻平时戒慎恐惧，当突然遭受震惊时，就不会惊慌失措，而能从容镇定。"鬯"是黍米酒，浸泡郁金草，洒在地上，以香气请神降临。

震卦，是象征大地的坤卦，由最下方发生一阳，使大地震动；既有阴阳交合，发生雷电；又有纯阴的母亲坤卦，与纯阳的父亲乾卦，首次交媾得子的形象。所以，象征地震、雷震、震撼、震动或长子。

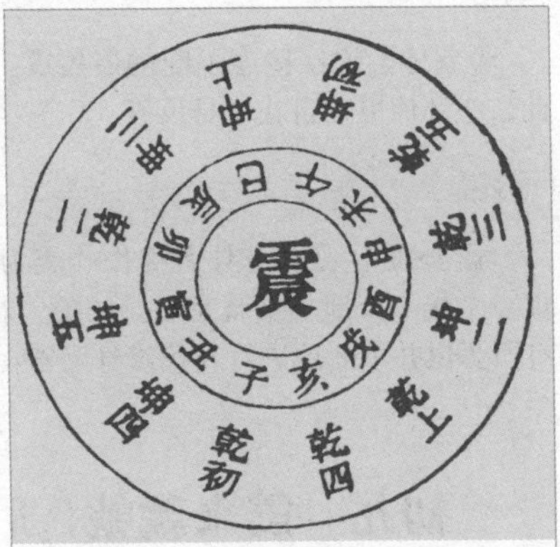

震卦图

震卦是由两个三画的震卦重叠而成，上下两个震卦卦形都是一阳生于二阴之下，阳欲动而上进，与阴相激。震为雷，两雷接连而到，有震动之象，所以为震。

[原文]

《彖》曰：震，亨。"震来虩虩"，恐致福也。李鼎祚《周易集解》引虞翻曰："惧变承五应初，故'恐致福也'。"**"笑言哑哑"，后有则也。"震惊百**

里”，惊远而惧迩也。李鼎祚《周易集解》引虞翻曰：“远谓四，近谓初。震为百，谓四出惊远。初应惧近也。”**“不丧匕鬯”，出可以守宗庙社稷，以为祭主也。**

［译文］

《彖传》说：震动可致亨通顺利。“雷电袭来，万物惶恐惊惧”，说明恐惧而戒备能带来福泽。“戒惧慎行，遂能谈笑自若”，说明警惧之后就能防患于未然。“雷声惊动百里”，以致远近都震惊恐惧，防患于未然。“不丧匕鬯”，继承大业的长子能做到如此，说明他可以出任并能够固守宗庙社稷的安危，成为祭祀典礼的主持人。

［解说］

震动，本身就能亨通。雷电袭来，令人恐惧（震来虩虩）。初九之阳居下，震之始能以恐惧自修以致福祥（恐致福也），初九以阳居阳得正，故不会因恐惧而失去法度。（后有则也：则，法度、法则，也可以解释成记取教训，知惧，然后有法则可循。）主祭者继续谈笑自若（笑语哑哑）。雷声震惊百里，震惊远方要戒惧近处。长子可以出任并守宗庙社稷，可以作为祭礼的主持人。

［原文］

《象》曰：洊雷，孔颖达《周易正义》：“洊者，重也。”**震。君子以恐惧修省(xǐng)。**

［译文］

《象传》说：接连不断的轰轰震雷，象征震动。君子当效法于此，心怀惊惧，自我修身反省。

［解说］

震卦震上震下，卦名称作“震为雷”。洊，意思是再、重复。雷一个接一个地打来就是震卦的象。君子从中得到启示：应当知道有所恐惧并不断地进行自我修身反省。

［原文］

初九　震来虩虩，后笑言哑哑，吉。李鼎祚《周易集解》引虞翻曰：“虩虩谓四也。初位在下，故‘后笑言哑哑’。得位，故‘吉’也。”

《象》曰：“震来虩虩”，恐致福也。“笑言哑哑”，“后”有则也。

［译文］

初九，雷电袭来，万物恐惧，然后戒惧慎行，遂能谈笑自若，

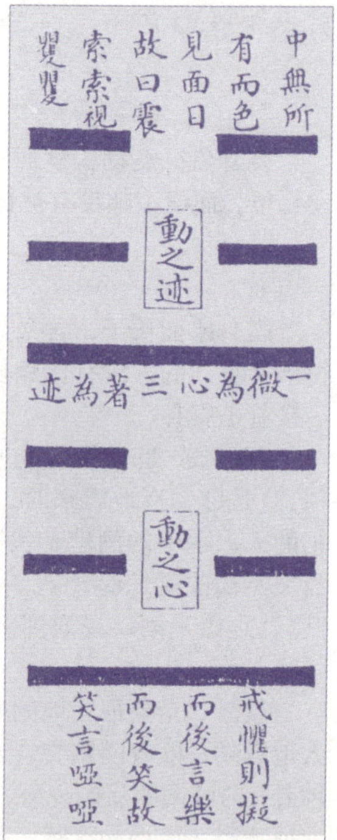

震动心迹图

震卦象征雷电，雷电大作则心有所惧，心里的畏惧必然会在面目上表现出来。但是如果保持警惕，畏惧之心与福佑之间可以相互转换。

可获吉祥。

《象传》说：“雷电袭来，万物恐惧”，说明恐惧而戒备能带来福泽。“戒惧慎行，遂能谈笑自若”，说明恐惧能使其拥有做事的准则。

［解说］

此爻辞及其小象辞内容，与卦辞、《彖辞》相同，解释亦同，意在说明提高警觉以后，才能平安。

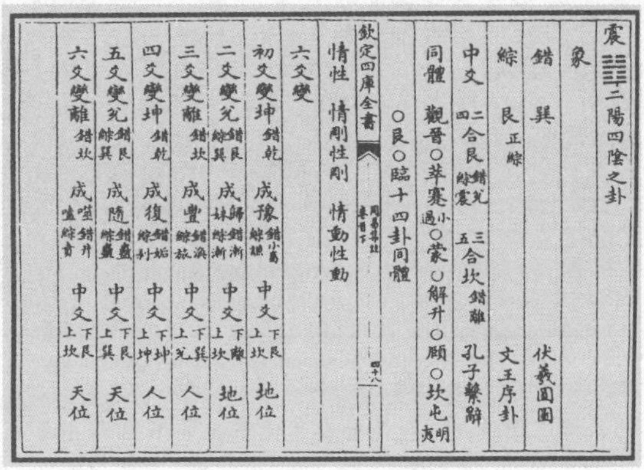
震☳二陽四陰之卦
象 伏羲圓圖
錯 巽
綜 艮正綜 文王序卦
中爻 二四合艮錯兑綜震 三五合坎錯離 孔子繫辭
同體 觀晉○萃蹇小過○蒙○解升○頤○坎屯明夷
○艮○臨十四卦同體
欽定四庫全書
情性 情剛性剛 情動性動
六爻變
初爻變坤錯乾 成豫錯小畜綜謙 中爻下艮上坎 地位
二爻變兑錯艮綜巽 成歸妹錯漸綜漸 中爻下離上坎 地位
三爻變離錯坎 成豐錯渙綜旅 中爻下巽上兑 人位
四爻變坤錯乾 成復錯姤綜剝 中爻下坤上坤 人位
五爻變兑錯艮綜巽 成隨錯蠱綜蠱 中爻下艮上巽 天位
六爻變離錯坎 成噬嗑錯井綜賁 中爻下艮上坎 天位

震卦错综及爻变图

震卦为二阳四阴之卦，在震宫八卦中属木。它与巽卦相错，与艮卦相综。二至四爻合为艮卦，与兑卦相错，与震卦相综，三至五爻合为坎卦，与离卦相错。震卦与观、晋、萃、蹇、小过、蒙、解、升、颐、坎、屯、明夷、艮、临十四卦同体。其情性为：情刚性刚，情动性动。六爻变位为：初爻变坤位在地，二爻变兑位在地，三爻变离位在人，四爻变坤位在人，五爻变兑位在天，六爻变离位在天。

［原文］

六二　震来厉，程颐《周易程氏传》：“厉，猛也，危也。”**亿（yì）丧贝，**陆德明《经典释文》：“亿，本又作噫，辞也。”**跻（jī）于九陵。勿逐，七日得。**

《象》曰：“震来厉”，乘刚也。

［译文］

六二，震动骤至，有危险。丧失了大量的钱币，登到九仞高的山陵之上。不要去追索，七天后将失而复得。

《象传》说：“震动骤至，有危险”，说明性本柔弱却偏乘驾在阳刚之上。

［解说］

雷声传来，十分危厉。因危厉而丧失亿万财富。古以贝为货币（亿丧贝）。九陵是九重的山陵。跻，攀升。互艮（二三四爻）为山，震为足，象征有人劫持亿万财富跑到高山之上。

震卦形一阳在下，表示一阳复初，指一阳依次经过六个爻位重新来到初位，就是在第七个次序复初，所以丢失的财产不用追，七天后会失而复得（勿逐，七日得）。初九是震惊的主体，而六二以柔爻居于初九阳爻之上，所以是乘刚，因而感到危厉不安，六二是首当其冲。在危厉的气氛中，首先要保持谨慎，才不至于遭受损失。

［原文］

六三　震苏苏。孔颖达《周易正义》：“苏苏，畏惧不安之貌。”**震行，无眚。**

《象》曰：“震苏苏”，位不当也。

［译文］

六三，震动之时恐惧不安。因雷动而谨慎前行将不会遭受祸患。

《象传》说：“震动之时恐惧不安”，说明阴居阳位，位置不妥当。

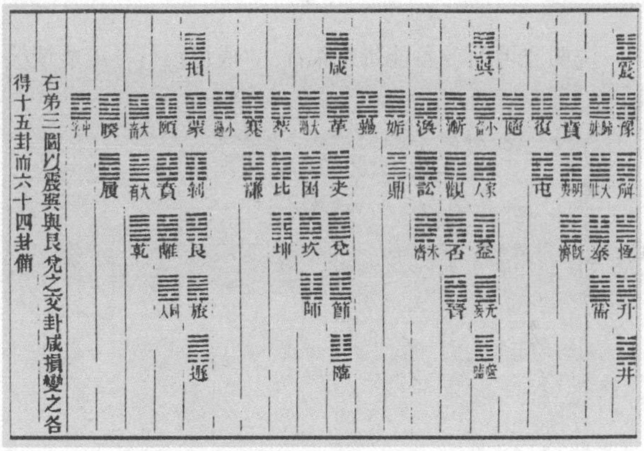

震、巽、咸、损卦变图

震、巽、咸、损四卦各变十五卦再加上四本卦合为六十四卦。即震卦变豫、解、恒、升、井、归妹、大壮、泰、需、贲、明夷、既济、复、屯、随十五卦。巽卦变小畜、家人、益、无妄、噬嗑、渐、观、否、晋、涣、讼、未济、姤、鼎、蛊十五卦。损卦变蒙、剥、艮、旅、遁、颐、贲、离、同人、大畜、大有、乾、睽、履、中孚十五卦。咸卦变革、夬、兑、节、临、大过、困、坎、师、萃、比、坤、蹇、谦、小过十五卦。

[解说]

"苏苏"是恐惧不安的样子。"眚"是病、过失。互坎（三四五爻）为疾病。六三阴爻阳位，不中不正，地位不当，而地震是人类的天谴，以致"六三"恐惧不安。然而六三上承九四阳爻，表明因恐惧而能改过迁善，仍然不会有灾难（震行无眚）。

[原文]

九四　震遂泥。 李鼎祚《周易集解》引虞翻曰："坤土得雨为泥。位在坎中，故'遂泥'也。"

《象》曰："震遂泥"，未光也。

[译文]

九四，震动之时惊落泥淖。

《象传》说："震动之时惊落泥淖"，说明阳刚之德没能发扬光大。

[解说]

"遂"是坠、止的意思。互坎为险、为泥，震为动、为行。故九四坠落在泥淖中（震遂泥），行动艰难。在震动不安中，不要远行，而要戒惧近处。

[原文]

六五　震往来厉。亿(yì)无丧有事。

《象》曰："震往来厉"，危行也。其事在中，大"无丧"也。

[译文]

六五，震动之时上下往来行动有危险。万无一失，长保祭祀盛事。

《象传》说："震动之时上下往来行动有危险"，说明谋事在中正之位，中允无偏，不会有太大的损失。

[解说]

六五下乘九四阳刚，前遇上六敌阴，所以往来都危厉（震往来厉，危行也）。但因九五得中位尊，处于祭祀之事，虔诚恭顺，并没有丢掉匕鬯，故"大无丧也"，即亿万（财富）无丧。危难中更加恭谨虔诚，就不会害怕危险，也不会在乱中遭到损失。

[原文]

上六　震索索，陆德明《经典释文》："索索，犹缩缩，足不正也。"**视矍（jué）矍，**《说文》："矍，鹰隼之视也。"**征凶。震不于其躬，于其邻。无咎，婚媾有言。**

《象》曰："震索索"，中未得也。虽"凶"无咎，畏邻戒也。

[译文]

上六，震动之时畏畏缩缩，两目惶恐不安，若行动，则会有凶险。震动还没波及自身，而只是波及近邻时，没有灾难，婚媾将导致闲言。

《象传》说："震动之时畏畏缩缩"，说明上六未修得中正之德。虽然凶险，但没遭灾难，是因为畏惧近邻所受的震惊而心存戒备之故。

[解说]

地震发生在近邻，还没有到达自己身上（震不于其躬，于其邻，躬是自身），所以"无咎"。但上六在震卦的极点，感受到了震动，有所惊惧。"索索"，是震恐沮丧的样子。"矍矍"，视线不固定，心神不宁。上六婚媾的对象（应爻）在三位，但六三同样是阴爻不应。上六遭到周围邻居的怨言。由于对邻居的震灾感到了危险，并采取了戒备措施（畏邻戒也），所以"虽凶无咎"。

此爻体现了彖辞所说"惊远惧迩之意"，如俗语说的"大意失荆州""畏惧可以存身"，但上六在邻居遭灾的时候却谈论嫁娶的喜事，于情理不顺，是不应该的。

艮卦第五十二

当行则行，当止则止

艮卦象征山。

［原文］

艮孔颖达《周易正义》：“艮，止也。”**艮其背，不获其身。**王弼注：“所止在后，故不得其身也。”**行其庭，不见其人，无咎。**

艮卦图

艮卦是由上下两个三画的艮卦重叠而成。三画的艮卦卦形是一阳爻居于二阴爻之上，阳爻性动，阴爻性静，二阴在下静止不动，一阳已升至其上，虽欲动而不能。下静而上止，故称艮，艮即止之意。

［译文］

艮卦象征抑止。抑止其背部的活动，但其身体不能面向所抑止的地方。犹如在庭院中行走，没看见背后的人，没有灾祸。

［解说］

艮卦的卦形是一阳在二阴的上方，是反震，震卦形也是反艮。震为动，艮为止，一动一静，相互为用。艮卦形是山的形象，表现阳已上升到极点，所以停止。艮引申为违背、怨恨、坚硬、艰难的含义。

人的身体，最不容易动的静止部分，就是背部。它不为身体和外物所动，不会妄动，如此就可达到“行其庭，不见其人”的忘我境界，也就不存在咎害。

［原文］

《彖》曰：艮，止也。李鼎祚《周易集解》引虞翻曰：“位穷于上，故‘止也’。”**时止则止，时行则行，**李鼎祚《周易集解》引虞翻曰：“时止谓上阳穷上，故‘止’。时行谓三体处震，为行也。”**动静不失其时，其道光明。艮其止，止其所也。上下敌应，不相与也。**李鼎祚《周易集解》引虞翻曰：“艮其背，背也。两象相背，故‘不相与也’。”**是以“不获其身，行其庭，不见其人，无咎也”。**

［译文］

《彖传》说：艮的意思是抑止。应当停止时就停止，可以行动时就行动，一动一静都不失时机，前途必然光明。“抑止其背部的活动”，说明抑止要适得其所。全卦六爻上下相互敌对，不能相应，所以说“其身体不能面向所抑止的地方，犹如在庭院中行走，没看见背后的人，没有灾祸”。

［解说］

艮是止的意思，能够适时适地适可而止，背在人身不是不随身体动，而是不知道身在动（不获其身）。吉凶祸福都全然不知，所以光明。艮卦内外两艮各止其所。艮卦的初四、二五、三上皆不相应，所谓上下敌应，也就不相亲密相处（不相与也）。不相应，有人也似无人，有人走过庭院，也未曾察觉，宁静自然就会无咎。

［原文］

《象》曰：兼山，艮。君子以思不出其位。李鼎祚《周易集解》引虞翻曰：“君子谓三也。三君子位。震为出，坎为隐伏，为思，故‘以思不出其位’也。”

［译文］

《象传》说：两山重叠，象征抑止。君子体察此现象，经常思虑行动不应超越本位。

［解说］

山连着山就是兼山，就是艮卦的形象，艮意味着止，卦名称作艮为止。君子从中得到启示：思考问题不要超越自己的能力范围，要适可而止。

［原文］

初六　艮其趾(zhǐ)，无咎，利永贞。王弼注：“处止之初，行（无）所之，故止其趾，乃得（无）咎。至静而定，故利永贞。”

《象》曰：“艮其趾”，未失正也。

［译文］

初六，抑止其脚趾的行动，没有灾难，有利于永久坚守正道。

《象传》说：“抑止其脚趾的行动”，说明没有离失正道。

［解说］

初爻为趾，脚趾不动仅仅是自己不动而已，但脚趾的停止还要服从上面部位的停止，上止则止，上行则行，这就是艮未失正也，故利永贞。阴柔弱小不要妄动，宜服从。

［原文］

六二　艮其腓(féi)，不拯其随，其心不快。王弼注：“随，谓趾也。止其腓，故其趾不拯也。腓体躁而处止，而不得拯其随，又不能退听安静，故其心不快也。”

《象》曰：“不拯其随”，未退听也。

[译文]

六二，抑止其小腿的行动，无法举步向上承应跟随，心里不痛快。

《象传》说："无法举步向上承应跟随"，这是由于未能听从其劝而退回。

[解说]

腓是腿肚，指小腿，六二所在相当于小腿肚。不拯其随是不能抬腿，拯为举，随为腿，就是小腿艮止不能动了。六二本来居中得正，但居互坎（二三四爻）被陷，不能退让听从九三（大腿），坎为耳，为听从。小腿僵直是因为不顺从上面，六二此时是不当止而止。

[原文]

九三　艮其限，陆德明《经典释文》："限，要也。"朱熹《周易本义》："限，身上下之际，即腰胯也。"**列其夤（yín），**王弼注："夤，当中脊之肉也。"**厉薰心。**

《象》曰："艮其限"，危"薰心"也。

[译文]

九三，抑止其腰部的行动，脊肉撕裂，危险就像烈火一样熏灼其心。

《象传》说："抑止其腰部的行动"，说明身处的危险像烈火一样熏烤其心。

[解说]

艮其限，是腰不能动。"限"，人体上下的界限，指腰部。九三处上下两阴之间，阴阴排斥，故危厉，心急如焚（危薰心）。"夤"是脊背的肉。"列"是裂的本字。九三刚爻刚位，又不在中位，过分刚硬僵直，使腰不能伸屈，痛苦万分。九三阳爻是下卦艮的主爻，又与上卦唯一的阳爻敌应，与上下左右的人都不能和谐相处，以致上下叛离，左右决裂，当然危厉。

[原文]

六四　艮其身，无咎。李鼎祚《周易集解》引虞翻曰："身，腹也。观坤为身，故'艮其身'。得位承五，故'无咎'。"

《象》曰："艮其身"，止诸躬也。

[译文]

六四，抑止上身的活动，没有灾难。

《象传》说："抑止上身的活动"，说明能自己控制而保持正直。

[解说]

六四是腰以上的身体部分不动（止诸躬也，躬即是身）。六四阴居阴位得正，从来不自行其是地妄动，与腰腿和谐相处，躬自厚而薄责于人，所以无咎。

[原文]

六五　艮其辅，程颐《周易程氏传》："辅，言之所由出也。"**言有**

序，高亨《周易大传今注》："言有序，不妄谈也。"**悔亡。**

《象》曰："艮其辅"，以中正也。

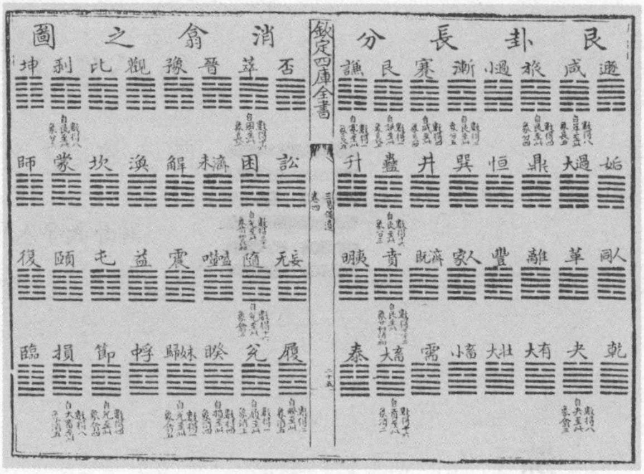

艮卦长分消翕之图

"消"为"静"，"翕"为"动"。"消翕"反映的是艮卦在运动变化中与其他卦象的关系。艮卦是在蹇卦的基础上变化而来，即蹇卦的九四与六二两爻位置互换，变为艮卦。

[译文]

六五，抑止其口，说话中肯而条理分明，悔恨消亡。

《象传》说："抑止其口"，因为不偏倚，谨守中正之道。

[解说]

"辅"是颚的关节。六五在卦的上方，相当于颚的关节。艮止在颚的关节，要求言语谨慎，说话中肯，条理分明（言有序）。俗话说，祸从口出，言语有所把关，自然可以悔亡。

[原文]

上九　敦艮，吉。李鼎祚《周易集解》引虞翻曰："无应静止，下据二阴，故'敦艮，吉'也。"

《象》曰："敦艮"之"吉"，以厚终也。

[译文]

上九，敦厚而知足知止，吉利。

《象传》说："谨慎敦厚而知足知止的吉利"，说明上九能以敦厚的品德获得善终。

[解说]

上九是艮止的最上方，且是终极阳爻，说明能够保持晚节，止于至善，所以是敦艮之吉，可以厚终。

渐卦第五十三

循序渐进，不偏不躁

渐卦教导人们要循序渐进。

[原文]

渐李鼎祚《周易集解》引《序卦》曰："物不可以终止，故受之以渐。渐者，进也。" **女归吉，利贞。**

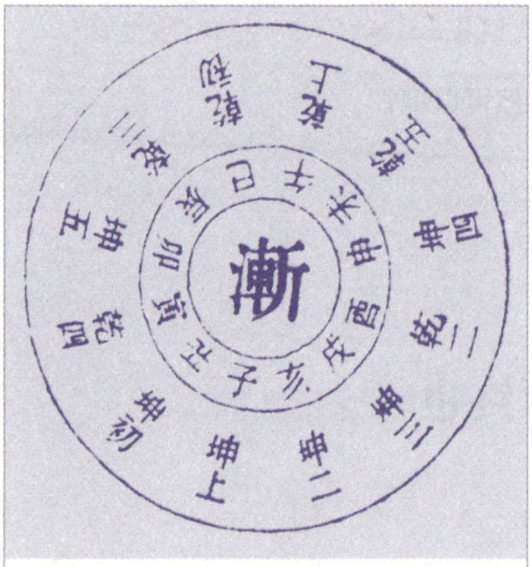

渐卦图

渐卦下艮上巽。下卦艮为山，上卦巽为木，可以看作是山上有木。山上草木生长要循序渐进，符合自然规律。所以用"渐"字命名本卦。

[译文]

渐卦象征渐进。女子出嫁吉利，有利于坚守正道。

[解说]

渐，原指水的浸透，有渐进的含义。女归，是指女子出嫁。巽为长女，艮为止，所以渐是女子等待出嫁。这一卦，由六二到九五的各爻都得正，象征女子品德纯正，所以卦辞说，"渐，女归吉，利贞"，就是女子出嫁吉祥，有利于坚守正固。

[原文]

《彖》曰：渐之进也，"女归吉"也。进得位，往有功也。进以正，可以正邦也。其位刚得中也。李鼎祚《周易集解》引虞翻曰："谓初已变，为家人。四进已正，而上不正。三动成坤，为邦。上来反三。故'进以正，可以正邦'。其位刚得中，与家人道正同义。三在外体之中，故称'得中'。" **止而巽，动不穷也。**

[译文]

《彖传》说：渐渐地前进，就像女子出嫁循礼渐进可获吉祥。往前进而获居正位，前往就会立功受赏。遵循正道渐次而进，就能够端正邦国。卦中各爻刚健者得居中位，守静知止而又谦逊和顺，所以能永远保持生命的进化运动。

[解说]

当女子出嫁时，必须经过一切婚嫁的礼节，当然也是渐进，自然可获吉祥，但这一纯正必须坚持，才会有利。渐卦是阴爻阳爻各三个，三阴三阳的卦都是由同样三阴三阳的消息卦泰卦或否卦变来，否卦的三爻与四爻换位就变为渐卦，其中柔爻上升到四位得正，所以是进得位，六四前往能承九五阳，必有功（往有功也）。因九五阳刚居中，功德广大（其位刚得中也），可以正道渐进（进以正），才能水到渠成、正邦安国。渐卦下艮止，上巽顺，就是止而巽，有止有顺，有进有息，这样行动起来就不会困穷（动而不穷也）。

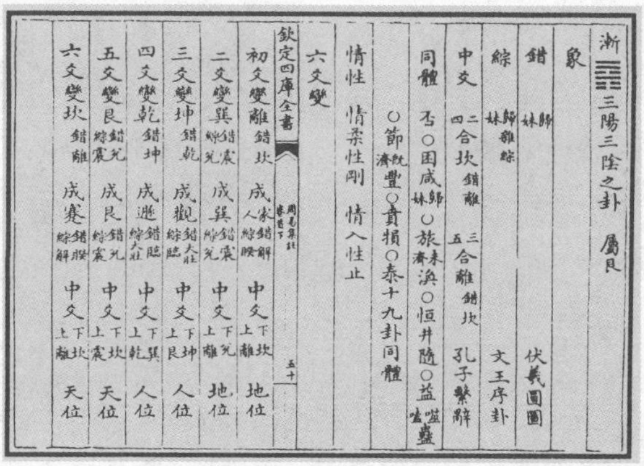

漸 ䷴ 三陽三陰之卦 屬艮
象
錯 歸妹 伏羲圓圖
綜 歸妹 離綜 文王序卦
中爻 二四合坎錯離 三五合離錯坎 孔子繫辭
同體 否○困○咸○歸妹○旅○未濟○渙○恒○井○隨○益○噬嗑○蠱○節○既濟○豐○賁○損○泰十九卦同體
情性 情柔性剛 情入性止
六爻變
初爻變離錯坎 成家人綜睽錯解 中爻下坎上離 地位
二爻變巽綜兌錯震 成巽綜兌錯震 中爻下兌上離 地位
三爻變坤錯乾 成觀綜臨錯大壯 中爻下坤上艮 人位
四爻變乾錯坤 成遯綜大壯錯臨 中爻下巽上乾 人位
五爻變艮綜震錯兌 成艮綜震錯兌 中爻下坎上震 天位
六爻變坎錯離 成蹇綜解錯睽 中爻下坎上離 天位
欽定四庫全書 周易集注 卷首下 五十

渐卦的错综及六爻变卦图

渐卦为三阳三阴之卦，属艮，在艮宫八卦中属木，渐为水。它与归妹卦相错相综，二至四爻合为坎卦，与离卦相错，三至五爻合为离卦，与坎卦相错。渐卦与否、困、咸、归妹、旅、未济、涣、恒、井、随、益、噬嗑、蛊、节、既济、丰、贲、损、泰十九卦同体。其情性为：情柔性刚，情入性止。六爻变位为：初爻变离位在地，二爻变巽位在地，三爻变坤位在人，四爻变乾位在人，五爻变艮位在天，六爻变坎位在天。

［原文］

《象》曰：山上有木，渐。君子以居贤德善俗。王弼注：“贤德以止巽则居，风俗以止巽乃善。”

［译文］

《象传》说：高山上有树木依山势而长，象征渐进。君子体察此种现象，感到应蓄积贤德，逐渐改变落后的风俗。

［解说］

渐卦上巽为木，下艮为山，称为风山渐。山上长有的树木就是渐长的象征。君子从中感悟到，山上的树木是渐渐长成的，所以君子在安居习俗的平凡的日子里，要善言善行，日积月累，以备将来成就大业。

［原文］

初六　鸿渐于干。小子厉，有言，无咎。王弼注：“鸿，水鸟也。适进之义，始于下而升者也，故以鸿为喻。六爻皆以进而履之为义焉。始进而位乎穷下，又（无）其应，若履于干，危不可以安也。始进而未得其位，则困于小子，穷于谤言，故曰‘小子厉，有言’也。困于小子谗谀之言，未伤君子之义，故曰‘无咎’也。”

《象》曰：“小子”之“厉”，义“无咎”也。

［译文］

初六，大雁徐徐飞行停息在水边。年幼小子靠近会有危险，会遭人指责，但没有灾难。《象传》说：“年幼小子靠近会有危险”，从渐进的意义看应无灾难。

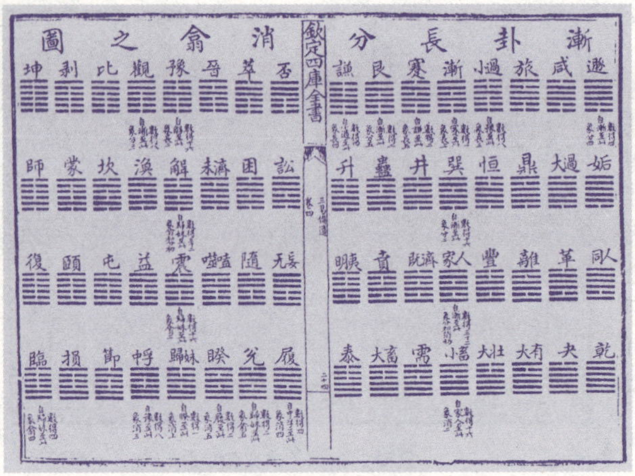

渐卦长分消翕之图

"消"为静，"翕"为动。"消翕"反映的是艮卦在运动变化中与其他卦象的关系。渐卦是在涣卦的基础上变化而来，是涣卦的九二爻与六三爻位置互换，变为渐卦。

[解说]

鸿是大雁，因为雁行有序，大雁北回南归定而有信，雁对配偶忠贞不渝，加之形态优美，能高飞万里，所以古人在包括婚礼等许多场合都以雁或雁翎作为礼物或装饰。

干是水岸。"鸿渐于干"，是说大雁缓缓地落在岸边，初六上临互坎（二三四爻），坎为水，所以初六在岸。下卦艮为少男，所以是小子。水岸边不适宜大雁起而高飞，所以对小子来说，是厉，坎为险、为厉，喻示嫁娶的过程中招来非议（有言），虽然不顺利，但不至于有危险，所以无咎。

[原文]

六二　鸿渐于磐（pán），饮食衎（kàn）衎，吉。李鼎祚《周易集解》引虞翻曰："艮为山石。坎为聚，聚石称磐。初已之正，体噬嗑食，坎水阳物，并在颐中，故'饮食衎衎'。得正应五，故'吉'。"

《象》曰："饮食衎衎"，不素饱也。

[译文]

六二，大雁徐徐飞行停息在磐石上，欢喜地饱享饮食，吉利。

《象传》说："欢喜地饱享饮食"，说明六二并非不劳而食，而是有所作为的。

[解说]

磐是大石。下艮为山、为石。衎衎，欢乐状。素饱，不劳而食的意思。六二与九五相应，可以说是停落在磐石上，可以欢乐地饮食。但九二不是坐享九五赐给俸禄，它具备柔顺中正的德性，能够辅佐君王，地位安定，所以吉祥。渐卦六爻都以鸿取象，大概是由于中间互离（三四五爻）为雉，接近于鸿，取义上有鸿程漫长、鸿的动作和缓优雅的意思。

[原文]

九三　鸿渐于陆，李鼎祚《周易集解》引虞翻曰："高平称陆。谓初已变，坎水为平。三动之坤，故'鸿渐于陆'。"**夫征不复，妇孕不育，凶。利御寇。**

《象》曰："夫征不复"，离群丑也。《尔雅·释诂》："丑，众也。"**"妇孕不育"，失其道也。"利用御寇"，顺相保也。**

[译文]

九三，大雁徐徐飞行停息在高平之地，就像丈夫出征不复回，妇人失贞怀孕生子而不能养育，有凶险。有利于抵御外来的强寇。

《象传》说："丈夫出征不复回"，说明离开了家乡的人们。"妇人失贞怀孕生子而不能养育"，说明丧失了妇道。"有利于抵御外来的强寇"，说明应当顺势进退以互相保卫。

[解说]

九三在艮上，就是在山顶陆地。九三为艮、为夫，往上征服六四，而不再往下眷顾两阴，所谓"夫征不复，离群丑也"，丑是众的意思，也是指这两阴。艮为反震，震为生，故为孕，反震为孕但不生育，指与六四的结合不是正应，不会有结果。互坎为寇，九三应该保护两阴而御寇（利用御寇）。九三刚而不中，一下子飞得太高，急于成功，没有由低到高的渐进，以致离群而征进无果。

[原文]

六四　鸿渐于木，或得其桷（jué），无咎。王弼注："鸟而之木，得其宜也。或得其桷，遇安栖也；虽乘于刚，志相得也。"

《象》曰："或得其桷"，顺以巽也。

[译文]

六四，大雁徐徐飞行停息在树上，或许能寻得横平的树枝栖息，没有灾祸。

《象传》说："或许能寻得横平的树枝栖息"，因为柔顺服从。

[解说]

"桷"是桷材，房屋的椽木。巽为木、为桷。屋角只适宜暂时栖息，九五也不是正应，所以是"或得其桷"，六四柔居柔位，当位承阳于九五，就是顺从于九五（顺以巽也），故无咎。

[原文]

九五　鸿渐于陵。《说文》："陵，大阜也。"**妇三岁不孕，终莫之胜，吉。**李鼎祚《周易集解》引虞翻曰："莫，无。胜，陵也。得正居中，故'莫之胜，吉'。"

《象》曰："终莫之胜，吉"，得所愿也。

[译文]

九五，大雁徐徐飞行停息在高陵之上，妻子多年不

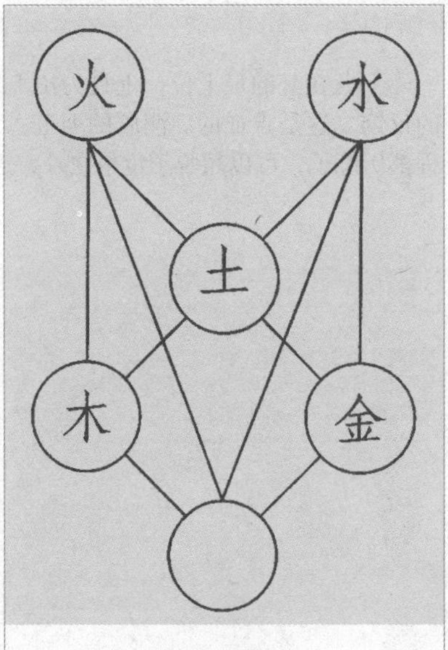

三五至精图

周敦颐《太极图》中的第三层图即是此图。中央土，是一五，取天五生土之意；左边火与木，又是一五，取地二生火、天三生木之意；右边水与金，又是一五，取天一生水、地四生金之意。三者加在一起，就是"三五"。下面的小圆圈是"三五之精"归于一元的象征。

曾怀孕，最终没有什么能阻止她达成心愿，吉利。

《象传》说："最终没有什么能阻止她达成心愿，吉利"，说明愿望得以实现。

［解说］

鸿雁渐渐飞到高陵上，九五是尊位，相当于高陵。但九五虽然与六二应，可是，中间有九三御寇一般的阻碍，使六二无法与九五相聚，以致多年都没有怀孕。不过邪终究不能胜正（终莫之胜），九五与六二最终得以聚首，达成夙愿，因而吉利。

九五与六二的刚柔结合经过多年之渐，所带来成功的快乐也大。

［原文］

上九　鸿渐于陆，其羽可用为仪，吉。王弼注："进处高洁，不累于位，（无）物可以屈其心而乱其志。峨峨清远，仪可贵也。故曰'其羽可用为仪，吉'。"

《象》曰："其羽可用为仪，吉"，不可乱也。

［译文］

上九，大雁徐徐飞行停息在山头上，羽毛可用作典礼中的装饰，吉祥。

《象传》说："羽毛可用作典礼中的装饰，吉祥"，说明不可以扰乱应有的顺序步骤。

［解说］

上九在卦的最上位，上艮为山上之山，鸿雁渐渐飞到高山上，此时它的羽毛可以用作洁美的仪饰，这是吉祥的。鸿雁的羽毛，比拟隐士的志节，不可以扰乱。上九逐渐至高，所有的过程都历练了，可以超脱于世俗之外，进退由心，四通八达。

归妹卦第五十四

夫妇之道

归妹象征男婚女嫁。

[原文]

归妹李鼎祚《周易集解》引虞翻曰："归，嫁也。兑为妹。泰三之四，坎月离日，俱归妹象。阴阳之义配日月，则天地交而万物通。故以嫁娶也。" **征凶，无攸利。**

[译文]

归妹卦象征婚嫁。一步走错就会有凶险，没有什么利益。

[解说]

归妹卦与渐卦是综卦，渐卦是娶进，归妹是嫁归，相反相成。归是妇人停留在夫家，原意是嫁，也有回到应当回去的地方归宿的意思。下卦兑是少女，相当于妹，上卦震是长男，少女与长男结合，所以称作归妹，亦即嫁妹。少女应当与少男结婚，与长男不相配，所以"征凶，无攸利"。

归妹卦反映的是周代的一种适用于诸侯的婚姻制度。归妹实际上是陪嫁来的妹妹或侄女。归妹卦对此的态度矛盾，一方面说很不好，另一方面又说天经地义。

归妹卦图

归妹卦下兑上震。兑为少女，震为长男，少女在长男之下，因此全卦的形象是夫妻相配，所以归妹卦有婚嫁的意思。

[原文]

《彖》曰：归妹，天地之大义也。天地不交，而万物不兴。归妹，人之终始也。王弼注："阴阳既合，长少又交，天地之大义，人伦之终始。" **说以动，所归妹也。"征凶"，位不当也。"无攸利"，柔乘刚也。**

[译文]

《彖传》说：婚嫁，这是天地间意义至为重大的事。天地阴阳不交合，万物就不能繁殖兴盛。婚嫁，是人类的归宿和开始。喜悦而主动，是出嫁的少女。"一步走错就会有凶险"，说明位置安排不妥当。"没有什么利益"，是因为阴柔乘坐于阳刚之上。

[解说]

归妹虽属不匹之配，但从古代伦理角度上讲亦是合理的，女归男而生育，为人之始，是符合繁衍子息和天经地义的。归妹卦下兑为说（悦），上震为动，表示女方欢喜地主动向男方行动，这与夫唱妇随的原则违背，所以征凶。归妹中四爻皆失位，二四位是阳爻居阴，三五位是阴爻居阳，而且六三阴爻居九二阳爻之上，六五阴爻居九四阳爻之上，这叫“柔乘刚”，不符合男尊女卑的伦理，所以“位不当也，无攸利”。（一般柔在刚下，叫作承阳，这是有利的。）

[原文]

《象》曰：泽上有雷，归妹。李鼎祚《周易集解》引干宝曰：“雷薄于泽，八月九月将藏之时也。君子象之，故不敢恃当今之虞，而虑将来祸也。”**君子以永终知敝。**

[译文]

《象传》说：水泽上雷声震响，象征婚嫁。君子体察这种现象，长久不渝地坚守正道，知道男女恒定的婚姻关系被破坏的弊端。

[解说]

归妹卦上震为雷、为长男，下兑为泽、为少女，泽上有雷，少女配长男就是归妹的卦象，称为雷泽归妹。君子从中感悟到，想要长久至终，就要知道不正的弊端，以求不断补正能够永终。

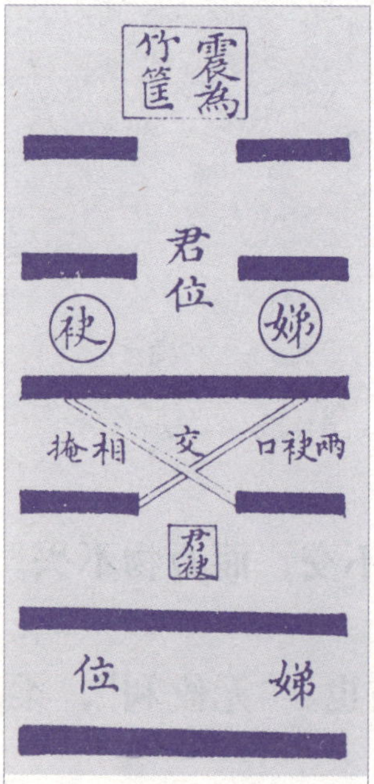

归妹君娣之袂图

古代女子出嫁，要以娣相从。夫妻婚后夫唱妇随，才是正道。

[原文]

初九　归妹以娣(dì)。《说文》：“娣，女弟也。”**跛能履。征吉。**

《象》曰：“归妹以娣”，以恒也。“跛能履，吉”，相承也。

[译文]

初九，嫁出少女作为侧室，就像跛脚的人努力行走，出行吉利。

《象传》说：“嫁出少女作为侧室”，这是恒常之道。“就像跛脚的人努力行走，吉祥”，说明能秉承夫意协助家务。

[解说]

娣是姊妹同嫁一夫，其中的妹妹称作娣，娣也就是女弟，亦即妾。初九与九四又没有正当的相应，所以不是正妻，故为娣。初九在兑下，与上震不应，震为足、为行，兑为毁折，比拟归妹身份卑微，就像人跛脚走路。不过，初九是刚爻，一是表示女弟，二是象征女人承接阳刚的德性（相承也），表示贞节，虽然以妾的身份出嫁，但仍然吉祥。

［原文］

九二　眇能视，利幽人之贞。王弼注：“虽失其位，而居内处中，眇犹能视，足以保常也。在内履中，而能守其常，故利幽人之贞也。”

《象》曰：“利幽人之贞”，未变常也。

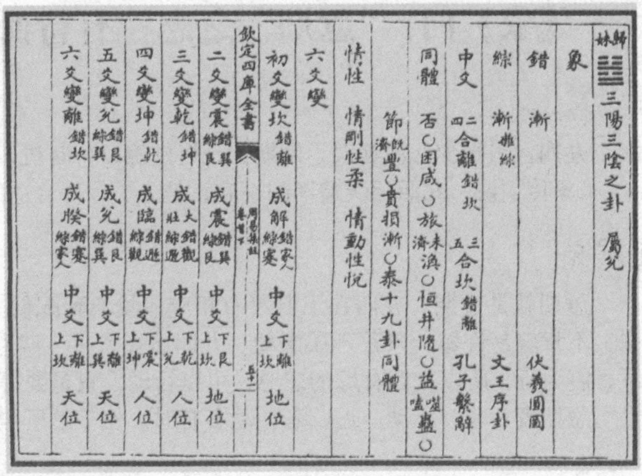

归妹卦错综及爻变图

归妹为三阳三阴之卦，属兑，在兑宫八卦中属金。它与渐卦相错相综。二至四爻合为离卦，与坎卦相错，三至五爻合为坎卦，与离卦相错。归妹与否、困、咸、旅、涣、恒、井、随、益、噬嗑、蛊、节、既济、丰、贲、损、渐、泰十九卦同体。其情性为：情刚性柔，情动性悦。六爻变位为：初爻变坎位在地，二爻变震位在地，三爻变乾位在人，四爻变坤位在人，五爻变兑位在天，六爻变离位在天。

［译文］

九二，眼睛偏盲而勉强看物，有利于深居妇人坚守妇德。

《象传》说：“有利于深居妇人坚守妇德”，说明没有改变恒常之道。

［解说］

眇能视，眼睛不好但有些视力，指幽人。互离（二三四爻）为目，兑为毁折，故曰眇。九二刚居柔位，外暗内明，形同幽人，对女人来说，表示有坚定的贞操与中庸的德性，与上卦的六五相应，六五柔居刚位不正，但二五相应没有改变，九二守贞不变（未变常也）。初九、九二自强不息，会改变逆境的。

［原文］

六三　归妹以须，反归以娣。王弼注：“室主犹存，而求进焉，进未值时，故有须也。不可以进，故反归待时，以娣乃行也。”

《象》曰：“归妹以须”，未当也。

［译文］

六三，嫁女而用其姐姐作为陪嫁，后又与其妹妹返归父母家。

《象传》说：“嫁女而用其姐姐作为陪嫁”，说明此种行为不妥当。

［解说］

古代贱妾为“须”，地位低于娣，须也有等待的意思。六三柔居刚位，失位不正，乘刚于两阳之上，以高于初与二的娣的身份，在下卦兑悦之上，象征女人主动急于出嫁，就嫌轻佻淫乱，反而一直在等待却嫁不出去。但是，如果回归到以妾娣的身份出嫁，就能够嫁出去。六三是终于知敝而能反正。

［原文］

九四　归妹愆（qiān）期，《说文》：“愆，过也。”**迟归有时。**

《象》曰：“愆期”之志，有待而行也。

[译文]

九四，出嫁少女却延误了婚期，延迟婚嫁以待时机，仍有希望。

《象传》说：九四延误婚期的心志，是为了等待合适的配偶而后行。

[解说]

愆期就是过期。九四在下卦没有相应，找不到配偶。但九四刚居柔位，外柔内刚，节操坚强，不肯轻易许嫁，以致延误婚期。九四居互坎（三四五爻），坎为险阻，所以延期。九四居震下，震为行，所以九四有嫁的志愿，可以行动，只是要等待时机，等到升五位成正娶。

愆期者，非时不动。迟归者，动必有时。但年龄所限，也不宜嫁得太迟，所以不言凶吉。

[原文]

六五　帝乙归妹，其君之袂(mèi)不如其娣之袂良。李鼎祚《周易集解》引虞翻曰：“三四已正。震为帝，坤为乙，故曰‘帝乙’。泰乾为良，为君。乾在下，为小君，则妹也。袂，口袂之饰也。兑为口，乾为衣，故称‘袂’。谓三失位无应。娣袂，谓二得中应五，三动成乾，为良，故‘其君之袂，不如其娣之袂良’。”**月几望，吉。**

《象》曰：“帝乙归妹”，“不如其娣之袂良”也。其位在中，以贵行也。

[译文]

六五，帝乙嫁女，以其次女陪嫁，正室反不如从嫁的妾衣着华丽。良辰选在某月十四日，吉祥。

《象传》说：“帝乙嫁女，以其次女陪嫁，正室反不如从嫁的妾衣着华丽”，说明地位品德均中正无偏，以高贵之位下嫁。

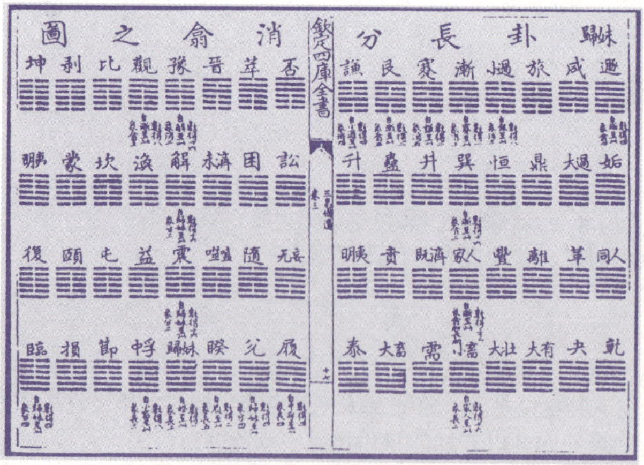

归妹卦长分消翕之图

“消”即“静”，“翕”即“动”。“消翕”反映的是归妹卦在运动、消长变化中与其他卦象的关系。归妹卦是渐的覆卦，渐卦颠倒过来就是归妹。归妹是从泰卦演变而来，泰卦的六四爻与九三爻位置互换，就是归妹卦。

[解说]

帝乙是殷代的帝王之一。君是女君，指帝乙的女儿。月几望，是接近满月的时候，即十四日。袂，衣袖，这里指衣服。

六五阴爻在君位，相当于天子的女儿，与下卦的九二相应，象征下嫁给臣子。六五身份高贵，但柔居刚位不正，但她柔顺中庸，以德补正，她的衣着还没有从嫁的妾的衣着华丽（其君之袂不如其娣之袂良），说明她品德高贵，因而说吉。

[原文]

上六　女承筐，无实。士刲羊，无血。李鼎祚《周易集解》引虞翻曰："刲，刺也。震为士，兑为羊，离为刀，故'士刲羊'。"**无攸利。**

《象》曰："上六无实"，"承"虚"筐"也。

[译文]

上六，女子手拿竹筐，里面没装东西，男子宰羊，不见血腥。一切都不顺利。

《象传》说：上六空虚无物，正如手拿空的竹筐。

[解说]

女，指年轻的女子，兑为女子。士，指年轻的男子，震为长男、为士。筐是新娘的提篮，装有枣、栗、干肉等吉祥的干果，当作拜见公婆的礼物。震形上虚下实，有筐之象。刲是割，婚礼的仪式之一，割羊用作合卺时饮交杯酒的菜肴。兑为毁折、为羊。

上六位在上，与下卦无应，这是名存实亡，即或勉强结婚，也终究会分离。在结婚时，已经出现不祥的预兆，新娘的提篮中，竟然空无一物；新郎在婚礼中行割羊的仪式时，羊也没有流血（士刲羊无血），一切都不顺利。如果不知不正，则最终会以敝而终，事情也就无可挽回。

丰卦第五十五

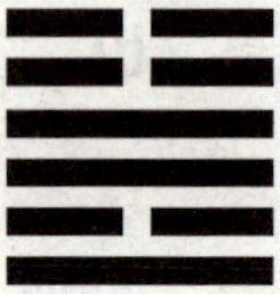

抓紧天下光明的时机，
明断是非，赶紧做事

丰卦象征丰收，是大好的时节。

[原文]

丰　亨，王假（gé）之。王弼注：“大而亨者，王之所至。”**勿忧，宜日中。**

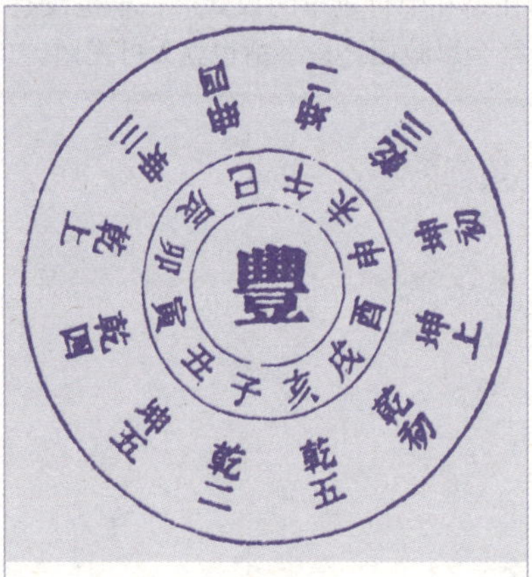

丰卦图

丰卦下离上震。离为明，震为动，离明在下，震动而上行，所以丰卦的卦象象征着太阳升到高空，如日中天之势。这是大好时节，要抓紧时机，有所作为。

[译文]

丰卦象征丰盈盛大。亨通顺利，君王可达丰盈盛大的境界。不用忧虑，宜于像太阳居正当中一样保持充盈的光辉。

[解说]

假，至的意思。王者可达盛大的境界。丰卦没有描述丰满盛大的状态，而是着眼于如何致丰、保丰，所以爻辞中反而充满了盛世危言。卦中六爻分述诸爻之间应该互补相助，而不讲究是否阴阳相应。

[原文]

《彖》曰：丰，大也。明以动，故丰。“王假之”，尚大也。“勿忧，宜日中”，宜照天下也。王弼注：“以勿忧之德，故宜照天下也。”**日中则昃（zè），月盈则食。天地盈虚，与时消息，而况于人乎！况于鬼神乎？**

[译文]

《彖传》说：丰的意思是丰盈盛大。就像道德光明而后施于行动，所以能获得丰盛的成果。“君王可达丰盈盛大的境界”，说明王者崇尚盛大的美德。“不用忧虑，宜于像太阳居正当中一样保持充盈的光辉”，说明应该将美德照彻天下，泽被生民。日正当中必然开始西斜，月亮盈满自然会开始消蚀。天地自然的盈满虚亏，都是随着一定的时节消亡生息的，更何况是人，更何况是鬼神呢？

［解说］

丰是以高杯盛物，盛大的意思。盛大，本身就亨通，能极尽天下的光芒，只有王者才能达到和享有。中午的太阳和满月，盛极必衰，王者看到隐伏着的危机，应当像日正当中，普照大地，使人民普遍分享丰盛的成果。下卦离是明，上卦震是动，光明而且活跃，“明以动”，以雷电般光明正大的行动铲除危机。

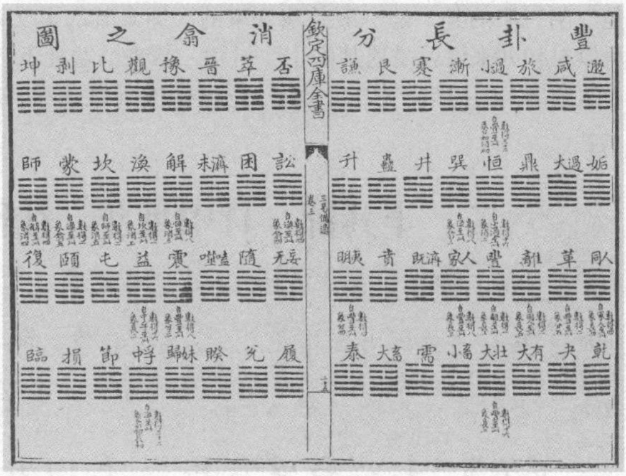

丰卦长分消翕之图

“消”即“静”，“翕”即“动”。“消翕”反映的是丰卦在运动、消长变化中与其他卦象的关系。丰卦是旅卦的覆卦，旅卦倒过来就是丰卦。丰卦从泰卦演化而来，丰卦为三阴三阳，所有三阴三阳的卦都应当从泰卦和否卦变化而来，因此按卦变的体例是泰卦变来的，泰卦的九二爻升到第四爻位，就是九二与六四两爻交换位置，变为丰卦。

［原文］

《象》曰：雷电皆至，丰。李鼎祚《周易集解》引荀爽曰：“丰者，阴据不正，夺阳之位而行以丰。”**君子以折狱致刑。**

［译文］

《象传》说：电闪雷鸣交相而至，象征丰盈盛大。君子体察此现象，以威震和公平审断讼狱，谨慎地施用刑罚。

［解说］

丰卦的上卦震是雷，是动，下卦离是火，是闪电，称为雷火丰。雷电同时来临，气势盛大。君子应当效法这一精神，像闪电般明察，判决诉讼；像雷一般威严，执行刑罚。

［原文］

初九　遇其配主，孔颖达《周易正义》：“初配在四，俱是阳爻，以阳适阳，以明之动，能相光大者也，故曰：遇其配主”也。**虽旬无咎。往有尚。**

《象》曰：“虽旬无咎”，过旬灾也。

［译文］

初九，遇到相匹配的女主人，只在十天内没有灾祸，往前进发将受到赞扬。

《象传》说：“只在十天内没有灾祸”，说明如若超过十天，则必有灾祸。

［解说］

虽旬无咎：只在十天内无咎。虽，即唯，古“虽”、“唯”互假。爻辞既以旬计日，恐周人占卦已用干支。过旬灾：初九居初，以未过旬而无咎，但若过了旬则会有灾。

初位与四位应，但本卦初九与九四阳阳不应，所以初九唯一能相遇的配主只有六二。丰卦是三阴三阳的卦，是由泰卦演变来的，即泰卦的柔爻和刚爻二四换位。柔爻从四位下到二位，所以对初九来说就是遇其配主，但六二带来的益处不会太持久，十日后就会有灾。初九是刚健而达到丰大的初始，遇配主而彼此资益，但不能依靠，应积极去追求（往有尚）。

［原文］

六二　丰其蔀，日中见斗，往得疑疾。有孚发若，吉。王弼注："蔀，覆暖，鄣光明之物也。日中者，明之盛也。斗见者，暗之极也。处盛明而丰其蔀，故曰'日中见斗'。不能自发，故往得疑疾。然履中当位，处暗不邪，有孚者也。若，辞也。有孚可以发其志，不困于暗，故获吉也。"

《象》曰："有孚发若"，信以发志也。

［译文］

六二，云层丰积厚重遮蔽太阳，日正当中之时却出现北斗星，前往则会被猜疑和嫉恨，只要以诚信待人，心地善良，就可获吉祥。

《象传》说："以诚信待人，心地善良"，说明应当通过诚信来启发远大的志向。

［解说］

蔀是遮日的帘，斗是北斗星。六二是下卦离明的主爻，本应最光明。但与六五敌应，就像太阳被大的帘子掩蔽，正午也可以看到北斗星，这是因为六五与原来在二位的刚爻正应，但六二下来后就变成敌应了，所以受到六五君王的猜忌（往得疑疾），但二五都中庸而柔顺，可以以诚信来启发对方的意志（有孚发若），结果仍然吉祥。

六二是精诚所至，金石为开。

［原文］

九三　丰其沛（pèi），日中见沬。李鼎祚《周易集解》引虞翻曰："日在云下称沛。沛，不明也。沬，小星也。噬嗑离为日，艮为沬。"**折其右肱（gōng），无咎。**李鼎祚《周易集解》引虞翻曰："兑为折，为右。噬嗑艮为肱。"

《象》曰："丰其沛"，不可大事也。"折其右肱"，终不可用也。

［译文］

九三，用大的幔幕掩蔽太阳，正午可以看见小星星。折断自己的右臂，没有灾祸。

《象传》说："用大的幔幕掩蔽太阳"，说明不可以做大事。"折断自己的右臂"，说明终究不可以施展才用。

［解说］

沛与旆通用，是幔幕。沬，即昧，小星星。此爻更加黑暗了，就像用大的幔幕掩蔽太阳，正午都可以看到小星星。离在下意味着光明被遮蔽，而且九三与昏暗的上六相应，故更黑暗。九三在互巽（二三四爻）中，巽为股，股是下肢肱；九三又在互兑（三四五爻）里，兑为毁折，为西方，在《易经》中的方位是左东右西，所以是折其右肱。右臂折断，太黑暗，上六柔弱阴暗，也提供不了什么帮助，不可以做大事。九三在离明的最上，用明太过，明不能强作明，好大喜功，反而取败。

[原文]

九四　丰其蔀，日中见斗。遇其夷主，吉。王弼注：“以阳居阴，丰其蔀也；得初以发，夷主吉也。”

《象》曰：“丰其蔀”，位不当也。“日中见斗”，幽不明也。“遇其夷主”，“吉”行也。

[译文]

九四，云层丰积厚重遮蔽太阳的光辉，正午出现星斗。遇见明智的主人，吉祥。

《象传》说：“云层丰积厚重遮蔽太阳的光辉”，说明居位不妥当。“正午出现星斗”，说明居于幽暗不明的时期。“遇见明智的主人”，说明获得吉祥可以往前进发。

[解说]

夷为平等的意思，在上者，称呼在下者用“夷”。指九四与初九有相等的阳刚德性，地位也对应。九四阳刚当光大，但九四是从下卦升上来的，是动爻，刚居动体，地位不稳，又因居阴位，且处二阴之下，故幽不明。丰卦，就像太阳被大的帘子掩蔽，正午可看到北斗星。不过，九四刚居柔体，刚而能柔，不用其明，能养其明，遇夷主初九，同心协力地行动，就会吉祥。九四没有在盛大的光环中迷失，没有忘乎所以，而是能保持平常心，平等对待和主动联合同志，突破黑暗。

[原文]

六五　来章，有庆誉，吉。李鼎祚《周易集解》引虞翻曰：“在内称来。章，显也。庆谓五。阳出称庆也。誉谓二，二多誉。五发得正，则来应二。故‘来章，有庆誉，吉’也。”

《象》曰：六五之吉，有庆也。

[译文]

六五，招纳天下贤才，获得福庆和美誉，吉祥。

《象传》说：六五的吉祥，是因为修养丰德，因此有福庆啊！

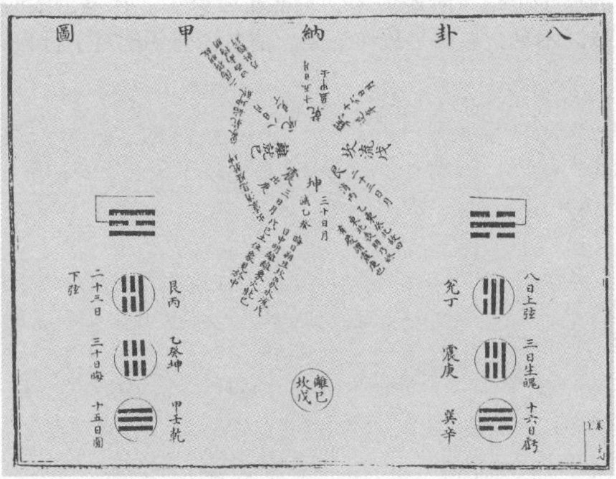

八卦纳甲图

此图说明《周易参同契》的“纳甲”顺序，即乾纳甲、坤纳乙、艮纳丙、兑纳丁、坎纳戊、离纳己、震纳庚、巽纳辛。八卦既终，循环复始，故乾又纳壬，坤又纳癸（即“三十日一会于壬”，“灭藏于癸”）。

[解说]

章是文采，美丽的花纹，在此当美德讲。六五为丰大鼎盛时，此时应该用柔，用无为之道，否则就会过刚满盈而亏损，而六五恰好柔居刚位，柔顺得中，举止文明，所以“来章，有庆誉，吉”。

[原文]

上六　丰其屋，李鼎祚《周易集解》引虞翻曰：“丰，大。蔀，小也。三至上，体大壮，屋象，故‘丰其屋’。”**蔀其家，窥(kuī)其户，阒(qù)其无人。**李鼎祚《周易集解》引虞翻曰：“谓从外窥三应。阒，空也。四动时坤为阖。户，阖。故‘窥其户’。坤为空虚，三隐伏坎中，故‘阒其无人’。”**三岁不觌(dí)，凶。**

《象》曰：“丰其屋”，天际翔也；“窥其户，阒其无人”，自藏也。

[译文]

上六，扩大自己的房屋，用草席遮蔽其居室，从门缝向外窥视，寂静无人，多年都不出来见人，有凶险。

《象传》说：“扩大自己的房屋”，说明居处极位，就像飞翔在天空中般快乐自在；“从门缝向外窥视，寂静无人”，这是自蔽深藏。

[解说]

“阒”是寂静，“觌”是见。上六在丰的极点（天际翔也），也就是盛大光明之极，却在自家的屋子里销声匿迹多年，只能是自藏了。在盛世的时候，君子应该出仕，建功立业，但上六却退隐不见，显然是故作清高，沽名钓誉，伪君子行为，结果不凶险又能怎样呢？

旅卦第五十六

读万卷书，行万里路

旅卦象征着旅行。

[原文]

旅孔颖达《周易正义》：“旅者，客寄之名，羁旅之称。” **小亨，旅贞吉。**

[译文]

旅卦象征旅行。小有亨通顺利，旅行中能坚守正道就会吉祥。

[解说]

旅卦离上艮下，离为火，艮为山，恰如火在山上之态。火在山上，势不久留，故有旅象。旅卦所说的“旅”，指出门在外，滞留他乡。经商、逃难、周游列国，充满了客寄、羁旅、漂泊、乡愁等等，不同于今天所说的旅游。

卦辞表明，出门在外，当以柔顺持中为本，刚强高傲者则凶。卦中六爻，六二、六五二阴居中为主，柔顺中和得吉，柔为小，得中而顺刚，故曰“小亨”。九三、九四、上九三阳寓居其间，所以为“旅”。为旅者应以居贞为贵，故曰“旅贞吉”。

[原文]

《彖》曰：“旅，小亨”，柔得中乎外，而顺乎刚，止而丽乎明，是以“小亨，旅贞吉”也。李鼎祚《周易集解》引蜀才曰：“否三升五，柔得中于外，上顺于刚。九五降三，降不失正，止而丽乎明。所以‘小亨旅贞吉’也。” **旅之时义大矣哉！**

[译文]

《彖传》说：“旅行，小有亨通顺利”，谦柔者品德中正，并顺从刚强者，适可而止又能附丽于光明，所以说“小有亨通顺利，旅行中能坚守正道就会吉祥”。旅行的时代意义是多么宏大啊！

旅卦图

旅卦的卦形是艮下离上。艮为山，离为火，所以旅卦卦象为“山上有火”。山在下静止不动，火在上四处蔓延，到处流动，所以用此卦象象征行旅。

[解说]

旅卦六五之柔居中而在外卦，居九四与上九两阳之间，故有顺从阳刚之义（柔得中乎外，而顺乎刚）。旅卦下艮为止，上离为丽、为明（止而丽乎明）。这是强调居贞，安土重迁。古代通信与交通困难，战乱频仍，古人把长期离家看成是苦难的事，是逆境。行旅对人生关系甚大，所以彖辞又说“旅之时义大矣哉”。

［原文］

《象》曰：山上有火，旅。李鼎祚《周易集解》引侯果曰：“火在山上，势非长久，旅之象也。”**君子以明慎用刑，而不留狱。**

［译文］

《象传》说：山上火在燃烧，象征旅行。君子体察此种现象，明智慎重地施用刑罚，而不积留狱案。

［解说］

旅卦上震为雷、为火，下艮为山、为止，火在山上，火从山上掠过而不停留，称为火山旅。君子从中得到启示，要像火一样明察谨慎地用刑，要像火不滞留在山上一样，不积留狱讼案件。

［原文］

初六　旅琐琐，陆德明《经典释文》引郑玄曰：“琐琐，小也。”**斯其所，取灾。**

《象》曰：“旅琐琐”，志穷“灾”也。

［译文］

初六，旅途之初事务繁琐导致进退犹豫，离开住所，结果为自己招来灾祸。

《象传》说：“旅途之初事务繁琐导致进退犹豫”，说明旅人志向穷短，所以有灾难。

［解说］

旅琐琐是住店旅客寒酸愁苦之貌。斯，意思为离。斯其所，意为离开住所去与九四相应。遇到六二阴爻排斥阻挡，不能应四，故曰“志穷变也”。初六之阴处卦最下，阴居阳位失正，又在艮止体，故旅时心志穷困狭隘而为灾。

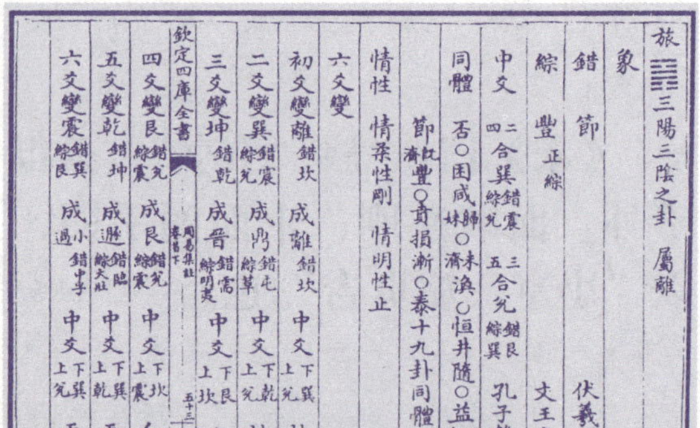
旅 ☲☶ 三陽三陰之卦 屬離
象
錯 節 伏羲圓圖
綜 豐正綜 文王序卦
中爻 二四合巽錯震綜兑 三五合兑錯艮綜巽 孔子繫辭
同體 否○困咸歸妹○未濟渙○恒井隨○益噬嗑蠱○節既濟豐○賁損漸○泰十九卦同體
情性 情柔性剛 情明性止
六爻變
初爻變離錯坎 成離錯坎 中爻下巽上兑 地位
二爻變巽錯震綜兑 成鼎錯屯綜革 中爻下乾上兑 地位
三爻變坤錯乾 成晋錯需綜明夷 中爻下艮上坎 人位
欽定四庫全書 周易集註 卷書下 五十三
四爻變艮錯兑綜震 成艮錯兑綜震 中爻下坎上震 人位
五爻變乾錯坤 成遯錯臨綜大壯 中爻下巽上乾 天位
六爻變震錯巽綜艮 成小過錯中孚 中爻下巽上兑 天位

旅卦错综及爻变图

旅卦为三阳三阴之卦，属离，在离宫八卦中属火。它与节卦相错，与丰卦相综。二至四爻合为巽卦，与震卦相错，与兑卦相综，三至五爻合为兑卦，与艮卦相错，与兑卦相综。旅卦与否、困、咸、归妹、未济、涣、恒、井、随、益、噬嗑、蛊、节、既济、丰、贲、损、渐、泰十九卦同体。其情性为：情柔性刚，情明性止。六爻变位为：初爻变离位在地，二爻变巽位在地，三爻变坤位在人，四爻变艮位在人，五爻变乾位在天，六爻变震位在天。

［原文］

六二　旅即次，怀其资，得童仆，贞。李鼎祚《周易集解》引《九家易》曰：“即，就。次，舍。资，财也。以阴居二，即就其舍，故‘旅即次’。承阳有实，故‘怀其资’。初者卑贱，二得履之，故‘得僮仆’。处和得位，故正居是，故曰‘得僮仆贞’矣。”

《象》曰“得童仆，贞”，终无尤也。

［译文］

六二，旅行中投宿客栈，携带资财，得到童仆，这是吉祥的。

《象传》说：“得到童仆，这是吉祥的”，说明六三最终没有灾祸。

［解说］

次，住旅舍三夜以上为次，六二上承九三之阳，又在互巽（二三四爻）里，巽为利，故有钱（怀其资），役使忠贞的童仆（初六）。六二居中得正，终无灾祸（故终无尤也）。

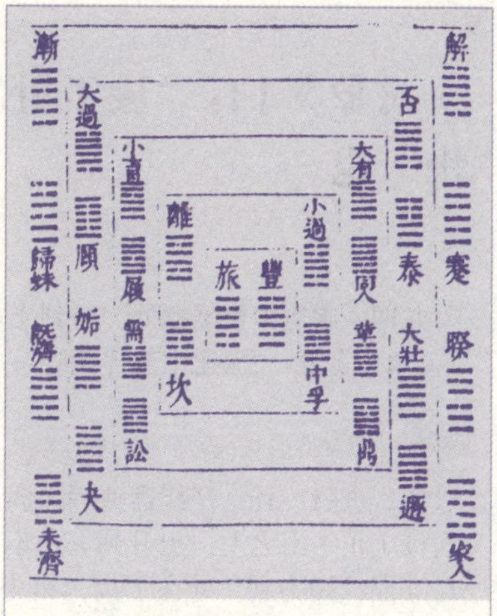

丰旅左右翼卦全图

丰卦和旅卦推演卦变出的翼卦群，即丰卦衍生出小过、中孚、大有、同人、革、鼎、否、泰、大壮、遁、解、蹇、睽、家人十四卦；旅卦衍生出离、坎、小畜、履、需、讼、大过、颐、姤、夬、渐、归妹、既济、未济十四卦。此图就像鸟的双翼展开一样。

［原文］

九三　旅焚其次，丧其童仆。贞厉。王弼注：“居下体之上，与二相得。以寄旅之身，而为施下之道，与萌侵权，主之所疑也，故次焚，仆丧而身危也。”

《象》曰：“旅焚其次”，亦以伤矣。以旅与下，其义“丧”也。

［译文］

九三，旅行中客栈被火焚烧，丧失了童仆，坚守正道以防危险。

《象传》说：“旅行中客栈被火焚烧”，这是很悲惨的事。以对待旅客的态度对待下面的人，丧失了道义。

［解说］

九三在互巽里，巽为木，又接近上离火，喻示九三住了三天以上的旅舍被烧了。这是因为九三阳刚过中，也知道六二没有六五的接应援助，骄横冷漠地像对待路人一样对待下面的六二、初六（以旅与下）。出门在外，大家都不容易，九三真是丧失道义，它自己也失去了下面六二的忠贞和初六的童仆。

［原文］

九四　旅于处，得其资斧，我心不快。王弼注：“斧，所以斫除荆棘，以安其舍者也。虽处上体之下，不先于物，然而不得其位，不获平坦之地，客于所处，不得其次，而得其资斧之地，故其心不快也。”

《象》曰：“旅于处”，未得位也。“得其资斧”，“心”未“快”也。

［译文］

九四，旅途中暂停栖处，得到支持，心中仍然不甚愉快。

《象传》说：“旅途中暂停栖处”，说明没能真正地安身立命。“得到支持”，心中未必畅快。

［解说］

资，资财。斧，是指斋戒后入庙而受的斧，它是君王授权的象征。九四以阳居阴位而失正，又居艮（止）山之上，想升到五位不能，故“未得位”。旅于处，旅途受阻。处，止。九四阳刚处在互巽，巽为利，处在上离，离为兵戈，所以可得资斧，但它上不能到五位，下资助两阴又被九三阻隔（旅于处），所以心里很不痛快。

［原文］

六五　射雉（zhì），一矢亡，终以誉命。朱熹《周易本义》：“虽不无亡矢之费，而所丧不多，终有誉命也。”

《象》曰：“终以誉命”，上逮也。

［译文］

六五，旅途中射野鸡，丢失了一支箭，最后仍然得到了荣誉和爵命。

《象传》曰：“最后仍然得到了荣誉和爵命”，说明与上层很接近。

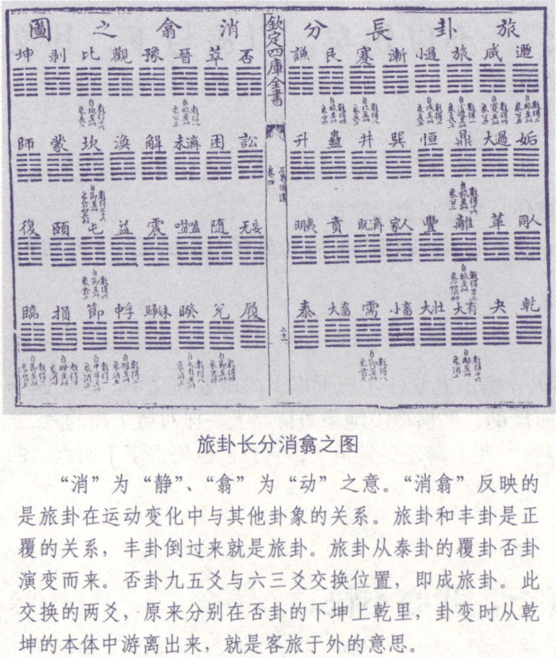

旅卦长分消翕之图

“消”为“静”、“翕”为“动”之意。“消翕”反映的是旅卦在运动变化中与其他卦象的关系。旅卦和丰卦是正覆的关系，丰卦倒过来就是旅卦。旅卦从泰卦的覆卦否卦演变而来。否卦九五爻与六三爻交换位置，即成旅卦。此交换的两爻，原来分别在否卦的下坤上乾里，卦变时从乾坤的本体中游离出来，就是客旅于外的意思。

［解说］

上离为雉，互兑（三四五爻）为毁折，故射雉而箭矢亡。射雉是警告同在离（雉）体的还想篡位的九四。矢亡是示弱，以柔向上顺承上九，即如象辞所说：“柔得中乎外而顺乎刚”，最终得到了上九赐予的（上逮也，逮，及之意）荣誉被受爵命（终以誉命）。互兑（三四五爻）为口，互巽（二三四爻）为命，故有誉命。

［原文］

上九　鸟焚其巢，旅人先笑后号（háo）咷，李鼎祚《周易集解》引虞翻曰：“离为鸟，为火；巽为木，为高。四失位变震，为筐，巢之象也。今巢象不见，故‘鸟焚其巢’。震为笑，震在前，故‘先笑’。应在巽，巽为号咷，巽象在后。故‘后号咷’。”**丧牛于易，**王弼注：“牛者，稼穑之资。以旅处上，众所同嫉，故丧牛于易。”**凶。**

《象》曰：以“旅”在“上”，其义“焚”也。“丧牛于易”，终莫之闻也。

［译文］

上九，鸟巢被焚烧，旅行者开始时欣喜欢笑，后来又号啕大哭，就像在田畔丢失了牛，有凶险。

《象传》说：作为一名旅行者却高高在上，目中无人，当然会导致被焚毁的灾祸。在田畔丧失了牛，说明上九羁旅遭祸终将没有人知道。

［解说］

上九在旅途中还高高在上（以旅在上），自然会遭到意外之灾。上九居离火，离为槁木，为雉鸟，故谓“鸟焚其巢”。下临互兑，兑为悦，故为笑。又下临互巽，巽为号、为哭，兑在前，巽在后，故“旅人先笑后号啕”。离为牝牛，在艮山之外，所以“丧牛于易”，易是疆界，再也找不回来（终莫之闻也）。

巽卦第五十七

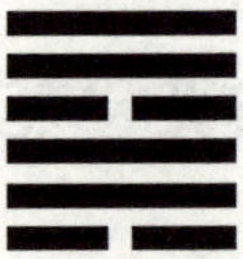

果断行事，成就大业

巽为风，象征柔顺。

［原文］

巽（xùn） 小亨，利有攸往，利见大人。李鼎祚《周易集解》引虞翻曰：“遁二之四，柔得位而顺五刚，故‘小亨’也。大人谓五。离目为见。二失位，利正往应五。故‘利有攸往，利见大人’矣。”

［译文］

巽卦象征顺逊。小有亨通顺利，利于前往进见有权势的人物。

［解说］

巽为风，因为风无所不入，所以巽又为入，亦即要有进入他人心中的谦逊态度，巽的卦形是一阴爻伏在二阳爻的下面，象征伏、顺。顺从他人，就容易被接纳，所以前进有利，利有攸往。巽卦随顺，虽然顺利，但只能小有亨通。要顺从有权势的人物才有利，所以“利见大人”。

［原文］

《象》曰：重巽以申命。李鼎祚《周易集解》引陆绩曰：“巽为命令。重命令者，欲丁宁也。”**刚巽乎中正而志行。柔皆顺乎刚，是以“小亨。利有攸往，利见大人”。**

［译文］

《象传》说：上下顺逊是为了三令五申其命令。阳刚尊者以中正的美德被人顺从而得以遂行其志向，柔弱者都顺从阳刚者，所以“小有亨通顺利，利于前往进见有权势的人物”。

［解说］

巽为风，古人认为风是上天宣布命令的使者，所以巽为命，巽卦为两个巽重叠，重巽用以反复宣告命令。巽的卦形是一阴爻顺从二阳爻，柔顺从乎信于刚，所以

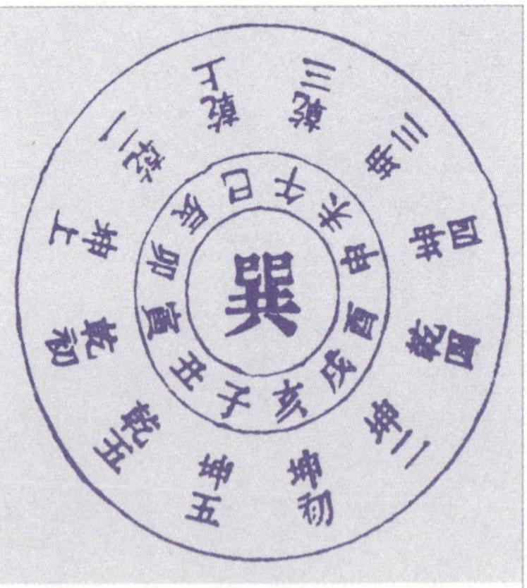

巽卦图

巽卦是由上下两个三画的巽卦重叠而成，巽的卦象是，一阴爻在下，而二阳爻在上，一阴伏于二阳之下，有顺逊以容人之象。所以巽卦的主要意思是柔顺和谦逊。

亨通。巽卦都是刚爻居中，象征志愿可以施行。

[原文]

《象》曰：随风，巽。君子以申命行事。 李鼎祚《周易集解》引荀爽曰："巽为号令，两巽相随，故'申命'也。法教百端，令行为上，贵其必从，故曰'行事'也。"

[译文]

《象传》说：和风不断地吹拂，象征顺逊。君子体察这种现象，大胆地申谕命令，果断地施行政事。

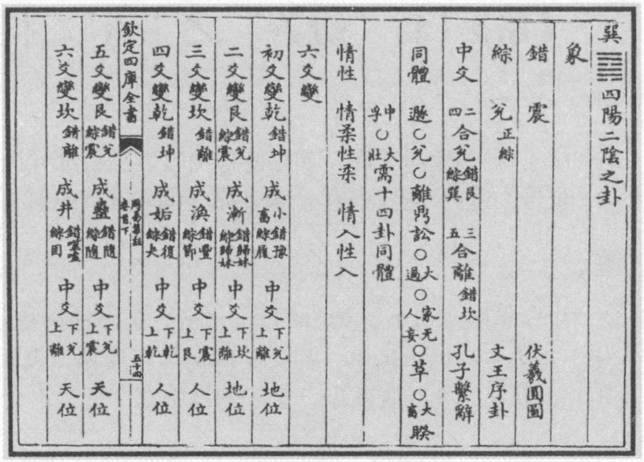

巽卦错综及爻变图

巽卦为四阳二阴之卦，在巽宫八卦中为本宫卦，巽为风。它与震卦相错，与兑卦相综。二至四爻合为兑卦，与艮卦相错，与巽卦相综，三至五爻合为离卦，与坎卦相错。巽卦与遁、兑、离、鼎、讼、大过、家人、无妄、革、大畜、睽、中孚、大壮、需十四卦同体。其情性为：情柔性柔，情入性入。六爻变位为：初爻变乾位在地，二爻变艮位在地，三爻变坎位在人，四爻变乾位在人，五爻变艮位在天，六爻变坎位在天。

[解说]

巽为风，巽上巽下，就是风与风相随，卦名称作"巽为风"。君子从中得到启示：要想推行自己的大事，则需反复宣告命令。

[原文]

初六　进退，利武人之贞。

《象》曰："进退"，志疑也。"利武人之贞"，志治也。 徐子宏《周易全译》：贞，《象辞》释为坚定。

[译文]

初六，进退不决，利于勇武之人坚守正道。

《象传》说："进退不决"，说明志向犹疑。"利于勇武之人坚守正道"，是说武人心志坚定而不慌乱。

[解说]

巽卦的含意是谦逊，初六阴柔在巽卦最下方，有过度谦卑的现象。因而，缺乏信心，心中有疑惑。进进退退，优柔寡断，应当有武人般坚守的意志，才有利。谦逊并非没有主见。

[原文]

九二　巽在床下， 李鼎祚《周易集解》引荀爽曰："床下，以喻近也。二者，军帅。三者，号令。故言'床下'。以明将之所专，不过军中事也。" **用史巫纷若，吉，无咎。**

《象》曰："纷若"之"吉"，得中也。

［译文］

九二，顺逊卑居床底，如果能像史官、巫吏那样谦卑诚意地敬神，则可获吉祥，没有灾咎。

《象传》说："能像史官、巫吏那样谦卑诚意地敬神，可获吉祥"，因为德行居中不偏。

［解说］

"史"是职掌占卜、祷告的官，"巫"是降神祈福除灾的巫婆。巽为木、为伏，故为床。巽在床下用史巫，以示谦卑。初爻至四爻为正反兑，表示兑口多，故曰"用史巫纷若"。纷若是言论不一的状况，九二既谦卑，又阳刚得中有主见，不会乱方寸，故"吉，无咎"。

［原文］

九三　频巽，吝。孔颖达《周易正义》："频者，频蹙忧戚之容也。"

《象》曰："频巽"之"吝"，志穷也。

［译文］

九三，勉强顺逊，必有憾惜。

《象传》说："勉强顺逊，必有憾惜"，说明丧失了坚定的志向。

［解说］

频即古文颦字，皱眉之意，频蹙不乐。九三居下卦之极，刚而不巽，与上无应，又为六四所乘，故其志穷屈不得伸。

［原文］

六四　悔亡，田获三品。李鼎祚《周易集解》引虞翻曰："田，谓二也。地中称田，失位无应，悔也。欲二之初，已得应之，故'悔亡'。二动得正，处中应五。五多功，故《象》曰'有功也'。二动艮为手，故称'获'。谓艮为狼，坎为豕。艮二之初，离为雉。故'获三品'矣。"引翟元曰："田获三品，下三爻也：谓初巽为鸡；二兑为羊，三离为雉也。"

《象》曰："田获三

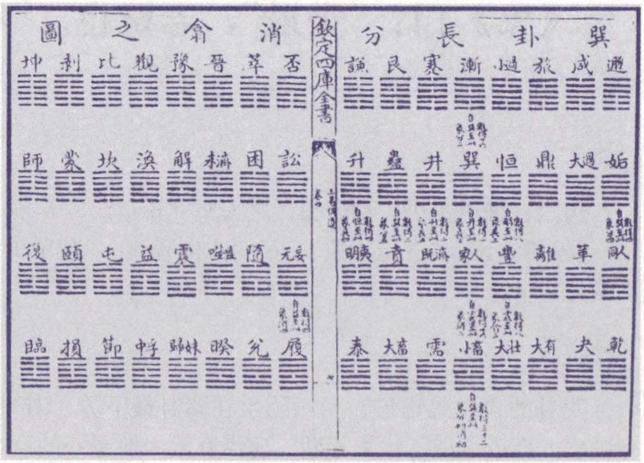

巽卦长分消翕之图

"消"为"静"，"翕"为"动"。"消翕"反映的巽卦在运动变化中与其他卦象的关系。巽卦是八纯卦之一，上卦下卦都是巽，两卦相重构成一个六爻的巽卦。它与下一卦兑卦是正覆卦的关系，兑卦倒过来就是巽卦。巽卦是由遁卦演变而来，遁卦的六二爻上升到第四爻位，就是遁卦的六二与九四两爻交换位置，变为巽卦。

品”，有功也。

［译文］

六四，悔恨消亡，狩猎获得各种猎物。

《象传》说：“狩猎获得各种猎物”，表明功绩卓著。

［解说］

六四以柔居柔，又在巽卦，似乎柔之太过而有悔。但它上近九五阳刚，巽顺于上，得到帮助，获得上面的一品。下近九三刚爻，巽顺于下，得到帮助，获得下面的一品。阴居阴位，不失其正，获得中间的一品。上中下三品都有就是“田获三品，有功也”。六四顺以正，谦逊而不献媚，所以收获很大。

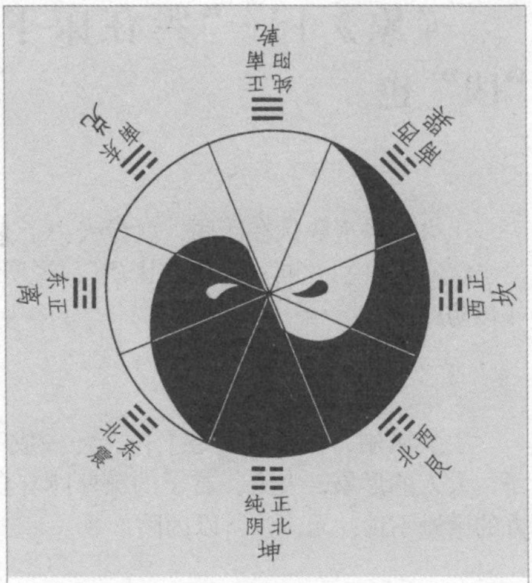

古太极图

全图黑白环互体划分为八块，就是先天八卦的形象。图中黑白回互环抱，象征太极生阴阳两仪。白为阳，黑为阴。外圈从震到乾，阳气逐渐兴盛，震居东北，白一分，黑二分，象征震卦一阳爻二阴爻；兑居东南，白二分，黑一分，象征兑卦二阳爻一阴爻；乾居正南，全白，象征乾卦由三阳爻组成；离卦在正东，取西之白中黑点，也是二阳爻一阴爻。从巽到乾，阴气逐渐兴盛，巽居西南，黑一分，白一分，象征巽一阴爻二阳爻；艮居西北，黑二分，白一分，象征巽卦二阴爻一阳爻；坤居正北，全黑，象征坤卦由三阴爻组成；坎卦在正西，取东之黑中白点，也是二阴爻一阳爻。

［原文］

九五　贞吉， 王弼注：“以阳居阳，损于谦巽，然秉乎中正以宣其令，物莫之违，故曰‘贞吉’。” **悔亡，无不利。无初有终。先庚三日，后庚三日，吉。**

《象》曰：“九五”之“吉”，位正中也。

［译文］

九五：坚守正道可获吉祥，悔恨消亡，没有不利。开始或许不顺利，但最终定会有好结果。在象征变更的庚日之前三日发布命令，三日之后实行命令，可获吉祥。

《象传》说：九五的吉祥，是因为它居处的位置持中守正。

［解说］

九五刚爻本与九二刚爻敌应，而有悔，但因为在巽体，以刚而能柔，能礼贤下士，开始用柔似乎就损伤了阳刚，这是无初。继而获得支持而能顺利地进于上，这是有终，所谓“无初有终”。先庚三日，巽藏其阳刚，后庚三日，巽用其阳刚，能刚能柔，衡量得失，力行中庸，这样慎重地处置，就会吉祥。

［原文］

上九　巽在床下， 李鼎祚《周易集解》引虞翻曰：“床下，谓初也。穷上反下成震，故‘巽在床下’。” **丧其资斧，贞凶。**

《象》曰：“巽在床下”，上穷也。“丧其资斧”，正乎“凶”也。

[译文]

上九，顺逊隐伏在床底，就像失去了支持。坚守正道以防凶险。

《象传》说：“顺逊隐伏在床底”，说明已达极端穷困的地步。“失去了支持”，说明应守持刚正以防凶险。

[解说]

上九阳刚，在巽卦的最上位，还一成不变地“巽在床下”（贞凶），显然是过谦了，有失君子、大人的形象，大人、君子的谦卑应有自己的礼节。上九与九三不应，所以“丧其资斧”。上九的谦逊不正，无应，所以凶险。

兑卦第五十八

上善若水

兑为水，象征少女脾气和顺，性情如水。

［原文］

兑李鼎祚《周易集解》引《序卦》曰："入而后说之，故受之以兑。兑者，说也。"**亨，利贞。**

［译文］

兑卦象征喜悦，亨通顺利，有利于坚守正道。

［解说］

兑卦与巽卦的卦形相反，彼此是综卦，兑是说的本字，是说话，或笑的模样，因而有言语与喜悦的含意。兑卦又是泽，将坎卦下部的阴爻换成阳爻，就是兑卦，这就如把坎水从下堵塞不渗透，水就聚集成为泽。所以兑就是泽，泽水不利于外溢或下渗，故利贞。泽中的水，可以滋润万物，所以亨通。

［原文］

《彖》曰：兑，说（yuè，同"悦"）也。刚中而柔外，说以"利贞"，王弼注："说而违刚则谄，刚而违说则暴，刚中而柔外，所以说以利贞也。刚中，故利贞；柔外，故说亨。"**是以顺乎天而应乎人。说以先民，民忘其劳。说以犯难，民忘其死。说之大，民劝矣哉。**李鼎祚《周易集解》引虞翻曰："体比顺象，故劳而不怨。震为喜笑，故人劝也。"

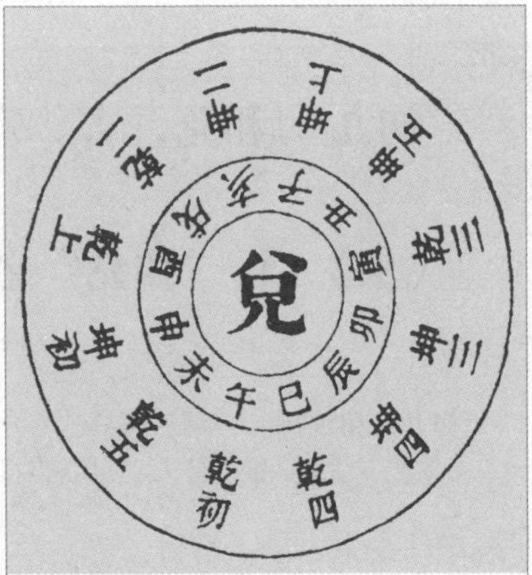

兑卦图

兑卦是由上下两个三画的兑卦重叠而成，上下两卦皆以刚爻居中，故称"刚中"，而上下两卦又皆以柔爻居上位，故又称"柔外"。因此兑卦的卦象象征外柔内刚。

［译文］

《彖传》说：兑的意思是喜悦。它内里刚强而外表谦柔，能使人喜悦，利于坚守正道。因此喜悦必须上顺天意，下应民情。凡事以使人民喜悦为先，那么百姓就会任劳忘苦。高兴地奔赴危难而不避艰险，那么百姓也

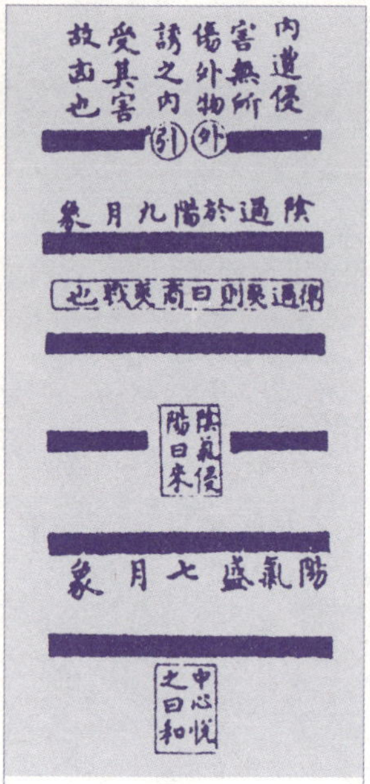

兑象图

兑卦刚中而柔外，内心刚强而外表谦柔，因此强调通过教育而使人心悦诚服，心有所悦为和，心诚是诚信，只有这样才能行正道。

会舍生忘死。悦服的意义是多么伟大，它能鼓舞民众。

[解说]

兑是喜悦。古代“说”，既是言说的说，又是喜悦的悦。由兑卦的卦形看，内外卦都是刚爻得中，柔爻在外，是外柔内刚的形象，使自己悦，也使别人悦。悦不是虚情假意，谄媚讨好，而是动机纯正，和谐、舒畅，所以悦利贞。悦的力量极大，你先让民众感到欢乐与幸福，那么他们在劳作起来时就会忘了疲惫（说以先民，民忘其劳）；你让民众认为冒险赴难是一种幸福，那么他们就会视死如归（说以犯难，民忘其死）。悦服的重大意义（说之大）是使民众可以尽心竭力地工作（民劝矣哉）。

[原文]

《象》曰：丽泽，兑。王弼注：“丽，犹连也。施说之盛，莫盛于此。”**君子以朋友讲习。**

[译文]

《象传》说：泽水相连互通，象征喜悦。君子体察此种现象，会聚朋友一起相互讨论学习。

[解说]

兑卦上下是兑，卦名称作“兑为泽”。兑取象为泽。丽是附丽，“丽泽兑”，意为兑卦之象就是大泽与大泽附丽在一起。君子从中感悟到：两泽相附丽，彼此浸润，充满了喜悦，朋友之间就要相互切磋研习，不断进益，其乐融融。

[原文]

初九　和兑，吉。程颐《周易程氏传》：“以和为说而无所偏私，说之正也。”

《象》曰：“和兑”之“吉”，行未疑也。

[译文]

初九，和悦待人，可获吉祥。

《象传》说：“和悦待人，可获吉祥”，说明光明正大的友善行为不被人疑忌。

[解说]

初九，刚而居正，悦出自然，绝无勉强，就是和兑。悦能够做到和，就能不伤大雅，不失刚柔，吉祥自然，和悦不应有所顾忌迟疑。

[原文]

九二　孚兑，吉，悔亡。王弼注：“说不失中，有孚者也。失位而说，孚吉乃悔亡也。”

《象》曰：“孚兑”之“吉”，信志也。

[译文]

九二，诚信和悦地待人，可获吉祥，悔恨消亡。

《象传》说：“诚信和悦地待人，可获吉祥”，表明志在诚信。

[解说]

孚兑，即心悦诚服。九二以阳刚之实居中，诚实出于刚中，故有诚信之志。不过，九二刚爻柔位不正，有悔，但由于志在诚信，故而悔就消失了。九二中庸，不偏不倚，所以有诚信。

[原文]

六三　来兑，凶。 高亨《周易大传今注》：“来兑者，言未及我，而我自来说也。”

《象》曰：“来兑”之“凶”，位不当也。

[译文]

六三，笑脸前来取悦于人，有凶险。

《象传》说：“笑脸前来取悦于人，有凶险”，说明居位不妥当。

[解说]

来兑，（谄邪）求悦。六三柔而不中不正，在外卦又无相应，因而，取悦于上下的四个阳爻。六三不悦于内，而悦于外，其悦不正。六三失位而不中，故“位不当”。

[原文]

九四　商兑未宁，介疾有喜。 王弼注：“商，商量裁制之谓也。介，隔也。”

《象》曰：“九四”之“喜”，有庆也。

[译文]

九四，心中思度喜悦之事不能安宁，治愈小疾病必有喜庆。

《象传》说：病愈之喜，是因为有值得庆贺的事情。

[解说]

介疾，小病。九四刚居柔位，刚以柔用，不独断专行，总是充分商议之后才行动，就是商兑。商悦如得介疾一样不安宁，非常谨慎地喜悦（未宁，介疾

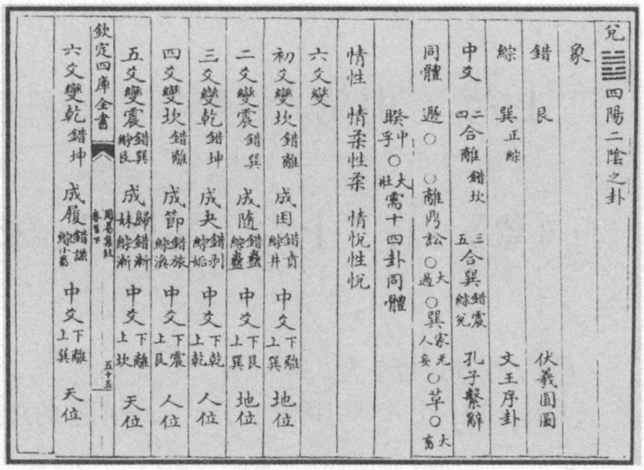
兑 ☱ 四陽二陰之卦
象 伏羲圓圖
錯 艮
綜 巽 正綜 文王序卦
中爻 二四合離 錯坎 三五合巽 錯震 綜兌 孔子繫辭
同體 遯○離○鼎訟○大過○巽家人无妄○革○大畜 睽○中孚○大壯需十四卦同體
情性 情柔性柔 情悅性悅
六爻變
初爻變坎 錯離 成困 錯賁 綜井 中爻 下離 上巽 地位
二爻變震 錯巽 成隨 錯蠱 綜蠱 中爻 下艮 上巽 地位
三爻變乾 錯坤 成夬 錯剝 綜姤 中爻 下乾 上乾 人位
四爻變坎 錯離 成節 錯旅 綜渙 中爻 下震 上艮 人位
五爻變震 錯巽 綜艮 成歸妹 錯漸 綜漸 中爻 下離 上坎 天位
欽定四庫全書 周易集註 卷十下 五十五
六爻變乾 錯坤 成履 錯謙 綜小畜 中爻 下離 上巽 天位

兑卦错综及爻变图

兑卦为四阳二阴之卦，属兑，在兑宫八卦中属金。它与艮卦相错，与巽卦相综。二至四爻合为离卦，与坎卦相错，三至五爻合为巽卦，与震卦相错，与兑卦相综。兑卦与遁、离、鼎、讼、大过、巽、家人、无妄、革、大畜、睽、中孚、大壮、需十四卦同体。其情性为：情柔性柔，情悦性悦。六爻变位为：初爻变坎位在地，二爻变震位在地，三爻变乾位在人，四爻变坎位在人，五爻变震位在天，六爻变乾位在天。

有喜），不沾沾自喜，最终必然能收获大的喜悦（有庆也）。

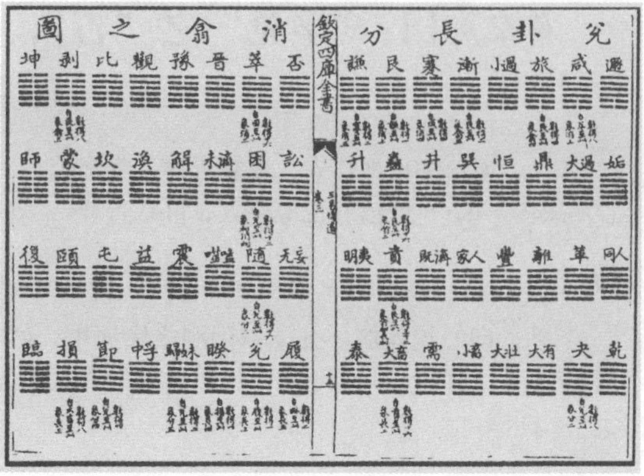

兑卦长分消翕之图

“消”为“静”，“翕”为“动”。“消翕”反映的是兑卦在运动变化中与其他卦象的关系。兑卦是巽卦的覆卦，巽卦倒过来就是兑卦。兑卦是由遁卦的覆卦大壮卦演变而来。大壮的六五下到第三爻位，也就是大壮的六五爻与九三爻交换位置，就变成了兑卦。

［原文］

九五　孚于剥，有厉。李鼎祚《周易集解》引虞翻曰：“孚，谓五也。二四变，体剥象，故‘孚于剥’。在坎未光，‘有厉’也。”

《象》曰：“孚于剥”，位正当也。徐子宏《周易全译》：《象辞》释“孚”为诚信。

［译文］

九五，施诚信于失信之人，会有危险。

《象传》说：“施诚信于失信之人”，这是因为正当君位。

［解说］

剥，指上六阴爻，上六是上卦唯一的阴爻，居最上行将剥落，所以称之为“剥”。九五阳刚中正，在君位，有被上六取悦和蒙蔽的危险（孚于剥）。九五刚居刚位，过分自信，与九二的君子敌应，亲近上六的阴柔小人，这种喜悦可能被剥落，所以“有厉”。九五是志得意满的喜悦。

［原文］

上六　引兑。王弼注：“以夫阴质，最处说后，静退者也。故必见引，然后乃说也。”

《象》曰：“上六”“引兑”，未光也。

［译文］

上六，引诱取悦于人。

《象传》说：上六“引诱取悦于人”，说明它的喜悦之道尚未光大。

［解说］

上六与六三，都是以悦来迷惑人、搬弄是非的小人，但六三处于二阳之间，求悦表现明显，其心易知，其危害浅，所以这两个阳爻都还吉利，而六三自己的结果却是“凶”。上六超然于外，似乎无所求而为悦，是九五欢迎它而后来到的，故为“引兑”，其心难知，其危害深，所以九五“孚于剥”，使中道蒙蔽不光（未光也）。如果能使上六引而不兑，则其道就光明了。

涣卦第五十九

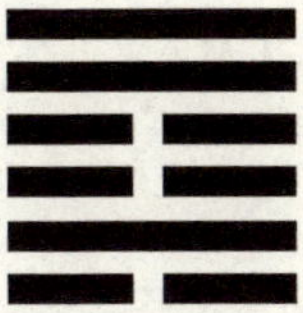

有正就会有反，有聚合就会有涣散

涣卦本意是涣散，聚合是涣散的前提，涣散是聚合的解体，两者相反相成。

［原文］

涣李鼎祚《周易集解》引《序卦》曰："说而后散之，故受之以涣。涣者，离也。"李鼎祚《周易集解》引崔憬曰："人说忘其劳死，而后可散之以征役，离之以家邦，故曰'说而后散之，故受之涣。涣者，离也'。" **亨，王假（gé）有庙，利涉大川，利贞。**

［译文］

涣卦象征涣散，亨通顺利，君王以至诚之心到宗庙祈祷，利于涉越江河巨流，利于坚守正道。

［解说］

涣是冰融解破裂、离散的意思。这一卦，下卦坎是水，上卦巽是风，风吹水上，形成水波离散的现象，所以称作涣卦，象征喜悦使郁闷涣散，或者相反。

本卦九二刚爻得中，前临重阴，所以亨通。上巽木，下坎水，象征木舟行在水上，所以利涉大川。当天下离散时，君王应以至诚之心到宗庙祈祷（王假有庙，假是至），获得神的保佑，使人民看到君王的诚意，因而被感化，再重新聚结，所以利贞。

涣卦图

涣卦的卦形是下坎上巽，巽为风，坎为水，风行水上，四处飘扬。涣卦从卦象上看有涣散的意思，所以本卦命名为"涣"。

［原文］

《彖》曰：涣，"亨"，刚来而不穷，柔得位乎外而上同。李鼎祚《周易集解》引卢氏曰："此本否卦。乾之九四，来居坤中，刚来成坎，水流而不穷也。坤之六二，上升乾四，柔得位乎外，上承贵王，与上同也。"**"王假有庙"，王乃在中也。"利涉大川"，乘木有功也。**王弼注："乘木，即涉难也。木者，专所以涉川也。涉难而常用涣道，必有功也。”

[译文]

《彖传》说：“涣散，亨通顺利”，阳刚汹涌而来居阴柔之中而不致穷困，阴柔获得正位并与阳刚同德同心。“君王以至诚之心到宗庙祈祷”，说明君王处于众人之正中。“利于涉越江河巨流”，说明乘着木舟而得风助必能建功立业。

[解说]

涣卦三阴三阳，是由否卦九四刚爻与六二阴爻换位演变而来。其中柔爻上到外卦四位，与上卦其他的刚爻融为一体，所以是“柔得位乎外而上同”。刚爻下来改变了否卦阴阳否塞不通和阴欲灭阳的状况，所以是“刚来而不穷”，所以亨通，刚爻下到二位居中，就是“王乃在中也”。

[原文]

《象》曰：风行水上，涣。先王以享于帝，立庙。

[译文]

《象传》说：风吹行于平静的水面上，象征涣散。先代君王观此卦象，隆重地祭祀上帝，建立宗庙，从而以凝聚人心。

[解说]

涣卦上巽风，下坎水，称为风水涣。风吹行到水面上，水象披离解散，君子由衷地感到，应当建立宗庙，祭享先王，宗庙是祖先灵魂会聚的地方，以至诚祭祀来凝聚人心。

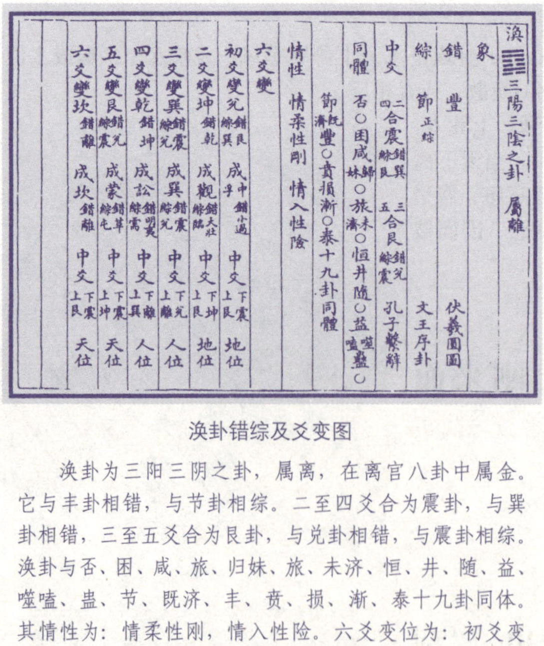

涣卦错综及爻变图

涣卦为三阳三阴之卦，属离，在离宫八卦中属金。它与丰卦相错，与节卦相综。二至四爻合为震卦，与巽卦相错，三至五爻合为艮卦，与兑卦相错，与震卦相综。涣卦与否、困、咸、旅、归妹、旅、未济、恒、井、随、益、噬嗑、蛊、节、既济、丰、贲、损、渐、泰十九卦同体。其情性为：情柔性刚，情入性险。六爻变位为：初爻变兑位在地，二爻变坤位在地，三爻变巽位在人，四爻变乾位在人，五爻变艮位在天，六爻变坎位在天。

[原文]

初六　用拯马壮，吉。

王弼注：“不在危剧而后乃逃窜，故曰‘用拯马壮，吉’。”

《象》曰：“初六”之“吉”，顺也。

[译文]

初六，借助健壮的兵马勉力拯济，可获吉祥。

《象传》说：初六的吉祥，是因为顺应时势的缘故。

[解说]

初六居坎下，坎为险，为美脊马，象征初六遇险有良马来拯救。初六柔顺，能顺九二之阳，九二是坎中之刚，就是美脊马。初位是涣散的开始，还不严重，用健壮的马追赶，就可以拯救，转为吉祥。

[原文]

九二　涣奔其机，悔亡。王弼注：“机，承物者也，谓初也。”

《象》曰：“涣奔其机”，得愿也。

[译文]

九二，洪水涣散之时直奔安全之地，悔恨消亡。

《象传》说：“洪水涣散之时直奔安全之地”，说明达成了阴阳聚合的愿望。

[解说]

“涣奔其机”就是水流奔到房子的台阶上。九二居坎险之中，本有悔，但因以阳刚居中位，前遇重阴，志得行，所以是得愿也。九二化险为夷是赖以刚中和险中有机遇。

[原文]

六三　涣其躬，无悔。高亨《周易大传今注》：“涣，水冲洗也。‘涣其躬’，谓以水冲洗其身之污垢以清除德行之邪恶。”

《象》曰：“涣其躬”，志在外也。

[译文]

六三，洪水涣散时不惜以自身受损，没有悔恨。

《象传》说：“洪水涣散时不惜以自身受损”，说明心志在于向外发展。

[解说]

“涣其躬”就是大水冲击自身。六三居坎险之终，与上九相应，故济难之志在于外卦上九之应缘（志在外也），遇涣险而能出险。

[原文]

六四　涣其群，元吉。涣有丘，匪(fěi)夷所思。李鼎祚《周易集解》引虞翻曰：“位半艮山，故称丘。匪，非也。夷谓震，四应在初，三变坎为思，故‘匪夷所思’也。”

《象》曰：“涣其群，元吉”，光大也。

[译文]

六四，洪水冲向人群，然而十分幸运。流散的水冲过山丘，这是平常难以想象的。

《象传》说：“洪水冲向人群，然而十分幸运”，说明君王

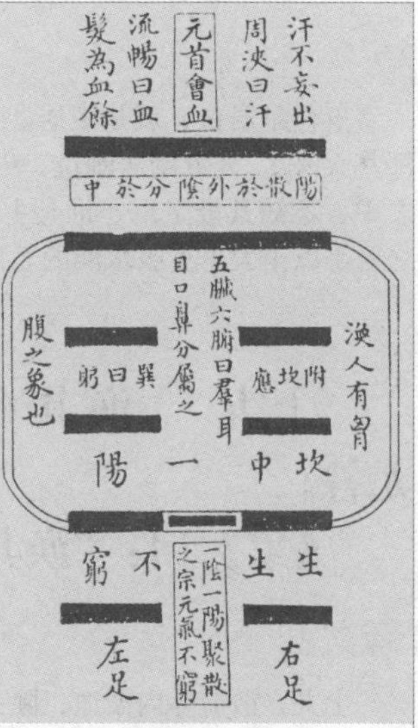

涣躬之图

此图解释涣卦卦意，就是要想解除灾难，需要立即着手，不能迟缓，为了求得安宁，需要借助一切可以利用的力量，团结一心。只有这样，才能解除困难。

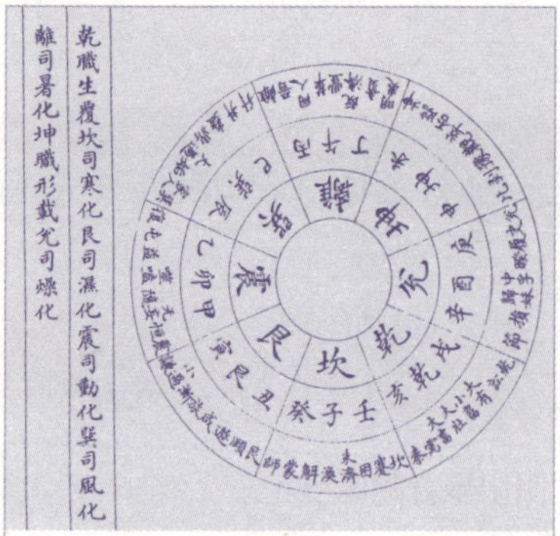

八卦司化图

乾职生覆，坎司寒化，艮司湿化，震司动化，巽司风化，离司暑化，坤职形载，兑司燥化。

广施德教，影响深远。

［解说］

“涣其群”，大水冲散了人群，互艮（三四五爻）为丘，聚则成丘，六四上承九五之阳，因为有九五这个大水中的山丘。大涣散后仍能大聚合，这是平常怎样都不能想象的，（匪夷所思，夷即是平），六四是从二位上到四位的，在涣散之时，能上顺承九五得救，所以“元吉，光大也”。

［原文］

九五　涣汗其大号，李鼎祚《周易集解》引《九家易》曰：“谓五建二，为诸侯使下君国，故宣布号令。百姓被泽，若汗之出身，不还反也。此本否卦。体乾为首，来下处二，成坎水，汗之象也；阳称大，故曰‘涣汗其大号’也。”**涣王居，无咎。**

《象》曰：“王居无咎”，正位也。

［译文］

九五，像发汗一般发布君王的命令，散发君王居积的财富，没有灾祸。

《象传》说：“散发君王居积的财富”，说明君王尊位正当而坚固。

［解说］

五位是君位，就是王居。大水冲到了王居处。王居是“王乃在中也”。王即颁布其号令（涣汗其大号）。九五刚居刚位，中且正，下有六四顺从，所以是正位。位正就可以得到拥护。涣散之中，不知其谁是臣、谁是主，王居的大号令一出，则众有所归，重新凝聚，所以无咎。九五之君是以正大来克服水涣的。

［原文］

上九　涣其血，去逖(tì)出，孔颖达《周易正义》：“逖，远也。”**无咎。**

《象》曰：“涣其血”，远害也。

［译文］

上九，散流体内淤血，除去忧患，没有灾祸。

《象传》说：“散流淤血”，是说应当彻底远离祸害。

［解说］

血为古文恤字，逖与惕音同，通用，都是忧患的意思。上九相应于六三。六三在坎险上部，而上九高出卦上，离坎险远（远害也）。下临互艮（三四五爻）为山、为止，止其水涣，忧患解除（涣其血，去逖出），所以无咎。远离是非之处是最好的避免涣散的方法。

节卦第六十

适当节制

节卦寓意节制、节约。

[原文]

节李鼎祚《周易集解》引《序卦》曰："物不可以终离，故受之以节。"**亨，苦节，不可贞。**

[译文]

节卦象征节制。亨通顺利，但不可以过度地节制，而应当坚守正道。

[解说]

节是竹节，一节节分开，有止的意思，节制、节俭、节操等都有止的含意。这一卦，下卦兑是泽，上卦坎是水，水流入泽中，过度就会溢出，应加以节制，所以称作节卦。节制是美德，因而亨通。苦节有损无益，不但不能节止，反而会失去调节，不论是过度的节约，还是过分卑劣的节操，都是如此。这种过度的苦节，不可以当作常则（苦节不可贞）。

[原文]

《彖》曰：节，"亨"，刚柔分而刚得中。李鼎祚《周易集解》引卢氏曰："此本泰卦。分乾九三升坤五，分坤六五下处乾三，是'刚柔分而刚得中'也。"**"苦节，不可贞"，其道穷也。说**（yuè）**（同"悦"）以行险，当位以节，中正以通。天地节而四时成，节以制度，不伤财，不害民。**

节卦图

节卦的卦形是兑下坎上，坎为水，兑为泽。节卦卦象是泽上之水。因为泽的容量是有限的，所以水也是有限的。因此节卦有节制和节约的意思。

[译文]

《彖传》说："节制，亨通顺利"，阳刚阴柔上下分得很合理而阳刚得到中止恰当之位。"不可以过度地节制，而应当坚守正道"，因为过分节制将使其道困途穷。若以欣喜的态度穿行于险难中，居位妥当而能自我节制，居中守正，因而能畅通无阻。天地自然有一定的节制，从而形成四季的变化，君主以典章制度来加以节制，就能够不伤费钱财，不危害百姓的利益。

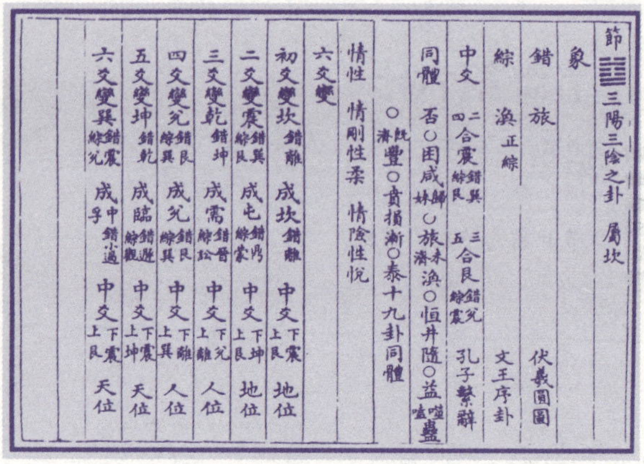
節 ䷻ 三陽三陰之卦 屬坎

象

錯 旅 伏羲圓圖

綜 渙 正綜 文王序卦

中爻 二四合震 錯巽綜艮 三五合艮 錯兌綜震 孔子繫辭

同體 否○困○咸○歸妹○旅○未濟○渙○恒○井○隨○益○噬嗑○蠱

○既濟○豐○賁○損○漸○泰十九卦同體

情性 情剛性柔 情險性悅

六爻變

初爻變坎 錯離 成坎 錯離 中爻 下震上艮 地位

二爻變震 錯巽綜艮 成屯 錯鼎綜蒙 中爻 下坤上艮 地位

三爻變乾 錯坤 成需 錯晉綜訟 中爻 下兌上離 人位

四爻變兌 錯艮綜巽 成兌 錯艮綜巽 中爻 下離上巽 人位

五爻變坤 錯乾 成臨 錯遯綜觀 中爻 下震上坤 天位

六爻變巽 錯震綜兌 成中孚 錯小過 中爻 下震上艮 天位

节卦错综及爻变图

节卦为三阳三阴之卦，属坎，在坎宫八卦中属水。它与旅卦相错、涣卦相综。二至四爻合为震卦，三至五爻合为艮卦。节卦与否、困、咸、归妹、旅、未济、涣、恒、井、随、益、噬嗑、蛊、既济、丰、贲、损、渐、泰十九卦同体。其情性为：情刚性柔，情险性悦。六爻变位为：初爻变坎位在地，二爻变震位在地，三爻变乾位在人，四爻变兑位在人，五爻变坤位在天，六爻变巽位在天。

［解说］

节卦是涣卦的覆卦，换言之，就是说涣散与节制相反相成。涣卦由否卦变来，节卦由否卦的覆卦泰卦变来。泰卦九三与六五交换位置，变成节卦。原来泰卦是刚爻和柔爻单独组成上卦或下卦，刚柔交互后的节卦就变成刚柔相间分居内外，其中二五阳刚皆居中，即是“刚柔分而刚得中”。至于苦节，是自己设险，苦苦节制，不利于亨通，所以不能一味坚持，苦节在道理上讲不通（其道穷也）。节卦下兑上坎，兑为说（悦），坎为险，要让人感到喜悦地去行险。九五阳居阳位中正而能从上面尊位推行节制（当位以节），居于中正之位来调节，可以通达不滞（中正以通），天地间每个季节都各有节止和调节，才能四季流转（天地节而四时成），用制度调节管制，就能保护财力、人力。

［原文］

《象》曰：泽上有水，节。李鼎祚《周易集解》引侯果曰：“泽上有水，以堤防为节。”**君子以制数度，议德行。**

［译文］

《象传》说：大泽上面有水，象征节制。君子体察此种现象得到启示，因此制定礼数制度以为准则，评议道德行为以为规范。

［解说］

节卦下兑上坎，兑为泽在下，坎为水在上，故为泽上有水，称为水泽节。泽上有水会泛滥，以堤防为节制。君子从中得到启示，知道人的言行举止，不得任意而为，要有节制。但若固执一节，不能通权达变，则反而会节困，所以就制定礼数制度和评议人的道德行为来规范事物。

［原文］

初九　不出户庭，无咎。李鼎祚《周易集解》引虞翻曰：“泰坤为户，艮为庭，震为出，初得位应四，故‘不出户庭，无咎’矣。”

《象》曰：“不出户庭”，知通塞也。

［译文］

初九，不走出内院，没有灾祸。

《象传》说：“不走出内院”，说明深知道通则行、路塞则止之理。

[解说]

户庭就是内院。初九阳刚得正，有出人头地的能力，但正当节卦的开始，不走出内院，能够如此慎重，就不会有灾难。初九先能辨别其是非而后行（知通塞也），能谨慎于始，就可以无咎于终。

[原文]

九二　不出门庭，凶。王弼注："初已造之，至二宜宣其制矣，而故匿之，失时之极，则遂废矣。故不出门庭则凶也。"

《象》曰："不出门庭，凶"，失时极也。

[译文]

九二，始终不跨出大门庭院，会有凶险。

《象传》说："始终不跨出大门庭院"，说明彻底地丧失了时机。

[解说]

门庭是大门外的庭院，亦即外院。九二阳刚得中，龙现于野，已经可以外出扩充视野与事业。然而，却因为阳爻阴位不正，在上卦没有应援，不知道融通应变，仍然节制，不走出外院。固执一节，节而不通，仅能节内，不能节外，会丧失时机，越想安全，反而越凶险。

[原文]

六三　不节若，王弼注："若，辞也。以阴处阳，以柔乘刚，违节之道，以至哀嗟。"**则嗟（jiē）若，无咎。**

《象》曰："不节"之"嗟"，又谁"咎"也？

[译文]

六三，不能自我节制，必然会忧伤嗟叹，但没有灾难。

《象传》说："不能自我节制，必然会忧伤嗟叹"，又有谁能责怪呢？

[解说]

六三以阴居阳，以柔乘刚，违背节道，不知节止，前有六四阴爻阻挡，上与上六无应。下乘刚无助，后果必然是嗟叹不已，才醒悟不可不节，不可不节是迫于压力节止，必然节得比较痛苦，看的人也觉得苦，也难于责怪它，可是它又能责怪谁呢？

[原文]

六四　安节，亨。

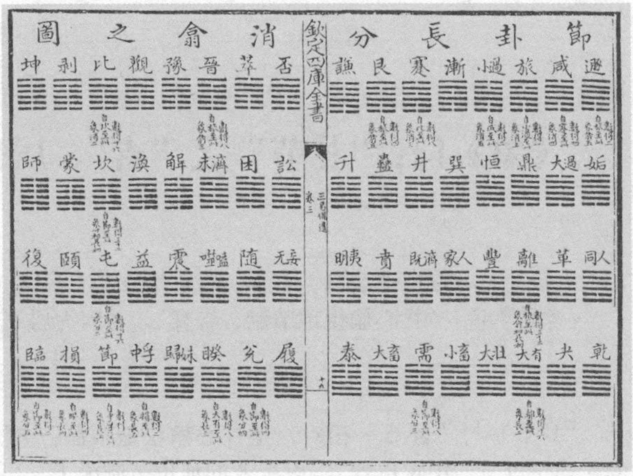

节卦长分消翕之图

"消"为"静"，"翕"为"动"。"消翕"反映的是节卦在运动变化中与其他卦象的关系。节卦是涣卦的覆卦，涣卦倒过来就是节卦。节卦由否卦的覆卦泰卦变来。泰卦的九三爻上升到第五爻位，即泰卦的九三爻与六五爻换了位置，变为节卦。这是泰卦下乾天、上坤地的交流。

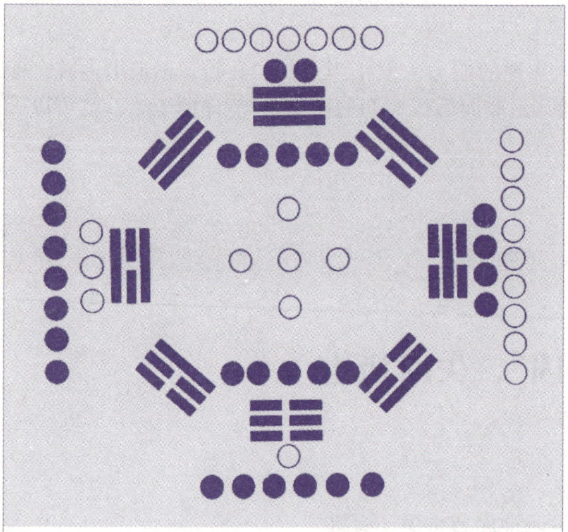

先天卦配河图之象图

图中白点表示奇数（阳），即天数；黑点表示偶数（阴），即地数。《周易·系辞上传》有“河出图，洛出书，圣人则之”和“天一，地二；天三，地四；天五，地六；天七，地八；天九，地十。天数五，地数五。五位相得而各有合，天数二十有五，地数三十，凡天地之数五十有五，此所以成变化而行鬼神也”的说法，据此排列成“一六居下，二七居上，三八居左，四九居右，五十居中的方位”。一、三、五、七、九为奇数，属于天数；二、四、六、八、十为偶数，属于地数。先天八卦卦象排列是乾南坤北，乾为天，坤为地。先天卦与河图两图重合，一六在下，属地，与坤卦方位一致。二七在上，属天，与乾卦方位一致。

徐子宏《周易全译》：“安节，安于节俭遵礼的生活。”

《象》曰：“安节”之“亨”，承上道也。

[译文]

六四，安于现状，自我节制，亨通顺利。

《象传》说：“安于现状，自我节制，亨通顺利”，说明奉承谨守尊上之道，按规律办事。

[解说]

安节，是说并非勉强，而是心安理得地节制。六四柔顺得正，在上方承接这一卦的主体九五，受其感化，体认到顺应自然而节制的道理，能够心安理得地节制，所以亨通。六四自身意志薄弱，找到一个良师益友相伴，取得很好的节制效果。

[原文]

九五　甘节，吉，往有尚(shàng)。 李鼎祚《周易集解》引虞翻曰：“得正居中，坎为美，故‘甘节吉’。往谓二。二失正，变往应五，故‘往有尚’也。”

《象》曰：“甘节”之“吉”，居位中也。

[译文]

九五，甘心愉悦地节制，吉祥，往前进发受人嘉奖。

《象传》说：“甘心愉悦地节制，吉祥”，是因为居守中正，修养品德。

[解说]

“甘节”与“苦节”相对，是甘心愉快地节制。九五在君位又得中，正是“彖传”中所说的“当位以节，中正以通”。以王者的地位节制天下，以中正的德行使其畅通无阻，愉快地节制自己的欲望，使他人在被节制时，也能愉快地接受，所以吉祥。节制应以中正的德行以身作则，才能使人人乐于接受，也才能有所作为。

[原文]

上六　苦节，贞凶，悔亡。 李鼎祚《周易集解》引虞翻曰：“二三变，有两离，火炎上作苦，故‘苦节’。乘阳，故‘贞凶’。得位，故‘悔亡’。”

《象》曰：“苦节，贞凶”，其道穷也。

［译文］

上六，极端节制十分痛苦，应当坚守正道以防凶险，悔恨消亡。

《象传》说：“极端节制十分痛苦，应当坚守正道以防凶险”，说明此节制之道已至穷困。

［解说］

上六是节卦的极点，极端地节制，因而痛苦。坚持下去，就会有凶险（贞凶）。应知悔改，凶险才会消失（悔亡）。像这种过分使人痛苦的节制，在道理上就行不通（其道穷也）。为节而节，节至于苦，苦中无甘，节于此而不能达于彼，无益于性命。

中孚卦第六十一

修德守信

中孚寓意诚信忠实。

[原文]

中孚李鼎祚《周易集解》引崔憬曰："节以制度，不伤财，不害民，则人信之，故言节而信之，故受之以中孚也。" **豚(tún)鱼吉。利涉大川，利贞。**

中孚卦图

中孚卦卦形上巽下兑，巽为风，兑为泽，上风下泽，为风行泽上而感于水中之象，也是水中孚之象。中孚卦上下各有两个刚爻，中间是两个柔爻，内外皆实而中虚，这也是中孚之象。

[译文]

中孚卦象征心中诚信。用猪和鱼做祭品也是吉祥的。利于涉越江河巨流，利于坚守正道。

[解说]

孚字本义是孵，孵卵不能延误日期，有信的含义。中孚是心中诚信。

豚鱼吉，豚是小猪，即猪与鱼，是指平民用豚及鱼做祭品。虽然简单，但心中诚信，仍然会被神嘉纳赐福，所以吉祥。

这一卦的卦形，外实内空，是船的形象，而且上卦巽是木，下卦兑是泽，木在泽上，也象征船，所以，有利于渡过大河险阻（利涉大川），不过，必须坚守诚信才行，利贞。

[原文]

《彖》曰：中孚，王弼注："有上四德，然后乃孚。" **柔在内而刚得中，说(yuè)而巽，孚乃化邦也。"豚鱼吉"，信及豚鱼也。**王弼注："鱼者，虫之隐者也。豚者，兽之微贱者也。争竞之道不兴，中信之德淳著，则虽微隐之物，信皆及之。" **"利涉大川"，乘木舟虚也，中孚以"利贞"，乃应乎天也。**

[译文]

《彖传》说："心中诚信"，因为柔顺者居内能够谦逊诚挚，而刚健者处外能够持中守正，下者愉悦而上者和顺，有诚信之德，于是可以教化万邦。"用猪和鱼做祭品，吉祥"，说明诚信通过用豚鱼祭祀表达出来。“利于涉越江河巨流”，说明乘木舟行渡可畅行无阻。心中诚信的修养，利于坚守正道，这才能应合上天之道。

[解说]

中孚卦中间两个爻，亦即三四爻，都是阴爻，是中心空虚的形象，亦即虚心。上下的两个中爻，亦即二五爻都是阳爻，阳爻充实，即中心充实，也是中孚的象征。以上就是柔在内而刚得中。说而巽，指下卦兑为说（悦），上卦巽为顺，意为喜悦而巽顺。有诚信才能感化国家的民众（孚乃化邦也）。猪与鱼吉祥，是用猪与鱼祭祀得到了诚信。中孚卦的象是木在泽水之上，两边的阳爻为实，中间的阴爻为虚，外实中虚，故有舟虚之象，故曰“乘木舟虚也”。言语与行为是人们用以感动天地的东西，内心真诚，行为端庄正直（中孚以利贞），就符合天道信而不欺自然的法则（乃应乎天也）。

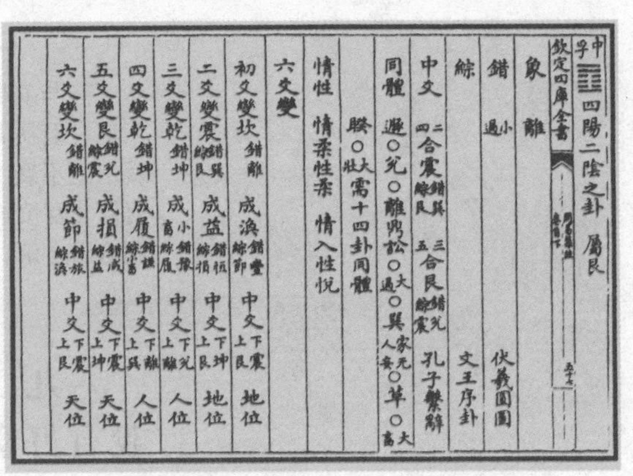

中孚卦错综及爻变图

中孚卦为四阳二阴之卦，属艮，为艮宫八卦之一，属土。它与离卦相象，与小过卦相错。中孚卦二至四爻合为震卦，与巽卦相错，与艮卦相综，三至五爻合为艮卦，与兑卦相错，与震卦相综。中孚与遁、兑、离、鼎、讼、大过、巽、家人、无妄、革、大畜、睽、大壮、需十四卦同体。其情性为：情柔性柔，情入性悦。六爻变位为：初爻变坎位在地，二爻变震位在地，三爻为乾位在人，四爻变乾位在人，五爻变艮位在天，六爻变坎位在天。

[原文]

《象》曰：泽上有风，中孚。李鼎祚《周易集解》引崔憬曰：“流风令于上，布泽惠于下，中孚之象也。”**君子以议狱缓死。**

[译文]

《象传》说：大泽上和风吹拂，象征心中诚信。君子体察于此，因而以诚信之心审议诉讼，暂缓死刑以查明真相。

[解说]

中孚卦上巽风，下兑泽，是泽上有风之象，称为风泽中孚。泽受风吹，风施泽受，是有所感化之象，君子从中得到启示：化邦之时，不能轻易用刑，要反复议论狱案，缓处死刑。

[原文]

初九 虞，吉。有它不燕。《广雅·释诂》：“虞，安也。”

《象》曰：“初九虞吉”，志未变也。

[译文]

初九，虞官诚信尽职，可获吉祥。有这样的变故则不会心安。

《象传》说：“初九之时虞官诚信尽职，可获吉祥”，说明诚信的初衷没有改变。

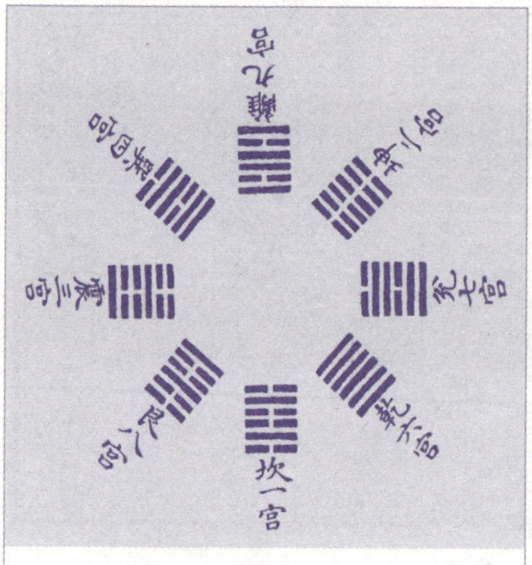

文王八卦方位

此图是根据周文王所演八卦所绘，用于解释《周易·说卦》的“帝出乎震，齐乎巽，相见乎离，致役乎坤，说言乎兑，战乎乾，劳乎坎，成言乎艮”，把八卦方位排列成“离南坎北，震东兑西，艮东北巽东南，坤西南乾西北”的方位。

［解说］

燕与安同，燕居就是安居。初九阳刚得正，上应六四，但初九信任六四是经过了一番思忖，一旦确信，就信则不疑（志未变也）。初九就如燕子筑巢，选址的时候非常慎重，一旦选定，就不会轻易改变，就会享受到燕居之乐。

［原文］

九二　鸣鹤在阴，其子和之。我有好爵，吾与尔靡之。 高亨《周易古经今注》：吾是衍文。

《象》曰：“其子和之”，中心愿也。

［译文］

九二，白鹤在荫蔽处鸣叫，小鹤声声应和。我有美酒，愿与你共享。

《象传》说：“小鹤声声应和”，这是发自内心的愿望。

［解说］

阴是日荫，靡是分散的意思。九二与九五，在内卦得中，阳刚充实，象征心中诚信，虽然远离，但仍能相互呼应，就像鹤在阴暗处鸣叫，虽看不到远处，但小鹤也会应和。因为九二的位置低，所以说阴。爵是酒杯，自己有好酒，愿意与你同杯共享（我有好爵，吾与尔靡之），也比喻彼此的诚意能够沟通。这是心中的愿望能相互沟通、引起共鸣的缘故。

［原文］

六三　得敌，《说文》：“得，取也。”**或鼓，或罢（pí），或泣，或歌。《象》曰：“或鼓，或罢”，位不当也。**

［译文］

六三，遭遇敌人，或者击鼓攻击，或者罢兵回营，或者泣泪声悲，或者歌乐欢唱。

《象传》说：“或者击鼓攻击，或者罢兵回营”，说明阴爻居阳位，所处位置不妥当。

［解说］

六三与上九正应，但前有六四阻挡，得敌，这是因为同性相斥，六三又处在互艮（三四五爻）下，艮为止，所以行动更加艰难。艮为反震，震为鼓、为歌，反震可为泣，六三下乘刚而失信于九二，所以，无论六三或鼓，或罢，或泣，或歌，都难为巧，都没有人和之。这都是因为六三前后得敌，阴居阳位，失位不正的原因（位不当也）。

［原文］

六四　月几望， 陆德明《经典释文》：“几，荀作既。”**马匹亡，**

无咎。

《象》曰："马匹亡"，绝类上也。

［译文］

六四，月亮接近圆满之时，良马走失，但没有大的灾祸。

《象传》说："良马走失"，说明断绝与同类交往而追随上层。

［解说］

望是满月，匹是匹配的马，指与六四同属阴类的六三。六四居上阳九五与下阴六三之间，柔而守正，顺阳而不顺阴，与匹配的马（六三）断绝关系（马匹亡，绝类上也），向上承九五之阳，恰如满月是顺承了太阳的光辉一样。

［原文］

九五　有孚挛（luán）如，无咎。王弼注："挛如者，系其信之辞也。处中诚以相交之时，居尊位以为群物之主，信何可舍？故有孚挛如，乃得无咎也。"

《象》曰："有孚挛如"，位正当也。

［译文］

九五，心存诚信并以之牵系天下，没有灾祸。

《象传》说："心存诚信并以之牵系天下"，说明居位中正妥当。

［解说］

挛，恋。有孚挛如就是有诚信系恋。九五阳刚居中得正，所以位正当。九五下乘重阴三四，得到唱和响应，故为有孚。九五刚中，具备中孚诚信，又与中间的两个阴爻有孚系牵（挛如），性情、精神都具有。

［原文］

上九　翰音登于天，贞凶。李鼎祚《周易集解》引虞翻曰："巽为鸡，应在震，震为音。翰，高也。巽为高，乾为天。故'翰音登于天'。失位，故'贞凶'。"

《象》曰："翰音登于天"，何可长也？

［译文］

上九，锦鸡鸣叫，声达极天，应当

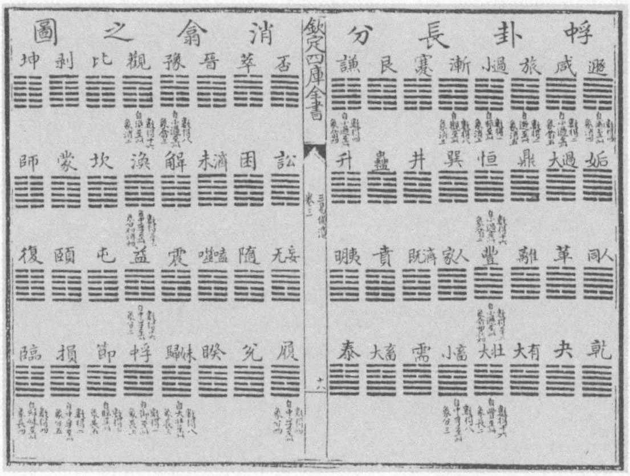

中孚卦长分消翕之图

"消"即"静"，"翕"即"动"。消翕反映的是中孚卦在运动、消长变化中与其他卦象的关系。中孚是小过的变卦。中孚六爻全部反性变化就是小过卦。中孚由讼卦变来，讼卦九四与初六两爻交换位置，变为中孚卦。

坚守正道以防凶险。

《象传》说："锦鸡鸣叫，声达极天"，这种情况怎么会长久呢？

[解说]

翰音登于天：祭宗庙之礼，以鸡祭天。翰音是雉鸡飞鸣，因为飞不长久（贞凶），所以说"何可长也"。上九处外而居上，失位不正，在上巽风之上，有陨落之象。以飞而求显鸣，而求诚信，这不符合外实内虚的中孚之道。本欲登高，结果反而落下，又怎么能长久呢？

小过卦第六十二

小的偏差是难以避免的

小过卦寓意可小事不可大事，不宜上宜下。

[原文]

小过李鼎祚《周易集解》引《序卦》曰："有其信者必行之，故受之以小过。"**亨，利贞。可小事，不可大事。飞鸟遗之音，不宜上，宜下，大吉。**王弼注："飞鸟遗其音，声哀以求处，上愈（无）所适，下则得安。愈上则愈穷，莫若飞鸟也。"

[译文]

小过卦象征稍有超过，亨通顺利，利于坚守正道。可以做寻常小事，不可以干大事。就像鸟飞过留下悲鸣之声，不宜强向上飞，而宜于向下安栖，如此则大为吉祥。

[解说]

小过卦与中孚卦各爻的阴阳相反（不是位置相反），彼此是错卦，即变卦。中孚是有诚信，而小过是有证件凭信的人一定能通过，所以亨。所以在中孚卦之后接着是小过卦。这个通关凭信就是符节。

小过卦有四个阴爻，两个阳爻，阴大阳小，是阴过度，阴为小，所以是小过，所以可小事不可大事。过，兼有经过、过度两种含义。

此卦的卦形，中间的两个阳爻，像鸟身，上下两边各两个阴爻，像翅膀，与鸟飞的形象相似。又像鸟不宜往上飞，而要往下飞，才能找到栖息的地方。亦即在小有过度的时刻，不可以好高骛远，而应当务实，这样才会大吉大利。

小过卦图

小过卦的卦意旨在阐述事物的发展必须经由小事情的完善才能达到亨通，过而能守，守而能固，善莫大焉。所以在处理事情时要从小处着手。

[原文]

《彖》曰：小过，小者过而亨也。王弼注："小者，谓凡诸小事也。过于小事而通者也。"**过以"利贞"，与时行也。**王弼注："过而得以利贞，应时宜也。施过于恭俭，利贞者也。"**柔得中，是以"小事""吉"**

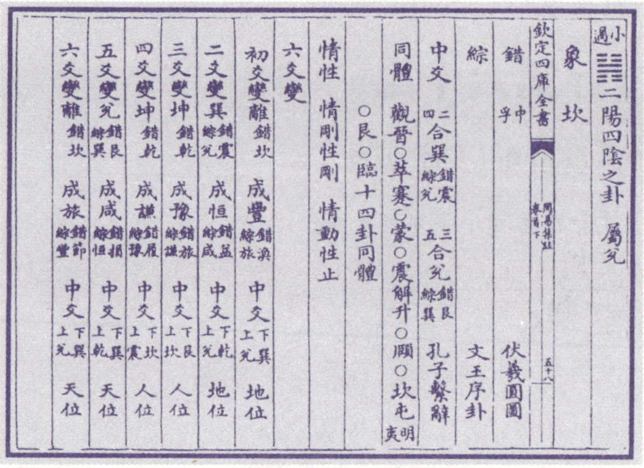
小過 二陽四陰之卦 屬兑
象 坎
錯 中孚 伏羲圓圖
綜 文王序卦
中爻 二四合巽 錯震 綜兑 三五合兑 錯艮 綜巽 孔子繫辭
同體 觀晉○萃蹇○蒙○震解升○頤○坎屯 明夷○艮○臨十四卦同體
情性 情剛性剛 情動性止
六爻變
初爻變離 錯坎 成豐 錯渙 綜旅 中爻 下巽 上兑 地位
二爻變巽 錯震 綜兑 成恒 錯益 綜咸 中爻 下乾 上兑 地位
三爻變坤 錯乾 成豫 錯旅 綜謙 中爻 下艮 上坎 人位
四爻變坤 錯乾 成謙 錯履 綜豫 中爻 下坎 上震 人位
五爻變兑 錯艮 綜巽 成咸 錯損 綜恒 中爻 下巽 上乾 天位
六爻變離 錯坎 成旅 錯節 綜豐 中爻 下巽 上兑 天位
欽定四庫全書

小过卦错综及爻变图

小过卦为二阳四阴之卦，属兑，在兑宫八卦中属金。小过卦与坎卦相象，与中孚卦相错，二至四爻合为巽卦，与震卦相错，与兑卦相综，三至五爻合为兑卦，与艮卦相错，与巽卦相综。小过卦与观、晋、萃、蹇、蒙、震、解、升、颐、坎、屯、明夷、艮、临十四卦同体。其情性为：情刚性刚，情动性止。其六爻变位为：初爻变离位在地，二爻变巽位在地，三爻变坤位在人，四爻变坤位在人，五爻变兑位在天，六爻变离位在天。

也。刚失位而不中，是以“不可大事”也。有“飞鸟”之象焉，“飞鸟遗之音，不宜上，宜下，大吉”，上逆而下顺也。王弼注：“不宜上，宜下，即飞鸟之象。”

[译文]

《彖传》说：稍有超过，是说寻常小事可以稍有超过而得亨通顺利。但过度必须要有利于坚守正道，即要顺应适当的时机而行动。阴柔上下居中位，因此在寻常小事上吉利。阳刚失正位而不能持中，所以不能够成就大事。卦中有飞鸟的形象：“鸟飞过留下悲鸣之声，不宜强向上飞，而宜于向下安栖，大为吉祥。”说明往上成就大事是逆理而行，向下做小事则顺势。

[解说]

小过卦，上下皆阴爻，有阴上下要经过中间阳之义。是小的方面通过而亨通（小者过而亨也）。要以诚信才能通过（过以利贞），是与天时一同运行。小过的二五阴爻居中位（柔得中），表示小事吉祥。小过的两个阳爻，九四以阳居阴而失位，九三九四都不居中位（刚失位而不中），表示不可做大事。小过上二阴爻乘二阳爻是逆，下二阴爻承二阳爻是顺（上逆而下顺也）。小过的卦形有小鸟飞过之象，向上飞只留下声音，向下飞就可以安然落地，所以小过不适宜向上而适宜向下。

[原文]

《象》曰：山上有雷，小过。李鼎祚《周易集解》引侯果曰：“山大而雷小，山上有雷，小过于大，故曰‘小过’。”**君子以行过乎恭，丧过乎哀，用过乎俭。**

[译文]

《象传》说：山上响动雷声，象征稍有超过无妨。君子体察此现象，因此行止略过于恭敬、丧事稍过于哀痛、用度稍过于节俭均无妨。

[解说]

小过卦上震雷，下艮山，是山上有雷的象，称为雷山小过。雷在天上的时候，雷声很大很远，雷在山上时，声音有些隐约。君子从中得到启示：日常的所做所为应该贬损一些，不可过大。人的行为要格外谦恭一些，丧事要格外悲哀一些，用费要格外节俭一些。

［原文］

初六　飞鸟以凶。

《象》曰：“飞鸟以凶”，不可如何也。

［译文］

初六，鸟逆势高飞有凶险。

《象传》说：“鸟逆势高飞有凶险”，说明其自寻凶险，旁人无可奈何。

［解说］

初六与九四相应，因而一心想往上飞，但初六柔弱，又在最下，初六以柔居阳失位不正，在艮之下，当止。九四是阳居柔位也不正，而今小鸟好高骛远，以不正应不正，当有凶，故自取凶无可奈何。

［原文］

六二　过其祖，遇其妣(bǐ)；不及其君，遇其臣，无咎。 王弼注：“过而得之谓之遇。在小过而当位，过而得之之谓也。祖，始也，谓初也。妣者居内履中而正者也。过初而履二位，故曰‘过其祖而遇其妣’。过而不至于僭，尽于臣位而已，故曰‘不及其君，遇其臣，无咎’。”

《象》曰：“不及其君”，臣不可过也。

［译文］

六二，错过了祖父，但与祖母相见；没有到达君王那里，而与臣仆遇合，没有灾祸。

《象传》说：“没有到达君王那里”，说明不可超过臣仆而直达君王跟前。

［解说］

祖是祖父，妣是祖母。六二上承九三之阳，前遇重阳，所以顺利通过，即是过了九三这个祖父。二位应在五位，但六五是阴爻，不是正应，相当于祖母，所以是遇其妣。五位是君位，因为六五不应，所以是不遇其君。但六二与九四同在互巽（二三四爻），巽是随顺，是入，四位是重臣位，所以六二遇到九四大臣。六四阴居阴位，柔顺中正，遇到阳刚重臣不会僭越掠过（臣不可过也）。此次经过，六二的际遇虽有遗憾，但也见到了比较重要的人，所以无咎。

［原文］

九三　弗过防之，《广雅》：“过，误也。”**从或戕(qiāng)之，凶。** 李鼎祚《周易集解》引虞翻曰：“戕，杀也。离为戈兵，三从离上入坤，折四死大过中，故‘从或戕之，凶’也。”

《象》曰：“从或戕之”，“凶”如何也！

［译文］

九三，如不加倍防患于未然，放纵就会被人加害，有凶险。

《象传》说："放纵就会被人加害"，说明这是多么的凶险啊！

［解说］

从，放纵。戕是杀害，从或戕之，意为放纵就有被杀的危险。九三刚而不中，知大而不知小，谨慎而不过分（弗过防之）。与九三相应的上六，却是阴柔的小人，九三如果放纵马虎，就会被害，故曰"凶如何"。小心无大错，在复杂的环境里，不妨防备过度些。

［原文］

九四　无咎，弗过，遇之。李鼎祚《周易集解》引《九家易》曰："以阳居阴，行过乎恭。今虽失位，进则遇五，故'无咎'也。四体震动，位既不正，当动上居五，不复过五，故曰'弗过遇之'矣。"**往厉，必戒。勿用永贞。**

《象》曰："弗过，遇之"，位不当也。"往厉，必戒"，终不可长也。

［译文］

九四，没有过错，不过分刚强便能遇到阴柔。往前进发会有危险，必须警惕自戒。不能意气用事，要永远保持正确的方向。

《象传》说："不过分刚强便能遇到阴柔"，说明居位不妥当。"往前进发会有危险，必须警惕自戒"，说明过分的行为终究不可长久。

［解说］

九四刚爻柔位，刚而兼柔，不会逞强，所以无咎。九四与初六相应，但中间有九三阻挡，九三九四同性相敌，同在互兑（三四五爻），兑为毁折。九四下临艮体，艮为止，所以九四还是不要去与初六相见（弗过遇之，往厉必戒），不必实践与初六的约定（勿用永贞），就是去了，但因为初六与九四都失位不正（位不当也），所以结合也长久不了（终不可长也）。刚与柔、过与敛，必须因应变通，不可固执。

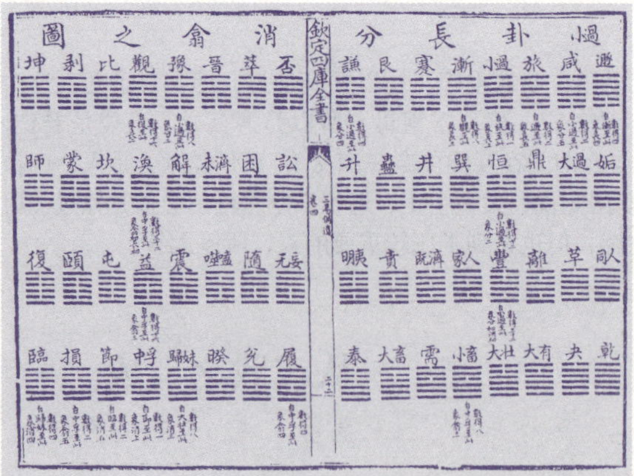

小过卦长分消翕之图

"消"即"静"、"翕"即"动"之意。消翕反映的是小过卦在运动、消长变化中与其他卦象的关系。小过卦由晋卦变来，晋卦的上九与六三两爻交换位置，就变成小过卦。

［原文］

六五　密云不雨，自我西郊。公弋，取彼在穴。程颐《周易程氏传》："弋，射取之也。弋有取义。"

《象》曰："密云不雨"，已上也。

［译文］

六五，乌云密布而不下雨，它是从我西郊那边升起的。公侯拿绳箭射取穴中的野兽。《象传》说："乌云密布而不下雨"，说明居处得过高。

［解说］

弋是带绳的箭，射出后可以拉回。六五居互兑（三四五爻），兑为泽，在上为云，不雨是因为下临互巽（二三四爻），巽为风，兑为西方，所以是风从西郊吹来（自我西郊），把云吹走了。四位是公位，此为九四，下艮为手，故为取，互巽为绳，以绳系矢为弋，取彼是取六二，六二在艮山阴位，故为穴，取彼在穴却用弋是因为六二与六五不应。已上是指六五阴爻在重阳之上，在尊位上，这是过了，无应强取，密云不雨，是说阴爻在中位，成不了大事，即如《彖辞》所说，不利于大事。

［原文］

上六　弗遇，过之，飞鸟离之，凶，是谓灾眚（shěng）。李鼎祚《周易集解》引虞翻曰："谓四已变之坤，上得之三，故'弗遇过之'。离为飞鸟，公弋得之，鸟下入艮手而死，故'飞鸟离之凶'。晋坎为灾眚，故'是谓灾眚'矣。"

《象》曰："弗遇，过之"，已亢也。

［译文］

上六，没能遇合阳刚却超过很远，如同飞鸟上天遭到射杀，凶险，这就是天灾人祸。《象传》说："没能遇合阳刚却超过很远"，说明已升得过高，到了亢极之地。

［解说］

离同罹，遇难的意思。灾是天灾，眚是人祸。上六是小鸟飞得过高（已亢也），无处落脚安身。上六本与九三正应，但下有类阴六五阻隔，所以是"弗遇过之"。下临互兑（三四五爻），兑为毁折，所以有灾眚。这是上六飞鸟知进而不知退，行为无度所造成的。

既济卦第六十三

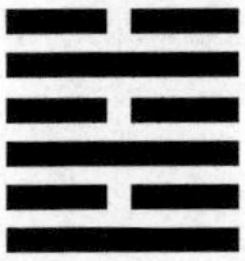

济事即成事

既济卦寓意要察机识变，用人修德，取得胜利。

[原文]

既济　亨，小利贞。初吉，终乱。

[译文]

既济卦象征完成。柔小者亦亨通顺利，利于坚守正道。若不慎守成功，则虽起初吉利，但最终还是会混乱的。

[解说]

本卦六爻三阴都居阴位得正，三阳都居阳位得正，三阴三阳都两两相应，形象最完整，象征成功，称作既济卦。然而，造物的微妙正在于此，阴阳错综复杂，才能产生变化，生生不息，过于完整，反而僵化，以致丧失积极奋发的活力，不能再有大的作为，只有小事，勉强还能亨通（亨小）。凡事在成功之后，跟着来的，必然是颓废松懈，趋向没落。因而，必须坚守正道，继续奋发努力，才能有利（利贞）。成功不易，守成更难，成功之后的吉祥终会消失，又陷入到混乱中（初吉，终乱）。

这一卦的“卦辞”并不吉祥，以下六爻的占断，也都有警惕的语气。宇宙间一切最美满的事物，也都隐藏着危机，由这一卦就可以看出《易经》意蕴的深长。

既济卦图

既济卦上坎下离，水在火上，水火相交。《周易·序卦》说：“有过物者必济，故受之以既济。”既济卦阐释的是成功后如何防止盛极而衰的道理。

[原文]

《象》曰：既济，“亨”，“小”者亨也。王弼注：“既济者，以皆济为义者也。小者不遗，乃为皆济，故举小者以明既济也。”**“利贞”，刚柔正而位当也。**王弼注：“刚柔正而位当，则邪不可以行矣，故唯正乃利贞也。”**“初吉”，柔得中也。“终”止则“乱”，其道穷也。**

[译文]

《彖传》说：“完成，亨通顺利”，是指柔小者亦能亨通顺利。“利于坚守贞固”，说明阳刚阴柔都行正道且居位妥当。“起初吉利”，因为阴柔得居中正之位。“最终停滞则将陷入危乱”，说明成功之道过久的停止会导致道路困堵。

［解说］

既济卦六爻三阴与三阳都当位（而位当），三阴三阳都相应（刚柔正），下卦的中爻是阴爻，即柔得中，三阴爻皆在阳爻之上得正，柔为小，所以是“小者亨也”。既济，意为已经完成，有止之义，外卦为坎，坎为乱，所以“终止则乱”。其道穷也，是说物极必反，太完美必将会被破坏。

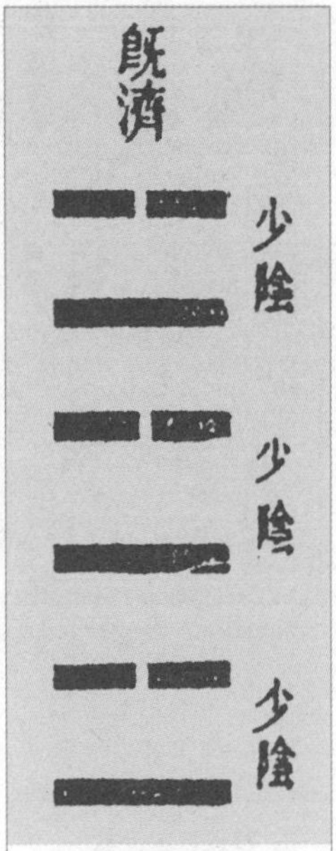

三少阴成既济图

一阳爻上加一阴爻，为少阴。既济卦上坎下离的六爻，可以看作是由三个少阴组成。

［原文］

《象》曰：水在火上，既济。君子以思患而豫防之。李鼎祚《周易集解》引荀爽曰：“六爻既正，必当复乱，故君子象之。思患而豫防之，治不忘乱也。”

［译文］

《象传》说：水位于火的上面，象征事业成功。君子体察此种现象，因此在事成之初就考虑可能出现的祸患，事先加以预防。

［解说］

既济卦上坎水，下离火，是水在火上之象，称为水火既济。水与火相处，水的寒润与火的燥热可以彼此补益相济，但也存在着水火不容及相灭的危险，所以君子由此感悟到：人们在安平和乐的时候，容易忘记忧患，要有远虑，早作预防。

［原文］

初九　曳(yè)其轮，濡(rú)其尾，无咎。高亨《周易古经今注》：“盖以丝作绳，用以配玉配印，曰绶曰纶，而带之垂穗亦曰纶。”

《象》曰：“曳其轮”，义“无咎”也。

［译文］

初九，往后拖拉车轮，野兽渡河时，撅起的尾巴被河水沾湿，但没有灾祸。

《象传》说：“往后拖拉车轮”，从其道理上说这一做法是没有灾祸的。

［解说］

濡即湿，曳是拉，曳其轮，是拉紧车轮为防止其渡河时脱落。濡其尾，是说野兽渡河时，即使翘起尾巴也会打湿，必须当心。初九与九四都得正而应，初九过河之初就有意识地提防，应该无咎（义无咎也）。

［原文］

六二　妇丧其茀(fú)，勿逐，七日得。陆德明《经典释文》：“茀，首饰也。”

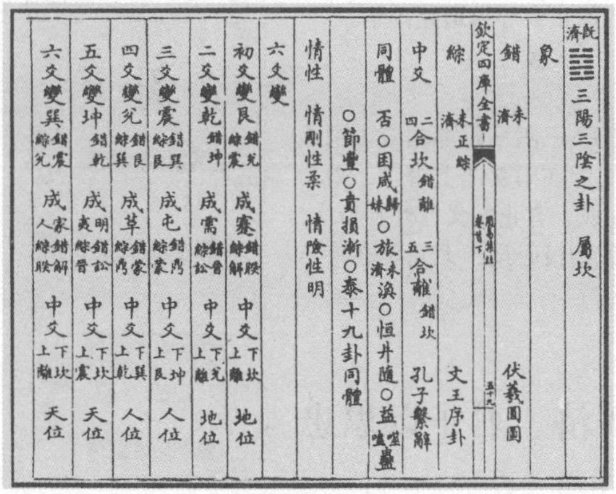

既济卦错综及爻变图

既济卦为三阳三阴之卦，属坎，为坎宫八卦之一，属水。与未济卦相错相综。二至四爻合为坎卦，与离卦相错，三至五爻合为离卦，与坎卦相错。既济卦与否、困、咸、归妹、旅、未济、涣、恒、井、随、益、噬嗑、蛊、节、丰、贲、损、渐、泰十九卦同体。其情性为：情刚性柔，情险性明。六爻变位为：初爻变艮位在地，二爻变乾位在地，三爻变震位在人，四爻变兑位在人，五爻变坤位在天，六爻变巽位在天。

《象》曰："七日得"，以中道也。

[译文]

六二，妇人丢失头上的首饰，不用追寻，七日后可以失而复得。

《象传》说："七日后可以失而复得"，是因为坚守中道的缘故。

[解说]

茀，假发，也说是古代妇女掩饰性的装饰。六二在离中，前临互坎（二三四爻）和上坎。古人常将坎水离火比作夫妇，离为坎妇，坎为险，互坎在外意即丢失，就是妇丧其茀。但六二柔顺中正，与九五正应，九五在上坎险中，在互坎险上，能行险而安，象征九五帮助六二找回失物。卦有六个爻位，重新回到原位，恰是第七个次序，所以失而复得都是经过七日。勿逐，说明不是六二自己找回，而是以中道的德行感应九五找回。

[原文]

九三　高宗伐鬼方，三年克之。小人勿用。李鼎祚《周易集解》引虞翻曰："高宗，殷王武丁。鬼方，国名。乾为高宗，坤为鬼方；乾二之坤五。故'高宗伐鬼方'。坤为年，位在三，故'三年'。坤为小人，二上克五，故'三年克之，小人勿用'。"

《象》曰："三年克之"，惫（bèi）也。

[译文]

九三，殷高宗征伐鬼方，经三年苦战才获得胜利。对有战功的小人不予重用。

《象传》说："经三年苦战才获得胜利"，说明已是疲惫不堪。

[解说]

高宗是殷代中兴的英明帝王，名武丁。鬼方是殷代边疆的少数民族。从前殷高宗讨伐鬼方，经过三年的苦战，才得以战胜，但对有战功的小人，只给以重赏，而不予重用。

克之，就是既济、完成。不用小人是为防患。九三在互坎中，坎为劳，故惫也。九三刚而不中，与上六小人有应，所以不用。

[原文]

六四　繻有衣袽，终日戒。王弼注："繻，宜曰濡。衣袽，所以塞舟漏也。履得其正，而近不与三五相得。夫有隙之弃舟，而得济者，有衣袽也。邻于不亲而得全者，终日戒也。”

《象》曰：“终日戒”，有所疑也。

[译文]

六四，用破烂的衣服来填塞漏水的船，应当整天警惕戒备。

《象传》说：“应当整天警惕戒备”，说明有所疑惧。

[解说]

繻是棉衣，在此当作“濡”讲。袽是破衣。繻有衣袽，是如舟有濡（进水），用衣袽填塞。六四居于互坎之上，上坎之下，险之又险，坎为忧，所以终日戒备疑虑。六四柔顺中正有应，既济时防备着不济。

[原文]

九五　东邻杀牛，不如西邻之禴祭，实受其福。王弼注：“牛，祭之盛者也。禴，祭之薄者也。”

《象》曰：“东邻杀牛”，“不如西邻”之时也。“实受其福”，吉大来也。

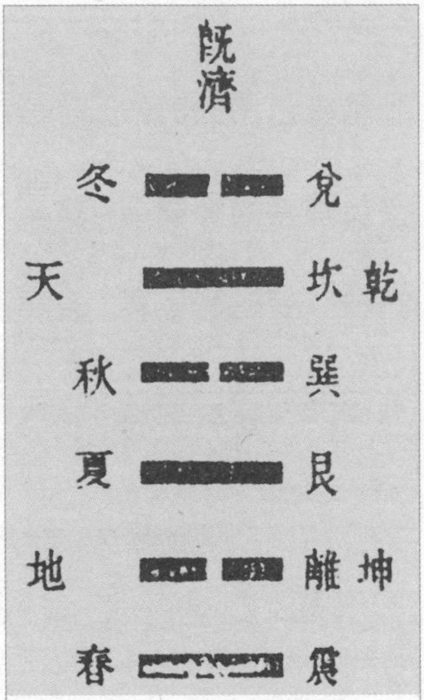

既济一卦贯天地四时图

既济一卦中，六二为阴爻，其爻位也为阴，又处于下卦之中，因此象征地；九五为阳爻，其爻位为阳，因此象征天。其余四爻中初六象春，九三象夏，六四象秋，上六象冬。所以既济一卦含天地四时之象。

[译文]

九五，东边的邻国杀牛举行大祭，不如西边的邻国举行简朴的祭礼，更能实在地承受神灵施降的福泽。

《象传》说：“东边的邻国杀牛举行大祭”，说不如西边邻国简朴的祭礼合于时宜。“更能实在地承受神灵施降的福泽”，说明将有重大的吉庆降临。

[解说]

禴祭是夏祭，五谷还没有丰收，祭祀简单。东是阳的方位，九五在东方；西是阴的方位，六二在西方。东邻（九五）杀牛举行大的祭祀不如西邻（六二）的薄祭受福，是因为九五居上中得正，但陷入坎险之中，六二虽居下，但处离明之中，有上升之势，故九五虽有中正之德，但已过，不如六二所处之时，九五为阳，阳为大。吉大来也，是说六二之吉自九五而来。九五处于既济的盛事中，祭祀礼重，而心不如六二薄祭的心诚，所以实际承受上天福分的是六二（实受其福）。

[原文]

上六　濡(rú)其首，厉。李鼎祚《周易集解》引虞翻曰：“乾为首，五从二上在坎中，故‘濡其首，厉’。位极乘阳，故‘何可久’。”

《象》曰：“濡其首，厉”，何可久也？

[译文]

上六，渡河时被水淹没了头，有危险。

《象传》说：“渡河时淹没了头，有危险”，这样怎么能够长久呢？

[解说]

濡，沾湿。上位为首，所以说濡其首，也就是全身失陷，故厉。上位是既济之终，居高处盛的顶端，而上六以阴柔不正居之、当之、受之，肯定不会长久而有覆没的危险。

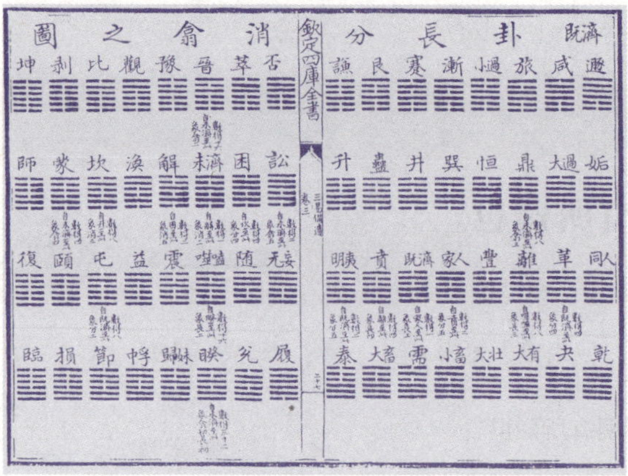

既济卦长分消翕之图

“消”即“静”，“翕”即“动”。消翕反映的是既济卦在运动、消长变化中与其他卦象的关系。既济卦是在泰卦的基础上演化而来的，是泰卦的六五爻与九二爻两爻互换了位置，变为既济卦。既济卦与未济卦是正覆卦关系，既济卦倒过来看就是未济。既济的变卦也是未济，既济六爻全部反性变化就是未济。

未济卦第六十四

新的起点

未济卦预示着新的起点。

［原文］

未济　亨。李鼎祚《周易集解》引虞翻曰："否二之五也。柔得中，天地交。故'亨'。济，成也。六爻皆错，故称未济也。"**小狐汔(qì)济，濡其尾，无攸利。**李鼎祚《周易集解》引虞翻曰："否艮为小狐。汔，几也。济，济渡。狐济几度，而濡其尾，未出中也。"

［译文］

未济卦象征未完成。勉力使成可获亨通顺利。小狐即将渡过河，水却沾湿了它的尾巴，不太顺利。

［解说］

未济卦与既济卦是各爻次序上下相反的综卦（正覆卦），也是各爻阴阳完全相反的错卦（变卦）。既济是完成，未济是未完成。《易经》六十四卦以未济卦作为终结，表明完成是另一次未完成的开始，世界就是这样生生不息、永续发展的。

［原文］

《象》曰：未济，"亨"，柔得中也。王弼注："以柔处中，不违刚也；能纳刚健，故得亨也。"**"小狐汔济"，未出中也。"濡其尾，无攸利"，不续终也。虽不当位，刚柔应也。**

［译文］

《彖传》说："事未完成，勉力使成可获亨通顺利"，是因为柔顺而且坚守中道。"小狐即将渡过河"，说明它还尚未脱离危险。"水沾湿了尾巴，不太顺利"，说明努力不能持续到最后。虽然卦中六爻都没居其正位，但阳刚阴柔却相互援应。

未济卦图

《周易·序卦》说："物不可穷也，故受之以未济终焉。"世间万物没有穷尽的道理，所以《周易》在既济卦之后，用未济卦来结束，象征万物生生不已。未济卦离上坎下，火在水上，水火不相容，不相为用，所以卦名"未济"。

[解说]

未济是终而不止，则发展没有穷尽。卦中六五柔爻居外卦之中位，柔得中可以保持冷静、不骄傲，所以亨通。小狐狸快要渡过水去（小狐汔济），但还未游出水中（未出中也），湿了尾巴（濡其尾），不能继续游到头（无攸利）。这是说小狐狸还没有脱离险境。但就是因为艰险才寻求变化，咫尺天涯，才能努力到达彼岸，才能不断前进（不续终也）。本卦全部的爻都是柔居刚位，或刚居柔位，都不在正位，意味着未完成。但三阴三阳皆相应（不当位，刚柔应也），这正预示着变化正在酝酿中，使其对未来产生希望。

[原文]

《象》曰：火在水上，未济。君子以慎辨物居方。李鼎祚《周易集解》引侯果曰："火性炎上，水性润下，虽复同体，功不相成，所以未济也。故君子慎辨物宜，居之以道，令其功用相得，则物咸济矣。"

[译文]

《象传》说：火在水上面，象征事未成功。君子体察此现象，因此审慎地辨别事物，使其各自安处于适当的场所。

[解说]

未济卦上离火，下坎水，是火在水上之象，称为火水未济。水本来是趋向下的，放在上方才能趋下；火本来是趋向上的，放在下方才能趋上。但未济时，水火的位置恰恰相反，火在上往上，水在下往下，两相背离。君子由此感悟到：应该认真地分辨事物的性情，慎重地选择所处的方位，使事物相互交融，相得益彰。

[原文]

初六　濡其尾，吝。

《象》曰："濡其尾"，亦不知极也。

[译文]

初六，小狐过河时水沾湿了尾巴，会有麻烦。

《象传》说："小狐过河时水沾湿了尾巴"，说明它太不自量力谨慎持中了。

[解说]

濡，沾湿。初六在下，故为尾。初六阴柔弱小，失位不正，处于坎险之下，但它未济时，强求渡河（既济），结果打湿了尾巴，没有成功。这是把自己带入险境，自取其吝。打湿了尾巴，也不懂得分量的轻重（濡其尾，亦不知极也）。

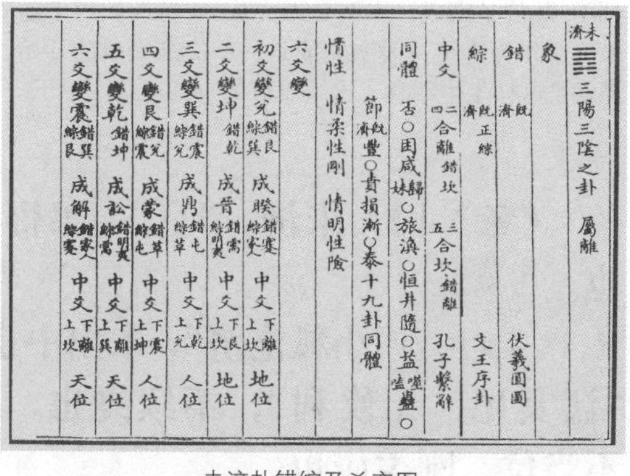

未济卦错综及爻变图

未济卦为三阳三阴之卦，属离，在离宫八卦中属火。未济卦与既济卦相错且相综。二至四爻合为离卦，与坎卦相错，三至五爻合为坎卦，与离卦相错。未济与否、困、咸、归妹、旅、涣、恒、井、随、益、噬嗑、蛊、节、既济、丰、贲、损、渐、泰十九卦同体。其情性为：情柔性刚、情明性险。六爻变位为：初爻变兑位在地，二爻变坤位在地，三爻变巽位在地，四爻变艮位在人，五爻变乾位在天，六爻变震位在天。

[原文]

九二　曳其轮，贞吉。李鼎祚《周易集解》引姚信曰："坎为曳，为轮，两阴夹阳，轮之象也。二应于五，而隔于四，止而据初，故'曳其轮'。处中而行，故曰'贞吉'。"

《象》曰："九二贞吉"，中以行正也。

[译文]

九二，及时往后拖拉车轮，这样做正确，可获吉祥。

《象传》说："九二这样做正确，可获吉祥"，说明应当持守中道，端正行事。

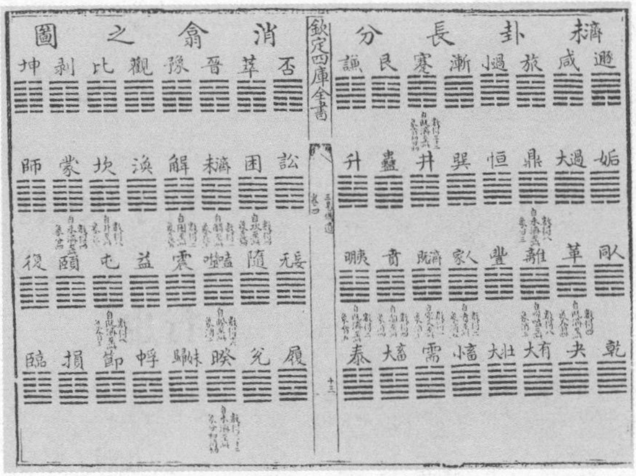

未济卦长分消翕之图

"消"即"静"，"翕"即"动"。"消翕"反映的是未济卦在运动、消长变化中与其他卦象的关系。未济卦是在否卦的基础上演变而来的，否卦的六二爻升到了第五爻位，即否卦六二爻与九二爻交换位置，变为未济卦。未济卦是既济卦的覆卦和变卦，未济卦倒过来就是既济卦，未济卦六爻全部反性变化也是既济卦。

[解说]

曳其轮是固定车轮以防止其脱落。九二居坎体，坎形中刚，故为轮轴，为固。九二刚居柔位守中，刚柔并济（中以行正也），不冒险犯难，在未济时，就加固自己，所以贞吉。

[原文]

六三　未济，征，凶，利涉大川。王弼注："以阴之质，失位居险，不能自济者也。以不正之身，力不能自济，而求进焉，丧其身也，故曰'征凶'也。二能拯难，而己比之，弃己委二。载二而行，溺可得乎？何忧未济？故曰'利涉大川'。"

《象》曰："未济，征凶"，位不当也。

[译文]

六三，还未做好准备，就贸然前进，会有凶险，利于涉越江河巨流。

《象传》说："还未做好准备，就贸然前进，会有凶险"，说明居位不妥当。

[解说]

未济不是不济，而是等待时机而济，六三居下坎水上部，又在上离火下方，所以以为河水已经涸浅，六三以柔居刚（位不当也），不自量力，轻易涉足，却不知自己又陷入互坎（三四五爻）的大川当中，所以征凶。六三与上九正应，所以利涉大川。六三应等到力量积聚足够时再一举扫平大难。

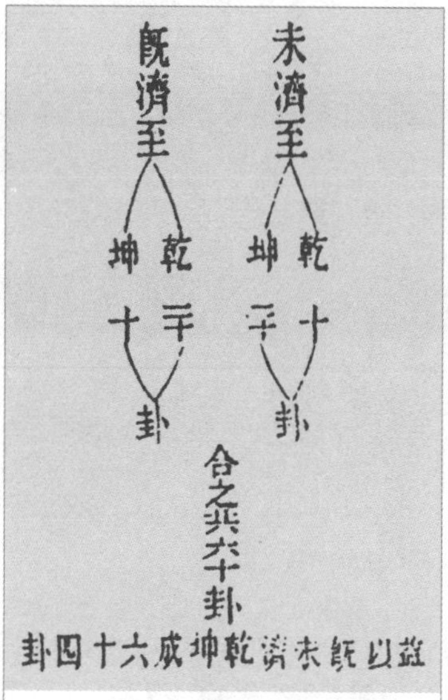

乾坤既济未济相隔之数图

在全本《周易》六十四卦的排列顺序中，乾卦和坤卦两卦排列在开始两位，既济卦和未济卦两卦排在最后两位。而经过卦变，乾卦、坤卦、既济卦、未济卦，又可以衍出其余六十卦。从卦序上讲，未济卦后又是乾卦，这象征万物生生不息，不可穷尽。

[原文]

九四　贞吉，悔亡。震用伐鬼方，孔颖达《周易正义》："震发威怒。"**三年，有赏于大国。**

《象》曰："贞吉，悔亡"，志行也。

[译文]

九四，坚守正道吉祥，悔恨消亡。就像用威武之势讨伐鬼方，经过三年苦战才获胜，故而被封赏为大国诸侯。

《象传》说："坚守正道吉祥，悔恨消亡"，说明志向正在践行。

[解说]

震是动，九四已经用刚健成功度过了下坎的三个爻坎，进入上离明所在，即是震用伐鬼方，三年，有赏于大国。九四又居互坎险中，但以刚居柔位，示柔不妄动，聚集力量，所以贞吉。又九四刚居柔位不正，本有悔，但能以刚健涉险建功，又有初六正应（志行也），所以悔亡。

[原文]

六五　贞吉，无悔。君子之光，有孚，吉。

《象》曰："君子之光"，其晖"吉"也。《释文》："晖，又作辉。"

[译文]

六五，坚守正道吉祥，没有悔恨。君子的光辉，在于其心怀诚信，吉祥。

《象传》说："君子的光辉"，说明他的光辉能带来吉祥。

[解说]

六五柔居尊位，故"贞吉，无悔"，与九二正应，亦即有孚。居上离当中，离为火、为大明，所以说："君子之光，其晖吉也"。六五以柔得中，已臻重坎之上，所以吉祥。

[原文]

上九　有孚于饮酒，无咎。濡其首。有孚失是。李鼎祚《周易集解》引虞翻曰："坎为孚，谓四也。上之三介四，故'有孚'。饮酒流颐中，故'有孚于饮酒'。终变之正，故'无咎'。乾为首，五动首在酒中，失位，故'濡其首’矣。孚，信。是，正也。六位失正，故‘有孚失是’。谓若殷纣沉湎于酒，以失天下也。”

《象》曰：“饮酒濡首”，亦不知节也。

[译文]

上九，心怀诚信地饮酒取乐，没有灾难。但因过度饮酒取乐而沾湿了头部，即使心怀诚信也失却了正道。

《象传》说：“因过度饮酒取乐而沾湿了头部”，这是沉湎过度而不知节制。

[解说]

上九与六三正应，所以有孚。上九下临重坎，坎为水、为酒，故有饮酒。但酒打湿了头，就太不知道节制了（亦不知节也），因为不知道节制，所以就算有孚也会失去（有孚失是）。上九位于未济的最上位，已经在重坎之上，度过了下坎互坎重重险难，已经由未济到达既济，就志得意满，被胜利冲昏了头脑，酗酒烂醉，最终可能众叛亲离。应该知道战胜重重困难、大功告成之时，就是新的困难和危险来临之时。

以未济卦作为终结，是没有结束的结束，所有领悟到未济卦和整个《易经》的精神的人，都会感到：人生有涯而知也无涯，必以尚未成功，仍需努力之志，上下求索，慎终追远，无悔此生。

系辞上传

[原文]

天尊地卑，《说文》："尊，高称也。"《说文》："卑，贱也，执事也。"**乾坤定矣。卑高以陈，**《广韵》："陈同阵，军伍行列也。"**贵贱位矣。动静有常，**《玉篇》："常，恒也。"**刚柔断矣。方以类聚，物以群分，吉凶生矣。在天成象，在地成形，变化见矣。**

[译文]

天尊贵在上，地卑微处下，乾天坤地的位置就确定了。天下万物以卑下和高大杂然并陈，万物贵贱不同的地位就确定了。天动地静遵循着一定的规律，阳刚阴柔的性质就断然分明了。人以各自的种类相聚合，各种生物以各自的族群相区分，彼此间利害的调和冲突而产生了吉凶。在天上的有日月星辰雨雷之象，在地上的有山泽草木鸟兽之形，事物变化的道理就从中显现了出来。

[原文]

是故刚柔相摩，八卦相荡。李鼎祚《周易集解》引虞翻曰："旋转称摩，薄也。乾以二五摩坤，成震、坎、艮。坤以二五摩乾，成巽、离、兑。故'刚柔相摩，则八卦相荡'也。"**鼓之以雷霆，润之以风雨。日月运行，一寒一暑。乾道成男，坤道成女。**《广韵》："道，理也。"**乾知大（tài）（同"太"）始，**王念孙："知犹为也，为亦作也。"**坤作成物。**

[译文]

因此阳刚与阴柔相互摩擦，八卦又相互激荡。就像用雷霆鼓动，以风雨滋润。随着日月的运行，寒暑季节的交替循环。乾道象征男性，坤道象征女性。乾的功能在于掌握万物伟大的创始，坤的作用在于承继乾的创始而生成万物。

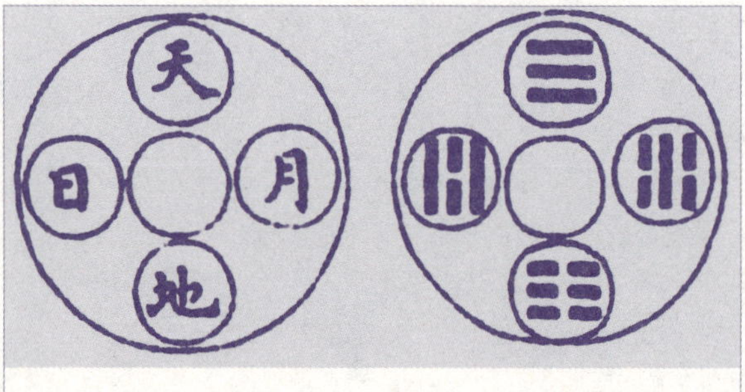

乾坤坎离与天地日月图

乾卦象征天，乾卦为六十四卦之首，从地理上讲，以昆仑山为乾位。坤卦象征地，离卦象征日，坎卦象征月。因此乾坤离坎四卦就是天地日月的卦象。

[原文]

乾以易知，坤以简能。易则易知，简则易从。易知则有亲，《增韵》："亲，躬也。"**易从则有功。有亲则可久，有功则可大。可久则贤人之德，可大则贤人之业。**李鼎祚《周易集解》引姚信曰："贤人，乾坤也。言乾以日新为德，坤以富有为业也。"

［译文］

乾的作为昭然易知，坤的作为以简约显示其功能。平易就容易了解变易之理，简约就容易使人遵从。容易了解就有人相亲附，平易遵从就可以建功立业。有人亲附就会长久处世，可以建功立业就能发展壮大。处世长久是贤人的美德，发展壮大是贤人的事业。

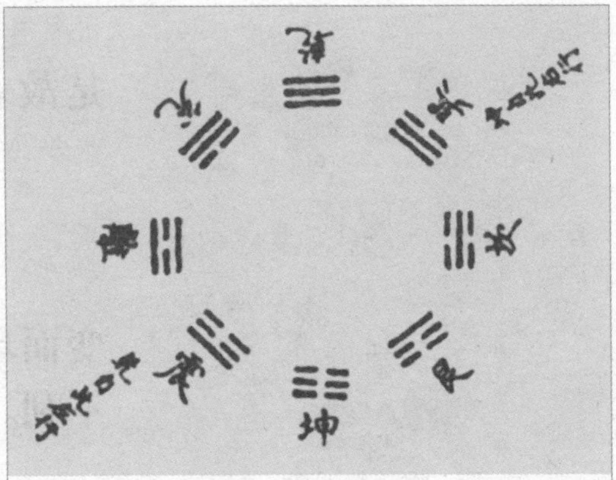

乾坤二卦刚柔相摩图

乾卦的六爻都是阳爻，阳爻就是刚爻。坤卦六爻都是阴爻，阴爻就是柔爻。乾卦是纯阳卦，坤卦是纯阴卦。乾卦代表天，坤卦代表地。图中乾卦纯阳居上，坤卦纯阴居下，乾卦从震卦开始左行，坤卦从巽卦开始右行，按照天左地右的顺序开始循环，这就是乾坤二卦刚柔相摩。

［原文］

易简而天下之理得矣。李鼎祚《周易集解》引虞翻曰："易为乾息，简为坤消，乾坤变通，穷理以尽性，故'天下之理得矣'。"**天下之理得，而成位乎其中矣。**

［译文］

明白平易和简约的乾坤大理，就可懂得天下的道理。懂得了天下的道理，就能在天地间居处适当的位置。

［原文］

圣人设卦观象，系辞焉而明吉凶，《玉篇》："系，约束也。"**刚柔相推而生变化。是故吉凶者，失得之象也。悔吝者，**《说文》："吝，恨也。惜也。"**忧虞之象也。变化者，进退之象也。刚柔者，昼夜之象也。六爻之动，三极之道也。**《说文》："极，栋也。"

［译文］

圣人观察宇宙间万事万物的变化而创设六十四卦，又在各卦爻之下撰系文辞使人明白吉凶的征兆，卦中的阳刚阴柔互相推演而产生无穷的变化。因此卦爻辞中所说的"吉凶"，是行事得道顺理或失道悖理的象征。"悔吝"，是忧愁和顾虑的象征。卦爻反映的变化，是行事权衡进退的象征。刚爻柔爻，是白昼黑夜交替的象征。六爻的变动，包含了天地人变化的道理。

［原文］

是故君子所居而安者，《易》之序也。《尔雅·释宫》："序，东

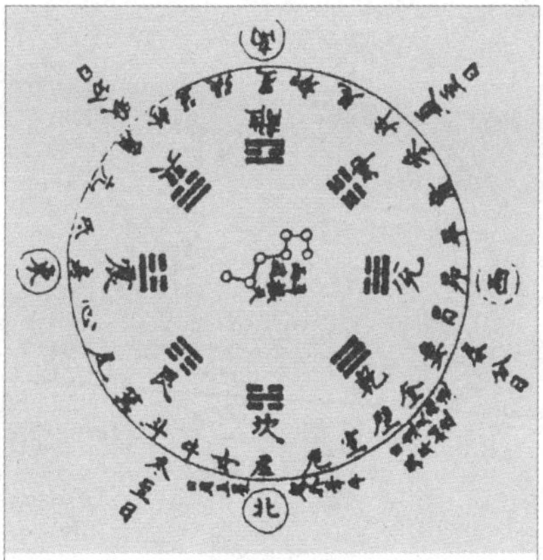

仰观天文图

仰观天文即观察日月的运动。古代中国天文学观察天象分为盖天派、浑天派及宣夜派三种。盖天派指人站在天内观察天象，天呈现出一个半圆形，古人认为大地是方的，故称“天圆地方”。浑天派指站在天外观察天象，天是浑圆的。宣夜派指夜晚观察天象。传说上古时，伏羲仰观天文，俯察地理，以作八卦。

西墙谓之序。”**所乐而玩者，爻之辞也。是故君子居则观其象而玩其辞，**李鼎祚《周易集解》引虞翻曰：“玩，弄也。谓乾五动成大有，以离之目，观天之象。兑口玩习所系之辞，故‘玩其辞’。”**动则观其变而玩其占。是以自天佑之，吉无不利。**

[译文]

因此君子能居处而获安稳，是法象《易经》所体现的卦序；君子所喜爱研求玩味的，是各爻所附的文辞。所以，君子平日安居时就观察《周易》卦爻的象征而探研玩味它的文辞，行动时便观察卦爻的变化而探研玩味其占筮，所以就能够从上天得到保佑，吉祥而无往不利。

[原文]

彖者，言乎象者也。爻者，言乎变者也。李鼎祚《周易集解》引虞翻曰：“爻有六画，所变而玩者，爻之辞也。谓九六变化，故言乎变者也。”**吉凶者，言乎其失得也。悔吝者，言乎其小疵（cī）也。**《韵会》：“疵，亦作玼。”**无咎者，善补过也。**

[译文]

彖辞，是总说全卦的象征。爻辞，是分说各爻变化的断言。“吉凶”，是判断行事得道顺理或失道悖理的说辞。“悔吝”，是说明行事有小的偏失。“无咎”是说明善于补救过失。

[原文]

是故列贵贱者存乎位，齐小大者存乎卦，辩吉凶者存乎辞，忧悔吝者存乎介，《集韵》：“介，际也。”**震无咎者存乎悔。**李鼎祚《周易集解》引虞翻曰：“震，动也。有不善，未尝不知之。知之，未尝复行。无咎者善补过。故‘存乎悔’也。”**是故卦有小大，辞有险易。辞也者，各指其所之。**

[译文]

所以陈列尊贵或微贱的界限取决于所在的爻位，确定阳大阴小的标准时可以从卦形的构成中了解，辨别“吉凶”的依据可由卦爻辞的文字中寻求，忧虑与“悔吝”来临时就应当谨慎预防纤介小错，戒惧“无咎”是由于内心悔悟而改过。所以，卦体有阴阳大小之别，卦爻辞有艰险平易之分。卦爻辞都是指示各卦爻代表的变化趋向。

［原文］

《易》与天地准，《说文》：“准，平也。”**故能弥纶天地之道。仰以观于天文，俯以察于地理，是故知幽明之故。原始反终，**尹注《管子》：“原，察也。”**故知死生之说。精气为物，游魂为变，是故知鬼神之情状。**

［译文］

《周易》是以天地的变化规律为准则，所以能够将天地间的一切道理包容在内。仰头观察天上日月星辰的文采，俯视察看大地河山的法则，因此可知晓光明与黑暗的事理。追溯万物的初始，反求事物的终结，就可以了解死生的规律。考察精气凝聚而成为形物，气魂游散而变为虚无的情况，由此可知晓“鬼神”的变化情状。

［原文］

与天地相似，故不违。知(zhì)（同“智”）周乎万物，李鼎祚《周易集解》引荀爽曰：“二篇之册，万有一千五百二十，当万物之数，故曰‘知周乎万物’也。”**而道济天下，故不过。旁行而不流，乐天知命，故不忧。安土敦乎仁，**《五经文字》：“敦，厚也。”**故能爱。范围天地之化而不过，曲成万物而不遗，通乎昼夜之道而知，故神无方而《易》无体。**

［译文］

知晓《周易》的道理，与天地相似暗合，所以行为便不会违背天地的规律；它的智慧遍及万物，而其道德又足以匡济天下，所以致用以不致误入歧途；能遍行天下而没有流弊，乐其天然，知其命数，所以不会有忧愁；安于所处之环境，而敦厚仁道，故能博爱天下。《易》道之范围包括了天地万物的一切变化，不会有偏失，足以曲尽细密地成全万物，不会有遗漏，能通明昼夜、阴阳的道理，而尽知其中奥妙，所以说神奇奥妙之道无所不在，而《周易》的变化也没有固定僵化的形式。

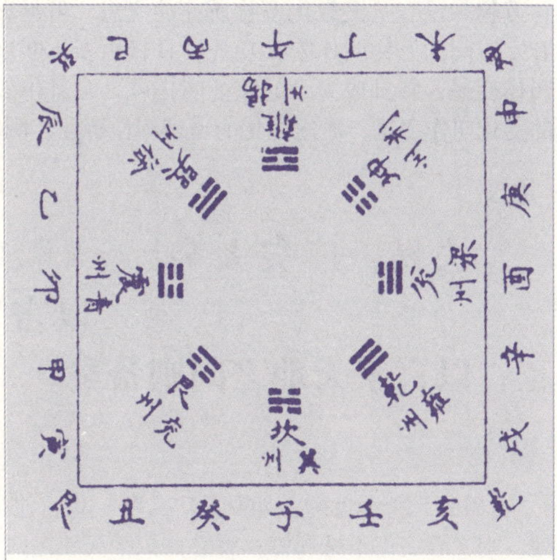

俯察九州地理图

据传，“伏羲仰则观象于天，俯则观法于地，观鸟兽之文，与地之宜，近取诸身，远取诸物，于是始作八卦”。八卦作为抽象的表意符号，它融自然万物与人类社会各种事物于一套框架体系之中。

［原文］

一阴一阳之谓道。继之

者善也，《说文》："继，续也。"**成之者性也。仁者见之谓之仁，知（同"智"）者见之谓之知（同"智"）。百姓日用而不知，故君子之道鲜(xiǎn)矣。**

[译文]

一阴一阳相生相灭的矛盾变化就叫作"道"。承继天的这一法则是"善"，人依天道而成就事业是"性"。仁者看到天道法则称之为"仁"，智者看到天道法则就称之为"智"，寻常百姓在日常生活中经常应用此道却毫不知晓它的原理和重要性，所以君子之道的全部意义就很少有人知道了。

[原文]

显诸仁，藏诸用，鼓万物而不与圣人同忧，盛德大业至矣哉！富有之谓大业，日新之谓盛德，李鼎祚《周易集解》引王凯冲曰："物无不备，故曰'富有'。变化不息，故曰'日新'。"**生生之谓易，**《经词衍释》："之，犹则也。"**成象之谓乾，效法之谓坤，极数知来之谓占，**孔颖达《周易正义》："谓穷极蓍策之数，逆知将来之事，占其吉凶也。"**通变之谓事，阴阳不测之谓神。**

[译文]

天道以仁爱的面貌显现，使其恩泽普施天下万物，隐藏在日常生活中而不被察觉，鼓动化育万物却没有圣人教化万物所存的忧患，可见天的盛大德行和宏大功业是至美至善了！广泛拥有宇宙间的万物叫作宏大功业，日日更新不断增善叫作盛大美德。天地阴阳生生不息地转化就叫作变易，画卦成为天的象征叫作乾，画卦仿效地的法式叫作坤，极尽数术的推演以预知将来的变化叫作占筮，通达变化的道理叫作事业，阴阳变化不可测定叫作神。

[原文]

夫易，广矣大矣！李鼎祚《周易集解》引虞翻曰："乾象动直，故'大'。坤形动辟，故'广'也。"**以言乎远则不御，以言乎迩则静而正，以言乎天地之间则备矣。**

[译文]

《周易》所涵盖的一切真是广大啊！将它比拟于远处，则扩展穷深没有止境；将它比拟于近处，则文静端正不见邪僻；将它比拟于天地之间，则包罗万象无不具理。

[原文]

夫乾，其静也专，其动也直，是以大生焉。夫坤，其静也翕，《尔雅·释诂》："翕，合也。"**其动也辟，是以广生焉。广大配**

天地，变通配四时，阴阳之义配日月，易简之善配至德。

［译文］

象征纯阳刚健的乾，静止的时候专一含养，变动的时候刚直不挠，所以能够促生壮大无数生灵。象征柔顺敦厚的坤，静止的时候收敛深藏，变动的时候广开展布，所以能够生成宽柔的气质。易理中的宽柔刚大与天地形象一致，变化通达与四季循环类同，阴阳交替之意与日月的情态相当，平易、简约的美善的原理与天地至高无上的德行相配合。

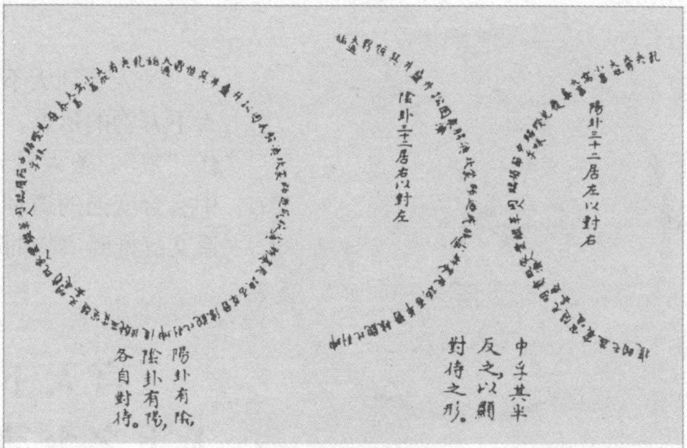

圆图阴阳对待图

阴无阳不成其为阴，阳无阴不成其为阳，这就是所说的一阴一阳谓之道。阴阳相待，因此圆图有对待之象。乾生兑、离、震为阳卦，即乾、兑、离、震所生阳卦，自乾到复三十二卦居其左。坤生艮、坎、巽为阴卦，即坤、艮、坎、巽所生阴卦，自坤到姤三十二卦居其右。阳左阴右，两仪对待。阳卦亦有阴，即一阳五阴之卦的师、豫、比、剥、复、谦就与一阴五阳之卦的同人、履、小畜、姤、大有、夬卦相对。阴卦中也有阳，即二阴四阳之卦遁、兑、讼、鼎、大过、大壮、需、家人、无妄、离、革、中孚、大畜、睽与二阳四阴之卦临、明夷、震、屯、颐、观、升、解、蒙、艮、萃、晋、小过、蹇相对。

［原文］

子曰：“《易》其至矣乎！夫《易》，圣人所以崇德而广业也。知（同“智”）崇礼卑，李鼎祚《周易集解》引虞翻曰：“知谓乾，效天崇；礼谓坤，法地卑也。”**崇效天，卑法地。天地设位而《易》行乎其中矣。成性存存，道义之门。”**

［译文］

孔子说：“《周易》的道理已经达到至善至美了！《周易》是圣人用来崇尚其道德，扩大其事业的。智慧贵在崇高，礼节贵在谦卑，崇高的智慧要效法天，谦卑的礼节得效法地。天地上下的位置既经设定，《周易》的道理就可在其间通行了。成全万物的本性，维持万物的生存，就是进入道义的门户。”

［原文］

圣人有以见天下之赜（zé），《疏》：“赜，谓幽深难见。”**而拟诸其形容，象其物宜，是故谓之象。圣人有以见天下之动，而观其会通，**李鼎祚《周易集解》引张璠曰：“会者，阴阳合会，若蒙九二也。通者，乾坤交通，既济是也。”**以行其典礼，系辞焉以断其吉凶，是故谓之爻。**

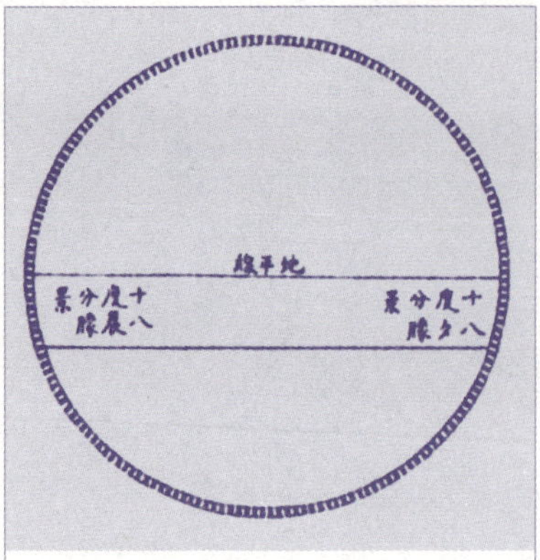

乾策坤策图

此图讲《周易》的筮法。古人占筮用蓍草，一根蓍草称为“一策”。《系辞》说：“乾之策，二百一十六，坤之策，百四十有四，凡三百有六十，当期之日。”

[译文]

圣人看到天下万事万物的奥秘，因而用周易卦来模拟天下万物的形态，用来象征特定事物适宜的意义，所以称作“象”。圣人看到天下万事万物变动不止，因而观察其中会合变通的道理，用以施行典法礼仪，并在卦爻之后撰系文辞推断事物的吉凶，所以称作爻。

[原文]

言天下之至赜而不可恶也，言天下之至动而不可乱也。拟之而后言，议之而后动，拟议以成其变化。

[译文]

《易》象言说天下极其繁杂的事物，平易道来而不使人厌烦，爻言说天下事物纷繁复杂的变动，内合规律而不再混乱。模拟物象后再言说道理，评议讨论后再揭示变动，通过这般模拟审议便形成了其变化哲学。

[原文]

“鸣鹤在阴，其子和之。我有好爵，吾与尔靡之。” 孔颖达《周易正义》：“上略明拟议而动，故引鹤鸣在阴，取同类相应以证之。此中孚九二爻辞也。” **子曰：“君子居其室，出其言善，则千里之外应之，况其迩者乎？居其室，出其言不善，则千里之外违之，况其迩者乎？言出乎身，加乎民。行发乎迩，见乎远。言行君子之枢机。枢机之发，荣辱之主也。言行，君子之所以动天地也，可不慎乎？”**

[译文]

中孚九二的爻辞说：“白鹤在荫蔽处鸣叫，小鹤声声应和。我有美酒，愿与你共享。”孔子说：“君子住在家中，若发出美善的言论，则远在千里之外的人也会闻风响应，更何况是近在身边的人呢？小人住在家中，如若发出不善的言论，则远在千里之外的人也会违背他，更何况是近在身边的人呢？言论是由自己的口里发出的，而能施加于民众，行为在近处发生，而能显现在远方。言论和行为，对君子来说，如同门户开关的机要。门户机要的发动，恰似君子获得荣誉与耻辱的主宰。言论和行为，是君子用来鼓动天地的，怎么能不谨慎呢？”

[原文]

“同人，先号咷而后笑。”《说文》：“咷，楚谓儿泣不止曰嗷咷。” **子曰：“君子之道，或出或处，或默或语。** 李鼎祚《周易集解》引虞翻曰："乾为道，故称君子也。同人反师，震为出，为语，坤为默，巽为处，故'或出或处，或默或语'也。"**二人同心，**李鼎祚《周易集解》引虞翻曰："二人谓夫妇。"**其利断金。同心之言，其臭（同"嗅"）如兰。"**李鼎祚《周易集解》引虞翻曰："臭，气也。兰，香草。"

[译文]

同人九五的爻辞说："和同于人，开始时号啕大哭，而后欣喜欢笑。"孔子说："君子为人处世的法则，或者入世而服务天下，或者独处静居而修改完善自身，或者沉默寡言，或者广发议论。只要二人心意相通，他们的力量就犹如利刃可切断金属。心意一致的言论，它的气味犹如兰花一样芳香袭人。"

[原文]

初六"藉用白茅。无咎。"子曰："苟错（同"措"，放置）诸地而可矣。藉之用茅，何咎之有？《说文》："苟，草也。""藉，祭藉也。"**慎之至也。夫茅之为物薄，而用可重也。慎斯术也以往，其无所失矣。"**

[译文]

大过初六的爻辞说："用白色的茅草铺垫以放置祭器，没有过错。"孔子解释说："祭祀的物品放置在地上就可以了，再用白茅草铺垫，哪里还会有过错呢？真是谨慎至极啊。茅草本身是很微薄不贵重的物品，但却能发挥重大的作用。像这般小心谨慎地运用它，必会没有过失了吧。"

[原文]

"劳谦，君子有终，吉。"子曰："劳而不伐，有功而不德，厚之至也。语以其功下人者也。德言盛，礼言恭。《礼记·曲礼》："恭，君子恭敬、撙节、退让以明礼。"**谦也者，致恭以存其位者也。"**

[译文]

谦卦九三的爻辞说："勤劳谦逊，君子保持谦虚的美德至终，吉祥。"孔子解释道："勤劳而不自夸，有功绩而不自以为是，真是敦厚至极啊。这是在说有功劳而能够谦下于人。德行讲究的是广大，礼节讲究的是恭谨。谦逊就是致力于恭敬，以保存其应有的地位。"

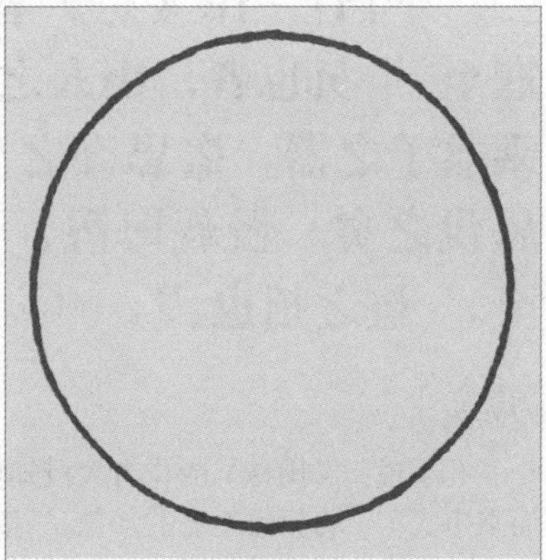

太极图

《周易·系辞上》："易有太极，是生两仪，两仪生四象，四象生八卦。"这里的"太极"是万物的本原。太极在仪象之先又在仪象之内，所以用一个圆圈代表太极。

［原文］

“亢龙有悔。”《说文》，“亢，人颈也。”**子曰：“贵而无位，**李鼎祚《周易集解》引虞翻曰：“天尊，故‘贵’。以阳居阴，故‘无位’。”**高而无民，贤人在下位而无辅，是以动而有悔也。”**

［译文］

乾卦上九爻辞说：“龙高亢穷极，终将有所悔恨。”孔子解释道：“尊贵却没有实位，崇高而得不到百姓的拥戴，贤明的人在下位而不辅助他，所以轻举妄动必将有所悔恨。”

［原文］

“不出户庭，无咎。”《六书精蕴》：“户，凡室之口曰户。”**子曰：“乱之所生也，则言语以为阶。君不密则失臣，臣不密则失身，几事不密则害成，**李鼎祚《周易集解》引虞翻曰：“几，初也。”**是以君子慎密而不出也。”**

［译文］

节卦初九爻辞说：“不走出房门内院，没有灾难。”孔子解释道：“变乱的产生往往是因言语而起的。君主言语不缜密就会失去臣下，臣下言语不缜密就会丧失生命，机密大事如不缜密就会危及事业的成功，所以君子应谨守机密而不轻易言语。”

［原文］

子曰：“作《易》者其知盗乎？《易》曰：‘负且乘，致寇至。’负也者，小人之事也。乘也者，君子之器也。小人而乘君子之器，盗思夺之矣。上慢下暴，《说文》：“慢，不威也。”**盗思伐之矣。慢藏诲盗，冶容诲淫。《易》曰：‘负且乘，致寇至。’盗之招也。”**

［译文］

孔子说：“《周易》的作者大概知道盗匪的心理吧？《周易》解卦六三的爻辞说：‘背负重物而乘坐大车，将招致匪盗的劫掠。’负重载物本是小人的事务，乘坐的车辆，是君子的器具。作为小人而乘坐君子的器具，盗匪当然会思谋夺取了。君上轻慢，臣下横暴，盗匪当然会思谋夺取了。财物不隐秘地收藏好，就是引人为盗，女人过分打扮其容貌，就是引人淫乱。《周易》上说：‘背负重荷而身乘大车，必致强寇前来夺取’，原来是说盗匪是自己招来的啊！”

［原文］

大衍之数五十，李鼎祚《周易集解》引干宝曰：“衍，合也。”**其用四十有九。分而为二以象两，挂一以象三。揲(shé)之以四以象**

四时。归奇于扐以象闰。五岁再闰，故再扐而后挂。天数五，地数五。五位相得而各有合。天数二十有（同“又”）五，地数三十。凡天地之数五十有五，此所以成变化而行鬼神也。乾之策，二百一十有六。坤之策，百四十有四。凡三百有六十，当期之日。二篇之策，万有一千五百二十，当万物之数也。

[译文]

占筮时用五十根蓍草来演算，演算时取出一茎置于侧，只用四十九茎。把这四十九根蓍草任意分为两堆象征阴阳，从分成两堆的蓍草中任取一根，竖置于两堆蓍草之间，象征天、地、人三才。以四为单位分数两堆蓍草，每堆分别余数或为一，或为二，或为三，或为四，而不超过四，象征春、夏、秋、冬四季。将第三营即两堆分别所余的蓍草数放置在别处，象征历法中将每年的余数归聚而闰。五年成一闰，所以将两组余数合起来之后再分。天数是五个奇数，地数是五个偶数。五个数相加各有一个和。天数（一、三、五、七、九）相加其和为二十五，地数（二、四、六、八、十）相加其和为三十。天数、地数的总和是五十五。这天地数的总和就形成了卦爻变化的依据。乾卦蓍数推算出总数为二百一十六策，坤卦为一百四十四策。乾坤两卦共计三百六十策，相当于一年的日数。《周易》上下两篇为六十四卦，总计一万一千五百二十策，相当于万物的数字。

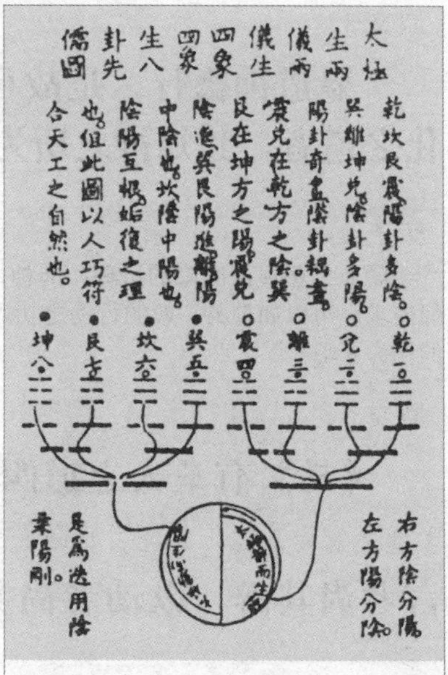

太极生两仪，两仪生四象，四象生八卦先儒图

太极生两仪，两仪生四象，四象生八卦，八卦衍生为六十四卦，天地万物化生无穷，生生不息，这是中国传统的宇宙演化模式。太极为宇宙初始的先天形态，太极生两仪，衍生出一阴爻和一阳爻，阴爻和阳爻互相叠加，得老阳、少阳、老阴、少阴四象，四象再分别与阴爻和阳爻叠加，就得到乾、坎、艮、震、巽、离、坤、兑八卦，分别代表天、水、山、雷、风、火、地、泽八类事物。

[原文]

是故四营而成《易》， 孔颖达《周易正义》：“营，谓经营。” **十有八变而成卦，八卦而小成。引而伸之，触类而长之，天下之能事毕矣。**

[译文]

所以，通过“四营”（分二、挂一、揲四、归奇）这一过程而筮得《周易》的卦形，积十八次变数即筮成一卦。而每九变出现的八卦之一则为小成之象。引而申之，顺类推求出六十四重卦，逢相应的事类则推演扩大其象征意义，天下所能够取法阐明的事理就尽在其中了。

［原文］

显道神德行，是故可与酬酢（zuò），可与佑神矣。子曰："知变化之道者，其知神之所为乎！"

［译文］

易卦能彰显出幽隐的道理，能神奇地使美德畅行，所以运用《周易》就可以应对世间的任何需求，可以如神灵一般的行助之功。孔子说："了解《周易》的变化道理的人，大概知道神灵的作为了吧！"

［原文］

《易》有圣人之道四焉：李鼎祚《周易集解》引崔憬曰："圣人德合天地，智周万物，故能用此易道。大略有四：谓尚辞、尚变、尚象、尚占也。"**以言者尚其辞，以动者尚其变，以制器者尚其象，以卜筮者尚其占。是以君子将有为也，将有行也，问焉而以言，其受命也如响，无有远近幽深，遂知来物。非天下之至精，其孰能与于此？**

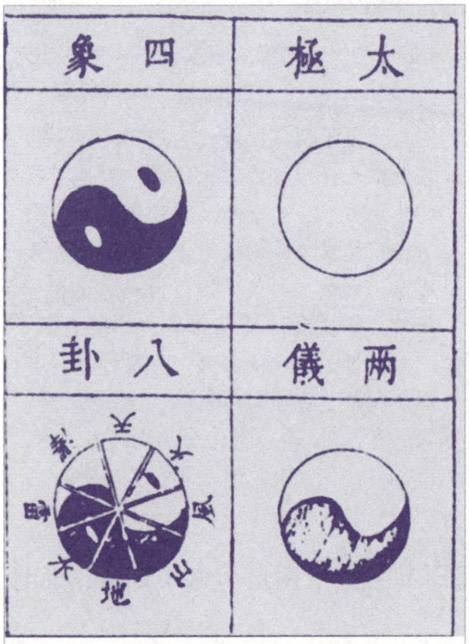

河图太极、两仪、四象、八卦

太极生两仪，两仪生四象，四象生八卦。太极已立，造化有基，清阳上升为天，浊阳下凝为地，两仪有位。太阳中不能无少阴，太阴中不能无少阳，太少共生四象。天地定位，山泽通气，雷风相薄，水火不相射，是为八卦。据传龙马交于河生幼驹，背负河图洛书以为休征。伏羲将此列为八卦，即纯阳在上而为"☰"，纯阴在下而为"☷"。因此乾上坤下，离火南而坎水北，震雷发于东，巽风敛于西，艮位西北，本为太行；兑位东南，归于大海。必三画而成卦。

［译文］

《周易》中包含有四种圣人运用的方法：言论者崇尚其文辞精义，行动者崇尚其中的变化规律，制器者崇尚其卦爻象征，卜筮者崇尚其占筮方法。所以，当君子将有所作为、有所行动的时候，就会用《周易》占问并据以行事，而《周易》受人命以报吉凶就如回音应声一样。不论远近、幽隐、深沉的事情，都能测知未来事物的变化。如果不是天下最为精深的道理，那又怎么能够做到这样呢？

［原文］

参伍以变，错综其数，李鼎祚《周易集解》引虞翻曰："逆上称错。综，理也。"**通其变，遂成天地之文。极其数，遂定天下之象。非天下之至变，其孰能与于此。《易》，无思也，无为也，寂然不动，感而遂通天下之故。非天下之至神，其孰能**

与于此？

［译文］

阴阳二爻不断相互置换变化，错综往复地推衍蓍数，通达它的变化，就能形成天地变化的文辞。究极其蓍数，就能判定天地变化的物象。如果不是天下最复杂的变化哲学，又怎么能够做到这一步呢？《周易》本身是没有思虑、自然无为、寂静不动的，根据阴阳交感相动的原理就能贯通天下的一切。如果不是天下最神妙的道理，又怎么能够如此呢？

［原文］

夫《易》，圣人之所以极深而研几（jī）也。唯深也，故能通天下之志。《说文》："志，心之所之也。"**唯几也，故能成天下之务。**《广韵》："务，事务也。"**唯神也，故不疾而速，不行而至。子曰"《易》有圣人之道四焉"者，此之谓也。**

［译文］

《周易》，圣人用它来穷极深奥的事理，研求事机的细微之处。只有穷极深奥的事理，才能沟通天下人的心志，只有研求微妙的事机，才能成就天下的事务。只有神奇地贯通易道，才能不必急速而万事速成，无须行旅而目的地自至。孔子赞叹说"《周易》中包含了四种圣人运用的方法"，就是指这一点吧？

［原文］

天一，水甲。**地二。**火乙。**天三，**木丙。**地四。**金丁。**天五，**土戊。**地六。**水巳。**天七，**火庚。**地八。**木辛。**天九，**金壬。**地十。**土癸。**子曰："夫《易》何为者也？夫《易》，开物成务，冒天下之道，如斯而已者也。"**

［译文］

天数一，地数二。天数三，地数四。天数五，地数六。天数七，地数八。天数九，地数十。孔子说："《周易》是用来做什么的呢？《周易》是用来开启物智、成就事业、包藏天下一切道理的，不过如此而已。"

［原文］

是故圣人以通天下之志，以定天下之业，以断天下之疑。是故蓍之德圆而神，卦之德方以知（zhì）（同"智"），六爻之义易以贡。圣人以此洗心，退藏于密，吉凶与民同患。神以知来，知以藏往，李鼎祚《周易集解》引虞翻曰："乾神知来，坤知藏往。来谓出见，往谓藏密也。"**其孰能与于此哉？古之聪明睿知（同**

“智”），神武而不杀者夫。是以明于天之道，而察于民之故，是兴神物以前民用。圣人以此齐戒，以神明其德夫。

[译文]

所以圣人用它来沟通天下人的心志，以奠定天下的事业，决断天下的疑难。所以蓍数的性质圆通而神奇，卦体的性质方正而睿智，六爻的意义则以变易来告知吉凶。圣人以此来洗涤修炼其心，引退深藏于隐秘之处，与百姓一样忧患于吉凶之事。神妙而能推知未来的情况，智慧足以包藏既往的知识。一般人又怎么能做到这样呢？只有古代聪明智慧、神武而不嗜杀人的伟人才能如此吧！因为他明白天的道理，而且察知百姓的事状，才制作了神奇的蓍占之物给百姓在行事之前做判断未来趋吉避凶之用。圣人以此来约束身心，从而神妙地彰显他的德业。

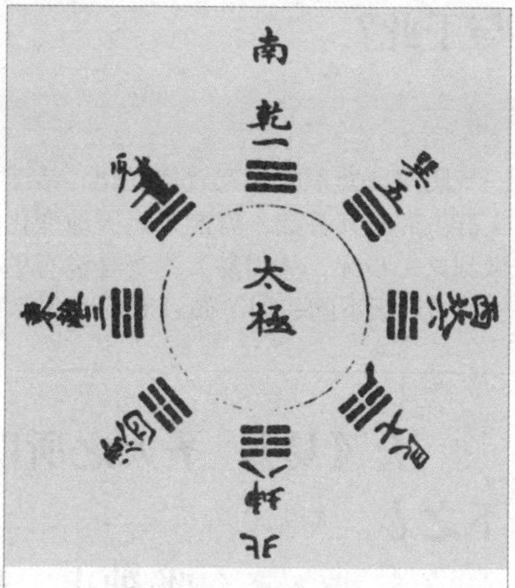

伏羲八卦方位图

天地定位，山泽通气，雷风相薄，水火相射，八卦相错。知来者为逆，数往者为顺。乾南坤北方，离东坎西方，震东北方，兑东南方，艮西北方，巽西南方。自巽到坤为逆，自震到乾为顺。六十四卦方位即依据于此。

[原文]

是故阖户谓之坤，李鼎祚《周易集解》引虞翻曰：“阖，闭翕也。谓从巽之坤，坤柔象夜，故以闭户者也。”**辟户谓之乾，一阖一辟谓之变，**李鼎祚《周易集解》引虞翻曰：“阳变阖阴，阴变辟阳，刚柔相推，而生变化也。”**往来不穷谓之通。见乃谓之象，形乃谓之器，制而用之谓之法。利用出入，民咸用之谓之神。**

[译文]

所以《周易》体现了阴阳变化生息的道理，例如关闭门户幽静阴暗叫作坤，打开门户舒畅光明叫作乾，一开一关叫作变化，来来往往没有穷尽叫作通，变化的结果显现出来就叫作象，变化成为有形之体就叫作“器”，从有形之器物裁制出供人使用的抽象道理就叫作“法”，器物发挥其作用并被反复利用，百姓无不使用它而全然不知，就叫作“神”。

[原文]

是故《易》有太极，是生两仪，两仪生四象，李鼎祚《周易集解》引虞翻曰：“四象，四时也。两仪，谓乾坤也。”**四象生八卦，八卦定吉凶，吉凶生大业。**

[译文]

所以，《周易》创作之先有太极，太极变而产生天地阴阳即所谓的两仪，两仪变而产生象征四时的老阳、老阴、少阳、少阴四象，四象变化而产生天地水火风雷山泽的八卦，八卦变化推衍而可判定吉凶，判定吉凶而能成就伟大的事业。

[原文]

是故法象莫大乎天地，《韵会》："莫，无也。"**变通莫大乎四时，**《礼记·孔子闲居》："天有四时，春秋冬夏。"**县（见"悬"）象著明莫大乎日月，崇高莫大乎富贵。备物致用，立功成器以为天下利，莫大乎圣人。探赜索隐，钩深致远，以定天下之吉凶，成天下之亹亹者，**徐子宏《周易全译》：亹，奋勉前进。**莫大乎蓍龟。**

[译文]

所以能够取法的现象没有比天和地更大的了，能够变化会通的没有比四季更大的了，能高悬物象显示光明的没有比日月更大的了，尊崇高尚没有比富贵更大的了。备置物器供人使用，制成器具以利天下的，没有比圣人更伟大的了。探求繁杂的物象，索求幽隐的事理，钩求深远的法则，获致远大的成就，断定天下的吉凶，成就天下勤勉的事业的，没有比占筮之蓍草和龟甲更伟大的了。

[原文]

是故天生神物，圣人则之。天地变化，圣人效之。天垂象，见（见"现"）吉凶，圣人象之。河出图，《说文》："图，画计难也。"**洛出书，圣人则之。《易》有四象，所以示也。系辞焉，所以告也。**李鼎祚《周易集解》引虞翻曰："谓系《彖》、《象》之辞，八卦以象告也。"**定之以吉凶，所以断也。**

[译文]

所以天生出神奇的蓍草和灵龟，圣人用它们来建立占筮的法则；天地产生各种变化，圣人便效法其建立《周易》的变化哲学；天上显示日月星辰风霜雨雪等现象，预示吉凶，圣人便取法其象定出吉凶悔吝之辞。黄河出现龙图，洛水出现龟书，圣人取法它，从而创制了八卦，制订了九畴。《周易》有四象，是用来指示变动征兆的。在卦体之下撰系的文辞是用来告诉人们取象之意的。在言辞中又定出何为吉、何为凶，是用来裁断疑难、告知行事得失的。

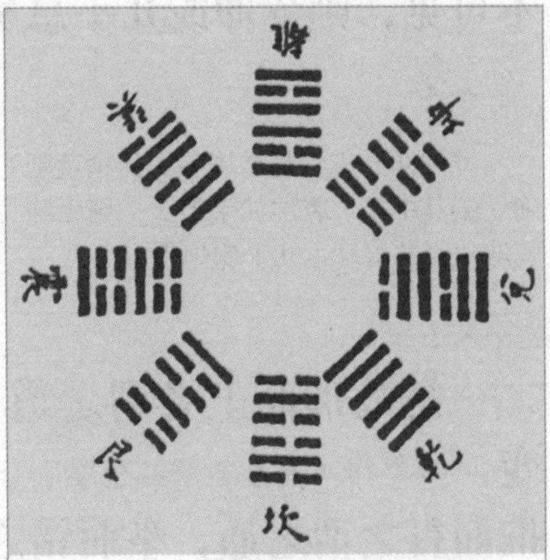

文王八卦图

震为东方，巽为东南方，离为南方，坤西南方，兑西方，乾西北方，坎北方，艮东北方。

[原文]

《易》曰："自天佑之，吉无不利。"子曰："佑者，助也，李鼎祚《周易集解》引虞翻曰："大有兑为口，口助称右。”**天之所助者，顺也；人之所助者，信也。履信思乎顺，又以尚贤也。是以‘自天佑之，吉无不利’也。”**

[译文]

《周易》说：“有来自上天的保佑，就会吉祥而无不顺利。”孔子说：“佑，就是帮助的意思。天所帮助的，必定是合适的人；人所帮助的，必定是忠信者。履行诚信，考虑到顺应天道，再加上尊重贤人，因此上天就会保佑他，使之处处吉祥而无不顺利。”

[原文]

子曰：“书不尽言，言不尽意。”然则圣人之意，其不可见乎？子曰：“圣人立象以尽意，设卦以尽情伪，系辞焉以尽其言，变而通之以尽利，鼓之舞之以尽神。”

[译文]

孔子说：“书面的文字不能完全表达作者想要讲的话，言语不能完全表达人们的思想。”那么，圣人的思想就不能被了解了吗？孔子说：“圣人创设卦象来曲尽其思想，设置六十四卦以竭尽自然万物的情态，又在卦下撰系文辞以尽情表达其言语，又使其变化会通以尽情布施其便利，鼓动之，激扬之，以尽情发挥神奇的作用。”

[原文]

乾坤，其《易》之缊（yùn）邪（yé）？ 《经词衍释》：“其，犹乃也。”**乾坤成列，而《易》立乎其中矣。** 李鼎祚《周易集解》引侯果曰：“缊，渊隩也。六子因之而生，故云‘立乎其中矣’。”**乾坤毁，则无以见《易》。《易》不可见，则乾坤或几乎息矣。**

[译文]

乾坤两卦应当是《周易》的精蕴吧？乾坤两卦创设形成而为并列之卦，《周易》的道理也就确立于其中了。乾坤如果毁灭，则无法见到阴阳矛盾对立的《易经》了，《易经》不能出现，则乾坤化育的道理也几乎要熄灭了。

[原文]

是故形而上者谓之道，形而下者谓之器，化而裁之谓之变， 李鼎祚《周易集解》引翟玄曰：“化变刚柔而财（裁）之，故‘谓之变’也。”**推而行之谓之通，举而错之天下之民，谓之事业。**

[译文]

所以抽象的超出形体之上的精神因素叫作“道”，在形体之下而又有具体形象可见的称作“器”，道、器作用变化而裁制以致用的就叫作“变”，顺着变化推广而能运行的，叫作“通”，取此变通之理而施之于天下百姓的就叫作“事业”。

[原文]

是故夫象，《经词衍释》：“夫，犹若也。”**圣人有以见天下之赜，而拟诸其形容，象其物宜，是故谓之象。圣人有以见天下之动，而观其会通，以行其典礼，系辞焉，以断其吉凶，是故谓之爻。**李鼎祚《周易集解》引崔憬曰：“言文王见天下之动，所以系象而为其辞，谓之为爻。”**极天下之赜者存乎卦，鼓天下之动者存乎辞。化而裁之存乎变，推而行之存乎通，**李鼎祚《周易集解》引崔憬曰：“言易道陈阴阳变化之事而裁成之，存乎其变。推理达本而行之，在乎其通。”**神而明之存乎其人。默而成之，不言而信，存乎德行。**

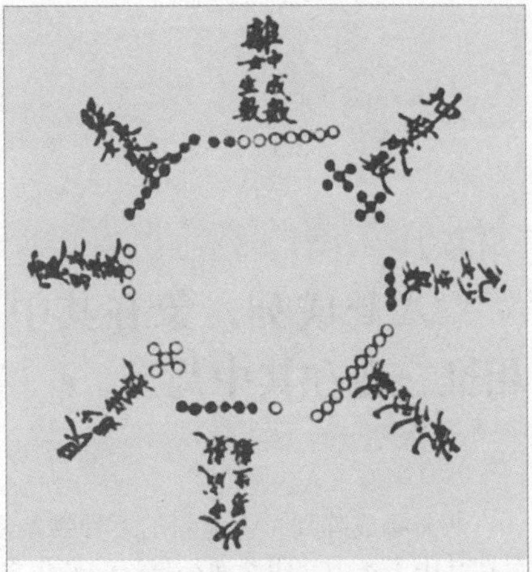

洛书序乾父坤母六子图

《洛书》为方，乾与震、坎、艮三男居于东北，坤与巽、离、兑三女居于西南，分居左右，男女有别。《河图》置乾父与震、坎、艮三男于成数之九、八、七、六，置坤母与巽、离、兑三女生数之一、二、三、四。

[译文]

所以说象是圣人发现天下万事万物的繁杂现象而将之比拟为具体的形态，用来象征特定事物的适当合意，因此称之为“象”。圣人看到天下万事万物的运动变化，观察其中会合贯通的地方，归纳出经常推行的法则规范，并撰系文辞于六十四卦三百八十四爻之下以论断吉凶，所以称作“爻”。极尽天下繁杂的物象在于卦形的演化，鼓舞天下行动作为的在于卦爻辞中的精义，促使万物作用变化而裁制以致用的在于变动，顺着变化推广而能运行的在于会通，使易道神奇而显明的则在于人的运用。默默潜修而有所成就，不行之以言辞而能取信于天下的，则在于保存了深厚的德行。

系辞下传

［原文］

八卦成列，象在其中矣。因而重之，爻在其中矣。刚柔相推，变在其中焉。

［译文］

八卦排成阵列，天地间的万种物象便尽在其中了；八卦重叠成六十四卦，三百八十四爻便尽在其中了；阳爻阴爻递相推移，变化之理便尽在其中了。

［原文］

系辞焉而命之，动在其中矣。吉凶悔吝者，生乎动者也。刚柔者，立本者也。变通者，趣(qū)时者也。《释文》："趣，本又作趋。"**吉凶者，贞胜者也。天地之道，贞观者也。日月之道，贞明者也。天下之动，贞夫一者也。**

［译文］

在卦爻下撰系文辞指明吉凶，适时行动的道理便尽在其中了。"吉、凶、悔、吝"的产生是由于变化行动的结果。阳刚、阴柔两爻是确立一卦的根本。变化会通是顺应一切活动的适当时机。人事吉凶的规律，说明坚守正道就能获胜。天地自然的规律，表明守正就能向人们显示出来。日月运行的规律，表明守正就能光明普照。天下的一切变动，说明了万物归于端正专一之道。

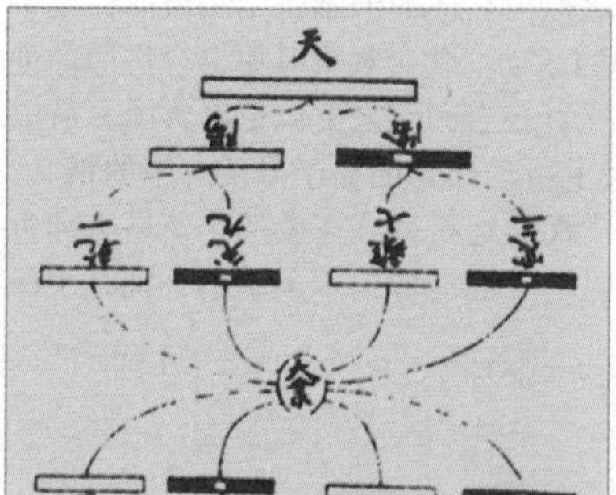

八卦成列图

八卦，即乾、兑、离、震、巽、坎、艮、坤，与八卦相对应的八种物象，分别是天、泽、火、雷、风、水、山、地。古人说："八卦成列，象在其中"，是说八卦分别代表着上述八类物象。

［原文］

夫乾确然，示人易矣。《广韵》："确，坚也。"**夫坤隤然，示人简矣。爻也者，效此者也。象也者，像此者也。爻象动乎内，吉凶见乎外，**李鼎祚《周易集解》引虞翻曰："内初。外，上也。阳象动内，则吉见外，阴爻动内，则凶见外也。"**功业见乎变，圣人之情见乎辞。**

[译文]

乾是以其刚健平易示人，坤是以其柔顺简易示人。爻就是效法天地简易的理法而作的，象是模仿天地的情态而设置的。爻和象在卦内的变动运作，吉和凶就在卦外体现了出来；功德事业通过变动而体现，圣人的思想情感就在卦爻下的文辞中体现。

[原文]

天地之大德曰生，《玉篇》："德，惠也。"**圣人之大宝曰位，**《说文》："宝，珍也。"**何以守位曰仁，何以聚人曰财。理财正辞，禁民为非曰义。**

[译文]

天地最伟大的德行，是使万物生生不息；圣人最大的宝物，在于享有崇高的地位。如何守住盛位？用"仁爱"；如何招聚众人？用"财物"。管理财物，端正言行，禁止百姓为非作歹，就是"道义"。

[原文]

古者包牺氏之王天下也，李鼎祚《周易集解》引虞翻曰："包牺，太昊氏，以木德王天下。"**仰则观象于天，俯则观法于地，观鸟兽之文与地之宜，近取诸身，远取诸物，于是始作八卦，以通神明之德，以类万物之情。**

[译文]

远古时伏羲氏治理天下，他仰头观察天上的现象，低头察视大地的形态，观察鸟兽身上的纹理和适宜于地上生长的种种植物，从近处取法人体的形象，从远处援取万物的形象，于是才创制了八卦，用来融会贯通神明的德性，以分类比拟万物的情状。

[原文]

作结绳而为罔罟(gǔ)，以佃(tián)以渔，盖取诸离。李鼎祚《周易集解》引虞翻曰："离为目，巽为绳。目之重者唯罟，故结绳为罟。坤二五之乾成离。巽为鱼。坤二称田，以罟取兽曰田。故'取诸离'也。"**包牺氏没(mò)，神农氏作；斫(sì)木为耜，揉木为耒(lěi)，耒耨(nòu)之利，以教天下；盖取诸益。日中为市，致天下之民，聚天下之货，交易而退，各得其所，盖取诸噬嗑。**

[译文]

伏羲氏编结绳索制成罗网，用来猎兽捕鱼，大概这是取法了离卦的卦象吧。伏羲氏死后，神农氏继起。他砍削树木做成犁头，揉弯大棒制成犁柄，将犁具除草、耕耘的便利，教给天下百姓，这大概是取法了益卦的卦象吧。他规定中午为集市交易时间，招致天下的人们，聚集天下的财货，互相交换贸易，然后各自散归，各人都得到自己所需要的物品，这大概是取法了噬嗑的卦象吧。

[原文]

神农氏没（mò），黄帝、尧、舜氏作。通其变，使民不倦，神而化之，使民宜之。《说文》："宜，所安也。"**《易》，穷则变，变则通，通则久。是以自天佑之，吉无不利。黄帝、尧、舜垂衣裳而天下治，盖取诸乾坤。**

[译文]

神农氏死后，黄帝、尧、舜相继而起。他们会通改变前代的文物制度，使百姓进取不懈，而且神奇地改变人们于不自觉之中，使百姓逐渐适宜。《周易》的道理是穷极之时就要变化，变化就能通达，通达就能够保持长久。他们能遵循这一变通原理，所以能够"从上天获得保佑，吉祥而无所不利"。黄帝、尧、舜改进服制，让人们穿着长垂的衣裳而天下大治，这大概是取法于乾、坤两卦的卦象吧。

[原文]

刳（kū）木为舟，剡（yǎn）木为楫；舟楫之利，以济不通。致远以利天下；盖取诸涣。服牛乘马，引重致远，以利天下，盖取诸随。重门击柝（tuò），以待暴客，盖取诸豫。断木为杵，掘地为臼；臼杵之利，万民以济；盖取诸小过。弦木为弧，剡木为矢，《说文》："剡，锐利也。"**弧矢之利，以威天下；盖取诸睽。**

[译文]

他们将树木凿空做成舟船，砍削木头制成桨楫。舟船桨楫的便利在于济渡江河，达至远方，从而便利天下的人们，这大概是取法了涣卦的卦象吧。他们御牛乘马，拖载重物，直达远方，从而便利天下的人们，这大概是取法于随卦的卦象吧。他们设置多重屋门并敲击木梆巡夜，以防备盗贼侵入，这大概是取法于豫卦的卦象吧。他们砍断木头制成捣杵，挖掘石块用作捣臼，杵、臼的便利使万民可以得其便利，这大概是取法于小过卦的卦象吧。他们在弯曲的木条上套系弦绳做成弓，砍削木棍做成箭，弓箭的好处是可以用来威慑天下，这大概是取法于睽卦的卦象吧。

[原文]

上古穴居而野处，后世圣人易之以宫室；《说文》："宫，室也。"**上栋下宇，**郭璞注："栋，屋脊也。"**以待风雨；盖取诸大壮。古之葬者，厚衣之以薪，葬之中野，不封不树，丧期无数；后世圣人易之以棺椁（guǒ）；盖取诸大过。上古结绳而治，后世圣**

人易之以书契；百官以治，万民以察；盖取诸夬。

[译文]

远古的时候，人们居住在洞穴中，露宿在野外，后世圣人建筑房屋居住而改变了那种状况，上有栋梁，下有檐宇，用来防御风雨，这大概是取法于大壮卦的卦象吧。古时候的丧葬，只用木柴厚厚地裹覆尸体，埋在荒野里，不建造坟墓，也不种植树木，服丧也没有一定的期限，后代圣人发明棺椁而改变了以往的习俗，这大概是取法于大过卦的卦象吧。远古的时候，人们结绳记事，处理事务，后代圣人发明书写文字而改变了过去的结绳方式，百官用它处理事务，万民用它查考琐事，这大概是取法于夬卦的卦象吧。

[原文]

是故易者，象也。李鼎祚《周易集解》引虞翻曰："易谓日月，在天成八卦象，县象著明，莫大日月是也。"**象也者，像也。**李鼎祚《周易集解》引崔憬曰："上明取象以制器之义，故以此重释于象。言易者象于万物。象者，形象之象也。"**彖者，材也。**李鼎祚《周易集解》引虞翻曰："彖说三才，则三分天象。以为三才，谓天地人之道也。"**爻也者效天下之动者也。是故吉凶生而悔吝著也。阳卦多阴，阴卦多阳，其故何也？阳卦奇，阴卦耦，其德行何也？阳一君而二民，君子之道也。阴二君而一民，小人之道也。**

[译文]

所以《周易》这本书的内蕴就是卦象。所谓卦象，就是模拟万事万物的形象以喻义。彖辞是解释全卦的意义和结构。六爻是效法天下错综复杂的变动。因此，事物的变动得失产生了吉凶，也使悔恨羞吝显现了出来。八卦的阳卦中阴爻居多，而阴卦中阳爻居多。这是为什么呢？因为阳卦中奇数的阳爻是主体，而阴卦中偶数的阴爻是主体。它们各自说明了什么德行呢？阳卦象征一个君王和两个百姓，即少数统治者统治众多的百姓，这是君子的原则。阴卦象征两个君王和一个百姓，即少数百姓受多数统治者的统治，这是小人的原则。

[原文]

《易》曰："憧憧往来，朋从尔思。"子曰："天下何思何虑？李鼎祚《周易集解》引虞翻曰："易无思也。既济定，六位得正，故'何思何虑'。"**天下同归而殊途，一致而百虑。天下何思何虑？日往则月来，月往则日来，日月相推而明生焉。寒往则暑来，暑往则寒来，寒暑相推而岁成焉。往者屈也，来者信（shēn）（同"伸"）也，屈信相感而利生焉。尺蠖（huò）之屈，以求信（同"伸"）也。**李鼎祚《周易集解》引荀爽曰："以喻阴阳气屈以求信也。"**龙蛇之蛰（zhé），以存**

身也。精义入神，以致用也。利用安身，以崇德也。过此以往，未之或知也。穷神知化，德之盛也。”

[译文]

《周易》咸卦九四爻辞说：“来来往往心神恍惚，朋友们最终将顺从你的想法。”孔子解释说：“天下的事物有什么可思虑和忧虑的呢？天下万物从不同的道路走归同一个目标，使千百种思虑统归于一种观念。天下的事物有什么可思虑和忧虑的呢？太阳走了，月亮便出来，月亮走了，太阳便升起，太阳和月亮交替推移而产生了光明。寒冬过去，就有暑夏前来，暑夏过了，寒冬又复归，寒暑交替推移而形成年岁。所谓‘往’，只是暂时的退缩，‘来’，即是一时的伸展，退缩和伸展交互感应便产生了利益。尺蠖将身体弯曲收缩，是为了求得伸展。龙蛇冬眠，是为了保全生命。精研义理，达到神而化之的境界，是为了尽致其用。利用所学安处其身，是为了崇尚品德。超过这种境界再往前发展，大概是没人能够知晓的了。至于穷究神妙的奥理，通晓万物的变化，就是道德的最高境界。”

[原文]

《易》曰：“困于石，据于蒺藜。入于其宫，不见其妻，凶。”子曰：“非所困而困焉，名必辱。非所据而据焉，身必危。既辱且危，死期将至，妻其可得见邪？”

[译文]

《周易》困卦六三的爻辞说：“被巨石困住，而背后是多刺的蒺藜。回到家中，看不到自己的妻子，有凶险。”孔子解释说：“困穷于不妥当的处所，其名声必然遭受损辱。凭借不可凭借的事物，其自身必然遭陷危险。陷入这种既遭损辱又临危险的状况，死期即将来临，哪里还能见到妻子呢？”

[原文]

《易》曰：“公用射隼于高墉之上，获之，无不利。”子曰：“隼者，禽也。李鼎祚《周易集解》引虞翻曰：“离为隼，故称‘禽’。言其行野容，如禽兽焉。”**弓矢者，器也。射之者，人也。君子藏器于身，待时而动，何不利之有。动而不括(kuò)，是以出而有获，语成器而动者也。”**

[译文]

《周易》解卦上六的爻辞说：“王公射杀高墙上的恶隼，一举射获了它，没有什么不利。”孔子解释说：“恶隼是飞禽，弓箭是武器，射杀恶隼的是人。君子将利器藏在身上，等待有利时机而行动，哪会有什么不利呢？果断行动毫不迟疑，所以外出必有收获。这说明先应具备完备的武器而后再有所行动。”

[原文]

子曰：“小人不耻不仁，不畏不义，李鼎祚《周易集解》引虞翻曰："谓否也。以坤灭乾，为不仁不义。坤为耻，为义。乾为仁，为畏者也。"**不见利不劝，不威不惩。小惩而大诫，此小人之福也。"《易》曰："屦校灭趾，无咎。"此之谓也。善不积不足以成名，恶不积不足以灭身。小人以小善为无益而弗为也，**李鼎祚《周易集解》引虞翻曰："小善谓复初。"**以小恶为无伤而弗去也，**李鼎祚《周易集解》引虞翻曰："小恶谓姤初。"**故恶积而不可掩，罪大而不可解。《易》曰："何校灭耳，凶。"**

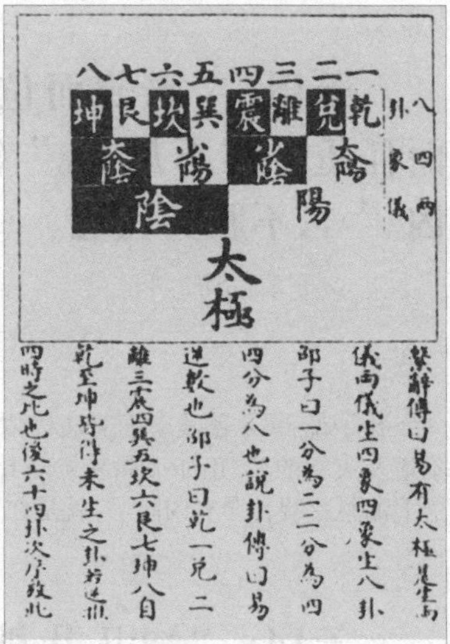

伏羲八卦次序图

此图据传是根据伏羲八卦所绘，又称为"先天八卦次序图"，是用来解释《周易·系辞上传》的"《易》有太极，是生两仪，两仪生四象，四象生八卦"。此图以黑白横格组成，黑为阴，白为阳。按照八卦的次序，奇数为阳卦，偶数为阴卦。乾一兑二，离三震四，巽五坎六，艮七坤八。所以，乾、兑、离、震为阳卦，巽、坎、艮、坤为阴卦。

[译文]

孔子说道："小人不知羞耻，不明仁德，不畏正理，不行道义，不看见利益就不愿勤勉向上，不受到威胁就不会戒惧。小的过失给予惩罚就会大为戒慎，这是小人的福气。"《周易》噬嗑卦初九的爻辞说："脚上套上刑具而遮盖了脚趾，无灾咎。"就是说的这个道理。善行不累积就不足以成就美名，罪恶不累积也不足以自灭其身。小人把小善看成是不会获益的事而不屑于施行，把小恶看成是无伤大体的事而不除去，因此恶行积累满盈而无法掩盖，罪恶大到无法解救的地步。所以《周易》噬嗑卦上九的爻辞说："担负的刑具遮盖了耳朵，有凶险。"就是这个意思。

[原文]

子曰："危者，安其位者也。李鼎祚《周易集解》引崔憬曰："言有危之虑，则能安其位不失也。"**亡者，保其存者也。乱者，有其治者也。是故君子安而不忘危，**李鼎祚《周易集解》引虞翻曰："君子，大人。"**存而不忘亡，治而不忘乱。是以身安而国家可保也。"《易》曰："其亡其亡，系于苞桑。"**

[译文]

孔子说："凡是遭遇危险的，都是曾经贪图安逸于他所居处的位置的。凡是灭亡的，都是曾经自以为可长久统治的。凡是混乱的，都是曾经自以为整治良好的。所以君子居安而不忘危险，生存而不忘灭亡，整治而不忘混乱，这样自身才能安全，国家才能保全。"正如《周易》否卦九五爻辞所说："危险啊，危险，时刻警惕仍然存在的危险，这样才能像丛生的桑树一样坚固安全。"

[原文]

子曰："德薄而位尊，知（同"智"）小而谋大，力少而任重，鲜不及矣。"《易》曰："鼎折足，覆公餗，其形渥，凶。"言不胜其任也。 孔颖达《周易正义》："言不能安身，智小谋大，而遇祸也。故引鼎九四以证之矣。"

[译文]

孔子说："才德浅薄而身居尊位，智慧浅陋而图谋大事，力量微小却担当重任，这样很少有不遭及灾祸的。"正如《周易》鼎卦九四的爻辞说："鼎器折断其脚，王公的美食全被翻倒，鼎器上油腻龌龊，会有凶险。"就是在说力不足以胜任的情状。

[原文]

子曰："知几其神乎。君子上交不谄，下交不渎，其知几乎。几者，动之微，吉之先见（见"现"）者也。君子见几而作，不俟终日。"《易》曰："介于石，不终日，贞吉。"介如石焉，宁用终日，断可识矣。君子知微知彰，知柔知刚，万夫之望。

[译文]

孔子说："能预先知晓事机的微妙可算得上是达到神妙的境界了吧？君子与上交往不谄媚阿谀，与下交往不傲慢，可以说是预知事机的微妙了吧！微妙的事机，是事物变动的细小征兆，是吉凶结局的预先显现。君子发现微妙的事机就迅速行动，不会整天迟疑等待。所以《周易》豫卦六二的爻辞说："被夹在石缝中，这种情况没有持续一整天，坚守正道可获吉祥。"像岩石一样坚定不移，为什么还等了一天呢？当时就能断然知晓。君子知道微隐的事机，也知道彰显的事状，知道阴柔的功益，也知道阳刚的功益，这是万众所景仰的人物。

[原文]

子曰："颜氏之子，其殆庶几乎。有不善未尝不知，知之未尝复行也。" 李鼎祚《周易集解》引虞翻曰："谓颜回不迁怒，不贰过。克己复理，天下归仁。"**《易》曰："不远复，无祇悔，元吉。"天地絪缊，万物化醇；男女构精，万物化生。《易》曰：'三人行，则损一人。一人行，则得其友。"言致一也。**

[译文]

孔子说："颜回这个年轻弟子，他算是接近完美了吧？稍有过失，没有他不知道的，一经发觉，就不会再犯。"《周易》复卦初九的爻辞说："行之不远即回复正道，不会有灾患、悔恨，至为吉祥。"这是说君子的言行当一致。天地二气缠绵交密，万物化生而醇厚。雌雄交合其精，万物化育生成。所以《周易》损卦六三的爻辞说："三个人同行，则有一个人离去，一个人独自行旅，则可以得到朋友。”这是说天下事理必须专心一致。

[原文]

子曰：“君子安其身而后动，易其心而后语，定其交而后求。君子修此三者，故全也。危以动，则民不与也。惧以语，则民不应也。无交而求，则民不与也。莫之与，则伤之者至矣。”易曰：“莫益之，或击之，立心勿恒，凶。”

[译文]

孔子说：“君子必须先使自身安定，然后才可以有所作为。必须先使自己心平气和，然后才发表言论。必须先确定其交往对象，然后才对人有所要求。君子能修养这三项品德，就可以得到保全。自身陷入危险而急于行动，民众不会拥护。内心疑惧而发表言论，民众就不会响应。没有交往而对人有所要求，民众不会给予帮助。如无人赞助给予，那伤害你的人就会到来。”所以《周易》益卦上九的爻辞说：“没有人增益援助，有人攻击，不能长久恒守立下的心志，会有凶险。”

[原文]

子曰：“乾坤，其《易》之门邪。”乾，阳物也，坤，阴物也。阴阳合德，而刚柔有体。以体天地之撰，《增韵》：“撰，造也。”**以通神明之德。其称名也，杂而不越。于稽其类，**《正韵》：“稽，考也。”**其衰世之意邪？”**

[译文]

孔子说：“乾坤两卦，应该是《周易》的门户吧？”乾是阳性的物象，坤是阴性的物象。阴阳的德性相与配合，由此产生各卦阴阳交错的形体，可以用来体察天地间的一切变化，用来通达神奇光明的德行。《易经》中各卦都有其卦名，对这些卦名的称呼看来各有不同，颇为繁杂，但并未超出上述的这些范围。如果要去考察这些卦名所象征的事物属于哪些方面，大概是处于衰败时期的殷末的情况吧。

[原文]

夫《易》，章往而察来，而微显阐幽，开而当名，辨物李鼎祚《周易集解》引虞翻曰：“神以知来，知以藏往。微者显之，谓从复成乾，是察来也。阐者幽之，谓从姤之坤，是章往也。阳息出初，故‘开而当名’。”**正言，断辞则备矣。其称名也小，其取类也大。其旨远，其辞文。其言曲而中，其事肆而隐。因贰以济民行，以明失得之报。**

[译文]

《周易》啊，彰显以往的历史而预察未来，把微妙的道理显露出来并阐明它的幽秘精华。排开易卦而取适当的名称，辨别物象而陈述正确的《卦辞》《爻辞》，可供易理判断的卦辞就完备了。易卦的名称虽小，但所取的类别很大。各卦的意旨深远，它的《卦辞》也很文雅。《爻辞》曲折而中肯，所要喻指预测的事情多而且很隐蔽。它靠乾坤贰德来普济人民的修养行事，以明白天下积善行恶所得所失的报应。

[原文]

《易》之兴也，其于中古乎？作《易》者，其有忧患乎？

[译文]

《周易》的兴起，大概是在中古殷代的末期吧？《周易》的作者，大概是心怀忧患吧？

[原文]

是故履德之基也，扬雄《方言》："基，据也。"**谦德之柄也，**《集韵》："柄，持也。"**复德之本也，恒德之固也，损德之修也，益德之裕也，困德之辨也，井德之地也，巽德之制也。履和而至，谦尊而光，复小而辨于物，恒杂(zá)而不厌，损先难而后易，益长裕而不设，困穷而通，井居其所而迁，巽称而隐。履以和行，谦以制礼，**李鼎祚《周易集解》引干宝曰："谦，所以持礼者也。"**复以自知，恒以一德，损以远害，益以兴利，困以寡怨，井以辨义，巽以行权。**

[译文]

所以履卦是建立德业的基础，谦卦是施行德行的枢纽，复卦是道德的根本，恒卦是巩固道德的前提，损卦是修养道德的途径，益卦是扩充道德的方法，困卦是检验道德的准绳，井卦是居守道德的处所，巽卦是展示道德的制约。履卦是使人和顺小心而达到极致，谦卦是教人谦虚待人从而使德业尊贵光明，复卦是教人于微小处分辨善恶，恒卦是教人于复杂环境中恒守正固而不生厌倦，损卦是教人受惩忿窒欲之难而后才能行事获功之易，益卦是教人增长德行并使之日益充裕而不虚假造作，困卦是教人在困境中磨炼身心以求得亨通，井卦是教人安于所居而施惠于他人，巽卦是教人巽顺入理而因势利导，隐而不露。履卦的道理可以用来和顺行事；谦卦的道理可以用来控制礼节；复卦是教人反求诸己，复归本性；恒卦是教人始终如一，贯彻德行；损卦是教人克制，减损欲望，远离灾害；益卦是教人益人益己，增兴福利；困卦是教人艰苦奋斗，不怨天尤人；井卦是教人辨识义理的来源；巽卦是教人顺合时宜，行使权力。

[原文]

《易》之为书也不可远。为道也屡迁，变动不居。周流六虚，上下无常，刚柔相易，不可为典要，唯变所适。其出人以度外内，使知惧，又明于忧患与故。无有师保，如临父母。

初率其辞而揆(kuí)其方。《尔雅·释言》："揆，度也。"**既有典常，苟非其人，道不虚行。**

[译文]

《周易》这本书，不可远离它而胡作非为。易道也曾屡屡迁移，变化运动从未停止。它周转轮流于六个虚爻之间，上下移动，变化无常，刚柔六爻互相变易，不可作为僵化的经典要籍，唯有因时变化才能适应实际需要。易理的变化出入，用以测度外界和内心，使人既知道有所警惧，又能明白忧患与变故。它使人虽没有师长的保护，却如同在父母的身边一样。初学时就必须认真遵循《周易》的卦辞，仔细揣度它的方法、原则。既然有了完备的经典，就不能学非其人，易道是绝不会虚行一场的。

[原文]

《易》之为书也，原始要(yāo)终，以为质也。《玉篇》："质，主也。"**六爻之相杂，唯其时物也。其初难知，其上易知，本末也。初辞拟之，卒成之终。**《尔雅·释诂》："卒，尽也。"**若夫杂物撰德，辨是与非，则非其中爻不备。噫！亦要存亡吉凶，则居可知矣。知(zhì)（同"智"）者观其彖辞，则思过半矣。**

[译文]

《周易》这本书，是追索事物的初始终结，从而探知矛盾运动的本质。六爻交相混杂而预示吉凶，唯一的原因是它的时境与物象间的关系。它的初爻推断是难以确知的，而上爻的结果则比较容易知道，这就是事物本末的关系。初爻的卦辞拟定后，上爻的卦辞就可确定事物的结局。如果某卦杂取各类事物来撰写易德，而又要想辨明它的是与非的时候，那就只有它的中爻之义才是最完备的。噫！如果要想知道事情发展的存亡吉凶，那只要把握易德就可以了。聪明睿智的人只要细观审察各卦的《彖传》词句，就可以懂得它的多半含义了。

[原文]

二与四同功而异位，其善不同，二多誉，四多惧，近也。柔之为道，不利远者。其要无咎，其用柔中也。三与五同功而异位，三多凶，五多功，贵贱之等也。其柔危，其刚胜邪？

[译文]

二爻与四爻的事功相同而地位不同，是因为它们所表现的善德行为不同：二爻往往多有美誉，四爻往往多含惊惧，这是它靠近卦主九五和六五的缘故。柔弱者的运行规律，是不利于远离阳刚者的，所以阴爻的要点是不要有过错，它的功用以柔和适中为好。三爻与五爻事功相同而地位不同：三爻往往多言凶险，五爻往往多论功劳，这是由两爻的贵贱等级所决定的。一般而言大都是柔弱的危险，刚强的胜出吧？

[原文]

《易》之为书也，广大悉备。有天道焉，有人道焉，有地

道焉。兼三材而两之，故六。六者非它也，三才之道也。《说文》："材，木梃也。"**道有变动，故曰爻。爻有等，故曰物。物相杂，故曰文。文不当，故吉凶生焉。**

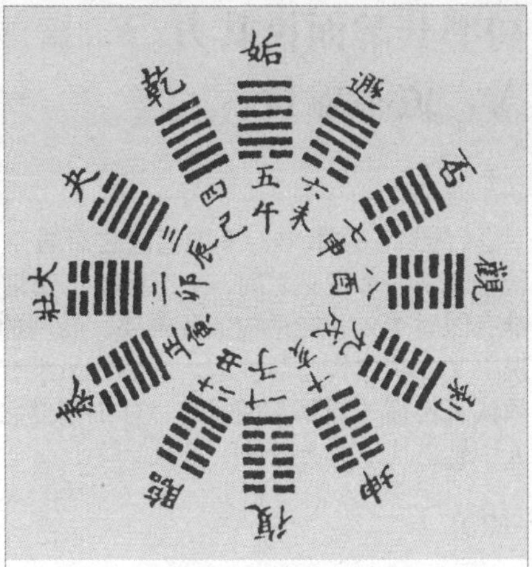

十二卦月分图

乾、姤、遁、否、观、剥、坤、复、临、泰、大壮、夬，分别依次代表一年中从四月开始到次年三月的十二个月。又分别代表十二地支中的巳、午、未、申、酉、戌、亥、子、丑、寅、卯、辰。阴阳消息往复无穷。

［译文］

《易》这本书，内容广博宏大而无所不备：其中含有天道规律、地道法则、人道准则。它兼有天地人"三才"而两卦重叠，所以有六爻。六爻的含义没有其他，只是代表天地人"三才"的规律。规律会有变动，所以叫作"爻"；"爻"有等级差别，所以叫作物象；物象互相混杂，所以叫作易德文理；易德文理有时不恰当，故此吉祥凶险时有发生。

［原文］

《易》之兴也，其当殷之末世、周之盛德邪？当文王与纣之事邪？是故其辞危。危者使平，易者使倾。其道甚大，百物不废。惧以终始，其要无咎。此之谓《易》之道也。

［译文］

《易》书的兴起，是正当殷朝德衰的末世、周朝盛德光大而崛起的时期吧？它描述的是当时周文王与商纣王之间的事情吧？所以它的爻辞具有危机感。什么是易理？能够使危难深重者平安，使离道改易者倾覆。道理内涵非常深广，万事万物都不偏废。对其发展自始至终保持警惧忧患的心态，并以言行毫无灾祸为要旨，这就是《易》的道理。

［原文］

夫乾，天下之至健也，德行恒易以知险。夫坤，天下之至顺也，《庄子·逍遥游》："故曰，至人无己。"注云："至极之人。"**德行恒简以知阻。能说（yuè）（同"悦"）诸心，能研诸侯之虑，**《辞海》："研，穷究也。"**定天下之吉凶，成天下之亹亹者，是故变化云为，吉事有祥。象事知器，占事知来。**

［译文］

乾是天下最为刚健的象征，其品德操行恒久且平易，知道险难之所在。坤是天下最为柔顺的象征，其品德操行恒久而简易，知道阻隔之所在。《周易》的道理，能使身心和悦，能精研思虑，能断定天下吉凶得失，能成就天下勤勉不息之事业。所以，天地万物的运动变化，人世间的言语行为，凡是吉利的事情必有祥和的征兆。观察万事万物的现象，就能了解事物的发展变化。占问眼前的事情，就能知晓未来的结果。

[原文]

天地设位，李鼎祚《周易集解》引虞翻曰："天尊，五；地卑二，故'设位'。"**圣人成能。人谋鬼谋，百姓与能。八卦以象告，爻(yáo)彖(tuàn)以情言。刚柔杂居，而吉凶可见矣。变动以利言，吉凶以情迁。是故爱恶相攻而吉凶生。远近相取而悔吝生，情伪相感而利害生。**

[译文]

天地设定了上下尊卑的位置，圣人仿效它推演成《周易》的理象而广施功用，使人的谋虑与鬼神的沟通，连寻常百姓也能掌握《周易》的功用。八卦是以卦象来喻示哲理，爻辞、彖辞是拟取事物的具体情态来陈述卦义，刚柔各爻互相交错居处，从中可发现吉凶之征兆。刚柔运动得当与否是通过有利或不利来表示，最终的吉与凶是根据事物的情态而推迁，因此从爱与恶的相互冲击中产生出吉凶，爻位间的远近感应不得其道就会产生出悔吝，从真情相感或虚伪相感中产生出利害关系。

[原文]

凡《易》之情，近而不相得则凶。或害之，悔且吝。将叛者其辞惭，中心疑者其辞枝。吉人之辞寡，《说文》："吉，善也。"**躁人之辞多。诬善之人其辞游，失其守者其辞屈。**

[译文]

《周易》中拟取的事物情态是，凡两相接近而互不相得，就会有凶险。或者遭受外来的伤害，而蒙受悔恨和憾惜。将要反叛的人，其说话时神色一定有愧色。心中有疑惑的人，其言辞一定混乱不清。贤美有修养的人，其言辞真善简括。心地浮躁的人，其言辞多而繁杂。诬害善良的人，其言辞游移虚浮。有失操守的人，其言辞多含混曲折。

说卦

[原文]

昔者圣人之作《易》也，孔颖达《周易正义》："据今而称上世，谓之昔者也。聪明睿智，谓之圣人。此圣人即伏羲也。"**幽赞于神明而生蓍(shī)，**李鼎祚《周易集解》引荀爽曰："幽，隐也。赞，见也。神者在天，明者在地。神以夜光，明以昼照。蓍者，册也。"**参天两地而倚数，观变于阴阳而立卦，发挥于刚柔而生爻，和顺于道德而理于义。穷理尽性以至于命。**

[译文]

从前，圣人创作《易经》，冥冥之中得到了神明的帮助，因而发明了用蓍草进行占筮的方法。这个方法是，把天数、地数两相掺杂而确立了"大衍之数"，观察了天地间的阴阳变化而确立了卦象，发挥了事物中刚健、柔顺的不同性质而产生了爻。这个过程，符合顺应天道人德，也顺从事物的道义。穷尽了事理和知晓人性，所以体现了天地、万物和人的发展变化的必然性。

[原文]

昔者圣人之作《易》也，将以顺性命之理。是以立天之道，曰阴与阳。立地之道，曰柔与刚。立人之道，曰仁与义。兼三才而两之，故《易》六画而成卦。分阴分阳，迭用柔刚，故《易》六位而成章。

[译文]

从前，圣人创作《易经》，是指用它来顺应人性、天命的规律。所以，确立天的法则，称作阴和阳；确立地的法则，称作柔和刚；确立人的法则，称作仁和义。把兼备了天、地、人的三才加以重叠，就产生了六画的卦形。卦形有阴阳的分别，交替地运用柔爻、刚爻，所以《周易》中的六个爻位就形成了自己的章法。

[原文]

天地定位，山泽通气，雷风相薄，水火不相射(yì)，八卦相错。数往者顺，知来者逆，是故《易》逆数也。

[译文]

天和地的位置是确定的，山和泽相互通气，风雷互相搏击，水火不相厌弃，这样就形成了交错的八卦。推算往事是顺当的，预见未来就需要逆着时间顺序进行，因此《周易》是逆着时间顺序进行预测的。

[原文]

雷以动之，风以散之，雨以润之，日以烜(xuān)之，艮以止之，兑以说(yuè)（同“悦”）之，乾以君之，坤以藏之。

[译文]

雷是用来鼓动万物的，风是用来吹拂万物的，雨是用来滋润万物的，太阳是用来照晒万物的，艮是用来阻止万物运动的，兑是用来使万物喜悦的，乾是用来统治万物的，坤是用来包藏万物的。

[原文]

帝出乎震，齐乎巽，相见乎离，致役乎坤，说言乎兑，战乎乾，劳乎坎，成言乎艮。

[译文]

天帝用雷震使万物产生，巽风使万物长齐，离日使万物相见，坤地使万物得到养育，使万物喜悦来自兑卦，生与死的战斗来自乾卦，疲劳来自坎卦，完成来自艮卦。

[原文]

万物出乎震，震东方也。齐乎巽，巽东南也，齐也者，言万物之絜齐也。离也者明也，万物皆相见，南方之卦也。圣人南面而听天下，向明而治，盖取诸此也。坤也者，地也，万物皆致养焉，故曰：致役乎坤。兑正秋也，万物之所说也，故曰：说言乎兑。战乎乾，乾西北之卦也，言阴阳相薄也。坎者，水也，正北方之卦也，劳卦也，万物之所归也，故曰：劳乎坎。艮东北之卦也，万物之所成终而所成始也，故曰：成言乎艮。

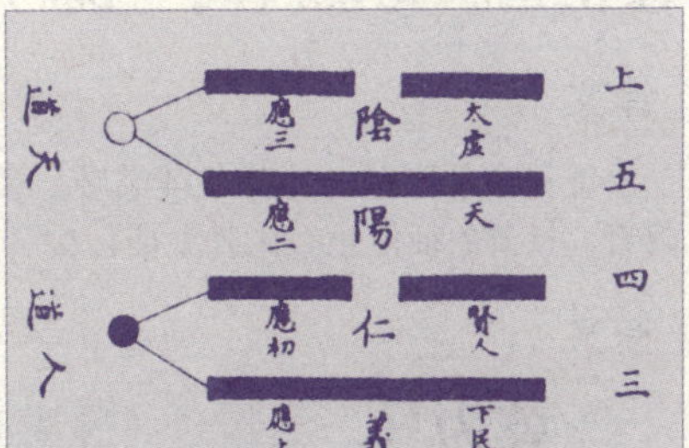

六爻三极图

一卦六爻中，“五”被称为君位。“五”身居上卦中位，与内卦“二”遥相呼应。后代形容帝王为“九五之尊”便源于此。此图是“三才之象”。初爻、二爻为地；三爻、四爻为人；五爻、六爻为天。“三才”中，人居其中。

[译文]

万物产生于震卦，是由于震卦象征东方。“齐乎巽”，是由于巽卦象征东南方，所谓齐，是指万物整齐地生长。所谓“离”，就是光明，光明就可以使万物彼此看得见；离是象征南方的卦，圣人面向南而听取天下的政务，表现出面对光明而治理天下，大概是取法于这一卦。所谓“坤”，就是地，万物都是从它那里得到养育，所以说“致役乎坤”。兑卦象征秋天，万物成熟因而喜悦，所以说“说言乎兑”。所谓“战乎乾”，乾是象征西北方的卦，表明阴气、阳气相互搏斗。坎卦象征水，是正北方的卦，是表现疲劳的卦，万物应该归藏休息了，所以说“劳乎坎”。艮是象征东北方的卦，万物在这里终了，也将在这里开始，所以说“成言乎艮”。

[原文]

神也者，妙万物而为言者也。动万物者，莫疾乎雷。桡(náo)万物者，莫疾乎风。燥万物者，莫熯乎火。说(yuè)（同“悦”）万物者，莫说乎泽。润万物者，莫润乎水。终万物始万物者，莫盛乎艮。故水火相逮，雷风不相悖。山泽通气，然后能变化，既成万物也。

[译文]

所谓“神”，是就万物神妙的生长变化而说的。使万物鼓动，没有比雷更快的了；使万物弯曲摇动，没有比风更迅速的了；使万物干燥，没有比火更热的了；使万物喜悦，没有比泽的力量更大的了；使万物受到滋润，没有比水更湿润的了；使万物终结又开始，没有比艮的作用更大的了。所以水火相济，雷风不背离，山泽互相通气，然后就能够发生变化，生成万物。

[原文]

乾健也。坤顺也。震动也。巽入也。坎陷也。离丽也。艮止也。兑说(yuè)（同“悦”）也。

[译文]

乾卦象征刚健。坤卦象征柔顺。震卦象征行动。巽卦象征进入。坎卦象征险陷。离卦象征附着。艮卦象征停止。兑卦象征喜悦。

[原文]

乾为马。孔颖达《周易正义》曰：“乾象天，天行健，故为马也”。**坤为牛。震为龙。巽为鸡。坎为豕。离为雉。**孔颖达《周易正义》曰：“离为文明，雉有文章，故为雉也”。**艮为狗。兑为羊。**孔颖达《周易正义》曰：“兑为说。羊者，顺从之畜，故为羊也”。

[译文]

乾卦象征马。坤卦象征牛。震卦象征龙。巽卦象征鸡。坎卦象征猪。离卦象征野鸡。艮卦象征狗。兑卦象征羊。

[原文]

乾为首。坤为腹。孔颖达《周易正义》：“坤能包藏含容，故‘为腹’

也。”**震为足。**孔颖达《周易正义》：“震动用，故‘为足’。”**巽为股。**孔颖达《周易正义》：“巽为顺，股顺随于足，故‘巽为股’。”**坎为耳。**孔颖达《周易正义》：“坎北方，主听，故‘为耳’。”**离为目。**孔颖达《周易正义》：“离南方，主视，故‘为目’。”**艮为手。**孔颖达《周易正义》：“艮为止，手亦止持于物使不动，故‘艮为手’。”**兑为口。**孔颖达《周易正义》：“兑为说，口所以说言，故‘兑为口’。”

[译文]

乾卦象征头。坤卦象征人腹。震卦象征脚。巽卦象征大腿。坎卦象征耳朵。离卦象征眼睛。艮卦象征手。兑卦象征嘴。

[原文]

乾天也，故称乎父。坤地也，故称乎母。震一索而得男，故谓之长男。巽一索而得女，故谓之长女。坎再索而得男，故谓之中男。离再索而得女，故谓之中女。艮三索而得男，故谓之少男。兑三索而得女，故谓之少女。

[译文]

乾卦象征天，所以相当于父亲。坤卦象征地，所以相当于母亲。震卦是坤母向乾父索取了一个阳爻，放在“初”位上，阳爻象征儿子，所以称它作长子。巽卦是乾父向坤母索取了一个阴爻，放在“初”位上，阴爻象征女儿，所以称它为长女。坎卦是坤母向乾父第二次索取了一个阳爻放在“二”位上，阳爻象征儿子，所以称它为中男。离卦是乾父第二次向坤母索取了一个阴爻放在“二”位上，阴爻象征女儿，所以称它作中女。艮卦是坤母第三次向乾父索取一个阳爻放在“三”位上，阳爻象征儿子，所以称它作少男。兑卦是乾父向坤母第三次索取了一个阴爻放在“三”位上，阴爻象征女儿，所以称它为少女。

[原文]

乾为天、为圆、为君、为父、为玉、为金、为寒、为冰、为大赤、为良马、为老马、为瘠马、为驳马、为木果。

[译文]

乾卦是天、圆的、君王、父亲、玉石、金属、寒冷、结冰、大红色、良马、老马、瘦马、杂色马、树上果实的象征。

[原文]

坤为地、为母、为布、为釜、为吝啬、为均、为子母牛、为大舆、为文、为众、为柄。其于地也为黑。

[译文]

坤卦是地、母亲、布匹、锅、吝啬、平均、母牛、大车、文采、民众、把柄的象征。它作为地的象征，所以也代表黑色。

[原文]

震为雷、为龙、为玄黄、为旉、为大涂、为长子、为决躁、为苍筤竹、为萑(huán)苇。其于马也，为善鸣、为异足、为作足、为的颡(dí sǎng)。其于稼也，为反生。其究为健，为蕃鲜。

[译文]

震卦是雷、龙、黑黄色、花、大路、长子、果决躁动、青竹、芦苇的象征。以马来说，它是那些善鸣的、后腿是白色的、跑得快的、额上是白色的马的象征。以庄稼来说，它是那些倒生作物的象征。总之，它是具有刚健、繁盛、新鲜性质的卦。

[原文]

巽为木、为风、为长女、为绳直、为工、为白、为长、为高、为进退、为不果、为臭(xiù)。其于人也，为寡发、为广颡、为多白眼。为近利市三倍。其究为躁卦。

[译文]

巽卦是树木、风、长女、直绳、工匠、白色、长远、高、进退、不果断、气味的象征。以人来说，它是秃头、宽额、眼白多、从商获利的象征。总之，它是具有急躁性质的卦。

[原文]

坎为水、为沟渎、为隐伏、为矫輮、为弓轮。其于人也，为加忧、为心病、为耳痛、为血卦、为赤。其于马也，为美脊、为亟(jí)心、为下首、为薄蹄、为曳。其于舆也，为多眚，为通、为月、为盗。其于木也，为坚多心。

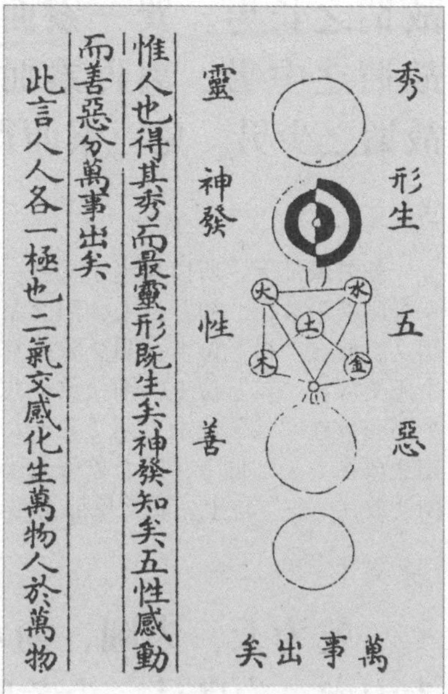

人得秀而灵图

此图与周敦颐《太极图》在形式上是一样的，只不过是用来说明人事的。《圣贤道统传授总叙说》指出，人得秀而灵之气而成，“精气凝而为形，魂魄交而为神，五常具而性，感于物而为情，措诸用而为事”。人得天地间灵气，精气凝结则形生，而后神发，五性感动分出善恶，而后世间万事皆出于此。

[译文]

坎卦是水、沟渠、隐伏、矫揉、弓和木轮的象征。就人来说，它是添忧、心病、耳痛、血以及红色的象征。就马来说，它是脊梁美丽的、性急的、低头的、薄蹄的、拖蹄的马的象征。就车来说，它是破车的象征。又是通畅、月亮、强盗的象征。就树木来说，它是坚固和多枝的象征。

[原文]

离为火、为日、为电、为中女、为甲胄、为戈兵。其于人也，为大腹，为干卦、为鳖、为蟹、为蠃（luó）（同“螺”）、为蚌、为龟。其于木也，为科上槁。

[译文]

离卦是火、太阳、电、中女、盔甲、武器的象征。就人来说，是大腹的象征，又是干燥的卦，还是鳖、蟹、螺、蚌、龟的象征。就树木来说，是空心而且树梢干枯的象征。

[原文]

艮为山、为径路、为小石、为门阙、为果蓏、为阍（hūn）寺、为指、为狗、为鼠、为黔喙之属。其于木也，为坚多节。

[译文]

艮卦是山、小路、小石头、门楼、果实、看门人、手指、狗、老鼠、豺狼一类猛兽的象征。就树木来说，是那种坚固而多节的象征。

[原文]

兑为泽、为少女、为巫、为口舌、为毁折、为附决。其于地也，为刚卤。为妾、为羊。

[译文]

兑卦是泽、少女、巫神、口舌、折断、果实成熟而坠落的象征。就土地来说，是坚硬的盐碱地的象征。又是妾、羊的象征。

序卦

[原文]

有天地，然后万物生焉。李鼎祚《周易集解》引干宝曰："物有先天地而生者矣。今正取始于天地，天地之先，圣人弗之论也。故其所法象，必自天地而还。"**盈天地之间者唯万物，故受之以屯。屯者盈也。屯者物之始生也。**李鼎祚《周易集解》引韩康伯曰："屯，刚柔始交，故为'万物之始生也'。"**物生必蒙，故受之以蒙。蒙者蒙也，物之稚也。**李鼎祚《周易集解》引崔憬曰："万物始生之后，渐以长稚，故言'物生必蒙'。"郑玄曰："蒙，幼小之貌，齐人谓萌为蒙也。"**物稚不可不养也，故受之以需。需者饮食之道也。饮食必有讼，故受之以讼。讼必有众起，故受之以师。师者众也。众必有所比，故受之以比。**李鼎祚《周易集解》引韩康伯曰："众起而不比，则争无息。必相亲比，而后得宁也。"**比者比也。比必有所畜，故受之以小畜。物畜然后有礼，故受之以履。**李鼎祚《周易集解》引韩康伯曰："履，礼也。礼所以适时用也。故既畜则须用，有用则须礼也。"**履者，礼也。履而泰，然后安，故受之以泰。**

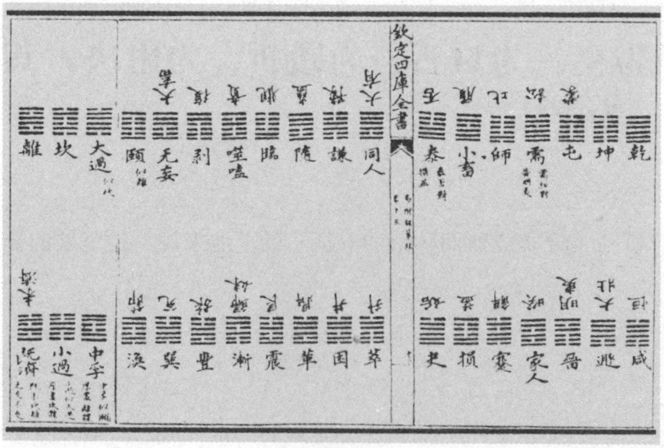

序卦图

《序卦》，是用来说明六十四卦的排列次序。天有二正（乾、离），地有二正（坤、坎），共用二变以成八卦（二变震、巽，震反为艮，巽反为兑，合四正卦为八卦）。天有四正（乾、离兼颐、中孚，颐似离，中孚厚画离），地有四正（坤、坎兼大、小过，大过似坎，小过厚画坎），共用二十八变，以成六十四卦。

[译文]

有了天地（即乾、坤二卦），然后万物就产生了。万物充满于天地之间，所以接着的是屯卦。屯卦就象征着充满。所谓屯，是指万物开始生长。万物始生的时候必定蒙昧，所以接着的是蒙卦。所谓蒙，就是蒙昧，就是万物幼稚的状态。万物幼小的时候，不可不抚养，所以接着的是需卦。所谓需，就是饮食的道理。饮食就必然有争讼，所以接着的是讼卦。争讼必然有很多人参加，所以接着的是师卦。所谓师，就是众多的意思。人多必然各有亲附，所以接着的是比卦。所谓比，就是亲附的意思。人们亲附互助，必然可以积蓄力量，所以接着的是小畜卦。物质积蓄了，就可以讲求礼仪了，所以接着的是履卦。所谓履，就是礼的意思。人们遵守礼仪，社会就会安泰，所以接着的是泰卦。

[原文]

泰者，通也。物不可以终通，故受之以否，李鼎祚周易集解引崔憬曰："物极则反，故不终通而否矣。"**物不可以终否，故受之以同人。与人同者，物必归焉，故受之以大有。有大者不可以盈，故受之以谦。有大而能谦必豫，故受之以豫。豫必有随，故受之以随。以喜随人者必有事，故受之以蛊。蛊者事也。有事而后可大，故受之以临。临者大也。物大然后可观，故受之以观。可观而后有所合，故受之以噬嗑。嗑者合也。物不可以苟合而已，故受之以贲。贲者饰也。致饰然后亨则尽矣，故受之以剥。**李鼎祚周易集解引荀爽曰："极饰反素，文章败，故为'剥'也。"

[译文]

所谓泰，就是指安泰的时候，万事就亨通了。但是事物不可能总是通顺，所以接着的是否卦。同样，事物不可能总是不顺利，所以接着的是同人卦。同别人同心同德，物质财富也必然会随之而来，所以接着的是大有卦。有了大量的财富后，不可以自满，所以接着的是谦卦。有了大量财富，又能谦虚待人，一定会安乐，所以接着的是豫卦。安乐必然会有人追随，所以接着的是随卦。为了喜悦而追随他人的，总会发生事端，所以接着的是蛊卦。所谓蛊，就是由于沉溺于安乐而发生腐败的事，所以需要整治。从事整治以后，事业就可以光大，所以接着的是临卦。所谓临，就是光大的意思。事物光大以后，就很值得观摩，所以接着的是观卦。观摩以后，必然同思想感情有所吻合共鸣，所以接着的是噬嗑卦。所谓嗑，就是契合的意思。但是事物不应该随便契合，所以接着的是贲卦。所谓贲，就是文饰的意思。致力于文饰，就可以亨通，亨通之后，就会文饰过了头，所以接着的是剥卦。

[原文]

剥者，剥也。物不可以终尽剥，穷上反下，故受之以复。复则不妄矣，故受之以无妄。有无妄然后可畜，故受之以大畜。物畜然后可养，故受之以颐。颐者，养也。李鼎祚《周易集解》引虞翻曰："天地养万物，圣人养贤，以及万民。"**不养则不可动，故受之以大过。物不可以终过，故受之以坎。坎者，陷也。陷必有所丽，故受之以离。离者，丽也。**李鼎祚《周易集解》引韩康伯曰："物极则变，极陷则反所丽。"

[译文]

所谓剥，就是剥落的意思。但事物不可能永远剥落，剥落到尽头，就可以从上面返回到下面，重新上升，所以接着的是复卦。复归到正道上来，就可以不虚妄了，所以接着的是无妄卦。行动不虚妄，就可以积蓄力量和财富，所以接着的是大畜卦。积蓄了足够的物资，就可以休养，所以接着的是颐卦。所谓颐，就是休养的意思。不休养就不能行动，但也不能休养过了头，所以接着的是大过卦。矫枉可以过正，但不能过头，所以接着的是坎卦。所谓坎，就是陷落。陷落则一定要有所攀附，所以接着的是离卦。所谓离，就是附丽、攀附的意思。

[原文]

有天地，然后有万物。有万物，然后有男女。有男女，然后有夫妇。有夫妇，然后有父子。有父子，然后有君臣。有君臣，然后有上下。有上下，然后礼义有所错。

[译文]

有了天地以后，就有了万物。有了万物以后，就有了男女。有了男女以后，就有了夫妇。有了夫妇以后，就有了父子。有了父子以后，就有了君臣。有了君臣以后，就分出了上下等级关系。有了上下等级关系，礼义就可以在这方面施行。

[原文]

夫妇之道不可以不久也，故受之以恒。恒者久也。物不可以久居其所，故受之以遁。遁者退也。李鼎祚《周易集解》引韩康伯曰："夫妇之道，以恒为贵。而物之所居，不可以不恒，宜与时升降，有时而遁者也。"**物不可以终遁，故受之以大壮。物不可以终壮，故受之以晋。晋者进也。进必有所伤，故受之以明夷。夷者伤也。伤于外者，必反（同"返"）于家，故受之以家人。家道穷必乖，故受之以睽。睽者乖也。乖必有难，故受之以蹇。**

[译文]

夫妻关系不可以不长久，所以接着的是恒卦。所谓恒，就是久远的意思。事物又不可能永远停留在一个地方，所以接着的是遁卦。所谓遁，就是退避的意思。但事物不可能永远退避，所以接着的是大壮卦。事物不可能始终壮大，所以接着的是晋卦。所谓晋，就是前进。前进之中难免挫折受伤，所以接着的是明夷卦。所谓夷，就是伤害的意思。在外面受伤的人，一定要返回家里，所以接着的是家人卦。家道贫穷了，事情必定乖违，所以接着的是睽卦。所谓睽，就是乖违的意思。乖违必定有困难，所以接着的是蹇卦。

[原文]

蹇者难也。物不可以终难，故受之以解。解者缓也。李鼎祚《周易集解》引崔憬曰："蹇终则来硕吉，利见大人，故言'不可终难，故受之以解’者也。”**缓必有所失，故受之以损。损而不已必益，故受之以益。益而不已必决，故受之以夬。夬者决也。决必有遇，故受之以姤。姤者遇也。物相遇而后聚，故受之以萃。萃者聚也。**李鼎祚《周易集解》引崔憬曰：“天地相遇，品物咸章，故言‘物相遇而后聚’也。”**聚而上者，谓之升，故受之以升。升而不已必困，故受之以困。困乎上者必反下，故受之以井。井道不可不革，故受之以革。革物者莫若鼎，故受之以鼎。主器者莫若长子，故受之以震。**

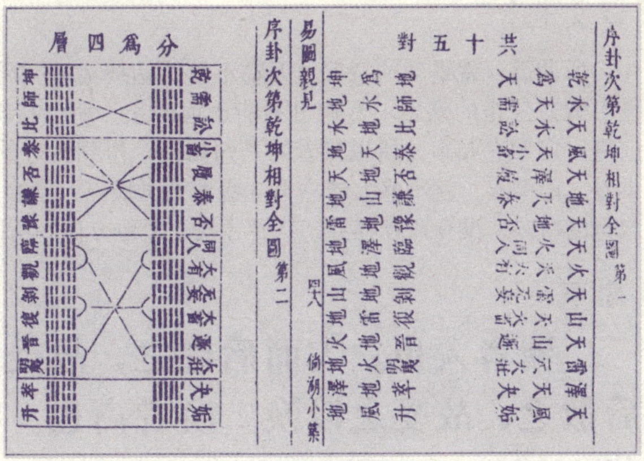

序卦次第乾坤相对全图

这是《序卦》所列的乾坤二卦相对全图。《序卦》以上下经的卦序为依据，论说六十四卦排列序次及前后相承的关系。一般以两卦为一组，辨析二者相同、相反的关系。如本图乾坤二卦。

[译文]

所谓蹇，就是行动困难。事情不可能永远处于困难之中，所以接着的是解卦。所谓解，就是缓解。缓和必然会有损失，所以接着的是损卦。损失不止，必定会转向增益，所以接着的是益卦。增益不止，一定会溃决，所以接着的是夬卦。所谓夬，就是溃决的意思。溃决之后，必定会遇到补救，所以接着的是姤卦。所谓姤，就是遭遇的意思。事物相遇，就会相聚，所以接着的是萃卦。所谓萃，就是聚集的意思。聚集而向上发展，就叫作升，所以接着的是升卦。上升不止，一定会发生困难，所以接着的是困卦。在上面受困，必然会返回到下面，最下面就是水井，所以接着的是井卦。使用井的道理是时间长了就要淘清，这就是革新，所以接着的是革卦。使食物改变味道，没有比鼎的作用更大的了，所以接着的是鼎卦。鼎又是祭器，主持祭祀的没有比长子更合适的了，所以接着的是震卦。

[原文]

震者动也。物不可以终动，止之，故受之以艮。艮者，止也。李鼎祚《周易集解》引崔憬曰：“震极则征凶，婚媾有言，当须止之，故言‘物不可以终动’，故‘止之’也。”**物不可以终止，故受之以渐。渐者进也。进必有所归，故受之以归妹。得其所归者必大，故受之以丰。丰者大也。穷大者必失其居，故受之以旅。旅而无所容，故受之以巽。**

[译文]

所谓震，就是动的意思。万物不可能始终运动，需要让它停止，所以接着的是艮卦。所谓艮，就是停止的意思。万物也不能永远停止，所以接着的是渐卦。所谓渐，就是渐进的意思。前进一定要有归宿，所以接着的是归妹卦。得到良好的归宿，事业就可以扩大，所以接着的是丰卦。所谓丰，就是盛大的意思。盛大到了极点，就会不安于原有的居处，所以接着的是旅卦。旅行的时候，没有地方容身，就要寻找一个地方住，所以接着的是巽卦。

[原文]

巽者入也。入而后说之，故受之以兑。兑者说也。说(yuè)而后散之，故受之以涣。涣者离也。物不可以终离，故受之以节。李鼎祚《周易集解》引韩康伯曰："夫事有其节，则物之所同守，而不散越也。"**节而信之，故受之以中孚。有其信者必行之，故受之以小过。**李鼎祚《周易集解》引韩康伯曰："守其信者，则失贞而不谅之道，而以信为过也。故曰'小过'。"**有过物者必济，故受之以既济。物不可穷也，故受之以未济，终焉。**

[译文]

所谓巽，就是进入的意思。进入到可以居住的地方，自然会喜悦，所以接着的是兑卦。所谓兑，就是喜悦的意思。喜悦总会过去，所以接着的是涣卦。所谓涣，就是离散的意思。事物不可能始终离散，所以接着的是节卦。有节制的人，言行就会有信用，所以接着的是中孚卦。有诚信必然能够实行，实行之中，难免会有失误，所以接着的是小过卦。有过失得到改进，一定会成功，所以接着的是既济卦。万物的运动是不可能穷尽的，所以接着的是未济卦。六十四卦就结束了，但结束于未济意味着重新开始。

杂卦

[原文]

乾刚坤柔。比乐师忧。临观之义，或与或求。朱熹周易本义：“以我临物曰与，物来观我曰求。或曰：二卦互有与求之义。”**屯见(xiàn)（见“现”）而不失其居。蒙杂而著。震起也。艮止也。损益，盛衰之始也。大畜时也。无妄灾也。**李鼎祚《周易集解》引虞义曰：“大畜五之复二成临，时舍坤二，故‘时’也。无妄上之遁初，子弑父，故‘灾’者也。”**萃聚而升不来也。谦轻而豫怠也。噬嗑食也。贲无色也。兑见而巽伏也。随无故也。蛊则饬(chì)也。剥烂也。复反也。晋昼也。明夷诛也。井通而困相遇也。咸速也。恒久也。涣离也。节止也。解缓也。蹇难也。睽外也。家人内也。否泰反其类也。**

[译文]

乾卦德行刚健而坤卦品性柔顺，比卦亲近欢乐而师卦心头忧愁。临、观两卦的卦义，或者给予，或者请求。屯卦表示端倪初见而不失其本来居所。蒙卦的思虑繁杂而显著。震卦是万事起动，艮卦是一切停止，损、益两卦是事业万物盛衰的开始。大畜是适时蓄积，无妄是无端遭灾而不妄为，萃卦是积聚而升卦是上升不落下来。谦卦是轻己尊人而豫卦是安逸懈怠。噬嗑卦借食喻争，贲卦不多润色，兑卦喜见会说而巽卦驯服隐伏。随卦是无故追随，蛊卦是整饬治理。剥卦是烂脱剥落，复卦是反复回归。晋卦是光明如昼，明夷卦是洞察黑暗和诛杀，井卦表示流通助人而困卦表示遇困受阻。咸卦表示迅速感应，恒卦表示永久保持，涣卦表示四分离散，节卦表示适度制止。解卦表示慢慢缓解，蹇卦表示步步艰难。睽卦表示外拒排斥，家人卦表示内部和谐。否、泰两卦类别相反，一个否定、一个肯定。

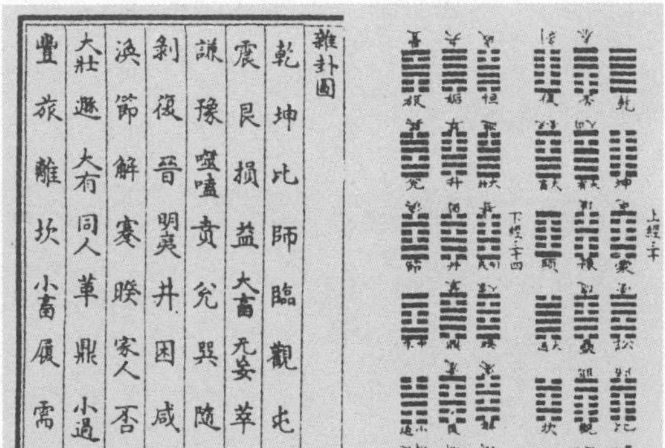

杂卦与序卦图

《杂卦》就是杂糅各卦，错综其义，来说明《周易》六十四卦的无穷妙用，所以专门用刚爻、柔爻的升降来解释意思。《序卦》是将六十四卦排序以说明卦意。

[原文]

大壮则止，朱熹《周易本义》：“止，谓不进。”**遁则退也。大有众也。同人亲也。革去故也。鼎取新也。小过过也。中孚信也。**

丰多故也。亲寡旅也。离上而坎下也。小畜寡也。履不处也。 朱熹《周易本义》："不处，行进之义。" **需不进也。讼不亲也。大过颠也。姤遇也，柔遇刚也。渐女归待男行也。颐养正也。既济定也。归妹女之终也。未济男之穷也。夬决也，刚决柔也。君子道长，小人道忧也。**

[译文]

大壮表示盛极而止，遁卦表示退让隐避。大有表示众多，同人表示亲和；革卦表示除去故弊，鼎卦表示采取新法；小过是纠枉过正，中孚是诚信中直。丰卦荫蔽是因为丰茂过多，亲人远离、寡居在外正是旅卦的含义。离卦表示火焰向上而坎卦表示水流向下。小畜是积累得比较寡少，履卦是谨慎不处。需卦是等待不进，讼卦是争讼而不亲近。大过是颠倒正反，是非不分。姤卦是巧遇媾和，柔弱遇到了刚强。渐卦表示女儿出嫁，等待男子的迎亲行动。颐卦是涵养正气，既济卦是大事已定。归妹卦是女儿有了好归宿，未济卦表示男子的穷困未展。夬卦之德表示冲决突破，象征刚爻和柔爻的决裂。大易之德清楚表明：君子之道宽广而长久，小人之道狭窄而忧愁。

附：历代名家谈周易

《周易正义》卷首

孔颖达

第一 论“易”之三名

正义曰：夫“易”者，变化之总名，改换之殊称，自天地开辟，阴阳运行，寒暑迭来，日月更出，孚萌庶类，亭毒群品，新新不停，生生相续，莫非资变化之力，换代之功。然变化运行，在阴阳二气，故圣人初画八卦，设刚柔两画，象二气也；布以三位，象三才也。谓之为“易”，取变化之义。

既义总变化，而独以“易”为名者，《易纬乾凿度》云：“易一名而含三义，所谓易也，变易也，不易也。”又云：“‘易’者，其德也。光明四通，简易立节，天以烂明，日月星辰，布设张列。通精无门，藏神无穴，不烦不扰，淡泊不失，此其‘易也’。‘变易’者，其气也。天地不变，不能通气，五行迭终，四时更废，君臣取象，变节相移，能消者息，必专者败，此其‘变易’也。‘不易’者，其位也。天在上，地在下，君南面，臣北面，父坐子伏，此其‘不易’也。”

郑玄依此义，作《易赞》及《易论》云：“易一名而含三义：易简，一也；变易，二也；不易，三也。”故《系辞》云：“乾、坤，其易之蕴邪？”又云：“易之门户邪？”又云：“夫乾，确然示人易矣。夫坤，隤然示人简矣。”“易则易知，简则易从。”此言其“易简”之法则也。又云：“为道也屡迁，变动不居，周流六虚，上下无常，刚柔相易，不可为典要，唯变所适。”此言顺时变易，出入移动者也。又云：“天尊地卑，乾坤定矣。卑高以陈，贵贱位矣。动静有常，刚柔断矣。”此言其张设布列“不易”者也。崔憬、刘贞简等并用此义，云：“易者谓生生之德，有易简之义。不易者，言天地定位，不可相易。变易者，谓生生之道，变而相续，皆以《纬》称‘不烦不扰，淡泊不失’。”此明是“易简”之义，无为之道。故“易”者，易也，作“难易”之音。而周简子云：“‘易’者，易（音亦）也，不易者，变易也。‘易’者易代之名。凡有无相代，彼此相易，皆是‘易’义。‘不易’者，常体之名，有常有体，无常无体，是‘不易’之义。‘变易’者，相变改之名，两有相变，此为‘变易’。”

张氏、何氏并用此义，云：“易者，换代之名，待夺之义。”因于《乾凿度》云：易者其德也，或没而不论，或云德者得也。万法相形，皆得相易。不顾《纬》文“不烦不扰”之言，所谓用其文而背其义，何不思之甚？故今之所用，同郑康成等。“易”者，易也，音为“难易”之音，义为“简易”之义，得《纬》文之本实也。盖“易”之三义，唯在于有。然有从无出，理则包无，故《乾凿度》云：“夫有形者生于无形，则乾坤安从而生？故有太易、有太初、有太始、有太素。太易者，未见气也。太初者，气之始也。太始者，形之始也。太素者，质之始也。气、形、质具而未相离谓之浑沌。浑沌者，言万物相浑沌而未相离也。视之不见，听之不闻，循之不得，故曰易也。”

是知《易》理备包有无，而《易》象唯在于有者，盖以圣人作《易》，本以垂教，教之所备，本备于有。故《系辞》云“形而上者谓之道”，道即无也；“形而下者谓之器”，器即有也。故以无言之，存乎道体；以有言之，存乎器用；以变化言之，存乎其神；以生成言之，存乎其易；以真言之，存乎其性；以邪言之，存乎其情；以气言之，存乎阴阳；以质言之，存乎爻象；以教言之，存乎精义；以人言之，存乎景行。此等是也。且易者象也，物无不可象也。作《易》所以垂教者，即《乾凿度》云：“孔子曰：上古之时，人民无别，群物未殊，未有衣食器用之利，伏牺乃仰观象于天，俯观法于地，中观万物之宜。于是始作八卦，以通神明之德，以类万物之情。故《易》者所以断天地，理人伦，而明王道。是以画八卦，建五气，以立五常之行；象法乾坤，顺阴阳，以正君臣、父子、夫妇之义；度时制宜，作为罔罟，以佃以渔，以赡民用。于是人民乃治，君亲以尊，臣子以顺，群生和洽，各安其性。”此其作《易》垂教之本意也。

第二　论重卦之人

《系辞》云：“河出图，洛出书，圣人则之。”又《礼纬含文嘉》曰：“伏牺德合上下，天应以鸟兽文章，地应以《河图》、《洛书》，伏牺则而象之，乃作八卦。”故孔安国、马融、王肃、姚信等并云：伏牺得《河图》而作《易》。是则伏羲虽得《河图》，复须仰观俯察，以相参正，然后画卦。伏牺初画八卦，万物之象，皆在其中。故《系辞》曰“八卦成列，象在其中矣”是也。虽有万物之象，其万物变通之理，犹自未备，故因其八卦而更重之。卦有六爻，遂重为六十四卦也。《系辞》曰“因而重之，爻在其中矣”是也。然重卦之人，诸儒不同，凡有四说。王辅嗣等以为伏牺重卦，郑玄之徒以为神农重卦，孙盛以为夏禹重卦，史迁等以为文王重卦。其言夏禹及文王重卦者，案《系辞》，神农之时已有，盖取益与噬嗑。以此论之，不攻自破。其言神农重卦，亦未为得。

今以诸文验之。案《说卦》云：“昔者圣人之作《易》也，幽赞于神明而生蓍。”凡言“作”者，创造之谓也。神农以后，便是述修，不可谓之“作”也。则幽赞用蓍，谓伏牺矣。故《乾凿度》云：“垂皇策者牺。”《上系》论用蓍云：“四营而成易，十有八变而成卦。”既言圣人作《易》。十八变成卦，明用蓍在六爻之后，非三画之时。伏牺用蓍，即伏牺已重卦矣。《说卦》又云：“昔者圣人之作《易》也，将以顺性命之理。是以立天之道曰阴与阳，立地之道曰柔与刚，立人之道曰仁与义，兼三才而两之，故《易》六画而成卦。”既言圣人作《易》，“兼三才而两之”，又非神农始重卦矣。

又《上系》云：“易有圣人之道四焉，以言者尚其辞，以动者尚其变，以制器者尚其象，以卜筮者尚其占。”此之四事，皆在六爻之后。何者？三画之时，未有《彖》、《繇》，不得有“尚其辞”。因而重之，始有变动，三画不动，不得有“尚其变"。揲蓍布爻，方用之卜筮，蓍起六爻之后，三画不得有"尚其占"。自然中间以制器者"尚其象"，亦非三画之时。今伏牺结绳而为罔罟，则是制器，明伏牺已重卦矣。又《周礼·外史》"掌三皇五帝之书"，明三皇已有书也。《下系》云："上古结绳而治，后世圣人易之以书契，……盖取诸夬。"既象夬卦而造书契，伏牺有书契则有夬卦矣。故孔安国《书序》云："古者伏牺氏之王天下也，始画八卦，造书契，以代结绳之政。"又曰"伏牺、神农、黄帝之书谓之《三坟》"是也。又八卦小成，爻象未备，重三成六，能事毕矣。若言重卦起自神农，其为功也，岂比《系辞》而已哉！何因《易纬》等数所历三圣，但云伏牺、文王、孔子，竟不及神农，明神农但有盖取诸益，不重卦矣。故今依王辅嗣，以伏牺既画八卦，即自重为六十四卦，为得其实。其重卦之意，备在《说卦》，此不具叙。伏牺之时，道尚质素，画卦重爻，足以垂法。后代浇讹，德不如古，爻象不足以为教，故作《系辞》以明之。

第三　论三代《易》名

案《周礼·大卜》"三易"云："一曰《连山》，二曰《归藏》，三曰《周易》。"杜子春云："《连山》，伏牺。《归藏》，黄帝。"郑玄《易赞》及《易论》云："夏曰《连山》，殷曰《归藏》，周曰《周易》。"郑玄又释云："《连山》者，象山之出云，连连不绝；《归藏》者，万物莫不归藏于其中；《周易》者，言易道周普，无所不备。"郑玄虽有此释，更无所据之文。先儒因此遂为文质之义，皆烦而无用，今所不取。案《世谱》等群书，神农一曰连山氏，亦曰列山氏；黄帝一曰归藏氏。既连山、归藏并是代号，则《周易》称周，取岐阳地名，《毛诗》云"周原膴膴"是也。又文王作《易》之时，正在羑里，周德未兴，犹是殷世也，故题周，别于殷。以此文王所演，故谓之《周易》，其犹《周书》、《周礼》，题"周"以别余代。故《易纬》云"因代以题周"是也。先儒又兼取郑说云："既指周代之名，亦是普遍之义。"虽欲无所遐弃，亦恐未可尽通。其《易》题周，因代以称周，是先儒更不别解，唯皇甫谧云："文王在羑里演六十四卦，著七八九六之爻，谓之《周易》。"以此文王安"周"字。其《系辞》之文，《连山》、《归藏》无以言也。

第四　论卦辞爻辞谁作

其《周易·系辞》凡有二说，一说所以卦辞爻辞并是文王所作。知者，案《系辞》云："《易》之兴也，其于中古乎？作《易》者，其有忧患乎？"又曰："《易》之兴也，其当殷之末世，周之盛德邪？当文王与纣之事邪？"又《乾凿度》云："垂皇策者牺，卦道演德者文，成命者孔。"《通卦验》又云："苍牙通灵昌之成，孔演命明道经。"准此诸文，伏牺制卦，文王系辞，孔子作《十翼》，《易》历三圣，只谓此也。故史迁云"文王囚而演《易》"，即是"作《易》者，其有忧患乎"。郑学之徒，并依此说也。二以为验爻辞多是文王后事。案《升卦·六四》："王用亨于岐山。"武王克殷之后，始追号文王为王。若爻辞是文王所制，不应云"王用亨于岐山”。又《明夷·六五》：“箕子之明夷。”武王观兵之后，箕子始被囚奴，文王不宜豫言“箕子之明夷”。又《既济·九五》：“东邻杀牛，不如西邻之禴祭。”说者皆云：“西邻”谓文王，“东邻”谓纣。文王之时，纣尚南面，岂容自言已德受福胜殷，又欲抗君之国，遂言东西相邻而已。又《左传》：“韩宣子适鲁，见《易象》云：‘吾乃知周公之德。’”周公被流言之谤，亦得为忧患也。验此诸说，以为卦辞文王，爻辞周公。马融、陆绩等并同此说，今依而用之。所以只言三圣，不数周公者，以父统子业故也。案《礼稽命征》曰：“文王见礼坏乐崩，道孤无主，故设礼经三百，威仪三千。”其三百、三千，即周公所制《周官》、《仪礼》。明文王本有此意，周公述而成之，故系之文王。然则《易》之爻辞，盖亦是文王本意，故《易纬》但言“文王”也。

第五　论分上下二篇

案《乾凿度》云：“孔子曰：阳三阴四，位之正也。”故《易》卦六十四，分为上下而象阴阳也。夫阳道纯而奇，故上篇三十，所以象阳也。阴道不纯而偶，故下篇三十四，所以法阴也。乾、坤者，阴阳之本始，万物之祖宗，故为上篇之始而尊之也。离为日，坎为月，日月之道，阴阳之经，所以始终万物，故以坎、离为上篇之终也。咸、恒者，男女之始，夫妇之道也。人道之兴，必由夫妇，所以奉承祖宗，为天地之主，故为下篇之始而贵之也。既济、未济为最终者，所以明戒慎而全王道也。以此言之，则上下二篇，文王所定，夫子作《纬》以释其义也。

第六　论夫子《十翼》

其《彖》、《象》等《十翼》之辞，以为孔子所作，先儒更无异论，但数《十翼》亦有多家。既文王《易经》本分为上下二篇，则区域各别，《彖》、《象》释卦，亦当随《经》而分。故一家数《十翼》云：《上彖》一，《下彖》二，《上象》三，《下象》四，《上系》五，《下系》六，《文言》七，《说卦》八，《序卦》九，《杂卦》十。郑学之徒，并同此说，故今亦依之。

第七　论传《易》之人

孔子既作《十翼》，《易》道大明，自商瞿以后，传授不绝。案《儒林传》云：“商瞿子木本受《易》于孔子，以授鲁桥庇子庸，子庸授江东馯臂子弓，子弓授燕周醜子家，子家授东武孙虞子乘，子乘授齐田何子庄。及秦燔书，《易》为卜筮之书，独得不禁，故传授者不绝。汉兴，田何授东武王同子中及雒阳周王孙、梁人丁宽、齐服生，皆著《易传》数篇。同授菑川杨何字叔元，叔元传京房，京房传梁丘贺，贺授子临，临授御史大夫王骏。其后丁宽又别授田王孙，孙授施雠，雠授张禹，禹授彭宣。”此前汉大略传授之人也。其后汉则有马融、荀爽、郑玄、刘表、虞翻、陆绩等及王辅嗣也。

第八　论谁加"经"字

但《子夏传》云：虽分为上下二篇，未有"经"字。"经"字是后人所加，不知起自谁始。案：前汉孟喜《易本》云"分上下二《经》"，是孟喜之前，已题"经"字。其篇题"经"字，虽起于后，其称"经"之理则久在于前。故《礼记·经解》云："洁静精微，《易》教也。"既在《经解》之篇，是《易》有称"经"之理。案《经解》之篇，备论六艺，则《诗》、《书》、《礼》、《乐》并合称"经"。而《孝经纬》称《易》建八卦，序六十四卦，转成三百八十四爻，运机布度，其气转易，故称"经"也。但《纬》文鄙伪，不可全信。其八卦方位之所，六爻上下之次，七八九六之数，内外承乘之象，入《经》别释，此未具论也。

章太炎谈《易经》

经之由来及今古文之大概既明，须进而分讲各经之源流。今先讲《易经》。

初造文字，取法兽蹄鸟迹；画卦亦然。《易·系辞》云："古者庖羲氏之王天下也，仰则观象于天，俯则观法于地，观鸟兽之文，与地之宜，近取诸身，远取诸物，于是始作八卦。"今观乾、坤二卦：乾作☰，坤作☷。《抱朴子》云："八卦出于鹰隼之所被，六甲出于灵龟之所负。"盖鸟舒六翮，即成☰象，但取其翮而遗其身，即成☷象。于是或分或合，错而综之，则成八卦。此所以言"观鸟兽之文"也。抱朴之说，必有所受，然今无可考，施、孟、马、郑、荀爽皆未言之。

重卦出于何人，说者纷如。王弼以为伏羲，郑玄以为神农，孙盛以为夏禹，而太史公则以为文王。伏羲之说，由于《周礼》，太卜掌三易之法：一曰《连山》，二曰《归藏》，三曰《周易》。三《易》均六十四卦，杜子春谓《连山》，伏羲；《归藏》，黄帝。王弼据之，故云重卦出于伏羲。然伏羲作《连山》，黄帝作《归藏》，语无凭证，故郑玄不从之也。神农之说，由于《系辞》称"神农氏作，斫木为耜，揉木为耒，盖取诸《益》；日中为市，交易而退，盖取诸《噬嗑》"二语。以神农氏已有《益》与《噬嗑》，故知重卦出于神农。然《系辞》所谓"盖取"，皆想象之辞，乌可据为实事！夏禹之说，从郑玄之义蜕化而来。郑玄《易赞》及《易论》云："夏曰《连山》，殷曰《归藏》，周曰《周易》。"孙盛取之，以为夏有《连山》，即兼山之艮，可见重卦始于夏禹。至文王之说，则太史公因"作《易》者，其有忧患乎"一语而为是言。要之，上列诸说虽不可确知其是非，以余观之，则重卦必不在夏禹之后，短中取长，则孙盛之说为可信耳。

至卦辞、爻辞之作，当是皆出文王。《系辞》云："《易》之兴也，当文王与纣之事耶？"又云："作《易》者，其有忧患乎？"太史公据此，谓"西伯拘而演《周易》"。故卦辞、爻辞并是文王被囚而作。或以为周公作爻辞，其说无据。如据韩宣子聘于鲁，见《易象》而称周公之德，以此知《易象》系于周公，故谓周公作爻辞。然韩宣子并及鲁之《春秋》，《春秋》岂周公作耶？如据"王用亨于岐山"，及"箕子之明夷"，及"东邻杀牛不如西邻之禴祭"诸文，以为岐山之王当是文王。文王被囚之时，犹未受命称王；箕子之被囚奴，在武王观兵之后，文王不宜预言明夷，"东邻"指纣，"西邻"指文王。纣尚南面，文王不宜自称己德，以此知爻辞非文王作，而为周公作。然《禹贡》"导岍及岐"，是岐为名山，远在夏后之世。古帝王必祭山川，安知文王以前。竟无王者享于岐山乎？"箕子"二字，本又读为"荄滋"。且箕子被囚，在观兵以后，亦无实据。《彖》传"内文明而外柔顺，以蒙大难，文王以之；内难而能正其志，箕子以之"。并未明言箕子之被办囚奴，且不必被囚然后谓之明夷也。东邻、西邻，不过随意称说，安见东邻之必为纣、西邻之必为文王哉！据此三条，固不能谓爻辞必周公作矣。且《系辞》明言"殷之末世，周之盛德"，而不及周公之时。孔颖达乃谓文王被囚，固为忧患；周公流言，亦属忧患。此附会之语矣。余谓：据《左传》，纣囚文王七年，七年之时甚久，卦辞、爻辞，不过五千余字，以七年之久，作五千余字，亦未为多，故应依太史公说，谓为文王作，则与《系辞》相应。

文王作《易》之时，在官卜筮之书，有《连山》《归藏》。文王之《易》与之等列，未必视为独重。且《周易》亦不止一部。《艺文志·六艺略》首列《周易》十二篇，《艺文志·术数略》蓍龟家又有《周易》三十八卷。且《左传》所载筮辞，不与《周易》同者甚多。成季将生，筮得《大有》之《乾》曰："同复于父，敬如君所。"秦缪伐晋，筮遇《蛊》，曰："千乘三去，三去之余，获其雄狐。"皆今《周易》所无。解之者疑为《连山》《归藏》。然《左传》明言以《周易》筮之，则非《连山》《归藏》也。余谓此不足疑，三十八卷中，或有此耳。今《周易》六十四卦、三百八十四爻，而焦延寿作《易林》，以六十四自乘，得四千九十六条。安知周代无《易林》一类之书，别存于《周易》之外乎？盖《连山》《归藏》《周易》，初同为卜筮之书；上下二篇之《周易》与三十八卷之《周易》，性质相同，亦无高下之分，至孔子赞《易》，乃专取文王所演者耳。

《易》何以称《易》，与夫《连山》《归藏》，何以称《连山》《归藏》，此颇费解。郑玄注《周礼》曰："《连山》，似山出内气变也；《归藏》者，万物莫不归而藏于中也。"皆无可奈何而强为之辞。盖此二名本不可解。"周易"二字，"周"为代名，不必深论；"易"之名，《连山》《归藏》《周易》之所共。《周礼》，太卜掌三《易》之法，《连山》《归藏》均称为《易》。然"易"之义不可解。郑玄谓"易"有三义：易简，一也；变易，二也；不易，三也。"易简"之说，颇近牵强。然古人说《易》，多以"易简"为言。《左传》："南蒯将叛，以《周易》占之。"子服惠伯曰："《易》不可以占险。"则"易"有"平易"之意，且直读为"易"矣。"易"者变动不居，周流六虚，不可为典要，惟变所适，则"变易"之义，最为"易"之确诂。惟"不易"之义，恐为附会，既曰"易"，如何又谓之"不易"哉！又《系辞》云："生生之谓易。"此义在变易、易简之外，然与字义不甚相关。故今日说《易》，但取变易、易简二义，至当时究何所取义而称之曰《易》，则不可知矣。

孔子赞《易》之前，人皆以《易》为卜筮之书。卜筮之书，后多有之，如东方朔《灵棋经》之类是。古人之视《周易》，亦如后人之视《灵棋经》耳。赞《易》之后，《易》之范围益大，而价值亦高。《系辞》曰："夫《易》何为者也？夫《易》开物成务，冒天下之大道，如斯而已者也。"孔子之言如此，盖发展社会，创造事业，俱为《易》义所包矣。此孔子之独识也。文王作《易》，付之太卜一流。卜筮之徒，不知文王深意，至孔子乃视为穷高极远，于是《周易》遂为六经之一。秦皇焚书，以《易》为卜筮之书，未之焚也。故自孔子传商瞿之后，直至田何，中间未尝断绝。不如《尚书》经孔子删定之后，传授不明，至伏生，突然以传《书》著称。亦不如《诗经》删定之后，传授不明，至辕固生、韩婴等突然以传《诗》著称也。《鲁诗》虽云浮丘伯受于荀卿，而荀卿之前不可知；《毛诗》虽云传自子夏，然其事不见于《艺文志》，亦不见于《汉书·儒林传》。惟《易》之传授最为清楚：自商瞿一传至桥庇子庸，二传至轩臂子弓，三传至周丑子家，四传至孙虞子乘，五传而至田何。其历史明白如此，篇章亦未有阙脱。向来说经者，往往据此疑彼，惟《易》一无可疑。以秦火未焚，汉仍完整也。欧阳修经学疏浅，首疑

《系辞》非孔子作，以为《系辞》中有“子曰”字，决非孔子自道。然《史记》自称“太史公曰”，太史公下腐刑时，已非太史令矣，而《报任少卿书》犹自称“太史公”，即欧阳修作《秋声赋》亦自称“欧阳子”，安得谓《史记》非太史公作、《秋声赋》非欧阳修作哉！商瞿受《易》之时，或与孔子问答，退而题“子曰”字，事未可知，安得轻谓非孔子作哉！欧阳修无谓之疑，犹不足怪，后人亦无尊信之者。近皮锡瑞经学颇有功夫，亦疑《易》非文王作，以为卦辞、爻辞皆孔子作。夫以卦辞、爻辞为孔子作，则《系辞》当非孔子作矣。然则《系辞》谁作之哉？皮氏于此未能明言。夫《易》自商瞿至田何，十二篇师师相传，并未有人增损。晋人发冢，得《周易》上下经，无“十翼”。此不足怪，或当时但录经文，不录十翼耳。《系辞》明言“《易》之兴也，其当殷之末世，周之盛德邪？当文王与纣之事邪？”如上下经为孔子作，则不得不推翻此二语。且田何所传，已有《系辞》。田何上去孔子，不及三百年，亦如今之去顾亭林耳。人纵疏于考证，必不至误认顾亭林书为唐宋人书也。又“文言”二字，亦有异解。梁武帝谓“文言者，文王之言也”。今按：“元者善之长也，亨者嘉之会也，利者义之和也，贞者事之干也。君子体仁足以长人，嘉会足以合礼，利物足以和义，贞固足以干事”，此五十字为穆姜语，惟“体仁”作“体信”略异。穆姜在孔子前，故梁武帝谓为“文王之言”。然文王既作卦辞曰“元亨利贞”，而又自作文言以解之，恐涉词费。由今思之，或文王以后，孔子以前，说《易》者发为是言，而孔子采之耳。所以题曰“文言”者，盖解释文王之言。

《史记·孔子世家》：“孔子晚而喜《易》，读《易》韦编三绝。”如孔子以前，但有六十四卦之名，亦何须数数披览，至于韦编三绝耶？必已有五千余字，孔子披览之勤，故韦编三绝也。陈希夷辈意欲超过孔子，创“先天八卦”之说。不知八卦成列，由观象于天、观法于地而来，其方位见于《说卦》传。当时所观之天，为全世界共见之天，所观之地，则中国之地也。今以全地球言之，中国位东半球之东部。八卦方位，就中国所见而定。乾在西北者，中国之西北也。坤在西南者，中国之西南也。古人以北极标天，以昆仑标地。就中国之地而观之，北极在中国西北，故乾位西北。昆仑在中国西南，故坤位西南。正南之离为火，即赤道。正北之坎为水，即翰海。观象、观法，以中国之地为本，故八卦方位如此。后之“先天八卦”，乾在南而坤在北，与天文、地理全不相应。作先天八卦者，但知乾为高明之象，以之标阳；坤为沉潜之象，以之标阴，遂谓坤应在北，乾应在南。不知“仰观俯察”，非言阴阳，乃言方位耳。《礼》：“圜丘祭天，方泽祭地。”郑玄注：祭天谓祭北极、祭地谓祭昆仑。人以北极昆仑，分标天地，于此可见先天八卦为无知妄作矣。

《汉书·五行志》刘歆曰：“伏羲氏继天而王，受《河图》而则画之，八卦是也。禹治洪水，赐《洛书》，法而陈之，《洪范》是也。”然不知所谓《图》《书》者何物也。至宋刘牧以《乾凿度》九宫之法为《河图》，又以生数就成数依五方图之，以为《洛书》。更有《洞极经》亦言《河图》《洛书》，则如刘牧之说而互易之，以五方者为图，九宫者为书。然郑氏、虞氏说《易》，并不以九宫、五方为图、书。桓谭《新论》曰：“《河图》《洛书》，但有征兆而不可知。”是汉人虽说《河图》《洛书》，却未言图、书为何象，宋人说《易》，创为河洛及先天八卦图。朱晦庵《易本义》亦列此图。其实先天图书荒唐悠谬，要当以左道视之，等之天师一流可矣。

其余说《易》者，汉儒主象数，王弼入清谈。拘牵象数，固非至当。流入清谈，亦非了义。《系辞》云："夫《易》开物成务，冒天下之道。"谓"冒天下之道"，则佛法自亦在内。李鼎祚《集解序》云："权舆三数，钤键九流。"详李氏此说，非但佛法在内，墨、道、名、法，均入《易》之范围矣。然李氏虽作此说，亦不能有所发明。孔颖达云："《易》理难穷。虽复玄之又玄，至于垂范作则，便是有而教有。若论住内、住外之空，就能、就所之说，斯乃义涉于释氏，非为教于孔门。"然《正义》依王、韩为说，往往杂以清谈。后之解者，因清谈而入佛法，虽为孔氏所不取，然《易》理亦自包含佛法。论说经之正，则非但佛法不可引用，即《老子》"玄之又玄"之语，亦不应取。如欲穷究《易》理，则不但应取老、庄，即佛亦不得不取。其他九流之说，固无妨并采之矣。

《礼记·经解》曰："《易》之失贼。"此至言也。尚清谈者，犹不致贼。如以施之人事，则必用机械之心。用机械之心太过，既不自觉为贼矣。盖作《易》者本有忧患，故曰"其辞危"。危者使平，易者使倾，若之何其不贼也！若蔡泽以"亢龙"说范睢，取范睢之位而代之，此真可谓贼矣。夫蔡泽犹浅言之耳。当文王被囚七年，使四友献宝，纣见宝而喜，曰："谮西伯者，乃崇侯虎也。"则文王亦何尝讳贼哉！论其大者、远者，所谓"开物成务，冒天下之道"是矣。"冒天下之道"者，权舆三教也。"开物成务"者，钤键九流也。然不用权谋，则不能开物成务；不极玄妙，则不能冒天下之道。管辂谓"善《易》者不言《易》"。然则真传《易》者，正恐不肯轻道阴阳也。以上讲《周易》大概。

朱自清谈《周易》

在人家门头上，在小孩的帽饰上，我们常见到八卦那种东西。八卦是圣怪，放在门头上，放在帽饰里，是可以辟邪的。辟邪还只是它的小神通，它的大神通在能够因往知来，预言吉凶。算命的，看相的，卜课的，都用得着它。他们普通只用五行生克的道理就够了，但要详细推算，就得用阴阳和八卦的道理。八卦及阴阳五行和我们非常熟习，这些道理直到现在还是我们大部分人的信仰，我们大部分人的日常生活不知不觉之中教这些道理支配着。行人不至，谋事未成，财运欠通，婚姻待决，子息不旺，乃至种种疾病疑难，许多人都会去求签问卜，算命看相，可见影响之大。讲五行的经典，现在有《尚书·洪范》，讲八卦的便是《周易》。

八卦相传是伏羲氏画的。另一个传说却说不是他自出心裁画的。那时候有匹龙马从黄河里出来，背着一幅图，上面便是八卦，伏羲只照着描下来罢了。但这因为伏羲是圣人，那个时代是圣世，天才派了龙马赐给他这件圣物。所谓“河图”，便是这个。那讲五行的《洪范》，据说也是大禹治水时在洛水中从一只神龟背上得着的，也出于天赐。所谓“洛书”，便是那个。但这些神怪的故事，显然是八卦和五行的宣传家造出来抬高这两种学说的地位的。恐怕压根儿就没有伏羲氏这个人，他只是秦、汉间儒家假托的圣王。至于八卦，大概是有了筮法以后才有的。商民族是用龟的腹甲或牛的胛骨卜吉凶，他们先在甲骨上钻一下，再用火灼；甲骨经火，有裂痕，便是兆象，卜官细看兆象，断定吉凶；然后便将卜的人、卜的日子、卜的问句等用刀笔刻在甲骨上，这便是卜辞。卜辞里并没有阴阳的观念，也没有八卦的痕迹。

卜法用牛骨最多，用龟甲是很少的。商代农业刚起头，游猎和畜牧还是主要的生活方式，那时牛骨头不缺少，到了周代，渐渐脱离游牧时代，进到农业社会了，牛骨头便没有那么容易得了。这时候却有了筮法，作为卜法的辅助。筮法只用些蓍草，那是不难得的。蓍草是一种长寿草，古人觉得这草和老年人一样，阅历多了，知道的也就多了，所以用它来占吉凶。筮的时候用它的杆子，方法已不能详知，大概是数的。取一把蓍草，数一下看是什么数目，看是奇数还是偶数，也许这便可以断定吉凶。古代人看见数目整齐而又有变化，认为是神秘的东西。数目的连续、循环以及奇偶，都引起人们的惊奇。那时候相信数目是有魔力的，所以巫术里用得着它。——我们一般人直到现在，还嫌恶奇数，喜欢偶数，该是那些巫术的遗迹。那时候又相信数目是有道理的，所以哲学里用得着它。我们现在还说，凡事都有定数，这就是前定的意思，这是很古的信仰了。人生有数，世界也有数，数是算好了的一笔帐，用现在的话说，便是机械的。数又是宇宙的架子，如说太极生两仪，两仪生四象，就是一生二、二生四的意思。筮法可以说是一种巫术，是靠了数目来判断吉凶的。

八卦的基础便是一、二、三的数目。整画“—”是一；断画“--”是二；三画叠而成卦是☰。这样配出八个卦，便是☰、☱、☲、☳、☶、☵、☴、☷；乾、兑、离、震、艮、坎、巽、坤，是这些卦的名字。那整画、断画的排列，也许是在排列着蓍草时触悟出来的。八卦到底太简单了，后来便将这些卦重起来，两卦重作一个，按照算学里错列与组合的必然，成了六十四卦，就是《周易》里的卦数。蓍草的应用，也许起于民间；但八卦的创制，六十四卦的推演，巫与卜官大约是重要的角色。古代巫与卜官同时也是史官，一切的记载，一切的档案，都掌管在他们手里。他们是当时知识的权威，参加创卦或重卦的工作是可能的。筮法比卜法简便得多，但起初人们并不十分信任它。直到春秋时期，还有“筮短龟长”的话。那些时代，大概小事才用筮，大事还得用卜的。

筮法袭用卜法的地方不少。卜法里的兆象，据说有一百二十体，每一体都有十条断定吉凶的“颂”辞。这些是现成的辞。但兆象是自然的灼出来的，有时不能凑合到那一百二十体里去，便得另造新辞。筮法里的六十四卦，就相当于一百二十体的兆象。那断定吉凶的辞，原叫作繇辞，“繇”是抽出来的意思。《周易》里一卦有六画，每画叫作一爻——六爻的次序，是由下向上数的。繇辞有属于卦的总体的，有属于各爻的，所以后来分称为卦辞和爻辞。这种卦、爻辞也是卜筮官的占筮纪录，但和甲骨卜辞的性质不一样。

从卦、爻辞里的历史故事和风俗制度看，我们知道这些是西周初叶的纪录，纪录里好些是不连贯的，大概是几次筮辞并列在一起的缘故。那时卜筮官将这些卦、爻辞按着卦、爻的顺序编辑起来，便成了《周易》这部书。“易”是“简易”的意思，是说筮法比卜法简易的意思。本来呢，卦数既然是一定的，每卦每爻的辞又是一定的，检查起来，引申推论起来，自然就“简易”了。不过这只在当时的卜筮官如此。他们熟习当时的背景，卦、爻辞虽“简”，他们却觉得“易”。到了后世就不然了，筮法久已失传，有些卦、爻辞简直就看不懂了。《周易》原只是当时一部切用的筮书。

《周易》现在已经变成了儒家经典的第一部，但早期的儒家还没注意这部书。孔子是不讲怪、力、乱、神的。《论语》里虽有“五十以学《易》，可以无大过矣”的话，但另一个本子作“五十以学，亦可以无大过矣”，所以这句话是很可疑的。孔子只教学生读《诗》《书》和《春秋》，确没有教读《周易》。《孟子》称引《诗》《书》，也没说到《周易》。《周易》变成儒家的经典，是在战国末期。那时候阴阳家的学说盛行，儒家大约受了他们的影响，才研究起这部书来。那时候道家的学说也盛行，也从另一面影响了儒家。儒家就在这两家学说的影响之下，给《周易》的卦、爻辞作了种种新解释。这些新解释并非在忠实的、确切的解释卦、爻辞，其实倒是借着卦、爻辞发挥他们的哲学。这种新解释存下来的，便是所谓的《易传》。

《易传》中间较有系统的是彖辞和象辞。彖辞断定一卦的涵义，“彖”就是“断”的意思。象辞推演卦和爻的象，这个“象”字相当于现在所谓的“观念”。这个字后来成为解释《周易》的专门名词。但彖辞断定的涵义，象辞推演的观念，其实不是真正从卦、爻里探究出来的，那些只是作传的人附会在卦、爻上面的。这里面包含着大量的儒家伦理思想和政治哲学，彖辞的话更有许多和《论语》相近的。但说到“天”的时候，不当作有人格的上帝，而只当作自然的道，却是道家的色彩了。这两种传似乎是编纂起来的，并非一人所作。此外有《文言》和《系辞》。《文言》解释乾坤两卦；《系辞》发挥宇宙观、人生观，偶然也有分别解释卦、爻的话。这些似乎都是抱残守缺，汇集众说而成。到了汉代，又新发现了《说卦》《序卦》《杂卦》三种传。《说卦》推演卦象，说明某卦的观念象征着自然界和人世间的某些事物，譬如乾卦象征着天，又象征着父之类。《序卦》说明六十四卦排列先后的道理。《杂卦》比较各卦意义的同异之处。这三种传据说是河内的一个女子在什么地方找着的，后来称为《逸易》，其实也许就是汉代人作的。

八卦原只是数目的巫术，这时候却变成数目的哲学了。那整画“—”是奇数，代表天，那断画“--”是偶数，代表地。奇数是阳数，偶数是阴数，阴阳的观念是从男女来的。有天地，不能没有万物，正如有男女就有子息一样，所以三画才能成一卦。卦是表示阴阳变化的，《周易》的“易”，也便是变化的意思。为什么要八个卦呢？这原是算学里错列与组合的必然，但这时候却想着是万象的分类。乾是天，是父等；坤是地，是母等；震是雷，是长子等；巽是风，是长女等；坎是水，是心病等；离是火，是中女等；艮是山，是太监等；兑是泽，是少女等。这样，八卦便象征着也支配着整个的大自然、整个的人间世了。八卦重为六十四卦，卦是复合的，卦象也是复合的，作用便更复杂、更具体了。据说伏羲、神农、黄帝、尧、舜一班圣人看了六十四卦的象，悟出了种种道理，这才制造了器物，建立了制度、耒耜以及文字等等东西，“日中为市”等等制度，都是他们从六十四卦中推演出来的。

这个观象制器的故事，见于《系辞》。《系辞》是最重要的一部《易传》。这传里借着八卦和卦、爻辞发挥着融合了儒、道的哲学，和观象制器的故事，都大大地增加了《周易》的价值，抬高了它的地位。《周易》的地位抬高了，关于它的传说也就多了。《系辞》里只说伏羲作八卦；后来的传说却将重卦的，作卦、爻辞的，作《易传》的人，都补出来了。但这些传说都比较晚，所以有些参差，不尽能像“伏羲画卦说”那样成为定论。重卦的人，有说是伏羲的，有说是神农的，有说是文王的。卦、爻辞有说全是文王作的，有说爻辞是周公作的，有说全是孔子作的。《易传》却都说是孔子作的。这些都是圣人。《周易》的经传都出于圣人之手，所以和儒家的所谓道统，关系特别深切，这成了他们一部传道的书。所以到了汉代，便已跳到六经之首了。但另一面阴阳八卦与五行结合起来，三位一体的演变出后来医卜、星相种种迷信，种种花样，支配着一般民众，势力也非常雄厚。这里面儒家的影响却很少了，大部分还是《周易》原来的卜筮传统的力量。儒家的《周易》是哲学化了的，民众的《周易》倒是巫术的本来面目。

图书在版编目(CIP)数据

图解名家批注周易／孔颖达等注疏,崇贤书院释译.—合肥:黄山书社,2015.11

(经典传家系列丛书)

ISBN 978-7-5461-5300-1

Ⅰ.①图… Ⅱ.①孔… ②崇… Ⅲ.①《周易》-通俗读物 Ⅳ.①B221-49

中国版本图书馆 CIP 数据核字(2015)第 286613 号

总 策 划　李　克
选题策划　汤吟菲　白剑峰
编辑统筹　刘　春
责任编辑　程　景
装帧设计　未　氓
责任印制　戚　帅
出版发行　时代出版传媒股份有限公司(http://www.press-mart.com)
　　　　　黄山书社(http://www.hspress.cn)
地址邮编　合肥市政务文化新区翡翠路 1118 号出版传媒广场 7 层　230071
印　　刷　安徽联众印刷有限公司
版　　次　2016 年 3 月第 1 版
印　　次　2019 年 6 月第 3 次印刷
开　　本　700mm×1000mm　1/16
字　　数　360 千
印　　张　23.25
书　　号　ISBN 978-7-5461-5300-1
定　　价　29.80 元

服务热线　0551-63533706

销售热线　0551-63533761

官方直营书店(http://hsssbook.taobao.com)